수업에 바로 적용하는

장애 학생을 위한 디지털교육

송승민 · 이동환 · 이미영 · 정승미 · 권정인 · 김수민 · 김윤주 · 김원형
문현정 · 박지혜 · 손희정 · 송지혜 · 양수현 · 조이순 · 하현지 · 한형규 공저

DIGITAL
EDUCATION

학지사

추천사

특수교사를 위한 디지털 시대 수업 성장 나침반

빠르게 변화하는 디지털 환경 속에서 특수교육 또한 새로운 전환점을 맞이하고 있습니다. 특히 장애 학생을 위한 교육도 디지털 도구와 AI 기술을 적극 활용해 학습의 문턱을 더욱 낮추고, 교육의 형평성을 실현하는 핵심 영역으로 떠오르고 있습니다.

『수업에 바로 적용하는 장애 학생을 위한 디지털교육』은 이러한 시대적 요구에 발맞추어, 특수교사가 교과별 수업과 학교생활 전반에서 디지털 기술을 어떻게 적용할 수 있는지를 구체적으로 제시한 실천적 안내서입니다. 특수교사가 교과별 수업과 학교 생활 전반에 디지털교육을 효과적으로 적용할 수 있도록 돕는 나침반 역할이 기대됩니다.

무엇보다 이 책은 장애 학생을 위한 교육에서 디지털 도구가 어떻게 학습 접근성과 자기표현을 확장하는 기회가 될 수 있는지를 강조합니다. 글을 읽고 쓰는 것이 어려운 학생에게는 음성 기반 AI가, 협업이 어려운 학생에게는 터치형 인터페이스나 시각 보완 도구가, 주의집중이 짧은 학생에게는 인터랙티브 콘텐츠가 대안이 될 수 있다는 점에서, 이 책이 담고 있는 메시지는 매우 시의적절합니다.

이 책은 디지털교육의 소양, 교과별 활용 방법 및 사례, 학교 내 디지털 활동의 적용이라는 큰 부분으로 구성되어 있어 교사들이 디지털교육의 개념을 쉽게 이해하고, 디지털교육을 체계적으로 교과에 적용할 수 있도록 돕습니다.

Part 1에서는 디지털교육과 관련된 기본 개념과 기초 소양을 다루며, 디지털 리터러시의 필요성과 미래 교육의 방향을 쉽게 풀어 줍니다. 특히 장애 학생을 위한 디지털 접근성과 보편적 학습 설계(UDL)의 필요성을 강조하며, 교사들이 단순한 기술 활용을 넘어 '누구나 배움에 참여할 수 있도록 수업을 설계하는 사고방식'을 기를 수 있도록 이끕니다.

Part 2는 이 책의 중심축으로, 국어 · 사회 · 수학 · 과학 등 교과별 수업에 AI 및 디지털 도구를 실제로 적용한 사례들을 담고 있습니다. 각 교과의 교육과정을 분석하고, 학생의 수준과 특성을 고려한 수업 설계와 운영 전략을 제시해, 초임 특수교사나 수업 구성에 어려움을 느끼는 교사들에게 실질적인 가이드가 되어 줍니다. 특히 디지털 도구가 어떻게 학습의 흥미를 유도하고, 장애 학생의 표현력과 참여도를 향상시키는지를 상세하게 보여 줍니다.

Part 3에서는 창의적 체험활동, 일상생활 활동 등 교과 외 영역에서의 디지털 활용 방안과 함께 학급 운영과 행정 업무에서도 어떻게 효율적으로 디지털 도구를 활용할 수 있는지 구체적인 사례를 소개합니다. 이를 통해 디지털 기술이 단지 수업의 도구를 넘어, 학교 생활 전반에 긍정적인 영향을 줄 수 있음을 확인하게 됩니다.

이 책은 단순한 도구 중심의 매뉴얼이 아닙니다. 장애 학생의 교육 기회를 넓히고 특수교사의 전문성과 수업 역량을 함께 성장시키는 디지털 시대의 교육 철학과 실천을 담은 지침서입니다.

'디지털 기술이 학생을 위한 교육에 어떻게 쓰여야 하는가'라는 근본적인 질문에 대한 따뜻하고도 실용적인 답이 이 책 안에 담겨 있습니다. 장애 학생의 가능성을 열고, 특수교사의 수업을 더 넓은 세상과 연결하고자 하는 모든 분께 이 책을 진심으로 추천합니다.

박종현 장학관

前 경기도교육청 에듀테크활용교육 담당

現 경기도파주교육지원청 지역교육과장

머리말

장애 학생을 위한 디지털교육, 교실에서 실현 가능한 변화의 시작

미래 사회는 기술 발전과 함께 빠르게 변화하고 있습니다. 인공지능, 빅데이터, 메타버스, 스마트 기기 등 디지털 기술은 이제 단순한 도구를 넘어 인간의 사고와 생활, 그리고 배움의 방식까지 바꾸고 있습니다. 교육은 더 이상 '지식을 전달하는 일방적 체계'가 아니라, '**학생 개개인의 다양성과 가능성을 존중하는 맞춤형 성장의 장**'으로 전환되고 있습니다. 이 변화 속에서 장애 학생을 위한 교육은 더 많은 상상력과 실천을 요구받고 있습니다.

2022 개정 특수교육 교육과정은 '학생 맞춤형 교육과정 운영'과 '디지털 전환에 대응한 교육환경 구축'을 핵심 방향으로 제시하고 있습니다. 디지털 도구는 단순한 보조 수단이 아니라 학생의 표현과 소통, 자기 주도적 학습을 가능하게 하는 핵심 요소로 자리 잡고 있는 것입니다. 이는 교육의 형평성과 접근성을 확보하는 데 있어 중요한 전환점이라 할 수 있습니다.

이러한 기대감에도 디지털교육을 실제 교육 현장에서 실천하기란 쉽지 않습니다. 어떤 디지털 도구를 선택해야 할지, 학생의 수준에 어떻게 맞춰야 할지, 어떻게 수업에 녹여 낼지 등 수많은 고민이 따릅니다. 디지털교육은 익숙하지 않은 (예비) 교사에게는 오히려 부담으로 작용하기도 하며, 자칫 기술적 측면에 치우쳐 교육 본연의 목표를 놓치게 되는 경우도 있습니다. 이러한 상황에서 저자들은 기존에 출판된 이론 중심의 디지털교육 책과는 달리 교사가 수업에 바로 활용할 수 있는 실천 중심의 책이 필요하다는 절박한 요구를 가지고 이 책의 집필을 시작하였습니다.

이 책은 특수학교 전문적 학습공동체에서 함께한 교사들의 경험과 고민을 바탕으로 만들어졌습니다. 디지털교육에 전문성을 가진 교감 선생님과 (수석) 교사들이 함께 머리를 맞대어, 이론을 넘어 수업에 바로 적용할 수 있도록 내용을 구성했습니다. 단순한 이론서에 머무르지 않고, 각 교과와 활동별로 구체적인 교수 · 학습계획안과 수업 자료를 함께 수록하여, 교사가 실제 수업에서 바로 활용할 수 있는 실천 도구가 되도록 하였습니다. 특히 장애 학생의 특성과 발달 수준을 고려하여, 디지털 도구를 단지 '사용'하는 데 그치지 않고, 학생의 참여와 의미 있는 배움을 설계하는 수단으로 '활용'하는 방법을 안내하고자 하였습니다.

또한 이 책에서는 여섯 명의 가상의 학생인 '**도현, 민재, 시우, 준호, 서연, 지유**'를 설정하여, 각 학생의 특성과 교육적 요구에 따라 디지털교육을 어떻게 수업 속에서 적용할 수 있을지를 스토리 기반으로 구성하였습니다. 이 학생들은 각기 다른 장애 특성과 학습 조건을 지니고 있으며, 이들의 배움 여정을 따라가면서 독자들은 보다 구체적이고 현실감 있는 수업 적용의 모습을 상상할 수 있을 것입니다.

이 책은 다음과 같이 총 3부로 구성되어 있습니다.

1부에서는 디지털교육의 방향, 정책, 개념, 동향, 윤리 등 이론적 기반을 다루며,
2부에서는 국어, 사회, 수학, 과학 · 실과, 진로와 직업, 체육, 음악, 미술 등 2022 개정 특수교육 기본 교육과정을 바탕으로 디지털교육을 적용한 교과 수업 사례와 교수 · 학습계획안을 제시합니다.
3부에서는 창의적 체험활동, 일상생활 활동뿐만 아니라 학생 지원, 학부모 상담 등 학교 현장 전반에 걸쳐 디지털교육이 어떻게 확장될 수 있는지를 다양한 실천 사례를 통해 소개합니다.

각 장은 교과의 기초 개념부터 수업 설계와 활용 예시까지 단계적으로 구성되어 있으며, 책에 수록된 교수 · 학습계획안과 수업 자료를 바탕으로 교사가 현장에서 바로 사용할 수 있도록 개발하였습니다. 이를 통해 독자들이 단지 '읽는 책'을 넘어, '**수업 현장에서 함께 펼치는 책**'으로 활용할 수 있기를 기대합니다.

디지털 도구는 기술이 아니라 '**학생을 이해하고 수업을 설계하는 또 하나의 언어**'입니다. 이 책이 보편적 학습설계 차원에서 모든 교사에게 디지털교육에 대한 부담을 덜고, 장애 학생을 위한 교육의 가능성을 확장하는 작은 출발점이 되기를 진심으로 바랍니다. 디지털 전환의 시대 속에서, 교사와 학생이 함께 성장하고 연결되는 새로운 배움의 장면들이 교실에서 피어나기를 기대합니다.

지금, 당신의 교실에서 디지털교육을 바로 시작할 수 있습니다!

2025년 8월

대표 저자 송승민 외 저자 일동

차례

Part 01

디지털교육의 이해

제1장

디지털교육과 미래 교육

개요

이 장은 디지털교육의 최근 동향과 앞으로의 발전 방향을 살펴보고 교육에서의 적용 방안을 탐색하는 데 목적이 있다. 이를 위해 이 장에서는 인공지능(AI), 디지털교육, 디지털 교과서, 에듀테크 등의 국내, 국외의 최근 동향을 살펴본다. 이 장의 학습을 통하여 디지털교육의 발전 방향에 대한 이해를 바탕으로 미래 교육에서의 시사점을 탐색하게 된다.

1. 디지털교육의 미래 방향
2. 디지털교육의 정책
3. 이 책의 구성과 사례

1. 디지털교육의 미래 방향

인간은 미래에 대한 불확실성 속에서 현재를 기준으로 미래의 모습을 그려 나간다. 교육에 있어서도 [그림 1-1]처럼 교사가 기계를 통해 지식을 주입하는 미래의 교실을 상상하기도 했다. 본 글에서는 교육의 미래 방향을 그려보고자 UNESCO, OECD에서 제시하는 미래의 교육을 살펴보고 디지털교육에 대한 정책적 대응 방안을 살펴보고자 한다.

[그림 1-1] 프랑스 화가 Villemard의 1910년 작품, '2000년의 교실 모습'

1) UNESCO, OECD에서 제시하는 교육의 미래

UNESCO는 UN의 지속가능발전교육을 선도하는 교육 전문기구로서 '교육이 어떤 미래를 만드는가?'에 대한 세대를 아울러 전 세계적으로 고민해야 하는 문제를 제기하고, 교육의 비전과 각국의 정책 변화의 필요성에 대한 고민이 필요하다고 주장하였다. UNESCO는 국제사회에서 지속가능발전 목표의 이행 현황을 점검하고, 국제협력을 추진하면서 코로나19 팬데믹으로 인해 그동안의 성과가 뒤처지는 위기에 대처하고, 그간의 논제를 이어나가기 위해 국제미래교육위원회를 구성하였다. 국제 사회의 지속가능발전 목표와 각국의 교육 의제의 연계를 촉진하기 위해 '교육의 미래' 연구 보고서가 작성되었다. 이 과정에서 다양한 분야의 전문가들과 협의하고, 파트너 기구들을 채널로 각국의 청년들을 만나 2050년을 바라보는 교육의 목적에 대한 의견과 미래에 무엇을, 어떻게, 어디서 배우는지에 대한 논의를 지속하였다.

OECD는 미래 사회를 살아가는 데 필요한 핵심역량을 정의하기 위해 1997년부터 DeSeCo(Definition and Selection Of Key Competency) 프로젝트를 추진하였다. 이를 통해 '핵심역량'의 개념이 도입되면서 세계적으로 긍정적인 교육적 변화가 이루어졌지만, 핵심역량 개념의 모호성, 구체적인 실천 방향 미흡 등의 제한점도 제기되었다(김미경 외, 2022). 이에 새로운 교육 환경에 대응하고 기존 교육을 반성적으로 성찰하고자 2015년부터 OECD 교육 2030이 수행되었다. 이상의 내용을 종합하여 UNESCO '교육의 미래'가 발간된 배경과 OECD 교육 2030의 제안 배경을 환경, 경제, 사회적 측면에서 분석하면 〈표 1-1〉과 같다.

UNESCO와 OECD가 제안한 미래 교육을 위해 개선해야 할 방향으로 교사 및 학교의 측면에서 시사점을 살펴보면 다음과 같다(김미경 외, 2022). 첫째, 교사 측면에서 UNESCO와 OECD는 사회의 변혁을 이루기 위해 교사의 역할이 중요하다는 인식을 같이 하고 있다. OECD는 학생의 주체적인 행동을 이끌어내기 위한 교사의 역할이 중요하며, 교사와 함께 동료 학생, 학부모, 지역 공동체와 상호작용을 통한 협력적 행위 주도성을 강조하고 있다. 이러한 관계에서는 교사가 주도적으로 상호협력적인 연대를 가능케 하는 역할을 수행하게 될 것이다. 교사는 동료 교사, 지역사회의 전문가와 함께 협력하여 양질의 교수 · 학습 활동을 설계할 수 있고, 지속적인 연구를 통한 혁신을 꾀할 수 있다. 학교는 이러한 교사들의 노력을 존중하고 자율적인 근무 환경을 조성하며, 학부모 및 지역 공동체와 함께 학생들이 실제 삶에서 변화해야 하는 목적을 공유하고 이를 실천할 동력을 제공하는 데 연대해 나가야 한다. 교사는 이러한 행동의 변화를 교육의 목표로 삼고 지식의 습득을 기반으로 학생들이 변화해

표 1-1 UNESCO, OECD의 연구에서 제시하는 교육의 미래 제안 배경

구분	UNESCO 교육의 미래	OECD 교육 2030
환경적 측면	• 기후변화에 적응하고 이를 완화하기 위한 공동의 노력이 필요함. • 기후변화가 소외된 사람들에게 불평등을 증대시킴. 가장 많은 영향을 받는 사람들을 논의에 참여시킴.	• 한정된 자원과 급격한 기후변화에 대한 행동 변화와 적응이 시급하게 필요함.
경제적 측면	• 디지털 기술, 지식의 배제로 인해 불평등이 심화됨. • 문화적 포용성, 역량 강화의 정보 목적이 있는 교육 현장의 디지털 기술이 요구됨. • 노동 시장의 재조정, 미래에 가치 있는 직업에서 유연성이 교육의 미래에 포함되어야 함.	• 빠른 과학기술의 혁신으로 집단 간의 격차는 심화되고 있음. • 인간의 역할과 본질에 대한 근본적인 질문이 제기되고 있음. • 지역적, 국가적 수준의 경제적 상호의존은 공동의 가치와 공유 경제의 필요성을 알려주지만 여전히 예측하지 못한 경제 위기에 노출되고 있음.
사회적 측면	• 학생과 교사가 신뢰를 바탕으로 변화를 위해 협력하는 능력을 강화함. • 다양성과 다원주의를 유지해야 함. • 자격을 갖춘 교사의 역량을 강화하여 교육의 미래에 참여하게 함. 학교라는 공간이 도전과 가능성의 공간으로 존재해야 함. 또한 디지털 학습 공간과 성인학습으로 교육의 기회를 넓혀야 함.	• 이민이나 도시화 등 인구 구조의 변화로 사회 · 문화적 다양성이 증가함. • 기존의 국가와 공동체가 재형성되고 있음. • 기존의 불평등이 심화되어 집단 간 갈등과 혼란 및 무기력이 나타나고 있으며, 테러의 위협과 전쟁이 이미 심화되어 평화와 공존이 위협받고 있음.

출처: 김미경 외(2022)를 재구성함.

가야 하는 동기를 일깨워주는 협력적 동반자로서의 역할을 수행해야 한다.

둘째, 학교 측면에서 UNESCO와 OECD는 미래 사회의 학교가 전방위적으로 달라지고 혁신해야 한다는 점을 강조하고 있다. 미래 사회 학습과 교육의 의미, 학교의 기능과 역할의 변화를 전망하고, 기존의 학교 모델이나 학교 환경 또는 조직, 학교 문화를 탈피하여 미래 사회에 맞는 학교의 상을 정립하며 이것이 제대로 구현될 수 있도록 학교를 전면적으로 변혁해야 한다는 인식을 같이 하고 있다. 특히 디지털 기술 변화 속에서 학교에서의 배움과 학습이 어떻게 이루어질 필요가 있는지, 교육의 시공간 확장은 어떤 방식으로 학교 교육을 변화시키게 될 것인지와 관련하여 구체적인 미래 계획 및 전략이 요구된다고 하겠다. 이상의 내용을 정리하면 〈표 1-2〉와 같다.

표 1-2 UNESCO, OECD의 연구에서 제시하는 교사, 학교의 미래 방향

구분	UNESCO 교육의 미래	OECD 교육 2030
교사	• 교사는 협력적 직업: 학교라는 공간에서 동료교사와 함께 하는 활동임. 팀으로서의 협력을 증진하는 교육과정으로 설계해야 함. • 교실뿐 아니라 학교의 활동으로 확장하고 공공영역의 교육적 의사결정에 참여해야 함. • 성찰적 실천가이며 지식의 생산자로서 교사의 전문성을 계발해야 함. 교과, 교육학, 교수법에 대한 전문성을 바탕으로 성찰하고 실천하며 동료들과 공유하며 지식 생산을 추구해야 함. • 자율성 보장, 신뢰할 수 있는 환경을 제공해야 함. • 포용적 교육, 개별화 학습 등을 위한 전문성 계발 및 교사 교육이 필요함.	• '협력적 행위 주도성(Co-agency)'을 강조함으로써 학생 행위 주도성(student agency)을 계발하는 데 교사의 역할이 중요함을 설명함. • 교사는 학생의 특성 파악과 학습에 영향을 미치는 학생의 또래, 가정, 지역공동체와의 상호작용을 관찰할 수 있음. • 학습할 수 있게 하는 중요한 매개자: 교실 내 상호작용과 경험의 변화를 촉진함. • 학생과 함께 교수 · 학습 과정의 협력적 창조자(co-creator)가 되어야 함. • 교사의 협력적 행위 주도성은 교사 전문성 계발을 위해 의도적이고 긍정적으로 행동함으로써 학생과 동료 교사의 성장에 기여할 수 있는 능력이 필요함.
학교	• 협동, 돌봄, 변화를 위한 플랫폼으로서의 학교 • 주요 교육 장소의 변화: 교실보다 학습자 커뮤니티 • 학교 환경 및 조직의 혁신과 재정비 • 학교 대체가 아닌 학교 지원 역할을 수행하는 디지털 기술 • 학교의 협력 문화 구축	• OECD 미래학교 시나리오 –시나리오 1: 학교교육의 확대(Schooling Extended) –시나리오 2: 교육 아웃소싱(Education Outsourced) –시나리오 3: 학습 허브로서의 학교(Schools as Learning Hubs) –시나리오 4: 삶의 일부로서의 학습(Learn-as-you-go)

출처: 김미경 외(2022)를 재구성함.

2) 디지털교육에 대한 정책적 대응 방안

디지털교육, 인공지능 등의 교육 개발에 대한 국가 간 및 지역 간 정책은 다양하지만 크게 '독립적 접근법' '통합적 접근법' '주제적 접근법'의 세 가지 접근법으로 분류할 수 있다. 먼저 '독립적 접근법'은 인공지능 정책과 전략을 단독으로 수립하는 접근법으로, 대한민국은 2016년 '지능정보사회 대응 중장기 종합대책'을 수립하여 2020년부터 매년 5,000명의 인공지능 분야 졸업생을 대상으로 2030년까지 5만 명의 인공지능 전문 인력을 충원하는 교육 계

획을 명시하였다. 다음으로 '통합적 접근법'은 기존 교육 또는 정보통신기술(ICT) 정책 및 전략에 인공지능 요소를 통합하는 접근법으로, 말레이시아는 2016년 교육과정에 컴퓨팅 사고를 통합하는 'My digital maker 운동'으로 교육부가 정한 목표에 부합하는 디지털 메이킹 교과과정의 개발과 진흥을 돕기 위해 민간, 공공 부문, 학계 전반의 협력을 주장하였다. 마지막으로 '주제적 접근법'은 인공지능 및 교육과 관련된 한 가지 특정 주제에 초점을 맞춘 접근법으로, 2016년 EU 의회는 2018년부터 시행될 'GDPR(General Data Protection Regulation)'을 승인하였는데 이 법안은 ① 유럽 전역의 개인 정보 보호법을 종합하여, ② 모든 EU 시민의 개인 정보 보호, ③ 유럽 전역의 기관이 개인 정보에 접근하는 방식을 재구축하기 위해 고안되었다.

교육에 인공지능을 적용하는 주된 목적은 학습을 강화하고 모든 학습자가 각자의 잠재력을 개발할 수 있도록 하는 것이어야 하며 이를 위해 정책적 지원이 뒷받침되어야 한다. 그러나 이러한 지속 가능한 개발 목표(SDG4) 달성을 위해서는 교육적 맥락에서 인공지능 적용을 넘어 인공지능과 교육 간의 모든 연결을 포함하는 정책이 필요하다. 이 정책에는 인공지능 구현과 작동 원리, 인공지능이 지역사회와 세계 사회에 미치는 광범위한 영향에 대한 교육도 포함되어 있다. 이러한 제도적 차원의 비전을 수행하기 위하여 현지 상황에 맞는 전략적 목표가 충족되어야 하며, UNESCO(2021)에서는 〈표 1-3〉과 같이 네 가지 전략적 목표와 이를 위한 권고사항을 정책으로 제시하고 있다.

표 1-3 인공지능 교육 정책의 전략적 목표와 권고사항

전략적 목표	기본 원칙 수립 후 권고사항
• 교육에 있어 인공지능의 포용적이고 공정한 사용 보장 • 인공지능을 활용한 교수·학습 강화 • 인공지능의 작동 방식과 인간성에 미치는 영향을 가르치는 등 인공지능 시대에 필요한 역량 개발 촉진 • 교육 데이터의 투명하고 추적 가능한 사용 보장	• 학제 간 계획 및 부문 간 거버넌스 • 인공지능의 공정하고 포괄적이며 윤리적인 사용을 위한 정책 • 교육관리, 교육, 학습, 평가를 위한 인공지능 활용 기본계획 수립 • 시범 테스트, 모니터링 및 평가, 증거기반 구축 • 교육을 위한 현지 인공지능 혁신 육성

출처: UNESCO(2021).

2. 디지털교육의 정책

1) 디지털교육의 국외 정책

미국 교육부 산하 교육기술부(Office of Educational Technology: OET)는 인공지능의 효과적이고 안전하며 공정한 사용에 초점을 두고 정책을 개발하여 지원을 제공하고 있다. 교육기술부는 인공지능의 핵심적인 역할로 다음의 다섯 가지를 제시하고 있다. 첫째, 인공지능은 새로운 형태의 상호작용을 가능하게 한다. 둘째, 인공지능은 교수자가 학습자의 다양성을 고려한 교육과정 설계에 도움을 줄 수 있다. 셋째, 인공지능은 강력한 적응성, 즉 기존 기술과 같이 문항 답변에 대한 피드백을 제공하는 것에서 그치는 것이 아니라 학습 과정이 단계별로 진행됨에 따라 맞춤형으로 제공한다. 넷째, 인공지능은 학생과 교사에게 제공되는 피드백의 질과 양을 향상시킬 수 있다. 마지막으로 인공지능은 교수자를 지원할 수 있다. 이러한 인공지능 기반의 교육정책 실현을 위해 교육기술부는 교육 리더에게 다음과 같은 행동강령을 요구한다(한국교육학술정보원, 2021).

#1. 인간을 강조한다.

AI가 교사를 대체한다는 개념을 거부한다.

#2. 교육의 비전과 AI

AI를 활용한 도구와 시스템이 얼마나 쓰였냐가 아니라 AI의 활용이 얼마나 교육의 비전에 부합하느냐에 따라 교육의 질이 결정되어야 한다.

#3. 최신의 학습 원리를 활용한 설계

효과적인 시스템을 구축하려면 데이터 과학 이상이 필요하다. 또한 AI의 적용을 위해서는 교육 실무자의 경험을 기반으로 해야 하며 교육 평가 집단의 전문 지식을 활용해야 한다.

#4. 신뢰 강화

기술은 우리가 그 기술을 신뢰할 때만 교육 목표를 달성하는 데 도움이 될 수 있다.

#5. 교육 구성원들에게 정보를 제공하고 참여시켜라.

AI가 언제 어떻게 특정 교육 및 학습 요구에 적합하고 어떤 위험이 발생할 수 있는지 알 수 있도록 교육 구성원들에게 정보를 제공하고 참여시키는 것을 우선시해야 한다.

#6. 신뢰와 안전 강화

교육용 AI 지원 시스템에서 신뢰와 안전을 향상시키는 방법에 대한 지속적인 관심과 연구가 필요하다.

#7. 교육 관련 지침 및 가이드라인 개발

데이터 보안 규정은 이미 적용되고 있으나 교육 현장에 맞는 일련의 지침과 가이드라인을 개발할 필요가 있다.

ClassLink가 후원하고 CoSN 및 AASA가 공동으로 추최한 edWebinar에서 디지털교육의 현실과 앞으로 자신들의 학군에서 무엇이 필요한지에 대해 논의했으며, 이들은 코로나 팬데믹으로 미국의 디지털교육 격차가 얼마나 심각한지를 깨달았다고 하였다. 디지털교육의 형평성에 대한 경험을 공유하고 앞으로 디지털교육에서 다음의 내용에 집중할 것이라는 의견을 피력하였다(한국교육학술정보원, 2021).

#1. 모든 대화는 "왜"로 시작한다.

학교에 어떻게 디지털 학습을 도입할 수 있는지에 대한 토론에 학생과 교사를 포함한 모든 구성원이 처음부터 참여하도록 한다. 학습을 진행하기 전에 참여자 모두가 디지털교육을 하는 이유에 동의하는 것이 필요하다.

#2. 기술과 친숙하다고 하여도 이와 관련한 경험이나 이해가 충분하지는 않다.

직원들이 기술에 대한 지식이 있다는 것이 효과적인 디지털 학습을 위한 기술 확장 방법을 이해한다는 의미는 아니다. 학생들이 기술적 이점의 혜택을 받으려면 모든 수준에서 직원들이나 교사진의 심화된 훈련이 필요하다.

#3. 스마트폰이 있다고 하여도 집에서 인터넷이나 디지털 기기에 접근할 수 있다는 것을 의미하는 것은 아니다.

학생들이 스마트폰을 가지고 있을 수는 있지만 그렇다고 집에 와이파이 무제한 통신 데이터가 갖추어져 있거나 인터넷 신호가 강한 지역에 살고 있다는 의미는 아니다. 교육 행정 담당자는 학생들을 돕기 위해 상세한 설문 조사를 해야 한다.

#4. 교사들도 디지털 기기나 인터넷에 접근하는 데 문제가 있을 수 있다.

모든 교사가 고속 인터넷이나 무제한 데이터를 사용하는 것은 아니다. 학교는 학생들에 대한 기대치를 조정해야 하는 것만큼 교사들에 대해서도 기대치를 조정할 필요가 있을 수도 있다.

#5. 어느 지역에나 디지털교육의 가치를 부정하는 사람들이 있는데 이들에게는 말보다는 증거를 제시할 필요가 있다.

디지털교육의 가치를 설득하는 가장 좋은 방법은 학생의 성과가 향상되는 것을 보여 주는 것이다. 얼마나 성적이 향상되었는지를 보여 주면 디지털교육의 가치를 부정하는 사람들도 디지털교육 효과성에 공감하고 가장 큰 지지자가 될 수도 있다.

#6. 모든 사람이 가정에서 디지털 학습자가 되어야 한다.

기술을 사용하는 방법을 이해해야 하는 것은 학생만이 아니다. 부모, 조부모, 형제자매 등이 학생들을 돕고 기술을 어떻게 사용하는지를 알 필요가 있다.

#7. 사용 중인 항목 빈도 및 결과를 모니터링한다.

가족과 직원들을 가장 잘 지원하는 플랫폼을 파악하고 프로그램을 사용할 때마다 추적하며 이와 관련하여 알맞게 접근하고 지원을 조정할 필요가 있다.

#8. 도움을 요청한다.

학교의 다른 간부들과 디지털 형평성에 대한 문제와 접근 방식에 대해 논의해야 한다. 세부 사항은 다를 수 있지만 많은 사람들이 비슷한 장애물에 가로막혀 있으며 이와 관련하여 모두 함께 노력할 필요가 있다.

※ 가장 중요한 것은 관리자가 기술에 대한 이러한 모든 논의 중에서도 사람이 중요하다는 것을 기억해야 한다는 점인데 이는 학교 공동체 사람들과 함께 노력하고 학습 과정을 이끌 수 있다는 것은 디지털교육의 형평성이 혁신을 주도하는 데 도움이 될 것이기 때문이다.

2) 디지털교육의 국내 정책

대한민국의 교육부는 1990년대 '교육정보화 기본 계획'을 수립하여 정책을 수행해 왔다. 2023년 기준으로 6단계의 교육정보화시행계획이 추진되고 있으며 이 계획은 디지털 기술을 활용한 교육 혁신을 통해 보다 효율적이고 창의적인 교육환경을 조성하는 것을 목표로 매 단계마다 주요 정책과제를 달리하여 실행되었다(〈표 1-4〉 참조).

표 1-4 **교육정보화 기본 계획**

구분	정책 분야	주요 정책 과제	비고
1단계 (1996~ 2000)	–교육정보화 기반 구축 –교육정보자료 개발 · 보급 –정보기술 활용 교육 강화 –교육행정 정보화 –학술 · 연구 정보 기반 고도화	–교육정보화 사업 추진 기반 마련 –교육정보화 인프라 구축을 통한 정보 접근성 강화	–최초의 중장기 교육정보화기본계획 –정보화 촉진 기본 계획과 연계
2단계 (2001~ 2005)	–지식기반사회 대처 능력 함양 –창조적인 산업인력 양성 –함께하는 정보문화 창달 –종합적인 성과지원체제 구축	–ICT 활용 수업의 안정적 정착 –이러닝의 보편화(사이버 가정 학습 등) –나이스(NEIS) 구축 –학술정보 유동체계 구축	–평생교육, 건전정보 문화 포함 –교육정보화 지표 개발
3단계 (2006~ 2010)	–e교수 · 학습 · e평생학습 혁신체제 –e교수 · 학습 · e평생학습 혁신체제 구축 –e–교육안전망, 지식관리체제 구축 –이러닝세계화 · 유러닝 기반 구축 –e–교육행정지원체제 구축 –교육정보화 성과 및 질 관리	–정보 인프라 보급 –ICT 활용 교육 활성화 –나이스(NEIS) 교무학사 3개 영역 분리 운영 –교육 영역에 정보화 접목	–이러닝 세계화, 성과 관리 포함 –정보화 사업의 지방 이양(90%)
4단계 (2011~ 2014)	–창의적 디지털 인재 양성 –선진 R&D 역량 강화 –소통과 융합의 정보화 –교육과학기술 정보 인프라 조성 –스마트교육 추진 전략 –디지털교과서 개발 및 적용 –온라인수업 및 평가 활성화 –교육콘텐츠 자유 이용 환경 조성 –교원의 스마트 교육 실천 역량 강화 –클라우드 교육서비스 기반 조성	–스마트교육 도입 · 적용 –ICT 미래교육 연구, 시범 운영 –에듀파인, EDS 서비스 –유아 교육 정보화 –디지털 교과서 시범 개발 –온라인수업 실시 –교육콘텐츠 저작권 논의 –교원 ICT 역량 강화 –클라우드 교육서비스 기반 조성	–교육부 · 과학기술부 통합에 따른 시기, 범위 조정 –교육 · 과학 분야 통합 계획 수립 –초 · 중등교육 한정
5단계 (2014~ 2018)	–맞춤학습지원체제 구축(유치원 및 초 · 중등교육) –능력중심 사회 구현(고등교육) –학습과 일이 연계된 평생 직업교육 –아우르고 배려하는 교육복지 –건전한 사이버 문화 조성	–창의적 교수 · 학습 활동 지원 체제 구축 –학술정보 공유 유동체계 고도화 –온라인 평생학습체제 구축 –사회적 배려 계층 정보격차 해소 –교육 행 · 재정 운영 인프라 구축	–활용중심 정책으로 전환 –교육정보화 영역 교육 전반으로 확장(유치원 및 초 · 중등, 대학, 평생 직업 등)

6단계 (2019~2023)	–미래형 스마트 교육 환경 조성 –지속 가능한 교육정보화 혁신 –ICT를 통한 맞춤형 교육 서비스 실현 –공유형 교육정보 디지털 인프라 구축	–미래형 스마트교육 환경 조성 –지속가능한 교육정보화 혁신 –맞춤형 교육서비스 실현 –공유형 교육정보 인프라 구축	–미래형 –지속형 –맞춤형 –공유형

출처: 이재진(2024. 10. 2.).

구체적으로 교육정보화 기본 계획 1단계(1996~2000)는 기반 구축기로, 교육정보화 사업 추진체제와 안정적인 인프라 및 제도적 기반을 마련하였다(교육부, 1998). 2단계(2001~2005)는 확산 및 정착기로, 학교 현장의 ICT활용 교육의 활성화를 위한 교수·학습 서비스 및 교수·학습 자료의 개발과 교원역량 강화가 활발히 추진되었다(교육부, 2002). 3단계(2006~2010)에서는 이러닝(e-Learning) 및 유러닝(u-Learning: 유비쿼터스 러닝) 학습체제 구축을 중심으로 미래교육을 준비하는 사업들이 활발히 추진되었다(교육부, 2006). 이상의 교육정보화의 초기 1~3단계에서는 교육정보화 사업 추진의 기본 계획 수립과 인프라 구축을 위한 과제들이 본격적으로 시행되었으며, 수업 내 ICT활용을 위한 교수·학습 방법의 연구, 이러닝 체제 도입을 통한 사이버 가정학습이 처음으로 시행되었다. 또한 교육행정 전산화를 위해 교실 외에도 행정실 등 학교 전반에 ICT 시설이 도입되고 교육행정 정보의 데이터 통합과 전산 처리를 위한 나이스(NEIS) 체계가 구축되기 시작하였다.

4~5단계에서는 교수·학습에 있어서 ICT활용 교육의 활성화에 기초하여 스마트 교육과 소프트웨어(SW) 교육을 강화하고자 디지털 교과서와 초·중등 소프트웨어 교육이 적극적으로 시행되었다. 또한 이 시기에는 클라우드 기반 교육 서비스를 위한 기반 조성 사업, 교육정보통계 시스템(EDS) 개통, 국가직무능력표준(NCS), 사이버대학 종합정보 시스템 등이 운영되기 시작하였다. 3단계(2006~2010)에서는 이러닝 및 유러닝 학습체제 구축을 중심으로 미래교육을 준비하는 사업들이 활발히 추진된 데 반해(교육부, 2006), 4단계(2011~2014)에서는 교육 영역과 과학기술 영역을 융합하는 방향으로 정책이 추진되어 스마트교육 추진 전략을 중심으로 교수·학습 전 분야에 걸친 교육혁신이 시도되었다(교육부, 2011). 5단계(2014~2018)에서는 교육정보화가 교육 전반으로 확장되어 교육의 형평성과 포용성이 강조되었다(교육부, 2014).

아울러, 2020년에 이르러 코로나19 대응을 위한 원격수업의 급속한 확산과 감염병 확산 방지를 위한 학교 운영의 급격한 변화를 거치기는 하였으나 이후의 정보화 정책에서는 기존 지능정보사회의 교육 혁신을 위한 정책들이 본격적으로 시행되면서 디지털교육 전환과 미래교육을 위한 정책들이 확대되었다. 구체적으로 6단계(2019~2023)에서는 4차 산업혁명 시대에 대한 선제적 대응과 준비를 핵심으로 정책 비전을 '사람 중심의 미래 지능형 교육환경 구현'으로 설정하여 추진하고 있다(교육부, 2019). 2023년을 기준으로 교육정보화 정책은 AI 디지털교과서 추진과 디지털 수업 혁신을 위한 '터치(T.O.U.C.H.) 교사단' 운영, 4세대 지능형 나이스(NEIS) 개통과 교육행정데이터 통합관리시스템 구축, EBS 중학 프리미엄 강좌 무료 제공, 교육저작권지원센터 누리집 개통, 배움 이력 전자지갑 서비스 개통, 에듀테크 진흥 방안 수립 등이 있다(교육부, 2023a).

3) 디지털교육의 현장 적용에 대한 논의

디지털교육을 학교의 교육과정과 교수·학습에 적용한 대표적인 사례가 미국의 알트스쿨(Alt School)이다. 2013년 설립된 알트스쿨은 구글의 임원 출신이자 엔지니어인 Max Ventilla가 설립한 스타트업 학교이다. 그는 미래 사회에서 자신의 길을 개척해 나가는 주도적 역량이 필요하고 첨단 기술로 미래 사회에 필요한 주도성을 길러주는 개별화 교육을 제공해야 한다는 믿음으로 알트스쿨을 세웠다. 알트스쿨을 설립한 Ventilla는 명문 사립 고등학교인 필립스 아카데미와 예일대학교 출신으로서 그의 학교 경험은 대중적이지 않았고 그가 교사나 교육 행정가로 일했던 경험 또한 전무했다. 대신 데이터 전문가이자 구글의 수석 엔지니어였던 Ventilla는 빅데이터를 통해 얻은 통찰력과 네트워크에 대한 지식을 자산으로 작은 규모의 학교 간의 네트워크인 알트스쿨을 설립했다. 알트스쿨 운영자금의 가장 큰 비율을 차지하는 자금 출처는 기업 투자금이었다. 이는 알트스쿨이 학교인 동시에 교육기관용 개별화 학습 지원 소프트웨어를 개발하고 판매하는 교육 사업체이기 때문이다. 알트스쿨은 궁극적으로 이들이 개발한 소프트웨어를 공교육을 포함한 여러 교육 현장에 전파해 미국 전역에 걸쳐 교육 혁신을 이루려는 비전을 가지고 있었다(Mead, 2016).

알트스쿨이 표방하는 목표는 미래 사회에서 자신의 삶을 주도적으로 개척해 나갈 수 있는 학습자를 양성하는 것이고 이를 실현하기 위한 가장 효율적이고 이상적인 방식은 개별화된 학습 지원이라고 보았다. 알트스쿨은 개별화된 학습 지원을 위하여 두 가지 기반을 마련하였는데 하나는 유동적인 학습 환경이고 다른 하나는 디지털 플랫폼이다. 우선 알트스쿨은 전통적인 학교처럼 모두가 준수해야 하는 고정된 시간표에 따라 일과를 운영하는 대신에 유동적으로 일과를 구성했다. 이는 개별 학습 진도와 목표에 따라 맞춤형 학습을 제공하겠다는 취지였다. 알트스쿨의 하루 일과표의 예시를 살펴보면 〈표 1-5〉와 같다. 알트스쿨에서의 일과 구성은 큰 틀은 정해져 있으나 그 안에서 유연하게 운영이 되는 모습을 볼 수 있다. 예컨대, 등하교 시간이 정해져 있지 않고 유동적으로 일정한 범위 내에 할 수 있도록 되어 있다.

다음으로 알트스쿨은 교육과정에서 디지털 플랫폼을 적극 활용했다. 활용되는 플랫폼을 사용 주체에 따라 구분하면 학생들을 위한 플레이리스트(Playlist)와 교사를 위한 프로그레션(Progression), 그리고 학부모가 사용하는 소통용 애플리케이션인 스트림(Stream)으로 구성되었다(Williamson, 2017). 이 중 학생들이 사용하는 플레이리스트와 교사가 사용하는 프로그레션은 알트스쿨의 비전을 실행하는 중요한 플랫폼이다. 플레이리스트는 학생들이 각자 해야 할 일 목록을 관리할 수 있는 개별화 도구로, 학생들은 플레이리스트를 통해 개인 활동

표 1-5 알트스쿨의 하루 일과표

시간	활동	활동 내용
8:00AM~ 9:00AM	유동적인 등교와 공동교과 활동	• 학부모들은 유동적으로 이 시간 범위 내에 학생들을 등교시킴 • 학생들은 개인 작업에 집중 • 아침 공동교과 활동을 신청한 학생들은 프로그램에 참여
9:00AM~ 9:15AM	아침 미팅	• 일반적으로 아침 미팅을 진행 • 이를 통해 학생들이 그 날의 일정을 공유하고 검토
9:15AM~ 11:30AM	핵심능력 향상을 위한 블록학습시간	• 개별학급은 핵심능력에 대한 향상을 위해 1~2회의 블록학습을 계획하여 시행 • 블록학습은 개별 '플레이리스트'에서 작업하는 시간으로 학생들은 이 시간에 핵심 능력 양성을 위한 수업을 듣거나 개별 프로젝트나 소규모 그룹 활동에 참여 • 핵심 능력에는 수학, 언어, 과학 등의 학문적 지식과 함께 사회정서 능력도 포함
11:30AM~ 1:30PM	점심과 체육	• 학생들은 매일 체육활동 혹은 휴식 시간을 가짐 • 지역 공원이나 놀이터를 활용하여 외부 공간에서의 놀이와 경험을 보장
1:30PM~ 3:00PM	프로젝트 기반 학습과 개별 관심 분야에 따른 학습	• 대부분 학급이 학급 전체 혹은 개인 프로젝트에 집중하도록 하기 위해 1~2회의 블록 학습을 계획하여 진행
3:00PM~ 6:00PM	공동교과 활동	• 공동교과 활동을 할 수 있는 3회의 블록학습시간 제공 • 외국어, 음악, 운동, 코딩 등 다양한 프로그램 시행

출처: Hurowitz (2016).

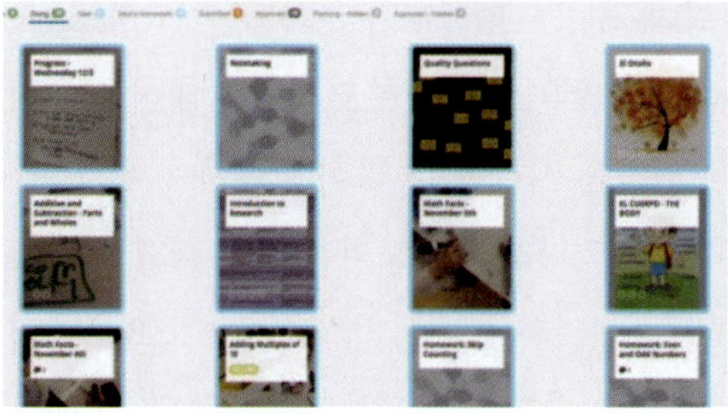

[그림 1-2] 알트스쿨에서 사용하는 플레이리스트 플랫폼

출처: CNNtech (2016. 5. 20). https://money.cnn.com/gallery/technology/2016/05/20/altschool-silicon-valley/5.html

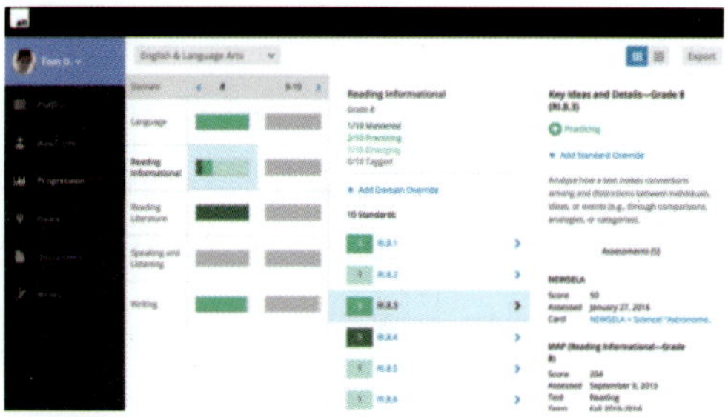

[그림 1-3] 알트스쿨에서 사용하는 프로그레션 플랫폼

출처: https://medium.com/altschool-engineering/ember-at-altschool-many-apps-and-many-add-ons-934143933e68

과 소규모 활동 등 자신의 특성에 맞추어 학습 활동을 선택하고 수행할 수 있다([그림 1-2] 참조). 또한 자신의 과제를 확인하고 관리할 뿐 아니라 자신의 과제를 기록하고 과제가 완성된 후에는 플레이리스트를 통해 과제를 제출하고 교사와 소통하기도 했다. 교사는 플레이리스트를 통해 받은 학생들의 과제에 피드백을 주고 평가를 했다. 교사용 플랫폼인 프로그레션은 개별 학생들에 대해 종합적으로 알 수 있도록 학문적 성취와 학문 외적 발달 내용에 대한 기록을 살펴볼 수 있는 공간이다. 프로그레션은 학생의 흥미, 강점과 약점, 직관적인 학습 전략, 사고방식과 존재 방식, 세상과 상호작용하는 방식 등을 포함하여 학습자로서의 특성뿐 아니라 각 교과 영역에서 학생의 성취에 대해서도 기록한다. 또한 학생에 대한 평가, 학생 발달 상황에 대한 교사의 정성적인 기술, 개별 학생의 학습 결과 샘플, 교사들의 메모 등을 기록하고 조회하며 이를 통해 학생의 역량이 어떻게 길러지고 있는지를 추적하고 분석할 수 있다. 교사는 이를 바탕으로 개별 학생들을 위해 미래의 학습 경험을 계획하고 새로운 학습 목표를 수립할 수 있게 된다. 즉, 플레이리스트가 개별 학생에게 교육과정을 스스로 설계할 수 있도록 하는 개별화 학습 플랫폼이라면 프로그레션은 교사가 개별 학생들의 개별 특성과 학습 양상을 이해하고 교육과정에 반영할 수 있도록 도와주는 분석 플랫폼인 것이다([그림 1-3] 참조). 교사들은 학생들의 플레이리스트를 관리하며 평가와 피드백을 한다. 플레이리스트를 통해 학생들이 잘하는 부분에 대해서는 이수 시간을 단축하고, 더 많은 관심과 개발이 필요한 분야에 대해서 더 많이 학습할 수 있도록 관리한다. 이를 통해 학생들에게 학습 내용과 학습 과정을 맞춤형으로 제공할 수 있게 되어 개별화 학습이 가능하게 되는 것이다. 학생들은 자신의 학습 속도에 맞춰 개별화 학습 활동이 담긴 플레이리스트를 통해 학습

할 수 있다. 학생들에게 보통 1주일에 10~25개의 과제나 프로젝트가 부과되는데(CNNtech, 2016. 5. 20.) 교사들은 빨리 배우는 학습자들에게는 더 많은 과제나 프로젝트를 내어주고 이해력이 떨어지는 학습자들에게는 개념에 대해 이해하는 시간을 더 많이 할애하게 된다. 플레이리스트에 접속하면 학생들의 개별 진도를 확인하고 자신의 진도와 수준에 적합한 숙제를 완성하여 제출하며 교사와 소통하게 된다. 포트레이트와 플레이리스트라는 소프트웨어를 활용해 학생과 교사가 개별화 학습과정을 짜고 학습 상황을 체크하도록 돕는다. 학생들이 과제를 수행하고 목표를 달성함에 따라 교사는 과제를 검토하고 점수를 매기며 교사의 피드백과 평가, 사진 및 진행 보고서를 온라인 카드에 첨부하게 된다. 완성된 카드는 새로운 카드가 만들어지면서 사라지고 점차적으로 학생이 작업하고 학습한 것과 정확히 일치하는 데이터베이스를 구축하게 된다(조윤정, 김아미, 박주형, 정제영, 홍제남, 2017).

하지만 알트스쿨은 동영상 및 기타 콘텐츠 중심의 수업, 플랫폼 기술의 오류, 사교육 비용 등 교육과정 및 운영과 관련된 부정적 평가로 2017년 폐교하였다. 축적된 데이터와 알고리즘에 의해서 과학적으로 제공받는 알트스쿨의 교육 모델은 교육의 관계성보다는 분리된 주체들 사이의 일방향적인 거래로서 교육을 이해하며 교육의 과정에서 참여자들을 소외시킨다(김지원, 남미자, 2023). 먼저 학생들은 교육의 과정에 기여할 여지를 제한받는다. 학생들이 디지털 플랫폼을 통하여 자신의 학습을 점검하고 관리한다는 측면에서 자기 주도적 학습을 표방하고 있지만 빅데이터에 의해서 프로그래밍된 학습은 배움과 학생의 관계를 모호하게 하여 빅데이터가 주도하는 학습이 되는 셈이다. 다음으로 빅데이터와 알고리즘을 통해 안내되는 플랫폼 기반 교육은 교사의 개입 여지 역시 축소시킨다. 학생과 교육적 관계를 맺고 의미 있는 발문을 통해 지식을 구성하고 확장해 가는 과정에 적극적인 역할을 하기보다는 기계가 제시한 교육 방향을 확인하고 관련 환경을 조성해 주는 주변적인 역할을 하게 된다(Biesta, 2004). 이러한 시스템 안에서는 기본적으로 정교한 알고리즘이 교사의 교육적 의사 결정을 대신하는 모델이기 때문에 교사의 전문성이 인정받기 힘들고 교사의 행위주체성이 교육과정 내에서 실질적으로 어떻게 구현되는 것인지는 모호하다.

디지털교육을 학교 현장에 적용하기 위한 도구로써 대표적으로 사용하는 것이 디지털교과서 또는 AI 디지털교과서이다. 디지털교과서의 개념은 정책 도입 초기부터 현재까지 조금씩 변화되어 왔으며, 이를 정리하면 다음과 같다. 디지털교과서는 서책 교과서의 한계를 극복하기 위해 기존의 교과서 내용에 더하여 ① 풍부한 학습 자료를 탑재하면서, ② 학습 지원 및 관리 기능과, ③ 외부 자료와의 연계 기능이 부가된, ④ 전자적 형태로 구현되어 있는 학생용 교재이다. 다만, 디지털교과서 자체는 '학생용 교재'로 개발된 것이므로 현장 교원들은 서책 교과서에 대한 교사용지도서에 대응하는 디지털교과서를 위한 교사용지도서에 대한 요구가 강한 것으로 나타났다(황준성 외, 2014).

미국의 디지털교과서 활용은 인프라 지원 정책과 다양한 무료 콘텐츠 활용이 특징이다. 먼저 미국 디지털교과서를 활용하기 위한 지원 정책으로 2013년 6월 오바마 대통령이 발표한 'ConnectED 이니셔티브'가 있다. 이니셔티브의 네 가지 목표는 ① 5년 이내 미국 학생의 99%가 학교 및 도서관에서 차세대 광대역 및 고속 무선인터넷에 연결, ② 기술 및 전문적 요구에 부합하도록 교사 역량 강화, ③ 학생들에게 기본 교과서와 가격 경쟁력이 있으며 기능이 풍부한 교육 디바이스 제공, ④ 미국 전역의 주에서 채택 · 시행 중인 대학입학과 취업 준비 기준에 부합하는 디지털 학습 콘텐츠 및 경험을 통한 학생들의 역량 강화이다(Office of Educational Technology, 2017). 이는 디지털교과서 운영을 위한 기기 지원과 인터넷망으로의 연결을 기반으로 교사의 테크놀로지 활용 역량 및 콘텐츠 개발 기준이라는 질 관리 방안을 제시하고 있다.

디지털교과서 콘텐츠의 다양성은 2017년 연방 교육부 산하 교육기술부(Office of Educational Technology: OET)에서 발간한 국가교육기술계획(National Education Technology Plan: NETP)에서 나타난다. 국가교육기술계획에 따르면(Office of Educational Technology, 2017) 상업적으로 허가된 하나의 교과서만을 사용하는 것이 아닌 공개적으로 허가된 다양한 교육자원을 활용하여 질 높은 교육에의 접근을 증가시키고자 한다. 이는 2015년 시작된 GoOpen 운동과 연관되는데 이 운동은 공개적으로 허가된 교육자원(openly licensed educational resources)을 활용하도록 권장하는 전국적 운동으로, 교육자료에 대한 교사들의 권한을 높이고 교과서 구매에 사용되는 자금의 절약 및 디지털 학습으로의 전환에 투자하고자 한다. 이러한 다양한 콘텐츠에 대한 교과서로서의 인정은 주 정부가 제시하는 교수 자료에 대한 개념 정의에서도 드러난다. 앨라배마주에서는 교과서를 '각 학년 및 교과의 표준 교육과정에서 제시하는 주요 목표를 포괄할 만큼 체계적으로 조직화된 자료로서, 인쇄된 자료, 디지털 자료, 프로그램 자료 등을 포함한다'고 정의하는 등 2019년 기준 52개 주 정부 중 25개 주가 교수 자료에 대한 개념 정의에 있어서 디지털 교수 자료를 하나의 교수 자료 형태로 포함 및 교과서의 한 형태로 인정하고 있다(안성훈 외, 2023).

우리나라의 디지털교과서 정책은 2007년부터 추진되기 시작하여 2008년부터 2013년까지 디지털교과서의 개념 및 기술 도입을 위한 원형 개발이 이루어졌고, 2014년부터 2017년까지 연구학교 시범 적용 단계를 거쳐 2018년부터 일반학교에 적용되고 있다.

우리나라는 세계에서 최초로 시도되는 국가 단위의 AI 디지털교과서를 도입하여 학습자 중심의 맞춤형 학습 체제로의 전환을 목표로 하고 있다. AI 디지털교과서는 학생 개인의 능력과 수준에 맞는 다양한 맞춤형 학습 기회를 지원하고자 인공지능을 포함한 지능정보기술을 활용하여 다양한 학습자료 및 학습 지원 기능 등을 탑재한 소프트웨어로 정의할 수 있다. AI 디지털교과서는 ① AI에 의한 학습 진단과 분석(Learning Analytics), ② 개인별 학습 수준과 속도를 반영한 맞춤형 학습(Adaptive Learning), ③ 학생의 관점에서 설계된 학습 코스웨어(Human-Centered Design)의 특징을 가지고 있다(교육부, 2023b). AI 디지털교과서의 학생, 교사, 공통적인 특징은 〈표 1-6〉에 제시되어 있고, AI 디지털교과서의 비전 체계도는 [그림 1-4]와 같다.

AI 디지털교과서는 2022 개정 교육과정에 따라 2025년부터 도입하여 2028년까지 적용을 예정하고 있으며, 2022 특수교육 기본 교육과정에서도 2025년 국어 3~4학년군, 2026년 국어 5~6학년군, 2027년 생활 영어, 2028년 정보 통신 활용을 개발 예정이다.

앞서 살펴본 것처럼 AI 디지털교과서에 대한 장밋빛 청사진과 더불어 미국의 알트스쿨처럼 우려에 대한 목소리가 있는 것이 현실이다. AI 디지털교과서 도입을 위한 쟁점 분석 및 개발 전략 연구(교육부, 2023c)에서는 학교 현장에 적용에 대한 우려를 제시하였다. 이에 대한 내용을 살펴보면 다음과 같다.

첫째, 일정 및 시범 모델 부족에 대한 우려이다. 발행사들은 2022년 개정 교육과정을 기반으로 AI 디지털교과서 모델 및 사례 등을 국가에서 시범적으로 우선 개발하고 운영하여 발행사들이 참고할 수 있는 다양한 사례들과 데이터가 만들어진 후에 다음 개정 교육과정에

표 1-6 AI 디지털교과서의 주요 특징

대상	서비스 내용
학생	• 학습 진단 및 분석 • 학생별 최적의 학습 경로 및 콘텐츠 추천 • 맞춤형 학습 지원(인공지능 보조교사: AI 튜터)
교사	• 수업 설계와 맞춤 처방(인공지능 보조교사) • 콘텐츠 재구성 · 추가 • 학생 학습 이력 등 데이터 기반 학습 관리
공통 (학생, 교사, 학부모)	• 계기판(대시보드)을 통한 학생의 학습데이터 분석 제공 • 교육 주체(교사, 학생, 학부모) 간 소통 지원 • 통합 로그인 기능 • 쉽고 편리한 유아이/유엑스 구성(UI/UX) 및 접근성 보장

출처: 교육부(2023b).

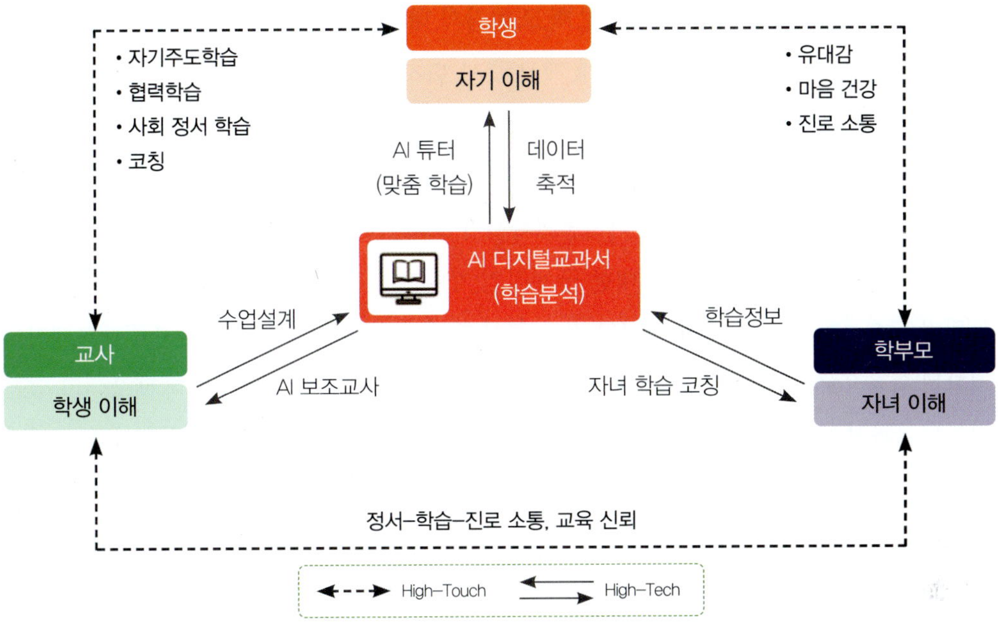

[그림 1-4] AI 디지털교과서의 비전 체계도

출처: 교육부(2023b).

서 발행사들이 주체적으로 선행된 개념을 이해하고 방향성을 잡아 독자적인 서비스를 할 수 있는 중장기 로드맵과 일정을 고려할 필요가 있음을 논의하였다.

둘째, 인공지능 기술의 부정확성 및 정신적 · 신체적 부작용에 대한 우려이다. 발행사들은 인공지능 기술이 디지털교과서에 도입된 후 발생할 수 있는 낮은 정확성에 따른 오류, 학생들에게 발생할 수 있는 정신적 · 신체적 부작용에 대한 충분한 연구와 고려 없이 우선적으로 AI 디지털교과서를 정책으로 도입하게 되면서 발생할 수 있는 다양한 문제에 대해 우려를 표명하였다. 특히, 이러한 문제가 발생했을 경우 책임 소지 및 개발 시 가이드라인 등을 우선적으로 제공해 주기를 희망하였다.

셋째, 인공지능 튜터에 대해 발생할 수 있는 다양한 문제에 대한 우려이다. 발행사들은 인공지능 튜터의 경우 현재 교육에서는 교육적 데이터가 충분히 학습 데이터로 축적되어 있지 않기 때문에 ChatGPT처럼 생성형 AI 기술이 접목되기 어렵다는 점을 강조하였다. 특히, 생성형 AI에서조차 수학 공식 등 기호 등의 소통 및 부정확성 문제가 많고 학교급에 따라 초등 저학년 학생을 대상으로 의사소통하는 방법과 고등학생을 대상으로 의사소통하는 방법 및 독해 수준이 다른데 학생들의 수준별/학교급별 차이를 인지해서 적절하게 차별화된 소통이 어려운 문제점 등을 제시하여 인공지능 튜터가 가질 수 있는 다양한 문제점을 우려하였다.

넷째, 서책형 교과서와 연계 부족 및 학교 현장의 대면 수업용 AI 디지털교과서 활용 모델 제한점에 따른 문제의 우려이다. 현재 제시된 AI 디지털교과서 개념도는 서책형 교과서와 어떻게 연계되는지가 불충분하게 제시되고 있으며, AI 디지털교과서가 학교 수업 현장에서 대면 수업과 연계하여 적용하는 수업 모델이나 이러한 과정에서 수집된 데이터를 포함하지 않고 있다고 우려를 표명하였다. 디지털교과서가 교과서라는 지위를 가지기 위해서는 서책형 교과서와 어떻게 연계될지에 대한 구체적인 가이드가 필요하며, 대면 수업에 어떻게 접목될지 교수·학습 모형 및 구체적인 전략 없이 학생의 자기주도적 학습 및 보충학습에서의 제한된 활용으로 발생할 수 있는 여러 문제점을 우려하였다. 예를 들어, 현재 배포되고 있는 디지털교과서의 경우에도 자기주도적 학습용으로 인지되어 대면 수업에서 교사들이 거의 활용하지 않거나, 수업용이 아닌 부수적인 교재로서 역할이 제한되어 AI 디지털교과서의 활성화에 제약이 될 수 있는 것이다. 어떤 발행사의 경우에는 지금 제시된 AI 디지털교과서 개념도는 디지털교과서가 아니라 디지털 개인화 학습 서비스의 모델로 논의될 필요가 있음을 주장하기도 하였다.

다섯째, 플랫폼 및 예산 중복, 데이터의 분산화에 따른 우려이다. 발행사들은 이미 2022년과 2023년 각각의 시도교육청에서 대면 수업에 적용할 수 있는 에듀테크 기반 데이터 수집 및 AI 기술 적용을 통한 교수·학습의 대시보드 제공을 목적으로 국가의 예산을 활용하여 플랫폼을 개발하고 있다. 그러나 AI 디지털교과서를 위한 별도의 플랫폼을 개발하는 것은 예산 및 정책 중복이 될 수 있다고 우려하였다. 즉, 학교 교육 현장에 AI 서비스를 위한 플랫폼 활용 계획에 따라 예산 및 정책을 시행 중에 있는데 AI 디지털교과서를 위한 별도의 플랫폼을 발행사별로 준비해서 별도의 데이터 수집 및 공유 체제를 만드는 것은 국가 예산 중복 및 교육 데이터 수합/공유의 분산화에 따라 지능형 빅데이터 구축이 어려워질 수 있다는 우려를 표명하였다.

여섯째, 발행사별로 독자적인 플랫폼을 운영함에 따라 공통적인 UI/UX를 제공하지 않을 경우 교사 및 학생들의 혼란이 발생할 수 있다는 우려이다. 즉, 발행사 개별적으로 운영하는 AI 서비스의 사용자 경험에 대한 혼란을 발생시킬 우려가 크고, 정부 차원에서 단순히 공공데이터의 수합 및 메타 데이터를 제공하는 수준에서의 정책은 결국 발행사별 AI 디지털교과서 서비스의 차이가 매우 클 것으로 예상되는 것이다. 따라서 출판사별 일관된 사용자 경험을 제시할 수 있는 수준의 가이드라인이 필요하다고 강조하였다.

일곱째, 공공 교육 데이터의 신뢰성과 개인정보의 보안 및 책임 범위에 대한 우려이다. 우선 학생 진단에 필요한 데이터셋의 확보 및 신뢰할 수 있는 데이터에 대한 검증이 필요하며,

학생에 대한 평가 데이터 축적에 따른 각각의 발행사별 보안 서비스의 문제 발생 시(유출, 조작 등) 감당해야 하는 어려움을 토로하였다. 특히, 이러한 비상사태 발생 시 누가 책임을 가질 것이며, 책임 범위에 대한 규정 등 구체적인 가이드라인 개발이 필요하다고 논의하였다.

여덟째, 특정 교과에 대하여 AI 디지털교과서 구현 범위 및 방법 등에 대한 상세 가이드라인이 필요하다는 의견을 제시하였다. 예를 들어, 수학의 경우 심화의 수준을 어느 정도까지 해야 할지에 대한 구체적인 가이드라인과, 정보 교과에서도 수월성 교육을 위한 심화 교육의 범위나 정보 교육을 위한 오픈 교육 플랫폼과 연계하는 방식 등에 대한 구체적인 가이드라인이 필요하며, 노소스/노코드 콘텐츠 범위, 자동 완성 정도의 범위 등이 애매하다고 주장하였다. 사실 정보 교과의 경우 AI 서비스가 개발된 사례가 국내외 드물기 때문에 어떤 모델로 구현해야 할지 경험이 부족한 발행사의 경우 사례를 구체적으로 제시해 주기를 요청하였다.

마지막으로 발행사들이 미래 지향적으로 AI 디지털교과서 서비스를 준비하고 발전시켜 나갈 수 있도록 중장기적 로드맵 구성이 필요하다는 의견을 제시하였다. 공통적으로 발행사들은 현재 진행되고 있는 AI 디지털교과서에 대한 정책이 급박한 일정으로 진행됨에 따라 준비 시간의 부족을 논의하면서, 장기적으로는 제시된 AI 디지털교과서의 방향에 동의하지만 발행사들이 준비하고 시행할 수 있도록 일정 및 중장기 로드맵이 필요함을 논의하였다.

3. 이 책의 구성과 사례

1) 이 책의 구성

이 책은 특수교육대상자를 위한 디지털교육의 이론과 실제를 다루어, 전체 3부, 16장으로 구성되어 있다. 이에 대한 구체적인 구성을 살펴보면 다음과 같다.

제1부 '디지털교육의 이해'에서는 디지털교육의 이론에 중점을 두며, 5개의 장으로 구성되어 있다. 제1장 '디지털교육과 미래 교육'에서는 디지털교육을 활용한 미래 교육의 방향과 전반적인 구성을 소개하는 데 중점을 둔다. 미래 교육의 방향과 국내외 디지털교육의 정책을 소개하고 이 책에서 공통적으로 다루게 될 6명의 가상의 학생 사례를 소개하고 있다. 제2장 '디지털교육의 이해'에서는 디지털교육과 관련된 기본 개념을 소개하는 데 중점을 둔다. 시대의 변화에 따른 교육의 변화와 더불어 생성형 AI, AI 디지털 교과서, 실감미디어(VA, AR, MR 등)의 개념을 소개한다. 제3장 '디지털교육 윤리'에서는 최근 대두되고 있는 디지털교육과

관련된 다양한 윤리적 문제들을 다루고 있다. 인공지능과 교육 윤리, 개인정보 보호, 저작권과 초상권 등 이론과 실제 사례를 중심으로 소개하고 있다. 제4장 '디지털교육의 교육과정'에서는 2022 개정 교육과정, 2022 특수교육 기본 교육과정을 중심으로 디지털교육의 시사점을 제시하고 있다. 국내외 디지털교육과 관련된 교육과정을 살펴보고 우리나라의 교육과정 변천사와 2022 개정 교육과정과 2022 특수교육 기본 교육과정에서 디지털교육을 어떻게 다루고 있는지를 소개한다. 제5장 '디지털교육을 활용한 수업 설계'에서는 수업에서 디지털교육을 적용하기 위한 다양한 교수·학습 모형을 살펴보았다. 국내외 다양한 디지털교육 관련 교수·학습 모형을 살펴보고 실제 이를 적용하기 위한 시사점을 제시하고자 하였다.

제2부 '디지털교육을 활용한 교과 수업의 실제'에서는 2022 특수교육 기본 교육과정의 교과를 중심으로 디지털교육을 교과에 적용하기 위한 교육과정적 기초와 실제를 제시하며, 각 교과별로 8개의 장으로 구성되어 있다. 제6장에서는 국어 교과, 제7장에서는 사회 교과, 제8장에서는 수학 교과, 제9장에서는 과학/실과 교과, 제10장에서는 진로와 직업 교과, 제11장에서는 체육 교과, 제12장에서는 음악 교과, 제13장에서는 미술 교과를 중심으로 살펴본다. 각 교과는 동일하게 구성되어 있는데 먼저 2022 특수교육 기본 교육과정의 각 교과에서 제시하고 있는 디지털교육과 관련된 교육과정적 기초를 살펴본다. 다음으로 디지털교육을 각 교과에서 적용하기 위한 실제 사례를 ADDIE 모형에 준하여 구체적인 절차들로 알아본다. 마지막으로 각 교과에서 디지털교육을 활용하기 위한 다양한 사례를 구체적인 방법을 통해 살펴본다.

제3부 '디지털교육을 활용한 학교 활동의 실제'에서는 2022 특수교육 기본 교육과정의 창의적 체험활동과 신설된 일상생활 활동, 학교생활에서 디지털교육을 적용하기 위한 교육과정 관련 내용과 실제를 제시하며, 3개의 장으로 구성하였다. 제14장에서는 창의적 체험활동, 제15장에서는 일상생활 활동을 중심으로 살펴본다. 2022 특수교육 기본 교육과정에서 제시하는 내용을 중심으로 하되 교과와 다르게 성취기준이 없는 점을 고려하여 교육과정 관련 내용, 구체적인 적용의 실제 사례, 다양한 사례를 중심으로 구성되어 있다. 다음으로 16장에서는 학생지원, 행정지원, 학부모 상담 등의 학교생활에서 디지털교육을 적용하기 위한 구체적인 사례와 방법을 중심으로 내용이 구성되어 있다.

2) 이 책의 사례

이 책에서는 디지털교육을 실제 교수·학습에서 적용하기 위하여 6명의 장애 유형별 사례를 제시하여 이해를 돕고자 하였다. 제시되는 6명의 사례는 이 책의 〈Part 2 디지털교육을 활용한 교과 수업의 실제〉, 〈Part 3 디지털교육을 활용한 학교 활동의 실제〉에서 구체적인 적용 방법과 사례로 나타나 있다. 사례 학생의 주요 내용을 요약하면 〈표 1-7〉과 같으며, 상세한 내용을 기술하면 다음과 같다.

표 1-7 이 책에 등장하는 학생의 사례

사례	성별	장애 유형	장애 정도	특성	예시 장
1. 도현	남	지적장애 (다운증후군)	경도	• 사회성이 높으며 말하는 것을 좋아함 • 새로운 디지털기기를 사용하는 데 두려움이 없음	6, 7, 8, 9, 10, 11, 12, 13, 14, 15장
2. 민재	남	지적장애	경도	• 단어 수준의 간단한 의사 표현은 가능함 • 학습된 무기력과 자기조절 능력이 부족하여 디지털기기에 무관심하며 정밀한 조작에 어려움이 있음	8, 9, 10, 11, 12, 13, 14, 15장
3. 시우	남	자폐성장애	중도	• 반향어와 한 가지에 집착하는 성향을 보임 • 청각적인 단서에 예민하여 디지털기기를 사용 시 이에 대한 조절이 필요함	6, 7, 8, 9, 10, 11, 12, 13, 14, 15장
4. 준호	남	중도중복장애 (지적 · 청각장애)	중도	• 수용언어는 보청기를 착용하여 소리를 들을 수 있지만 표현언어에는 어려움이 있음 • 새로운 기기를 사용하는 데 관심이 많으나 표현언어에서 어음 명료도가 떨어짐	8, 10, 12, 13, 15장
5. 서연	여	중도중복장애 (지적 · 시각장애)	최중도	• 시각장애로 인해 과제를 확대하는 등의 보조공학기기 지원이 필요함 • 시각적 정보의 어려움으로 디지털기기 사용 시 이에 대한 감각적 지원이 필요함	8, 9, 10, 11, 12, 14, 15장
6. 지유	여	중도중복장애 (지적 · 지체장애)	최중도	• 휠체어를 통해 이동을 하고 있으며 소근육 운동에도 어려움이 있음 • 대 · 소근육 운동의 어려움으로 디지털기기의 접근성에 어려움이 있음	6, 7, 8, 9, 10, 11, 12, 13, 14, 15장

(1) 사례 1: 도현

사례 1의 도현이는 특수학교에 재학 중인 학생이다. 도현이는 21번 염색체 이상으로 인한 다운증후군을 선천적으로 가지고 태어났다. 도현이는 아버지, 어머니, 형과 함께 생활하고 있으며 밝은 분위기 덕분에 사랑을 듬뿍 받으며 자라왔다. 발달 특성으로 인지발달에 어려움이 있었지만 높은 사회성을 지니고 있어 주변 사람들과의 관계를 잘 형성하고 소통하는 데 강점을 보였다. 자신의 생각과 감정을 표현하는 데 능숙하며 다른 사람들과 이야기하는 것을 좋아하여 학교에서도 선생님, 친구들과 친밀한 관계를 형성하고 있다.

도현이는 스마트폰, 태블릿 등의 디지털기기를 가지고 있으며 주로 전화나 유튜브 시청 등의 용도로 사용하고 있다. 주변의 디지털기기에 관심이 많으며 새로운 디지털기기를 사용하는 데 있어서도 두려움이 없는 편이다. 수업에서 디지털기기를 사용하는 데 있어 친구들에게 태블릿을 나누어주는 역할을 맡아 적극적으로 수행한다. 하지만 디지털기기를 다양하고 적합한 용도로 사용하는 데 제약이 있어 도현이의 부모님은 단순히 디지털기기를 사용하는 것이 아닌 교육 목적에 적합한 다양한 방법으로 활용되는 것이 필요하다고 생각한다.

(2) 사례 2: 민재

사례 2의 민재는 특수학교에 재학 중인 학생이다. 민재는 어머니가 임신 후 8개월 만에 조산으로 태어나 지적장애를 의심받았다. 또래보다 신체, 인지 등의 발달이 늦어 생후 초기에 여러 치료와 재활 프로그램 등의 특수교육 지원서비스를 받았으며 유치원을 다닐 때 특수교육대상자 중 지적장애로 진단받았다. 민재의 부모님은 특수교육과 관련 서비스 지원에 집중하였으며 민재는 외아들로 커갔다. 민재는 학습에 있어서 반복된 실패로 학습된 무기력을 보이며 일상생활에서도 수동적인 태도로 자기조절 능력이 부족한 편이다. 의사소통은 간단한 단어 수준은 가능하며 언어적 촉진을 받으면 주어진 과제에 집중하여 수행하는 경향성을 보인다.

민재의 부모님은 디지털기기의 중요성을 인식하고 어렸을 때부터 스마트폰, 태블릿 등의 디지털기기에 대한 학습을 시작하였으며 지역사회의 키오스크 등을 사용하게 하는 등 여러 노력들을 해왔다. 이러한 부모님의 노력으로 디지털기기의 기본 기능을 사용할 수 있으나 인지 활동이나 정밀한 조작에는 다소 어려움을 보인다. 특히 학습된 무기력과 수동적인 태도로 디지털기기를 사용하는 데 있어 적극적인 모습을 보이지는 않는다. 민재의 부모님은 민재의 졸업 이후의 삶에 걱정이 많으며 디지털기기의 사용이 보편화되는 점을 고려하여 학교에서 다양한 디지털기기를 사용하고 가정과 연계되기를 기대한다.

(3) 사례 3: 시우

사례 3의 시우는 특수학교에 재학 중인 학생이다. 시우의 어머니는 시우와 두 살 터울의 여동생을 양육하면서 시우가 단순히 말이 늦은 아이라고 생각했지만 또래보다 늦은 언어발달, 부모님과 눈맞춤이 안 되는 모습, 한 가지 장난감에 집착하며 장난감을 줄 세우는 모습 등을 보며 병원에 방문하였고 자폐성장애로 진단받았다. 시우는 가정과 학교에서의 일상생활에 큰 어려움은 없으나 자신이 관심 있는 것만 수행하거나 집착하는 모습을 보여 주의를 환기시키는 것에 어려움이 있다. 또 특정 소리에 집착하거나 회피하는 등 청각적인 단서에 민감한 경향성을 보이며 이 과정에서 자신이 관심 있는 단어 또는 문장만 반복적으로 말하는 등의 반향어를 보이기도 한다.

시우는 또래와 같이 어렸을 때부터 디지털기기를 사용하는 데 익숙하였다. 특히 좋아하는 것은 어머니의 스마트폰으로 유튜브를 보는 것인데 유튜브의 영상을 처음부터 끝까지 보기보다는 특정 구간을 반복하여 시청하며 여기에서의 대사를 따라 하는 모습을 보인다. 어머니는 시우의 이러한 행동을 제지하기 쉽지 않았는데 이러한 과정에서 자신을 자해하거나 다른 사람을 꼬집는 행동을 보여 이에 대한 고민이 깊은 편이다. 담임 교사와 상담하면서 학교에서 디지털기기를 사용하는 데 동의하지만 이러한 행동이 고착화될까 고민이며 적절한 행동으로 대체되기를 희망한다.

(4) 사례 4: 준호

사례 4의 준호는 특수학교에 재학 중이며 지적장애와 청각장애를 중복해서 가지고 있다. 준호의 부모님은 준호가 성장하면서 주변 소리나 구어에 대한 반응이 떨어지는 것을 알게 되었다. 준호는 먼저 청각장애로 진단받게 되었는데 준호의 부모님은 인지 발달이 또래보다 늦은 원인이 이러한 청각장애에서 기인한 것으로 생각하였다. 하지만 학령기로 들어서면서 발달 수준과 준호의 인지 수준의 차이는 더 커져 지적장애와 청각장애를 포함한 중도중복장애로 진단받았다. 준호는 70dB의 청력 손실을 가지고 있어 일반적인 대화를 하는 데 어려움이 있으며 큰 소리로 말해야 이해를 할 수 있어서 보청기를 착용하고 있다. 보청기를 착용하여 소리를 들을 수 있지만 이를 변별하는 데 어려움이 있으며 말을 할 때 어음 명료도가 떨어져서 언어치료를 어려서부터 지금까지 지속적으로 받고 있다.

준호는 디지털기기를 사용하는 데 있어 또래와 비교하여 큰 어려움은 없는 편이다. 하지만 청각장애 때문에 소리를 크게 해야 하거나 적절한 청각적 지원이 있어야 수업에 참여할 수 있는 특성이 있다. 또한 지적장애로 인하여 인지 수준을 고려하는 것이 필요하며 이는 디지털기기에서도 동일하게 적용된다. 준호의 부모님은 학교 수업에서 또래와 똑같이 학습하기를 원하며 과제를 수행하는 데 적절한 지원이 제공되면 큰 어려움이 없다고 생각한다.

(5) 사례 5: 서연

사례 5의 서연이는 특수학교에 재학 중이며 지적장애와 시각장애를 중복해서 가지고 있다. 지적장애와 시각장애를 동반하는 경우를 5~10% 정도로 추산하고 있는데 서연이는 원인이 분명하지는 않지만 출생 시 또는 출생 이후의 건강과 발달적인 원인으로 인하여 중복으로 장애를 갖게 되었다. 서연이는 일상생활에서 시각장애로 인하여 새로운 장소나 환경에 노출되는 것을 꺼리며 수동적인 태도를 보인다. 학습 상황에서는 과제가 주어졌을 때 눈에 보이지 않아 머리를 가까이하는 행동 특성을 보이고 이 때문에 부모님은 건강과 안전상의 문제를 제일 걱정하고 있다. 특히 시력에 어려움을 보이고 있으며 공간, 조명 등이 큰 영향을 미치고 있어 환경 구성에 매우 신경을 쓰고 있다.

서연이는 지적장애와 시각장애로 인해 디지털기기를 사용하는 경험이 많지는 않다. 서연이의 부모님은 이러한 디지털기기의 활용이 필요한지에 대한 의문을 가지고 있으며 서연이 역시 시각장애로 인한 수동적인 태도로 디지털기기를 탐색하는 데 적극적인 모습을 보이지 않는다. 담임 교사와 상담하는 과정에서 서연이가 학교에서 확대경을 통해 수업에 참여하고 있다고 들었지만 과연 할 수 있는 것이 무엇이며 디지털기기를 사용하는 데 어떠한 적절한 지원이 이루어질지 기대와 걱정이 공존하고 있다.

(6) 사례 6: 지유

사례 6의 지유는 특수학교에 재학 중이며 지적장애와 지체장애를 중복해서 가지고 있다. 지유는 「장애인 등에 대한 특수교육법」상 지체장애, 「장애인복지법」상 뇌병변장애 중 뇌성마비를 가지고 태어났다. 지유의 어머니가 출산 시 저산소증으로 지체장애를 갖게 된 것으로 추정하고 있다. 중추신경계의 기능 이상으로 나타나는 지체장애의 특성상 지적장애를 동반하는 경우는 30~50% 정도로 추산하고 있다. 지유는 지체장애와 지적장애를 함께 가지고 있어 어렸을 때부터 특수교육대상자로 선정되었으며 특수교육과 관련 서비스를 받고 있다. 지유는 일상생활 활동의 대부분을 휠체어에서 생활하고 대 · 소근육운동에 어려움을 보이고 있으며 간단한 소근육을 활용한 활동은 가능하다. 의사소통에도 제한이 있어서 구어를 통한 상호작용에는 어려움이 있으며 주된 의사소통은 보완대체의사소통(AAC)을 통해 일상생활에서 꼭 필요한 단어와 상황을 중심으로 생활하고 있다.

지유는 어렸을 때부터 중도중복장애로 판정을 받아 디지털기기를 사용한 경험이 거의 없으며 부분적 참여나 간접적인 체험을 한 정도이다. 학교 상황에서 보완대체의사소통(AAC)을 사용하고 있지만 이 형태 역시 태블릿보다는 원버튼 스위치를 주로 사용하고 있다. 지유의 어머니는 지유가 건강하게 학교 활동에 참여하는 것이 우선 목표여서 디지털기기를 사용할 수 있을지에 대한 의문이 있으며 최대한 학교생활의 참여가 커지기를 희망하고 있다.

활동하기

1. UNESCO, OECD에서 제시하는 교육의 미래 방향에 대한 공통점과 차이점을 토론해 보세요.
2. 특수교육대상자에게 AI 디지털교과서를 적용하는 것에 대한 장점과 단점을 토론해 보세요.
3. 알트스쿨의 내용을 조사하고 우리나라에서의 적용 방안을 토의해 보세요.

제 2 장 디지털교육의 이해

개요

이 장은 급변하는 시대 흐름에 따른 디지털교육을 비롯한 다양한 변화가 교육 현장에서 어떻게 진행되는지를 알아보는 데 목적이 있다. 이를 위해 이 장에서는 교육 현장에서 활용되는 디지털교육의 개념, 유형 및 동향 등을 살펴본다. 이 장의 학습을 통하여 교육에서의 디지털교육을 이해하고 교수 · 학습 현장의 효율성과 효과성을 높이는 방안과 함께 기술 활용 교육의 시사점을 고찰하게 된다.

1. 시대 변화에 따른 교육의 변화
2. 디지털 기술로 여는 새로운 교육
3. 디지털교육의 최근 동향

1. 시대 변화에 따른 교육의 변화

인류 역사를 돌아보면 불의 사용은 인간 사회의 생활양식에 큰 변화를 일으킨 사건이다. 즉, 불을 사용하기 이전의 사회와는 비교할 수 없는 완전히 새로운 생활이 가능하게 되었다. 이러한 큰 변화를 일컬어 혁명이라고 부르곤 하는데, 그 이후에도 인류는 증기기관의 발명을 1차 산업혁명, 전기의 발명을 2차 산업혁명, 인터넷을 포함한 각종 정보통신기술의 발명을 3차 산업혁명이라고 칭하며 생활양식의 커다란 변화를 이끈 혁명을 이어왔다.

지난 산업혁명의 흐름을 살펴보면, 1차 산업혁명은 1750년경 영국에서 시작되어 19세기 초반까지 유럽과 북미 지역으로 확산하였다. 기존의 인력, 축력, 수력, 풍력 등에 의존했던 에너지원에서 석탄을 기반으로 하는 증기력이라는 새로운 에너지원을 중심으로 진행된 기계화 혁명이었다. 2차 산업혁명은 19세기 후반에 시작되어 20세기 초반에 걸쳐 전기에너지의 발명, 컨베이어시스템 등장, 공산품 생산 수준 향상과 같은 사건이 일어난 변화였다. 특

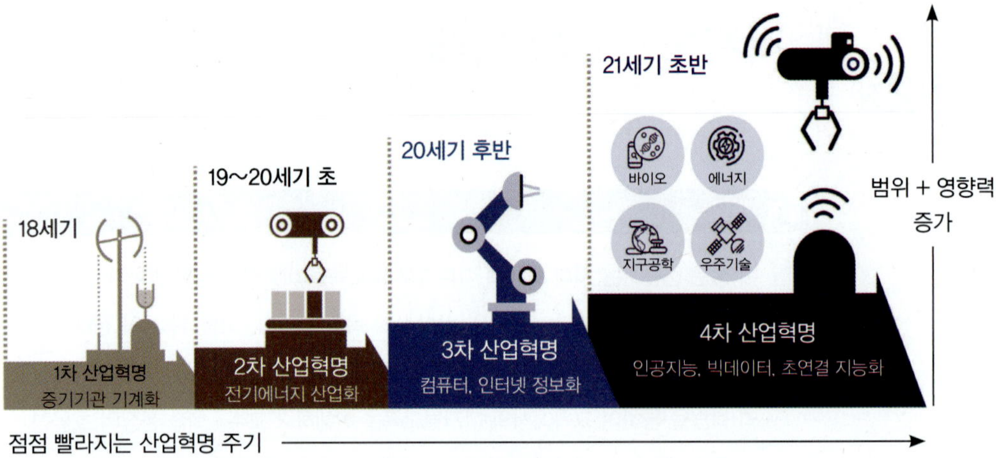

[그림 2-1] 1차~4차 산업혁명

출처: 4차산업혁명위원회 홈페이지
https://chuchugrowup.tistory.com/71

히 20세기 초반 각종 기술혁신 및 생산 시스템 변화는 현대 산업사회의 또 다른 변화와 혁신의 밑거름이 되었다. 이후 20세기 후반, 넓게는 1950년대 1990년대에 걸쳐 각종 정보통신 기술 기반의 3차 산업혁명으로 이어졌다. 컴퓨터와 인터넷에 기초한 정보통신기술이 발전하면서 일상생활의 디지털화가 급속도로 진행되었기에 3차 산업혁명을 디지털 혁명이라고도 한다. 이러한 세 차례의 산업혁명 과정에서 인류 사회의 정치, 경제, 문화 등 여러 분야에서 큰 변화를 겪었으며, 미래 인재를 양성하는 교육 분야에서도 예외가 되지 않았다(김원형, 2024).

인류는 지난 세 번의 산업혁명을 지나 새로운 산업혁명 시대를 맞이하였다. 2016년 1월, 스위스 다보스(Davos)에서 열린 세계경제포럼(World Economic Forum: WEF) 제46차 연차총회에서 '4차 산업혁명의 이해(Mastering the Fourth Industrial Revolution)'를 주제로 선정하면서 전 세계에 4차 산업혁명이라는 용어가 확산되고 관련 논의가 이어지기 시작하였다. 다보스 포럼의 Klaus Schwab 회장은 당시 포럼의 핵심 주제로 4차 산업혁명을 제시하면서 "우리는 지금까지 우리가 살아왔고 일해 왔던 삶의 방식을 근본적으로 바꿀 기술혁명의 직전에 와 있다. 이 변화의 규모나 범위, 복잡성 등은 이전에 인류가 경험했던 것과는 전혀 다른 것이다."라고 밝혔다. 이는 4차 산업혁명은 속도와 영향력이 기존 산업혁명과 비교가 어려울 만큼 빠르고 거대하다는 것이다. ICBM(IoT, Cloud, Big data, Mobile)으로 대표되는 첨단 정보통신기술의 융합을 통한 대변혁과 혁신은 인류 사회를 짧은 기간에 급격하게 변화시키고 있다(안종배, 2023). 이에 인류는 더 나은 인류 사회를 위한 첨단 기술 활용 방안에 대하여 깊은 고민이 불가피하게 되었다(김영식, 2018).

Schwab 회장의 주장대로 4차 산업혁명의 도래는 사회, 산업, 경제, 문화 정치 등 여러 분야에 커다란 변화를 일으키고 있다. 세계 어느 나라도 이러한 변화에 대한 대응을 소홀히 할 수 없게 되었고, IT 강국이던 우리나라 역시 예외가 아니었다. 이에 사회 각 분야에서 새로운 인재를 요구하게 되었고, 교육기관에서도 이러한 새로운 인재를 양성하기 위해 노력하였다. 시대적 변화에 따라 교육 현장에서 교사들은 먼지가 나는 분필 대신 스마트 칠판으로 수업을 진행하게 되었고, 학생들 역시 공책과 연필 대신 태블릿 PC를 활용하여 수업에 참여하게 되었다(이여운, 2024). 이는 단순한 기기의 변화가 아니라, 시간과 비용적 효율성 향상 및 학습자의 학업 흥미와 수업 참여까지 높이는 교육계의 혁명이다(김상균, 박기현, 2022). 이와 같은 교육 혁명은 급격한 기술 발전에 힘입어 더욱 변화의 흐름이 거세질 것이 예상된다.

1980년대 '사당오락(四當五落)'이라는 말이 있었다. 하루 네 시간 잠을 자며 공부를 하면, 대학 입시에서 성공하고 다섯 시간 이상 잠을 자게 되면 대학 입시에 실패한다는 말이다. 입시 경쟁이 치열했던 한국 사회에서 잠을 줄여가며 공부를 하는 극단적인 학습 태도를 풍자적으로 나타낸 용어였다. 이를 비롯하여 '지금 잠을 자면 꿈을 꾸지만 지금 노력을 하면 꿈을 이룬다.'와 같은 교육 현장의 관습적 문구에서 그 당시 교육 현장의 치열함을 엿볼 수 있다. 그러한 학창 시절을 보낸 기성세대들에게 휴식과 여가는 사치에 불과한 것이었다. 의무 교육과정 내에서 국가적으로 정해진 목표를 달성하기 위해서 자신의 욕구를 참는 극기(克己)가 최고의 미덕이었다. 대부분 학생은 참고 견디어 학벌과 스펙을 쌓아 명문대 진학 후 전문직 및 고액연봉자가 되기를 희망하였다. 아니, 희망하기를 강요받은 것일 수도 있다. 그 시절을 살아온 기성세대는 새로운 세대에게 그들만의 철 지난 철학을 강요하곤 한다. 하지만 그 철학은 그때는 맞았을지 몰라도 지금은 맞지 않다. 가르쳐도 배우려고 하지 않는 젊은 세대의 고개를 끄덕일 만한 근거도 없다. 단적인 예로 최근 교육 현장에서는 누구나 잘 알고 있는 '개미와 베짱이'도 재해석되는 사례가 있다. 쉬지 않고 일하여 편안하고 행복한 삶을 살아가는 극기의 아이콘인 개미가 성공적인 삶의 상징이었다면, 오늘날은 자신이 좋아하고 즐기는 것을 발견하고 인정받아 많은 저작권 수입을 벌어들이는 베짱이의 삶을 성공적으로 볼 수도 있다는 것이다. 오히려 자신이 무엇을 좋아하는지 모르고 쉬지 않고 일하던 개미가 온갖 합병증으로 고통받는 삶을 살아가지는 않는지 우려가 있기도 하다. 또 다른 예로, 20년 전만 해도 오직 영어만 잘하면 여러 좋은 직장에서 쉽게 채용될 수 있었다. 누가 먼저랄 것 없이 유학과 어학연수를 갔고 큰 비용과 오랜 기간의 고생으로 쌓은 영어 실력은 높은 수입과 안정된 미래를 약속해 주었다. 꼭 대기업은 아닐지라도 영어학원에 취업하여 먹고 사는 것에는 전혀 지장이 없었다. 하지만 최근에는 영어 실력만으로는 좋은 직장을 구하기 어렵고, 온라인에 무료로 볼 수 있는 영어강좌가 넘친다(김영식, 2018). 그 밖에도 MOOCs(Massive Open Online Courses)를 비롯하여 온라인으로 유명 대학의 외국어 강좌도 비용 없이 들을 수 있는 시대가 되었다. 또한 구글 번역기를 비롯한 각종 외국어 번역 프로그램이 눈부시게 발전하였다. 구글 번역기의 경우 60개국의 언어 번역을 지원하고 음성 인식도 가능하다. 빅데이터의 양과 정확도에 따라 언어별로 번역 수준의 차이가 없는 것은 아니지만 번역기를 사용해 본 사람이라면, 어학 공부에 들어갈 시간, 노력, 비용 등이 아깝다고 느끼게 될 것이다. 이처럼 지식과 기술을 얼마나 많이 가지고 있는가도 중요하지만 습득하게 된 지식을 어떻게 활용하느냐도 중요해진 시대가 되었다. 교육이 백년을 두고 계획을 세워야 한다고 하지만, 이러한 급변하는 시대에 발맞추어 교육이 변화해야 하는 이유는 자명하다(전승민, 2024). 즉, 새로운 시대를 맞이하여 우리 교육은 혁신을 넘어 혁명적으로 핵심 패러다임을 전환해야 할 것이다.

2. 디지털 기술로 여는 새로운 교육

1) ICT 기술과 교육

ICT란 정보통신기술(Information and Communication Technology)의 줄임말로 컴퓨터과학과 정보학에서 처음 사용한 용어이다. 우리가 쉽게 접하는 스마트폰, 인터넷, 클라우드, AI(인공지능), 빅데이터 등을 포함한 각종 디지털 기술이 ICT에 해당한다. 앞서 살펴본 바와 같이, ICT는 정보(Information), 통신(Communication), 기술(Technology)이라는 세 가지 개념이 결합된 것으로, 기존의 방대한 정보를 분석하고 활용할 뿐만 아니라, 새로운 정보를 생성하는 기술을 의미한다. 단순하게 스마트 기기에서 온라인 공간 내 각종 정보를 검색하거나 타인에게 메시지를 보내는 것에서부터 고차원적인 자료 분석과 새로운 정보를 창출하는 것까지 우리 사회의 다양한 영역에 걸쳐 활용되고 있다.

근대 이후 인류 사회는 새로운 기술과 미디어를 통해 세상을 변화시켜 왔다. 그리고 우리는 새로운 산업혁명을 맞이하게 되었는데 바로 ICT 기술을 중심에 둔 4차 산업혁명이다. 새로운 산업혁명으로 인해 사회, 경제, 문화 분야를 비롯하여 교육 분야에도 많은 변화가 일어나고 있다. 특히, 2020년경 전 세계를 뒤흔든 코로나 팬데믹은 학교 현장에 완전히 새로운 유형의 교육을 시도하게 만들었다. 원격교육을 포함하여 그동안 미래 공상 과학소설에서나 보던 교육이 일상화되는 뉴노멀(New Normal)의 시대를 맞이한 것이다. 이를 두고 한국지능사회진흥정보원(2022)에서는 코로나 팬데믹으로 인해 전 세계적으로 디지털 기술을 활용하는 삶으로의 변화인 '모든 영역의 디지털화(Digital Everywhere)' 현상이 심화하였다고 하였다.

시대적 변화에 발맞추어 우리 정부는 혁신적으로 교육과 기술을 결합하여 공교육의 질을 개선하기 위한 기술 친화적 교육 시스템 구축을 목표로 2023년 '에듀테크 진흥방안'을 발표하였다(관계부처 합동, 2023). 또한 디지털 대전환 시대에 대응하기 위해, 교육의 근본적인 변화를 포함한 구체적인 교육혁신 방안을 담은 '디지털 기반 교육혁신 방안'도 함께 제시하였다(교육부, 2023a). 정부 차원에서 3대 교육개혁 정책 중 하나를 '디지털교육혁신'으로 정하여 시대 변화에 맞는 ICT 활용 디지털교육을 시행하고 미래형 인재를 양성하려는 것이다. 혁신 방안의 하나로 AIDT(인공지능 디지털교과서)의 도입계획을 밝히기도 하였는데, 이는 모두를 위한 맞춤 교육의 실현 방안으로서 다양한 학습자 포용, 보조 학습 자료 지원, 평가 방법 수립 및 결과 도출 용이 등의 장점이 있는 것으로 여겨지고 있다(오수경, 임다미, 2025).

과거에는 단순한 교육 보조수단에 불과했던 기술이 이제는 교육의 질에 지대한 영향을 미치는 핵심 도구로 인식되면서 교육과 기술의 결합은 결코 피할 수 없는 흐름이 되었다. 이 과정에서 초·중·고등학교 및 대학 교육 현장에서 오랫동안 해결되지 않던 문제들이 첨단 기술을 통해 해결하려는 시도가 이어졌다.

2) AI와 교육

앞서 살펴본 바와 같이, 4차 산업혁명은 인류 사회 여러 분야에 큰 패러다임 전환을 가져왔다. 글로벌 베스트셀러 『사피엔스』의 저자 Yuval Harari는 4차 산업혁명이 이전 산업혁명과 다른 가장 큰 사항으로서 과거 인간의 고유 영역이라고 할 수 있는 '인지 노동'을 기계가 대신하게 됨을 저서를 통해 밝혔다. 앞서 1차, 2차, 3차 산업혁명에서 다양한 유형의 기계가 인간의 육체노동을 대신하였고, 이번 4차 산업혁명은 인공지능을 비롯한 각종 정보통신기술 기반의 기계가 인간의 지적 기능을 대신 수행하고 있음에 모두가 동의할 것이다. 이에 과거 단순 지식 암기가 중요하던 교육이 새로운 교육 목표를 수립하고 유례없던 교육 방법을 시도하게 된 것이다.

인공지능은 4차 산업혁명과 함께 갑자기 등장한 기술이 아니라 꽤 오랜 기간을 거쳐 발전을 거듭한 기술이다. 처음 그 용어가 생겨난 시점은 1956년으로, 다트머스 콘퍼런스에서 전산학자 John McCarthy가 인공지능(Artificial Intelligence)이라는 용어를 만들었다. 그 이후, 1970년까지 인공지능 관련 연구는 매우 활발하게 이루어졌다. 하지만 연구를 뒷받침하는 컴퓨터의 성능이 부족하였고, 연구에 필요한 데이터의 한계 등으로 혁신적인 연구 결과를 도출하지는 못하였다. 그래서 그 당시 인공지능에 대해 큰 기대를 하는 사람이 많지 않았다. 그러나 관련 기술 및 기기가 발전을 거듭하면서 많은 사람이 인공지능 기술에 관심을 가지게 되었다. 특히 2010년 구글이 선보인 AI 기술 기반 자율주행 자동차와 2012년 영상 인식 기술은 사람들에게 인공지능의 무한한 가능성을 실감하게 하였다. 2016년 알파고와 이세돌 9단의 바둑 대결에서 인공지능이 인간을 이기는 모습을 실시간으로 확인하면서 새로운 기술의 능력과 잠재력을 새롭게 인식하는 계기가 되었다. [그림 2-2]와 같이 진행된 전례 없는 인간과 컴퓨터 간의 대결은 기존에 없던 새로운 방식의 대결 진행 과정에서도 많은 관심을 끌었다. '알파고'라는 이름은 그리스어로 첫 번째를 뜻하는 알파(alpha), 일본어(碁, 기)로 바둑을 의미하는 단어를 영어로 표기한 고(go)의 합성어로, 오로지 바둑을 위해 만들어진 컴퓨터이다. 바둑에서 첫 번째 존재가 되겠다는 의미로 지어진 이름이다. 알파고는 바둑 전문가의 기보 3,000만 건을 바탕으로 머신러닝을 진행하여 약 1,000년 이상 바둑을 공부한 사람의 바둑 실력을 갖추고 있다. 그리고 네트워크에 연결된 여러 대의 컴퓨터가 함께 데이터를 처리하는 클라우드 컴퓨팅을 통해 알파고는 짧은 기간에 바둑 실력을 급성장시킬 수 있었다. 한 대의 컴퓨터 데이터 처리보다 훨씬 빠르고 거대한 정보를 처리하는 시스템이다. 흥미로운 사실은 구글 클라우드는 미국에 서버를 두고 있는데, 한국에서 바둑을 둔 이세돌 9단과 대결한 상대는 실제로는 미국에 있었다는 것이다. 클라우드 컴퓨팅을 통해 인간이 따라잡을 수 없는 엄청난 분량의 바둑을 공부한 알파고는 정교한 알고리즘으로 효율성까지 높였다. 또한 고급 탐색 트리와 심층 신경망을 결합한 알파고는 인간 두뇌의 신경망 작동 원리를 모방한 딥러닝 기술이 적용되었다.

[그림 2-2] 알파고-이세돌 9단의 대국 방식

출처: https://www.kmib.co.kr/article/view.asp?arcid=0923457032

최근 많은 이들이 인공지능 기술에 열광하는 큰 이유 중 하나는 인간의 인지 노동을 대신한다는 것인데, 이는 과거 기술과 기기들이 신체적인 노동만을 대신한 것과 비교하면 혁신적인 변화이다(김수향 외, 2024). 이러한 변화의 예로 의료용 인공지능 의사인 왓슨이 대표적인데, 왓슨은 쉼 없이 전력만 공급된다면 엄청난 양의 엑스레이 사진과 MRI, CT 데이터와 실제 진단 결과를 비교한 학습이 가능하다. 그 과정에서 조직검사나 혈액검사 없이, 종양의 색상, 크기, 모양을 근거로 악성 또는 양성을 오차 없이 구분하는 알고리즘을 만들게 된다. 지속적인 데이터 학습을 통해 자신의 분석 알고리즘을 더욱 정교화하면서 진단 정확도를 높여가게 된다. 왓슨과 비교하여 인간 의사의 경우는 하루에 몇 건의 환자 관련 자료를 판별하는 것도 부족하다. 더불어 많은 논문과 책자를 학습하고, 또 탐구 결과를 환자 진단에 접목하는 과정에서도 왓슨과 인간 의사는 비교 불가능한 데이터 처리 및 학습 규모의 차이가 있다. 실제 일반적인 인간 의사의 경우, 새로운 환자를 만나게 되면 보다 정밀한 진단을 위해서 엑스레이, CT, MRI를 비롯한 각종 신체 내부 촬영을 하고, 혈액검사와 최종 조직검사를 하고 나서야 비로소 정확한 병명을 확진하여 통보한다. 물론 임상경험이 많은 의사의 경우는 단순한 CT 촬영 결과만으로 암진단을 내리는 경우가 있으나 일반적으로는 초음파, MRI, 조직검사는 암을 통보하는 과정에서 필수적인 과정이라고 할 수 있다. 암보다 더 희귀한 병이거나 영상으로 진단이 어려운 이유가 있다면 확진까지는 더 많은 시간과 노력이 필요하며, 때에 따라서는 더 많은 전문인력이 동원되어야 한다.

인간의 신체적 노동을 넘어서 인간의 고유 영역으로 여겨지던 인지적 노동을 대신하는 인공지능은 이제 우리에게 익숙한 존재로 자리 잡고 있다. 어느 순간부터 우리는 부지불식간(不知不識間)에 인공지능과 함께, 인공지능의 도움을 받으며 살아가고 있다. 예를 들어, 스마트 기기에서 원하는 앱을 내려받으면 가장 먼저 개인 정보 활용에 대한 동의를 묻는다. 특별한 의심 없이 대부분 사용자는 동의하고 자신에게 맞는 정보를 제공받는다. 필요한 제품 추천을 받거나, 관심을 가질 만한 시청각 콘텐츠를 추천받기도 한다. 현대인은 유용하고 간편하며 흥미로운 인공지능에 푹 빠지게 된다. 인공지능이라는 인지 도구를 탑재한 스마트 기기는 우리의 삶을 편리하게 도와주는 과정에서 다양한 학습을 반복적으로 수행한다. 수많은 데이터를 학습하면서 점차 자신의 정확도를 높여가게 된다.

인공지능을 개념적으로 이해하기 위해서는 인공지능, 머신러닝(기계학습), 딥러닝(심층학습)을 개념적으로 분류하여 이해할 필요가 있다. 머신러닝(Machine Learning)은 컴퓨터(기계)가 스스로 학습하여 인공지능의 성능을 향상하는 인공지능 기술 방법 중 하나이다. 그리고 딥러닝(Deep Learning)은 머신러닝 중에서 인간의 뉴런과 시냅스를 모방한 인공 신경망을

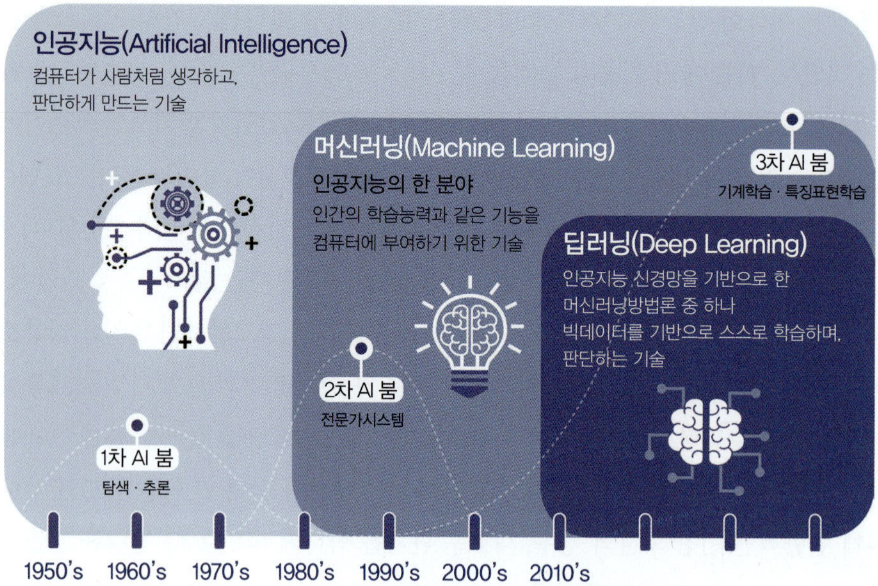

[그림 2-3] 인공지능, 머신러닝, 딥러닝 개념 분류

출처: https://wikidocs.net/224599

활용하는 알고리즘 기술 방법이다. [그림 2-3]과 같이 인공지능이 최상위 개념이며 그중에 머신러닝이 있고 머신러닝 중의 하나가 딥러닝이다. 그림에 제시된 것과 같이 시대적으로 인공지능, 머신러닝, 딥러닝의 순서로 개발되어 활용되고 있다.

1980년 딥러닝 기술이 발전하기 이전에는, 인간을 대신해 문제를 해결하는 전문가 시스템(expert system)이 큰 관심을 끌었다. 전문가들은 기기 운용을 위한 명령어를 구조화하여 체계적인 프로그래밍 개발을 연구했다. 그러나 인간들이 발견한 규칙을 적용하는 과정만으로는 지금 우리가 만나고 있는 인공지능과 같은 복잡한 작업을 수행하기에는 한계가 있었다. 이미지를 분류하거나 음성을 인식하고 외국어를 번역하는 등 고난이도의 과제를 처리하는 것은 기존 방식으로는 불가능했다. 이에 따라 단순히 프로그래머가 미리 만들어 놓은 명령어를 처리하는 방식을 넘어 컴퓨터가 데이터를 인식하고 자동으로 특정 규칙을 학습하는 것에 대한 연구가 진행되었다. 주어진 정보를 단순히 받아들이는 데 그치지 않고, 컴퓨터라는 기계(machine)가 학습(learning)을 하는 것을 머신러닝(Machine Learning)이라고 한다.

과거 프로그래밍과 머신러닝의 차이를 도식화하면 [그림 2-4]와 같다. 그림에서 볼 수 있듯이 전통적인 프로그래밍은 프로그래머들이 규칙을 만들고 규칙에 따라 처리될 데이터를 입력하면 정답이 출력된다. 이와 달리 머신러닝은 이미 확보된 데이터와 데이터로부터 기

[그림 2-4] 전통적인 프로그램과 머신러닝의 차이

대되는 정답을 입력하면 규칙을 도출하는 원리이다. 또한 머신러닝으로 발견한 규칙에 빅데이터를 결합하면, 기존 규칙의 타당성을 검증할 수 있을 뿐만 아니라, 더 정교하고 새로운 규칙을 도출할 수도 있다. 컴퓨터가 여러 데이터를 이용해서 마치 사람처럼 스스로 학습하기 위한 인공 신경망(Artificial Neural Network: ANN)을 기반으로 구축된 기계학습 기술을 딥러닝(deep learning)이라고 한다. 이러한 딥러닝 기술을 적용하면 엔지니어가 기계의 판단기준을 정해 주지 않더라도 컴퓨터가 스스로 정보를 분석, 습득, 추론, 종합, 판단하며 성장을 거듭하게 된다. 이러한 딥러닝 기술은 이미 우리가 일상에서 빈번하게 활용하고 있는 영상, 음성 인식 등에 유용하게 활용되고 있다. 인공지능의 놀라운 존재감을 세상에 알린 구글 알파고 역시 딥러닝 기술을 활용한다. 수치로 살펴보면 인간이 하루에 8시간 동안 바둑을 둔다고 가정했을 때, 알파고는 인공 신경망 기술을 활용하여 하루 만에 인간이 35년 동안 둘 수 있는 분량의 바둑을 학습했다고 할 수 있다.

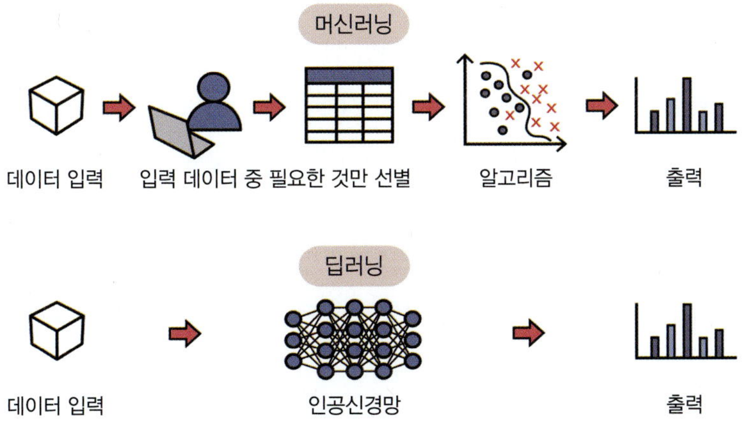

[그림 2-5] 머신러닝과 딥러닝의 학습 차이

출처: https://wooono.tistory.com/206

이러한 머신러닝 기술의 효율적 활용을 위해서는 수집된 데이터에 전문적인 통찰과 직관, 창의성이 더해져야 한다(전승민, 2024). 즉, 머신러닝 기술을 활용하여 유의미한 규칙을 도출하려면 확보된 데이터에 해당하는 분야에 대한 전문적 식견이 필요한 것이다. 전문성에 기반한 직관적 해답을 제시할 때 타당한 규칙을 발견할 가능성도 더욱 커진다고 볼 수 있다. 정리하면 궁극적으로 정답을 찾는 것은 프로그래머의 임무라기보다 데이터를 기반으로 통찰력 있게 직관적으로 결론을 도출하는 전문가의 영역이라고 할 수 있다. 예를 들어, 인공지능의 반복적인 기계학습으로 영상을 보고 뺑소니 차량을 감별하도록 하는 경우를 생각해 보자. 다양한 차량에 대한 이미지가 있어야 할 것이고, 이를 위해서 현존하는 모든 차량의 이미지를 빅데이터로 확보하고 있다면, 오랜 기간 수많은 차량을 감별해 온 전문 수사관에 버금가는 감별 능력을 갖출 수 있을 것이다. 오히려 식사도 해야 하며 개인적인 친분과 재테크 등에 관심을 가진, 때로는 산만해질 수 있는 인간 수사관보다 오직 주어진 업무에만 집중하는 인공지능이 더 나은 감별 성과를 나타낼 수도 있다. 경쟁이 아니라 인공지능과 전문 수사관의 효율적 협업을 상상하는 것도 매우 고무적이다.

우리가 인공지능의 활용에서 기대하는 핵심은 바로 전문성이다. 전문성이란 특정 영역에서 일반적으로 누구나 할 수 있는 수준의 수행력 이상의 수행 능력이다. 당연한 이야기지만 수준 이하의 수행력을 보인다면 지금과 같은 관심을 받기 어려웠을 것이다. 곰곰이 생각해 보면 인공지능이라는 기술이 존재하기 전 전통적인 교육 현장에서도 이는 변함없이 추구하던 교육의 지향점이자 미래의 인재상이었다. 이러한 전문성은 단기간에 이루어지기보다는 매우 장기적이고 체계적인 교육과 훈련을 통해 습득된다. 따라서 전문성을 중시하고, 전문가를 존중하는 사회적 분위기가 자연스럽게 조성되었다.

시대가 달라짐에 따라 이러한 전문성에 대한 관점이 달라지고 있다. 미래 인류 사회에서 가장 큰 특징 중 하나로서 멀티미디어에 의한 각종 전문지식의 통합 및 전달이 이루어지는 사회이다. 따라서 미래의 교육 또한 이러한 멀티미디어를 활용한 창의성 함양 교육이 각광받을 것이 기대된다. 이미 서책형 교과서가 아닌 멀티미디어 기반의 교육 프로그램으로 교수·학습이 진행되고 있으며, 칠판이 전동 스크린이나 전자 모니터로 대체되고 있다. 우리나라 교육부도 세계 최초로 2025년 3월 인공지능 디지털교과서(AIDT)를 교육 현장에 보급하겠다고 발표한 것도 이와 일맥상통한 흐름이다. 우리나라를 비롯한 세계 여러 나라의 교육 현장들이 전통적인 교실에서 첨단정보통신 기술 기반의 새로운 교실로 변화하기 위한 노력이 진행되고 있다. 인터넷이 가능한 컴퓨터는 물론이고 태블릿 PC와 인공지능 기술이 접목된 각종 디바이스를 골고루 갖추게 될 것이다. 하드웨어적인 변화와 함께 증강현실 및 가상현실 기술과 같은 소프트웨어적인 변화가 교육에 활용되는 것도 병행하여 교육 현장의 일상으로 자리 잡고 있다(김원형, 2024). 교육 통계를 실시한 유니멀시브 조사에 따르면 가상현실 기술이 가장 많이 사용될 과목으로 과학, 역사, 지리였으며, 일반 서책형 수업에 비하여 10배에서 20배 이상의 교육적 효과성이 높다는 결과가 도출되었다. 단순히 흥미를 유발하는 교수 · 학습방법을 넘어, 실질적인 교육적 성과를 높이는 요소임을 결코 간과해서는 안 된다.

미래학자 앨빈 토플러는 ICT 기술의 발전과 글로벌화로 미래 교육 현장의 모습은 급속도로 변화할 것을 예상했다. 특정 시간만이 아닌 하루 24시간 학교의 운영과 함께 다양한 학습자에게 맞추어진 개별화된 교육, 학생별로 다른 입학 연령과 등교 시간 등을 언급하면서 학교 현장의 새로운 모습을 예측하였다. 이미 일부는 그의 예상이 적중하기도 하였고, 또 다른 일부는 그의 예상을 넘어서기도 하였다. 미래의 교육 현장은 전통적 교실을 대표하던 칠판, 분필, 종이 교과서와 공책, 연필 등은 보기 어려워질 것이다. 칠판을 대신하여 전자칠판이, 분필을 대신하여 전자펜이, 서책과 공책 및 연필은 태블릿 PC가 대체할 것이다. 단순히 교실의 물리적 특징만이 달라지는 것이 아니라, 교수 · 학습 과정 또한 크게 달라질 것이다. 교사와 학생 모두 함께 온라인에서 필요한 정보를 검색하고 정보를 공유할 것이다. 교수 · 학습 과정에서 개별 학생이 수행한 학습자료가 온라인에 체계적으로 누가 기록될 것이다. 이러한 자료들은 인공지능 기술을 통해 학습의 양과 질 변화를 분석하고, 학습자에게 적합한 학습 과제를 추천하는 데 유용하게 활용된다. 또한 기술의 발전으로 기존의 형식적이고 정형적인 정보 제공보다 개별 학습자의 삶과 직결된 학습 활동이 강조되고 있으며 학습자들의 모든 경험과 역량이 상호 의존적으로 추가되고 통합되고 있다(한경근, 박기범, 2016). 이 과정에서 다양한 학습 환경에서 개인별로 맞춤화된 학습 경험을 제공하기 위해서 정형적 학습 데이터뿐만 아니라 학습 과정에서 발생하는 다양한 비정형 데이터의 체계적 수집 및 분석도 중요해지고 있다(정훈 외, 2022).

정보 통신 기술로 u-러닝도 가능해지게 한다. 교실이 아닌 가정, 주중이 아닌 주말에도 언제 어디서나 학습자의 배움이 이루어질 수 있도록 지원하는 것이다. 이는 현실 세계와 가상공간, 공유공간 및 개인공간이 모두 융합되어 모든 곳이 학습자를 위한 배움의 장(長)이 될 수 있다는 것이다. 현실은 일상생활의 삶에서 지식을 전달하거나 구성하게 되는 학습공간이다. 하지만 가상공간은 사람이 정보 통신 기술을 활용하여 창조된 새로운 학습공간이다. 공유공간은 두 사람 이상의 학습 관계자가 서로 교육적 교류를 하는 과정에서 만들어진 학습공간이다. 개인공간은 한 개인만의 공간이다. u-러닝 학습공간은 앞서 언급한 네 유형의 공간들이 서로 분리되기보다는 통합된 곳이며, 각 공간에서 이루어지는 학습이 서로 단절되지 않고 영속적으로 이어지게 된다는 특징이 있다. 다시 말해, u-러닝에서의 학습은 학생들이 실제 공간에서 다른 공간에 있는 어떤 자원이라도 접근하여 활용할 수 있는 융합된 학습이 가능해진다는 것이다. 주도적인 학습을 지원함은 물론이고 그 교육적 결과에 긍정적인 영향을 미칠 것도 분명하다.

UN미래포럼 제롬 글렌 회장은 과거에 2025년에는 전 세계 모든 학생이 첨단 정보 통신 기술에 기반하여 하루 종일 사이버 세상과 연결을 예상하였고, 현재 그의 예상에 이견을 제시하는 사람은 거의 없을 것이다. 그리고 음성 인식 기기의 선구자인 레이 커즈와일은 2010년경 컴퓨터 기기들이 몸속 또는 옷 속으로 들어가는 웨어러블(wearable) 컴퓨터 시대가 온다고 예상하였고, 이 역시 현재 모두가 동의하는 사항일 것이다. 그가 처음 하루 24시간 내내 신체 내에 인터넷이 연결될 것이며, 각종 디바이스가 크기는 작아져도 성능은 좋아져서 인간의 몸 속으로 기술이 들어갈 것을 주장하였다. 처음에는 공상 과학소설처럼 여겼더라도 오늘날 이러한 미래에 대한 예상은 당연한 일상이 되었음을 알 수 있다.

최근 증강현실, 가상현실, 메타버스 및 인공지능 기술 등 각종 정보 통신 기술의 발전으로 사이버공간에서의 교수 · 학습은 많은 관심을 받고 있다. 교수 · 학습 내용을 현실보다 더욱 현실감 있게 만들어서 학습자의 학습 동기를 유발함은 물론이고, 더욱 정교한 설명이 가능하여 학습자의 이해도를 높일 수 있는 긍정적인 효과도 있다(김원형, 2024). 예를 들어, 과거 세계 지도와 사진으로만 만나던 이탈리아의 유적지나 미국의 박물관을 가상의 공간에서 만나게 되는 것이다. 학생들은 현실적인 시청각 자료에 학습 의욕이 올라가게 되고, 궁극적으로 해당 내용을 더 잘 이해하게 될 것은 당연한 사항이다.

그리스 철학자 아리스토텔레스는 '인간의 본질은 인간의 기능에 있으며, 인간의 기능 발휘란 주어진 고유한 능력을 얼마나 잘 현실화하는가에 달려 있다.'고 하였다. 과거 개인의 학습과 노력의 결과가 보장되었던 성공은 이제 시대의 변화와 함께 달라진 사회 시스템으로 그 성공을 보장하기 어려워졌다. 하지만 인류 사회의 삶의 방식이 달라지는 것에는 시간이 필요하며 특히 나이가 많은 세대일수록 그동안의 삶의 방식을 쉽게 바꾸지 못한다. 따라서 기존의 직업군이 단숨에 사라지지도 않는다. 모든 세대의 삶의 모습이 변화하기에는 일정 시간이 필요한 것이다. 삶의 모습의 변화에서 대표적인 예시를 들면 대한민국 국민 소통 창구라고 할 수 있는 카카오톡이다. 카카오톡은 일정한 건당 이용료로 메시지를 보내던 사람들이 무료로 제한 없는 메시지 서비스를 제공하며 혁명적으로 우리 삶에 깊숙이 들어왔다. 더 나아가 오늘날 우리 삶의 패턴도 바꾸어가고 있다. 텍스트나 음성보다 사진이나 영상을 통해 정보를 보다 확실하게 전달하는 방식이 일반화되었다. 더 나아가 모임을 하기도 하며,

직장 업무나 송금도 가능해졌다. 처음 이 어플리케이션을 만든 프로그래머만으로는 이러한 혁신적인 서비스가 되진 않았을 것이다. 각계각층 사용자들의 고민과 요구에 부응하는 과정에서 국민 소통 창구로 발전하게 되었을 것이다.

더군다나 이제 우리는 AI 시대를 넘어 생성형 AI(Generative AI)시대를 맞이하고 있다. OpenAI의 ChatGPT와 같은 생성형 AI는 이제 인간의 역할을 대신하는 수준을 넘어, 인간과 소통하며 정보를 분석하고 새로운 가치 창출까지 해내고 있다(정제영, 조현명, 황재운, 문명현, 김인재, 2023). 텍스트, 이미지, 음성, 영상 등을 생성하는 데 특화된 인공지능으로서 교육 분야에서 그 활용 가능성이 더 넓어지고 있다. 대표적인 예로 학생과 교사를 위한 AI 튜터 및 AI 보조교사 역할로 학습 및 평가를 지원하는 데 활용되고 있다. 특히, 생성형 인공지능은 맞춤형 학습 콘텐츠 제공, 수업 설계 및 평가 지원, 몰입형 학습 콘텐츠 제작 등에서 효과를 보이며, 교사와 학생의 교육적 역량을 지원하는 도구로 그 역할을 하고 있다(홍수민, 한형종, 2023; 신주은, 박판우, 배영권, 2023). 엄연한 튜터로서 인공지능은 학습자의 학습을 효과적으로 지원하여 그들의 창의적 사고력과 자기 주도적 학습을 촉진하기도 한다(주민재, 2023). 그리고 AI 보조교사로서 인공지능은 교사의 수업 설계, 피드백, 평가, 학생 모니터링 등을 도울 수 있다(교육부, 2023b). 생성형 인공지능 활용 교육에 참고할 수 있는 'GATe 프레임워크'는 생성형 인공지능을 활용한 교수・학습 과정을 체계적으로 설계한 사례로, 수업의 기획, 설계, 실행, 환류의 단계에서 교사, 학생, 생성형 인공지능의 역할을 명확히 제시하며 교육 현장에서의 생성형 인공지능 활용 가능성을 입증하였다(박선아 외, 2024). 이처럼 현장에서는 다양한 생성형 AI의 교육적 활용 사례가 끊임없이 보고되고 있다.

3) 실감미디어와 교육

디지털 기술의 눈부신 발전은 아주 빠른 속도로 우리 사회를 변화시키고 있으며, 미래 인재를 양성하는 교육 현장에서 새로운 시도로 이어지고 있다. 디지털교육 기술 산업이라는 새로운 분야가 각광받기 시작했고, 교육 콘텐츠, 학습 관리 시스템, 언어 애플리케이션, 가상현실(Virtual Reality: VR), 증강현실(Augmented Reality: AR), 맞춤형 개인 교습, 시험 등의 개발 및 보급에 초점을 맞추었다(UNESCO, 2023). 여기서는 특히 첨단 기술에 기반한 실감미디어를 활용한 교육을 살펴보고자 한다.

VR이란 정보 통신 기술로 만들어낸 3차원적 가상의 공간에서 사람들이 현실세계에서 겪기 어려운 것을 인지하고 조작하는 등의 활동을 하는 기술로(Pratt, Zyda, & Kelleher, 1995),

이 기술을 통해 구현되는 가상의 세계는 현실과 유사성이 점차 가까워지고 있는데, 사용자가 실제와 유사한 시공간적 경험을 할 수 있는 매체로 활용될 수 있다(손지영, 염명숙, 2015). 국내외 다양한 교육 현장에서 VR이 교육적 가치가 있는 이유는 시공간적인 한계를 넘어 다양한 교육적 경험을 하는 동시에 학습자의 높은 참여도와 학습자 간 또는 교수자와 학습자 간의 상호작용을 할 수 있다는 점이다(정지훈, 이영선, 2022). 시스템 환경적 특성에 따라 몰입형 VR, 원거리 로보틱스, 데스크톱 VR 및 삼인칭 VR로 분류될 수 있는데(김정수, 2020), 사용하는 프로그램 및 물리적 시스템에 따라 그 몰입도에 차이가 발생한다(Dechsling et al., 2021). VR 프로그램 중 AR은 현실 세계를 바탕으로 정보 혹은 사물을 합성하여 존재하는 사물처럼 보이게 하는 컴퓨터 그래픽 기법이다(Billinghurst & Kato, 2002). 이는 가상공간에서만 다양한 체험이 이루어지는 VR과 달리 실제 환경을 사용자가 볼 수 있어 VR과 비교하여 사용자가 비현실감의 단점을 보완하여 현실감 높은 체험을 할 수 있다는 장점이 있다(유현민, 최상배, 2019; Azuma, 1997). 더불어 몰입형 VR을 장시간 체험한 경우 사용자가 느낄 수 있는 어지러움이나 피로감이 감소할 수 있다(Bellani et al., 2011). AR의 실제 환경에 추가된 3D VR은 교수·학습 과정에서 특별한 교육적 요구가 있는 장애 학생도 큰 흥미를 느끼고 오랜 시간 집중함으로써 학습 효과가 커질 수 있다는 연구(노경희 외, 2010)도 보고되었다.

우리 교육 현장에서 학습자들의 수업 참여도와 이해도를 높이기 위해 더욱 실감나는 콘텐츠를 제공하려는 노력은 오랜 역사를 가지고 이어져 왔다. 자료를 크게 제시하는 괘도에서부터 투명한 OHP 필름을 빛을 통과시켜 확대하여 제공하는 과정, 그리고 손쉽게 개별 스마트 기기를 소지한 상황에서 유튜브와 AR, VR 기술까지 활용하여 학습자들의 교육적 효과를 높이려는 시도가 끊임없이 이어지고 있다.

앞서 살펴본 단순한 AI 기술부터 생성형 AI, VR, AR 등 각종 ICT 기술의 교육 현장 적용 사례를 보면 교육 현장에서 관련 전문인력을 양성하고 이를 다시 현장에 보급하는 것이 중요하다는 점을 알 수 있다. 하지만 엔지니어가 만든 기술을 교육 현장에 적용하는 과정에서는 적재적소에 적용하기 위한 기획자도 필요하며, 다양한 특성을 가진 학습자들이 가지고 있는 각양각색의 교육적 요구 사항도 주목해야 할 것이다. 그리고 무엇보다 학습자의 성장을 진심으로 고민하고 더 나은 교육을 진행하고자 노력하는 교사의 전문성이 중요하다. 그러한 과정을 통해 천편일률적인 구시대적 교육을 벗어나 다양한 학습자 맞춤형 교육이 이루어질 수 있는 것이다. 이러한 점이 오늘날 ICT 기술을 활용한 교육이 발전한 이유이며, 앞으로 교육계가 끊임없이 발전하는 첨단 AI 기술에 관심을 가져야 함을 사명으로 여겨야 하는 이유이다.

3. 디지털교육의 최근 동향

오늘날 교육 현장에서 AI 기술을 비롯한 정보통신기술의 활용은 선택이 아닌 필수가 되었다. 세계 여러 나라에서 시도하고 있는 각종 디지털 기술 활용 교육 동향을 구체적인 사례를 통하여 살펴보고자 한다. 이 내용은 한국교육학술정보원(KERIS)이 2024년에 출판한 『KERIS Magazine 에듀테크 디지털교육 국내외 동향』의 내용을 발췌 · 수정하였다.

1) 미국의 디지털 기술 활용 교육 사례: 계산기에서 생성형 인공지능 기술까지 이어진 교육의 발전

아주 오래전 교육 현장에서 처음 전자계산기를 도입할 당시 많은 걱정과 논란이 있었다. 교사와 학부모들은 학생들의 기본적인 수학 능력 저하를 걱정하였고, 비평가들은 학생들이 앞으로 수학에 대한 비판적 사고 능력을 잃을 것이라 우려하기도 하였다. 하지만 시간이 지나면서 계산기는 학생들의 계산을 대신하는 도구가 아니라 이해를 높이는 도구로 여겨지게 되었다. 이에 1990년대 교육 현장에서 계산기는 학생들의 필수품이 되었고, 계산기의 도움을 받은 학생들은 문제 해결, 개념 이해, 적용 및 활용 등 보다 고차원적인 수학 학습에 더 집중할 수 있게 된 것이다.

최근 교육 현장에서 또 다른 걱정과 논란거리로 교육 현장에서의 생성형 AI 활용 사항이 급부상하고 있다. 몇몇 비평가들은 생성형 AI의 교육적 활용이 학생들의 부정행위, 표절 및 독창성 상실로 이어질 것을 우려하기도 하였다. 그러나 교육 현장은 과거 계산기 활용의 과정에서 새로운 도구의 진정한 가치는 그 도구를 효과적이고 책임감 있게 사용하는 방법을 찾았을 때 드러나게 된다는 경험적 지식을 가지고 있다. 더군다나 AI와 관련한 기술은 하루가 다르게 발전하고 있고, 첨단 기술에 근거하여 과거에는 상상만으로 가능하던 새로운 방식의 교수 · 학습이 가능해지고 있다. 학습자의 특성과 흥미를 고려한 개별화 수업의 과정에서 적재적소의 피드백을 제공하며, 학습자와 유의미한 소통이 가능한 매력적인 교육 콘텐츠를 제공하는 것 등이 그 예이다. 이것이 반복적으로 AI의 위험성을 제기하기보다는 교육과정에 AI를 통합하는 이유이다. 과거 계산기가 학습자의 암기보다 이해를 도왔던 것처럼, 이제 AI를 통해 학습자가 기계적인 학습보다 창의적이고 비판적인 문제를 해결하고 비판적인 사고를 할 수 있는 능력을 기르도록 도와줄 것이 기대된다.

AI를 교육과정에 통합하기 위한 구체적인 전략 네 가지는 개인 맞춤형 학습, AI 리터러시와 책임감 있는 사용, 비판적인 분석 그리고 탐구 기반 학습 강화가 있다. 우선 개인 맞춤형 학습이란 AI를 사용하여 각 학생에게 맞는 수업을 제공하는 차별화된 교육을 제공하는 것이다. AI 기술에 기반한 각종 교육 프로그램을 사용하여 학습 수준의 격차를 파악하고 적절한 교수전략을 보완하게 된다. 다음으로 AI 리터러시와 책임감 있는 사용이란 학생, 교육자 모두에게 AI 윤리에 대한 바른 이해가 중요하다. 학생들에게 AI를 브레인스토밍이나 아이디어를 참고할 수 있는 보조도구로 사용할 수 있도록 가르치는 것이 그 예라고 할 수 있다. 다음 비판적인 분석이란 학습자들이 AI가 제공하는 정보를 비판적으로 분석하는 방법을 알 수 있도록 하는 것이다. 학생들에게 AI가 생성한 정보를 다른 자료와 비교하는 활동을 통해 정보의 신뢰성과 정확성을 평가하는 것이 구체적인 활용 예시라고 할 수 있다. 마지막으로 탐구 기반 학습 강화란 학습자들은 AI 도구를 사용하여 스스로 질문을 만들고, 문제에 체계적으로 접근하여 가설을 테스트하고, 연구 주제에 대한 깊은 이해를 촉진하는 것 등이 가능하다. 단순 지식과 정보의 암기가 아닌 더 고차원적인 학습과 사고를 유도할 수 있다.

그동안 기술과 교육은 함께 발전하였다. 때로는 우려와 걱정이 있었지만, 기술의 발전은 교육의 성장 자양분 중의 하나로 역할을 하였다. 과거 계산기의 사례와 같이 생성형 AI도 교육계에 제대로 적용하여 활용하게 된다면 앞으로의 다양한 교육활동을 더 유의미하고 풍부하게 만들어 갈 수 있을 것이다. 학습자들에게 AI를 사용하여 더 나은 질문을 하도록 하고, 더 깊이 생각하며 더 창의적인 아이디어를 생성할 수 있는 기회를 제공한다면, 변화에 적응

[그림 2-6] AI 프로그램을 활용한 수업 장면

출처: 한국교육학술정보원(2024).

하는 것뿐만 아니라 변화를 이끌어갈 수 있을 것으로 기대된다. 새로운 도구가 나타나더라도 미래인재를 양성하는 목표는 동일하다. 미래를 살아가는 학생들이 세상을 이해하고 비판적으로 생각하고 의미 있게 살아가도록 돕는 도구로서 교육계는 생성형 AI의 활용을 진중하게 고려하고 적용해야 할 것이다.

2) 페루의 디지털 기술 활용 교육 사례: AI가 영어 학습 방법을 바꾸어가는 AI 영어 학습 방법

제2외국어로 영어를 배우는 학습자의 가장 큰 목표 중 하나는 영어를 유창하게 구사하는 능력을 기르는 것이다. 오늘날 인공지능(AI) 기반 도구들은 이 문제를 빠르게 해결하며 학습 경험을 혁신적으로 변화시키고 있다. 2023년 초, ChatGPT가 전 세계적으로 인공지능에 대한 화제를 불러일으킨 직후, Callao에 위치한 Colegio Talentos학교는 AI를 교육에 도입하기 시작하였다. 이 학교의 Paolo Munoz는 AI가 젊은 세대의 일상 속에 빠르게 스며드는 모습을 보며, AI의 교육적 활용의 다양한 가능성을 탐구하기 시작하였다. 이것의 첫 번째 활용 분야가 영어 학습이다.

Munoz가 개발한 소프트웨어 'GoTalks'는 학생들이 영어 유창성 문제를 해결하기 위해 만들어졌다. 이 소프트웨어는 가상의 시나리오를 통해 학생들이 영어 대화를 연습할 수 있게 하며, 교사가 설정한 주제에 따라 어휘와 문법을 연습할 수 있도록 돕고 있다. 또한 학생들이 자유롭게 대화할 수 있으며 AI로부터 피드백을 받아 지속적으로 말하기 능력을 향상할

[그림 2-7] AI 활용 영어 학습 장면

출처: 한국교육학술정보원(2024).

수 있도록 하였다.

페루의 유튜브 크리에이터 Eduardo Nunez는 ChatGPT, Copilot, Elsa Speak 등 AI 도구를 사용하여 영어를 유창하게 구사할 수 있게 된 본인의 경험 영상을 공유하였다. 그는 비싼 원어민 강사 대신하여 AI 유료 서비스를 활용하여 보다 저렴하게 학습할 수 있음을 밝혔다. 또한 이러한 AI 도구들이 원어민과의 실시간 대화를 대체할 수 있다고 전했다. Talentos 학교의 Paolo Munoz는 AI의 장점 중 하나로 학생들이 원하는 시간에 대화를 나누며 학습할 수 있다는 점을 꼽았다.

또한 한 학생은 밤에 대화를 나누고 싶을 때 AI와 대화하면서 위로를 받았다고 전했다. 이는 AI가 감정적으로도 학생들에게 안정감을 줄 수 있음을 보여 주는 사례이다. 이를 통해 AI 기술이 학생들의 학습 의욕을 높이고 감정적인 안정감을 준다는 것을 알 수 있다.

AI 기반 영어 학습 앱 Syntax의 공동 제작자 Alexander Morales Panitz는 AI와의 대화가 전통적인 학습에서 흔히 느껴지는 불안과 수치심을 없애주어 학습 효과를 높일 수 있다고 설명하였다. Alexander Morales Panitz는 사람들은 사람과 대화할 때보다 AI와 대화할 때 훨씬 더 안전함을 느낀다고 하였다. 왜냐하면 상대방이 자신이 말하는 방식을 평가할 수 있다는 부담이 있기 때문이다. 이와 같은 측면에서 AI는 상호작용 과정에서 편견이 없기 때문에 더욱 신뢰할 수 있다고 느낄 수 있는 것이다.

Universidad del Pacifico 대학 언어 센터(CIDUP)의 디렉터 Gina Pipoli는 AI가 학생들에게 상호작용, 개인 맞춤형 지도, 시간의 자율성, 언어 몰입 등의 이점을 제공하는 것에는 동의하지만, 교육과정의 체계적이고 일관된 접근을 위한 학습 방법을 갖는 것이 중요함을 강조하였다. Pipoli는 "교사는 학생의 학습 필요와 감정 상태를 고려해 개별적으로 지도할 수 있어서 AI는 학습의 귀중한 도구이지만, 교사의 역할 또한 여전히 필수적이다."라며, 교사의 역할을 강조하였다.

유튜브 크리에이터 Nunez는 AI가 학습을 보완하는 하나의 도구일 뿐이며, 다양한 학습 경험을 통해 균형 잡힌 학습의 필요성을 밝혔다. 그는 AI가 학생들에게 단순 암기보다는 "이 정보를 가지고 무엇을 할 수 있을까?"라는 창의적 사고를 키우는 데 큰 도움이 될 것이라고 말하며, AI가 가져올 혁신적인 변화를 기대하였다. 이처럼 인공지능은 교육을 포함한 많은 영역에 큰 변화를 일으킬 전망이다.

3) 스페인의 디지털 기술 활용 교육 사례: 학생 성적 향상의 핵심 도구로 제시된 인공지능과 게이미피케이션

오늘날 우리는 교육 현장에서 교사가 학생들의 생성형 AI 도구 사용을 제한하는 것이 무의미한 시대를 살아가고 있다. 교육 플랫폼 'Kahoot!'에서 실시한 설문조사에 따르면, 교육에서 게이미피케이션(Gamification)은 학습 과정에서 주의집중 및 동기, 창의력, 지식 습득 향상 등 많은 이점이 있음이 밝혀졌다. AI를 사용하면 공부할 때 필요한 지루한 작업을 없애고, 지식과 기술을 학습하는 데 시간을 할애할 수 있다. 학습 노트를 다시 읽는 대신, AI를 사용하여 연습 문제, 플래시 카드 등을 포함한 대화형 학습을 진행할 수 있는 것이 그 예이다. 인지적 관점에서 볼 때, 교실에서 AI를 도입하면 학생의 개별 요구를 맞출 수 있어서 각 학생은 자신의 속도에 맞춰서 학습을 진행할 수 있으며, 서책으로는 불가능한 다양한 탐구도 가능하다.

[그림 2-8] 디지털 기술 활용 학습 장면

출처: 한국교육학술정보원(2024).

더불어 교사가 AI 도구를 활용하면 학생들과 상호작용하는 시간을 더 많이 가질 수 있다. 특정 작업을 자동화함으로써 업무의 시간을 단축하므로 양질의 교육을 할 수 있는 기회를 가질 수 있는 것이다. 또한 평가에서 AI를 사용하면 학생들이 자주 하는 실수를 분석할 수 있으며, 이를 통해 학생들에게 피드백을 제공할 수 있다는 장점도 있다.

4) 독일의 디지털 기술 활용 교육 사례: 디지털 역량을 높이기 위한 정보교육의 기반 강화

독일 작센안할트주에서는 학생들의 디지털 역량 강화를 위해 중요한 교육 개혁을 진행하고 있다. 교육부 장관 Jürgen Böhm은 디지털교육의 단계적 도입과 체계적인 IT 교육이 학생들이 디지털 세계에서 역량을 발휘하는 데 중요한 기반이 될 것이라며, 이러한 개혁이 STEM(과학, 기술, 공학, 수학)교육의 진전을 이끌고 작센안할트 교육의 경쟁력을 높이는 계기가 될 것이라고 밝혔다. 2024년 기준 작센안할트주의 중등학교, 중・고등 통합학교 및 중・고등 협력적 통합학교의 중등 과정에서는 정보기술(IT) 과목이 독립적인 필수 과목으로 도입되어 있다. 이는 5학년과 6학년부터 시작하였고, 두 학년 단위로 단계적으로 확대될 예정이다. 특히, 정보기술 과목은 기술 과목과 통합하여 가르치지만, 정보기술을 독립적인 학습 목표로 설정해 디지털 역량 강화를 위한 전문성을 확보하고 있다.

김나지움(Gymnasium: 고전 그리스어 귐나시온(γυμνάσιον)의 라틴어식 표현 귐나시움(gymnasium)에서 유래한 용어로서, 독일을 비롯한 유럽의 교육기관 중의 하나임. 김나지움이 존재하는 국가별로 제도가 상이하지만 평균적으로 우리나라의 초등학교 6학년~대학교 1년 과정의 교육기관을 의미함)에서도 디지털 역량 교육을 강화하고 있으며, 5학년부터 8학년까지는 '디지털 세계에서의 학습'이라는 필수 과목을 통해 정보기술에 대한 기본 소양을 쌓게 된다. 9학년부터는 학생들이 선택 과목으로 정보기술을 수강하며 디지털 지식을 심화할 수 있는 기회를 제공한다. 또한 김나지움의 모든 교과 과정에 디지털교육이 통합되어 있어 다양한 과목에서 디지털 역량을 키울 수 있도록 하고 있다.

이러한 교육 개혁은 작센안할트주의 학생들이 미래의 디지털 사회에서 역량을 발휘하고 경쟁력을 갖출 수 있도록 돕는 중요한 발판이 될 것으로 기대할 수 있다.

5) 대만의 디지털 기술 활용 교육 사례: 대만의 AI 교육, TAICA 계획으로 가속화

대만의 대학들이 AI 교육 강화를 위해 대학연합 교육 프로그램인 TAICA(Taiwan AI College Alliance) 계획을 적극 추진하고 있으며, 이를 통해 학생들에게 AI 기술을 깊이 있게 학습할 수 있는 기회를 제공하고 있다. 이는 대만 인공지능 연합 교육 프로그램으로 대만의 여러 대학이 연합하여 AI 교육을 강화하고, 학생들에게 AI 관련 강의를 제공하여 디지털 및

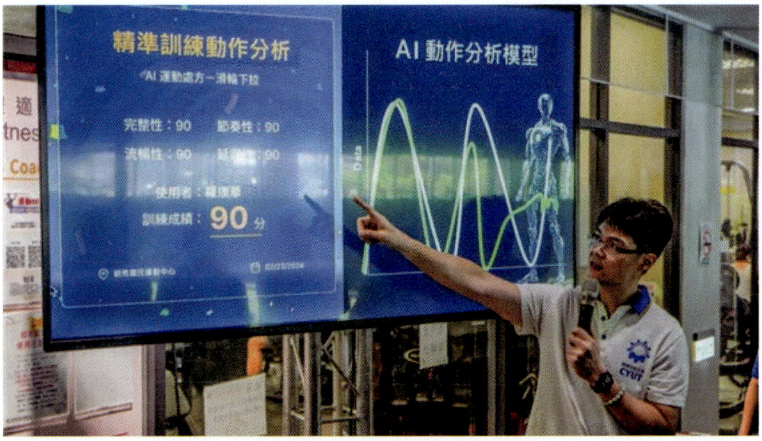

[그림 2-9] 대만의 AI 교육 진행 장면

출처: 한국교육학술정보원(2024).

인공지능 역량을 강화하며, 체계적으로 AI 인재를 양성하는 데 중점을 두고 있다.

룽화과기대학(龍華科技大學)은 특히 150만 원에 달하는 상금을 내걸며 학생들의 참여를 유도해 눈길을 끌고 있다. 이와 같은 지원은 학생들의 AI 역량을 높이려는 목표 아래 이루어지고 있으며, 향후 학교가 특화된 스마트 제조 과목을 연합에서 가르치기를 기대하고 있다.

교육부 통계에 따르면, 첫 번째 TAICA대학 AI 프로그램에서 5개의 강좌에 총 2,527명의 학생들이 등록하였다. 중산대학은 기존에 '인공지능 입문' 과목이 있어 추가로 TAICA 강좌를 선택한 학생 수는 적었으나, 여전히 적극적으로 AI 연합 과정을 학점으로 인정하고 학생들에게 수업비 면제 등의 혜택을 제공하고 있다. 한편, 조양과기대학(朝陽科技大學)은 높은 참여율을 기록하며 많은 학생들이 열정적으로 수강하였다. 영어로 진행된 AI 강좌마저도 타 대학보다 두 배 이상 많은 학생들이 수강하며 AI 교육에 대한 강한 열망을 보여 주었다.

조양과기대학 교무처장 정가제는 "학생들이 더 깊이 있는 AI 교육을 원하고 있으며, 영어 수업이라도 극복하고 수강하려는 의지가 강하다."라며 학생들의 열정을 강조하였다. 학교는 수강생들의 학습 부담을 줄이기 위해 장학금 관련 문제도 적극 해결하고 있다. 룽화과기대학은 TAICA 과목을 수강하는 학생들에게 한 과목당 1만 대만 달러(약 45만 원), 다섯 과목을 이수할 경우, 총 15만 대만달러(약 700만 원)의 상금을 제공하며, 학생들이 수업을 이해할 수 있도록 별도의 지도 교사를 배치해 학습을 돕고 있다. 학교는 AI의 중요성을 인식하여 AI 과목을 전교 필수 교양 과목으로 지정, 모든 학생들이 AI를 배우도록 하고 있다. 이번 첫 번째 TAICA 프로그램은 수강 인원이 예상보다 적었지만, 교육부 차관 이예빙청(葉丙成)은 예상 목표를 달성했다고 평가하였으며, 향후 더 많은 대학이 참여할 수 있도록 강좌를 확대할 계획이라고 밝혔다. 천이신(陳宜欣) 교수는 TAICA의 다음 단계로 더 많은 교사와 조교를 훈련해 AI 교육을 대만 전역의 학교로 확산시키겠다는 계획을 밝혔다. 이번 TAICA 프로그램은 대만이 AI 인재를 육성하고, 학생들에게 글로벌 수준의 교육 기회를 제공하는 중요한 발판이 될 전망이다.

6) 일본의 디지털 기술 활용 교육 사례: 가상공간과 지역 협력으로 등교 거부 해결 나선 오사카 야오시의 노력

문부과학성의 2023년도 '문제행동 및 불등교 조사'에서, 오사카부의 불등교(不登校) 초·중학생의 수가 사상 최다를 갱신하였다. 이를 통해 연간 30일 이상 등교하지 않는 학생을 의미하는 불등교 학생의 수가 증가하였음을 알 수 있다. 이는 한 지역만의 실태가 아닌 전국적인 실태이며 이를 해결하고자 야오시는 가상공간을 포함하여 학교 내외로 여러 공간을 마련하여 학생들에게 안전하고 안정적인 학습 환경을 제공하고자 노력하고 있다.

먼저 '교육 지원 센터 운영 및 가상 소통 공간 마련'을 위해 야오시는 불등교 학생들과 그 보호자들을 위해 심리 상담을 지원하고, 학생들이 사회성을 기르고 학습에 대한 자신감을 쌓을 수 있도록 돕는 '교육 지원 센터'를 운영하고 있다. 특히, 외출이 어려운 학생들을 위해 가상공간을 활용한 소통의 장을 마련하였다. 학생들은 가상공간에서 '아바타(분신)'를 활용하여 서로 교류하고, 보드게임이나 퀴즈 활동을 통해 학습과 소통의 기회를 가질 수 있도록 하였다.

다음으로 '지역사회와 협력'을 위해 야오시는 지역 자원봉사자와 협력해 불등교 학생이 등교 시 동행하거나 학교 내 별도의 공간에서 돌봄을 지원받을 수 있는 프로그램을 운영하고 있다. 보호자들이 양육에 대한 어려움을 나눌 수 있는 '힐링 공간'을 제공하며, 프리스쿨(フリースクール)이나 어린이 식당(子ども 食堂)과 같은 민간 시설도 적극 활용해 불등교 학생들의 일상 회복을 돕고 있다.

다음으로 '성공 사례 및 비전'으로 개최된 포럼에서는 어머니와 함께 방과 후 학교에 방문하기 시작한 후, 자발적으로 수업에 참여하게 된 초등학생의 성공 사례가 발표되었다. 중학생 시절 은둔을 경험한 한 고등학생은 프로그래밍이라는 취미가 생기면서 새로운 것에 대한 열정을 찾고 학습 의지를 회복한 사례도 많은 이들에게 희망을 주었다. 이에 야오시의 우라카미 히로아키 교육장은 "아이들이 스스로 흥미와 관심을 찾을 수 있도록 환경을 조성하는

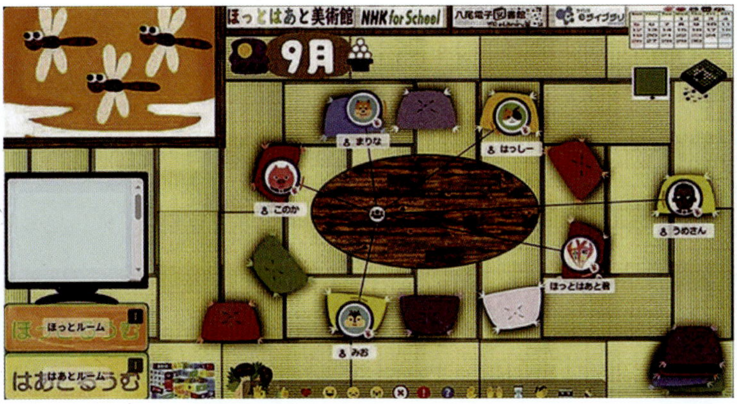

[그림 2-10] 가상 공간 교류의 장 모습

출처: 한국교육학술정보원(2024).

것이 중요하다"라고 강조하였다.

'보호자 상담 프로그램 〈우라상의 방(うらさんの部屋)〉'으로 야오시는 불등교 학생 보호자들을 위해 〈우라상의 방(うらさんの部屋)〉을 운영하여 개별 또는 소그룹 상담을 제공하고 있다. 이를 통해 보호자들이 자녀 양육과 불등교 문제를 함께 논의하고, 해결 방안을 찾는 데 도움을 받을 수 있다. 야오시의 이러한 시도는 불등교 문제 해결을 위한 혁신적인 모델로 자리 잡아 가고 있다. 불등교 학생들에게는 자기만의 속도로 학습할 수 있는 환경을 제공하고, 보호자와 지역사회의 연계를 강화하여 보다 포용적인 교육 환경을 만들어가는 사례로 평가받고 있다.

7) 중국의 디지털 기술 활용 교육 사례: 푸단대학교의 AI 강의 116개 개설로 지속적인 혁신 장려

푸단대학교는 2024학년에 신입생들을 대상으로 진행된 입학식에서 61개의 AI 교육과정을 공개하였다. 92개국에서 온 1만 6천여 명의 신입생들을 환영하며, 개학식에서는 AI 혁신을 향한 강력한 의지를 드러내었다. 푸단대학교 총장은 신입생들에게 '지속적인 혁신 학습'이라는 주제로 연설하며, 혁신의 핵심은 지속적인 노력에 있고, 가장 기본적인 과제는 평생 혁신역량을 갖춘 인재를 양성하는 것이라고 전하였다. 또한 대학에서의 공부는 학점과 순위를 벗어나 실패를 하더라도 도전하는 것이 A 학점을 받는 것보다 의미가 있다고 덧붙였다. 푸단대학교 학생들은 새로운 아이디어와 경험을 언제든지 기록하며, 동료와 함께 서로

[그림 2-11] 푸단대학교의 학사일정 책자

출처: 한국교육학술정보원(2024).

의 생각을 주고받으면서 성장할 수 있다. 실패는 기억하고 성공을 새길 수 있는 온라인 커뮤니티를 소개하기도 하였다.

푸단대학교는 새 학년도에 모든 학생에게 116개의 AI 교육 과정을 실시할 예정이다. 첫 번째 단계로는 학교의 모든 학생을 대상으로 인공지능, 대형 언어 모델을 주제로 한 교육이 포함되어 있다. 또한 AI 핵심 기술을 체계적으로 제시하는 전문과정인 AI+T 클래스의 'AI 고고학' '의학에서의 AI 다중 시나리오 응용 과목이 있다. 학교에서 신입생에게 제공한 학사 일정이 담긴 책자에는 '과학을 좇는 빛'이라는 칼럼이 추가되어 혁신을 강조하고 학제 간 대화와 첨단 과학 대중화 활동을 중심으로 한 내용이 담겨 있다.

8) 호주의 디지털 기술 활용 교육 사례: 대학생을 위한 AI 가상 튜터 개발

최근 호주의 외딴 지역 대학생들을 위한 새로운 AI 기술과 오프라인 학습공간이 도입되었다. 외딴 지역인 마운트 아이사에 거주하는 Megan Crowther와 같은 학생들은 기존의 온라인 학습에서 고립감을 느꼈으나, 새로운 기술적 지원으로 기존의 문제점을 해결하고 긍정적인 변화를 경험하게 되었다. 특히 연방 정부가 자금을 지원한 '카운트리 유니버시티 센터'는 대학생들을 위한 물리적 학습 공간을 마련하여 학습 성과를 높이려는 목적으로 개설되었다. Crowther는 "조용하고 쾌적한 공간에서 다른 학생들과 함께 공부할 수 있어 학습 효과가 좋아지고 있다."라고 전하였다.

호주의 대학생들은 학습 동기를 유지하는 데 어려움을 겪고 있으며, 2017년 커틴대학교

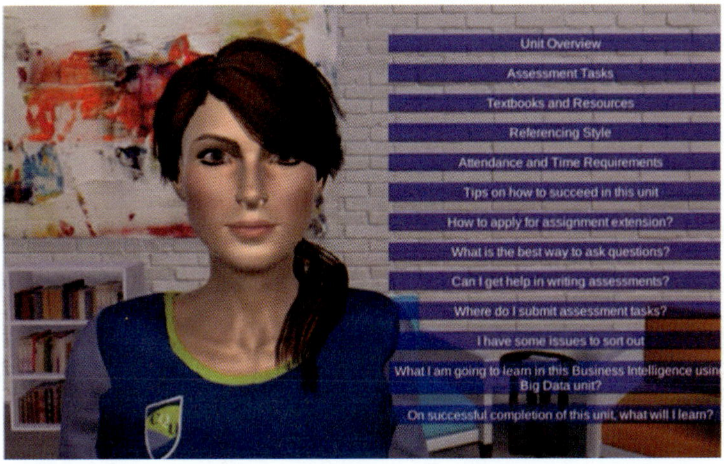

[그림 2-12] AI 가상 튜터 프로그램 화면

출처: 한국교육학술정보원(2024).

연구에서는 원격 학습 프로그램이 이탈률 증가와 관련이 있다는 결과를 보여 주었다. 이를 개선하기 위해 연구자들은 가상 비서인 교육 대화형 에이전트(CA)를 개발하였다. 이 가상 비서는 단순한 채팅봇 이상의 역할을 하며, 수업 내용과 과제에 대한 질문에 답변하도록 설계되었다. Meena Jha 박사는 "이 시스템은 학생들에게 사회적, 인간적 연결을 제공하며 특히 평가 기간에 자신감을 높이는 데 큰 도움이 된다."라고 설명했다. 또 이 가상 비서 기술은 학습자들이 언제 어디서든 24시간 접근할 수 있어 시간과 장소의 제한을 없애줄 수 있음을 설명하였다.

기술 발전이 교육에 미치는 영향을 바라보는 시각은 여전히 엇갈리고 있다. 일부 학교에서는 AI 사용을 금지하기도 하지만 남부 퀸즐랜드대학교의 Lindsay 박사는 AI 기술의 장점을 이해하는 것이 중요하다고 강조하였다. 또한 1980년대 계산기 도입 당시 학생들이 과정을 이해하지 못할 것이라는 우려가 있었으나, 지금은 계산기를 통합해 비판적 사고를 키우는 과제를 추가했음을 강조하며, 교육 분야가 AI의 장점을 활용하는 방향으로 나아가야 한다고 주장하였다.

끝으로 Lindsay 박사는 대학들이 온라인 학습을 위한 개인 맞춤형 접근 방식을 발전시키는데 AI의 역할이 중요하다며, 대학이 새로운 기술에 투자를 아끼지 말아야 한다고 강조하였다.

활동하기

1. 시대 변화에 따라 달라지는 다양한 교과서 및 교수 · 학습자료의 형태와 특징은 무엇인지 변화하게 된, 변하게 될 수밖에 없는 이유를 함께 토론해 보세요.
2. 우리나라 교육 현장에서 에듀테크 기술을 효과적으로 활용하기 위한 학생, 학부모, 교사의 노력 방안은 무엇일까? 우리 교육 현장의 에듀테크 활용 관련 문제점과 해결책도 함께 토론해 보세요.
3. 교육 현장에서 어려움을 겪는 학습자(예: ADHD, 지적장애 학생 등)를 위한 에듀테크 활용 방향이 학습자 특성에 따라 어떻게 다른지 토론해 보세요.

제3장 디지털교육 윤리

개요

이 장은 디지털교육을 적용하는 데 있어 교육 현장에서 요구되는 윤리를 알아보는 것에 목적이 있다. 이를 위해 이 장에서는 AI(인공지능)와 교육 윤리, 개인정보 보호, 저작권, 초상권 등 디지털교육에서의 윤리와 관련 법률을 살펴본다. 이 장의 학습을 통하여 디지털교육을 학교 현장에 적용하는 데 요구되는 법적·윤리적 지침에 기반한 비판적 역량을 함양하게 된다.

1. AI와 교육 윤리
2. 개인정보 보호
3. 저작권
4. 초상권

1. AI(인공지능)와 교육 윤리

1) AI 윤리

(1) AI를 활용한 윤리 문제의 대두

딥페이크(Deepfake)는 딥러닝 기술을 활용해 기존 영상이나 이미지를 변형해 새로운 영상을 생성하는 기술이다. 이 기술은 초기에는 영화 제작, 콘텐츠 창작 등에서 긍정적으로 활용되었다. 먼저 세상을 떠난 부모나 자식, 형제들의 사진을 활용해 짧은 영상으로나마 재회할 수 있도록 하는 등 긍정적인 활용의 사례도 있지만, 최근에는 악의적으로 사용되어 심각한 사회적 문제를 일으키고 있다.

이러한 딥페이크를 활용한 AI 관련 주요 문제점들을 분류해 보면 첫째, 사생활 침해와 명예훼손 문제이다. 유명인이나 일반인 또는 학교에서 여교사의 얼굴을 성적 콘텐츠에 합성하여 유포하거나, 허위 정보를 만들어 타인의 명예를 훼손하는 사례가 늘어나고 있다. 피해자는 심각한 정신적 고통을 겪고, 사회적 평판에 큰 타격을 입게 된다. 둘째, 가짜 뉴스 및 여론 조작에 악용되는 문제로 정치인이나 공인의 음성 · 영상 조작을 통해 가짜 뉴스를 만들어 여론을 왜곡하는 사례가 늘어나고 있는데 특히 선거나 사회적 갈등 문제에서 민감한 영향을 끼친다. 셋째, 사기 및 범죄 악용의 문제로 딥페이크 기술로 가족이나 지인의 음성을 흉내 내어 금전 요구 사기를 하거나, 신원 도용(Identity Theft)에 사용되는 추세가 늘어나 심각한 사회적 문제로 대두되고 있다. 또한 최근에는 청소년이나 장애 학생들도 쉽게 접근하고 사용하는 Facebook, Instagram과 같은 주요 SNS에서 전혀 관련 없는 남녀의 얼굴 합성을 통해 성적인 장면을 제공한다는 상업 앱 광고들이 넘쳐나고 있다.

(2) 윤리의 대상

총기사용이 허용된 미국과 해외 여러 나라에서 빈번하게 일어나는 총기사고를 예방하기 위해 규제가 필요하다는 입장과 개인의 자유를 침해한다는 입장이 매우 첨예하게 대립하고 있다. 안전과 번영을 지키기 위해 만들어진 총기가 역설적으로 인류의 안전과 무고한 생명을 한 순간에 사망케 하는 심각한 위기의 도구가 되고 있는 것이다. 이러한 문제의 중심은 총기 자체의 문제이기보다 총기를 잘못 사용한 사람의 문제이다. 이러한 문제를 줄일 수 있는 방법적인 차이로 하나는 총기 사용을 규제하자는 것이고 다른 하나는 총기 사용을 올바르게 교육하자는 것이다. 이러한 면에서 총기의 올바른 소지와 사용은 윤리적 문제임이 분명하다. 그리고 이 윤리적 문제의 대상은 총기를 소지하고 사용하는 사람이며, 총기 자체가 아닌 것이다. 그래서 우리는 총기를 소지하고 사용하는 윤리적 문제를 '총기윤리'라고 통상적으로 구분하지는 않는다.

하지만 AI에 대한 윤리적 문제만큼은 'AI 윤리'라고 구분해 이야기하고 있다. AI 역시 총기처럼 인류의 편리한 생활을 위해 개발되었지만 잘못될 경우 인류에게 해를 끼칠 수 있다는 면에서는 매우 동일하다. 그러나 AI는 총기와는 다르게 잘못된 사용에 의해서만 문제가 발생하는 것은 아니다. AI 자체가 잘못된 판단을 하게 됨으로써 인류에게 피해를 줄 수도 있기 때문이다. 총기의 사용은 완벽하게 사람에 의해 통제되지만 AI의 사용은 통제가 어려운 경우도 발생할 수 있다(안성훈, 2022).

기존의 자동화를 위한 컴퓨터 프로그램과 AI의 차이는 판단의 주체성이다. 자동화를 위한 컴퓨터 프로그램은 판단이 사전에 결정되어 입력되어 있기 때문에 결과의 예측이 가능하고 통제할 수 있다. 하지만 AI는 스스로 판단을 만들어낸다. 그래서 예측이 어렵고 통제할

[그림 3-1] 인공지능 딥페이크 활용의 긍정적 사례

[그림 3-2] 인공지능 딥페이크 활용의 부정적 사례

수 없는 부분이 나타날 수도 있다. 따라서 AI의 윤리적 문제는 AI를 활용하는 사람만의 문제가 아니라 AI 자체의 문제이기도 하다. 즉, AI 윤리의 대상은 AI 자체와 AI를 사용하는 사람이 모두 해당되는 것이다. AI가 기존의 자동화 프로그램과 다른 점은 스스로 결정하여 판단을 내릴 수 있다는 점이다. AI가 스스로 판단할 수 있는 것은 정해진 순서로 업무를 처리하도록 프로그램이 구현되어 있는 것이 아니라 스스로 업무의 처리 규칙을 학습할 수 있기 때문이다.

AI가 스스로 업무 처리 규칙을 학습하도록 하는 대표적인 알고리즘은 머신러닝(Machine Learning: ML)이다. 머신러닝은 컴퓨터, 즉 기계가 훈련 데이터(Training set)를 기반으로 스스로 지식을 학습한다. 그리고 그 학습 결과에 따라 업무를 처리하는 방식이다. 이러한 머신러닝은 크게 두 가지의 기본적인 원리로 나누어지는데 하나는 지도학습이고, 다른 하나는 비지도학습이다.

지도학습(Supervised Learning)은 입력 데이터와 정답이 함께 제공되는 학습 방식이다. 알고리즘이 주어진 데이터에서 패턴을 학습한 후, 새로운 데이터에 대한 예측을 수행하는 것이 주요 목표이다. 예를 들어, 이메일이 스팸인지 아닌지를 분류하거나, 주어진 특성을 바탕으로 집값을 예측하는 문제에서 지도학습이 활용된다. 따라서 AI의 업무 처리 결과도 입력 데이터에 포함되어 있는 정답의 범위 내에서 이루어지게 되므로 업무 처리 결과를 충분히 예측할 수 있고 정답이 정해진 데이터의 제공을 통해 결과의 통제가 가능하다고 볼 수 있다. AI에 제공되는 데이터가 우리가 충분히 판단할 수 있는 범위 내에서 구성되어 제공되는 것이 지도학습인 것이다.

비지도학습(Unsupervised Learning)은 정답이 포함되지 않은 데이터를 학습하는 것이다. 알고리즘은 주어진 데이터에서 패턴이나 구조를 스스로 찾아야 하며, 주로 군집화(Clustering)나 차원 축소(Dimensionality Reduction) 등의 작업에 활용된다. 예를 들어, 온라인 쇼핑몰에서 고객들의 구매 패턴을 분석하여 비슷한 소비 성향을 가진 고객 그룹을 나누는 경우, 비지도학습의 군집화 기법이 사용될 수 있다. 따라서 비지도학습은 정답이 정의된 데이터를 학습하는 것이 아니기 때문에 AI의 판단 결과를 예측하기 어렵다. 즉, AI를 통제할 수 없는 상태에서 결과를 판단하기 때문에 이에 대한 안전성을 사전에 고려해야 한다는 것이다.

■ 군집화(Clustering): 비슷한 것끼리 그룹을 나누는 과정

군집화는 비슷한 데이터를 자동으로 그룹으로 묶는 방법이다. 사람들이 서로 비슷한 취미나 관심사를 가진 친구들끼리 모이는 것과 비슷한 개념이다. 예를 들어, 한 쇼핑몰에서 고객들의 구매 패턴을 분석한다고 가정할 때, 어떤 고객들은 주로 전자제품을 많이 구매하고, 어떤 고객들은 의류를 주로 구매하며, 또 다른 고객들은 식료품을 자주 산다면, 군집화 알고리즘은 이러한 고객들의 구매 패턴을 바탕으로 비슷한 고객들을 그룹으로 묶어준다. 이렇게 그룹을 나누면 각 그룹에 맞는 맞춤형 마케팅을 진행할 수 있다.

■ 차원 축소(Dimensionality Reduction): 중요한 정보만 남기고 단순화하는 과정

차원 축소는 많은 데이터를 요약하여 핵심적인 정보만 남기는 과정이다. 즉, 여러 개의 변수를 사용하지 않고도 중요한 정보만 유지하는 방법이다. 예를 들어, 어떤 사람을 설명하는 방법을 생각해 보면, 그 사람의 키, 몸무게, 나이, 직업, 학력, 취미, 성격 등 여러 가지 정보가 있을 수 있다. 하지만 만약 "이 사람이 운동선수인가 아닌가?"를 판단하는 것이 목표라면 키와 체력 같은 몇 가지 정보만 중요할 수도 있다. 이처럼 차원 축소는 불필요한 정보를 줄이고 핵심적인 정보만 남기는 과정이다. 이렇게 하면 데이터를 더 효율적으로 다룰 수 있으며 분석 속도가 빨라지고 시각화도 쉬워진다.

(3) 유럽과 유네스코 AI 윤리의 내용

2016년, 바둑기사 이세돌과 인공지능 알파고의 대결은 AI에 대한 인식을 바꾼 결정적 순간이었다. 많은 이들은 인간이 지닌 직관과 창의성을 기계가 넘지 못할 것이라고 생각했으나 이세돌이 1승 4패로 패하자 그 믿음이 흔들리게 되었고, AI가 인간의 능력을 넘어설 수 있다는 현실적인 두려움과 가능성을 처음으로 마주하게 되었다. 이를 계기로 AI에 대한 관심과 함께 AI의 오류적 판단을 예방하고 대비하여야 한다는 인식이 제기되기 시작하였다. 유럽연합 집행위원회는 2019년 4월 AI에 대한 실질적인 규정을 발표하였다. 유럽연합 집행위원회가 발표한 규정은 '신뢰할 수 있는 AI를 위한 윤리 가이드라인(Ethics Guidelines for Trustworthy AI)'이며, 이는 AI가 안전하게 사용될 수 있도록 하기 위하여 신뢰할 수 있는 결과가 나올 수 있도록 AI 또는 AI 시스템에 대한 개념을 정의하고 신뢰할 수 있는 AI의 필수

표 3-1 유네스코 AI 윤리 권고 4대 핵심 가치와 10대 원칙

〈유네스코 AI 윤리 권고 4대 핵심 가치〉

1. 인권과 인간의 존엄성(Human Rights and Human Dignity)
   –AI는 모든 인간의 기본권과 존엄성을 보호하고 존중해야 한다.
2. 웰빙(Welfare)
   –AI는 인간의 삶의 질을 향상시키고 사회적 · 환경적 지속 가능성을 고려해야 한다.
3. 생태계와 환경 보호(Environmental and Ecosystem Flourishing)
   –AI는 환경을 보호하고 지속 가능한 개발을 촉진하는 방향으로 개발 · 운영되어야 한다.
4. 다양성과 포용성(Diversity and Inclusiveness)
   –AI는 문화적, 사회적, 성별적 다양성을 존중하고 차별을 배제해야 한다.

〈유네스코 AI 윤리 권고 10대 원칙〉

1. 비차별(Non-discrimination and Fairness)
   –AI는 성별, 인종, 장애 등을 이유로 차별하지 않아야 한다.
2. 안전과 보안(Safety and Security)
   –AI 시스템은 안전하고 신뢰할 수 있도록 설계 · 운영되어야 한다.
3. 투명성(Transparency and Explainability)
   –AI의 작동 원리와 의사결정 과정이 이해 가능하고 설명 가능해야 한다.
4. 책임성과 책임(Responsibility and Accountability)
   –AI 개발자와 운영자는 AI의 작동과 결과에 대한 책임을 져야 한다.
5. 데이터 보호와 프라이버시(Privacy and Data Protection)
   –AI는 개인정보를 보호하고 데이터 윤리를 준수해야 한다.
5. 인간의 감독(Human Oversight and Determination)
   –AI는 인간의 결정을 보조하는 역할을 해야 하며, 최종 판단은 인간이 내려야 한다.
7. 지속 가능성(Sustainability)
   –AI는 환경과 사회적 지속 가능성을 고려하여 개발 · 활용되어야 한다.
8. 문화적 · 사회적 포용성(Cultural and Social Inclusiveness)
   –AI는 사회적 약자와 소외된 집단을 배제하지 않고 포용해야 한다.
9. 평화와 민주주의(Peace and Democratic Values)
   –AI는 인권, 민주주의, 법치를 강화하는 방향으로 활용되어야 한다.
10. 거버넌스와 협력(Governance and Multi-stakeholder Cooperation)
   –AI 개발과 운영은 정부, 기업, 시민사회 등이 협력하여 관리해야 한다.

3요소, 7대 요구 사항, 구현을 위한 기술적 · 비기술적 방안을 제안하였다(유재홍, 추형석, 강송희, 2021). 또한 유네스코에서도 2021년 11월 23일에 열린 제41회 총회에서 193개 회원국이 만장일치로 AI의 윤리적 개발과 활용을 위한 윤리 권고안을 채택하였다. 이 권고는 AI가 인간 중심적이고 지속 가능하며 윤리적으로 활용될 수 있도록 가이드라인을 제시하는 것이 목적이다. 유네스코의 AI 윤리 권고안은 4대 가치와 10대 원칙이 〈표 3-1〉과 같이 구성되어 있다(한국지능정보사회진흥원, 2021).

이처럼 유럽연합과 유네스코에서 제시한 AI 윤리의 가이드라인 및 권고안을 종합해 보면 AI 윤리에서 다루는 내용은 다음과 같다. 먼저 AI가 추구해야 할 윤리적 가치는 법이 정하는 범위 내에서 인권, 기본적 자유, 인간 존엄성 등을 존중하고 보호 · 증진시켜야 하며, 환경 및 생태계의 번영을 추구하고 다양성 및 포용성을 보장하는 것이다. 그리고 평화롭고 정의로우며 상호연결된 사회를 구축하며, 이러한 모든 것들이 잘못된 행위에 의해 침해되지 않도록 스스로 견고해야 한다는 것이다. 또한 이러한 윤리적 가치를 지켜나가기 위하여 AI가 갖추어야 할 요소로는 비례성과 무해성, 안전과 보안, 인간에 의한 감독 및 결정, 지속가능성, 기술적 견고성 및 안전, 프라이버시와 데이터 보호, 투명성 및 설명 가능성, 다양성 · 차별금지 · 공정성, 사회 · 환경적 복지, 책임 및 의무, 의식 및 리터러시, 다자적이고 조정 가능한 거버넌스 및 협력 등이다.

(4) 우리나라 AI 윤리기준

AI 윤리에 대한 국제적인 동향을 반영하여 우리나라도 '인공지능(AI) 윤리기준'(2022년)과 '생성형 AI윤리 가이드북'(2023년)을 마련하였고, 관련 법률로는 「인공지능 발전과 신뢰 기반 조성 등에 관한 기본법(인공지능기본법)」(2025년)을 제정하였다. 우리나라 '인공지능(AI) 윤리기준'은 최고의 가치로 '인간성(Humanity)'을 설정하고 이를 실현하기 위한 3대 기본 원칙과 이를 실천하고 이행할 수 있도록 충족되어야 하는 내용 10대 핵심요건으로 구성되어 있다.

3대 기본 원칙은 AI 개발 및 활용과정에서 고려될 원칙으로 '인간성을 위한 인공지능(AI for Humanity)'을 위해 AI 개발에서 활용에 이르는 전 과정에서 고려되어야 할 기준으로 3대 기본 원칙을 인간 존엄성 원칙, 사회의 공공선 원칙, 기술의 합목적성 원칙으로 정해 제시하였다. 각 기본 원칙에 대한 세부적인 내용은 〈표 3-2〉와 같다(과학기술정보통신부, 2020).

표 3-2 우리나라 AI 윤리기준 3대 기본 원칙과 10대 핵심 요건

〈우리나라 AI 윤리기준 3대 기본 원칙〉

1. 인간 존엄성 원칙
   - 인간은 신체와 이성이 있는 생명체로 AI를 포함하여 인간을 위해 개발된 기계제품과는 교환 불가능한 가치가 있다.
   - AI는 인간의 생명은 물론 정신적 및 신체적 건강에 해가 되지 않는 범위에서 개발 및 활용되어야 한다.
   - AI 개발 및 활용은 안전성과 견고성을 갖추어 인간에게 해가 되지 않도록 해야 한다.
2. 사회의 공공선 원칙
   - 공동체로서 사회는 가능한 한 많은 사람의 안녕과 행복이라는 가치를 추구한다.
   - AI는 지능정보사회에서 소외되기 쉬운 사회적 약자와 취약 계층의 접근성을 보장하도록 개발 및 활용되어야 한다.
   - 공익 증진을 위한 AI 개발 및 활용은 사회적, 국가적, 나아가 글로벌 관점에서 인류의 보편적 복지를 향상시킬 수 있어야 한다.
3. 기술의 합목적성 원칙
   - AI 기술은 인류의 삶에 필요한 도구라는 목적과 의도에 부합되게 개발 및 활용되어야 하며 그 과정도 윤리적이어야 한다.
   - 인류의 삶과 번영을 위한 AI 개발 및 활용을 장려하여 진흥해야 한다.

〈우리나라 AI 윤리기준 10대 핵심 요건〉

1. 인권보장
   - AI의 개발과 활용은 모든 인간에게 동등하게 부여된 권리를 존중하고, 다양한 민주적 가치와 국제 인권법 등에 명시된 권리를 보장하여야 한다.
   - AI의 개발과 활용은 인간의 권리와 자유를 침해해서는 안 된다.
2. 프라이버시 보호
   - AI를 개발하고 활용하는 전 과정에서 개인의 프라이버시를 보호해야 한다.
   - AI 전 생애주기에 걸쳐 개인 정보의 오용을 최소화하도록 노력해야 한다.
3. 다양성 존중
   - AI 개발 및 활용 전 단계에서 사용자의 다양성과 대표성을 반영해야 하며, 성별 · 연령 · 장애 · 지역 · 인종 · 종교 · 국가 등 개인 특성에 따른 편향과 차별을 최소화하고, 상용화된 AI는 모든 사람에게 공정하게 적용되어야 한다.
   - 사회적 약자 및 취약 계층의 AI 기술 및 서비스에 대한 접근성을 보장하고, AI가 주는 혜택은 특정 집단이 아닌 모든 사람에게 골고루 분배되도록 노력해야 한다.
4. 침해금지
   - AI를 인간에게 직간접적인 해를 입히는 목적으로 활용해서는 안 된다.
   - AI가 야기할 수 있는 위험과 부정적 결과에 대응 방안을 마련하도록 노력해야 한다.

5. 공공성
   - AI는 개인적 행복 추구뿐만 아니라 사회적 공공성 증진과 인류의 공동 이익을 위해 활용해야 한다.
   - AI는 긍정적 사회변화를 이끄는 방향으로 활용되어야 한다.
   - AI의 순기능을 극대화하고 역기능을 최소화하기 위한 교육을 다방면으로 시행하여야 한다.
6. 연대성
   - 다양한 집단 간의 관계 연대성을 유지하고, 미래세대를 충분히 배려하여 AI를 활용해야 한다.
   - AI 전 주기에 걸쳐 다양한 주체들의 공정한 참여 기회를 보장하여야 한다.
   - 윤리적 AI의 개발 및 활용에 국제사회가 협력하도록 노력해야 한다.
7. 데이터 관리
   - 개인정보 등 각각의 데이터를 그 목적에 부합하도록 활용하고, 목적 외 용도로 활용하지 않아야 한다.
   - 데이터 수집과 활용의 전 과정에서 데이터 편향성이 최소화되도록 데이터 품질과 위험을 관리해야 한다.
8. 책임성
   - AI 개발 및 활용과정에서 책임 주체를 설정함으로써 발생할 수 있는 피해를 최소화하도록 노력해야 한다.
   - AI 설계 및 개발자, 서비스 제공자, 사용자 간의 책임소재를 명확히 해야 한다.
9. 안전성
   - AI 개발 및 활용 전 과정에 걸쳐 잠재적 위험을 방지하고 안전을 보장할 수 있도록 노력해야 한다.
   - AI 활용 과정에서 명백한 오류 또는 침해가 발생할 때 사용자가 그 작동을 제어할 수 있는 기능을 갖추도록 노력해야 한다.
10. 투명성
    - 사회적 신뢰 형성을 위해 타 원칙과의 상충관계를 고려하여 AI 활용 상황에 적합한 수준의 투명성과 설명 가능성을 높이려는 노력을 기울여야 한다.
    - AI기반 제품이나 서비스를 제공할 때 AI의 활용 내용과 활용 과정에서 발생할 수 있는 위험 등의 유의사항을 사전에 고지해야 한다.

2) AI 윤리 교육의 방향

AI 시대, AI와 함께 살아가는 시대, AI와 더불어 사는 시대 등 AI가 포함된 다양한 용어가 더 이상 낯설지 않다. 시대가 AI를 중심으로 변화되고 있음을 실감하게 하는 제품, 용어들이 넘쳐나고 있다. 그중의 한 단어가 AI 윤리이다. 인터넷 시대가 도래하면서 인터넷 윤리, 사이버 윤리 등에 대해 알고 있는 사람이라면, AI 윤리도 별반 다르지 않을 것으로 예상할 것이다. 인터넷이나 사이버 윤리는 인터넷을 사용하면서 지켜야 하는 윤리이며, 어김의 정도가 지나칠 경우에는 사회 질서 확립을 위해 다양한 법률에 의해 처벌받는다.

AI 윤리를 교육하기 위해서는 AI가 무엇인지, 그리고 AI 윤리가 무엇인지에 대한 정확한 이해가 필요하다. 또한 법과 윤리와의 관계에 대한 이해를 바탕으로 윤리의 범위와 법적 규제를 논의해야 한다. 법은 개인이 판단하거나 선택할 수 없으며, 위반하게 되면 사회 질서를 유지하기 위한 구속력을 갖는다. 반면에 윤리는 집단에 속해 공동생활을 하는 사람들 간의 관심, 행위, 타인에게 영향을 미치는 결과와는 관련 없이 '옳다' '그르다'라는 평가가 수반된다. 단, 윤리의 경우, 어떤 행위의 결과가 '그르다'라고 해도 법과 같이 구속력을 갖는 것은 아니다. '무엇이 옳고, 무엇이 그르다.'라는 평가는 상대적인 것으로 시대적인 면에도 영향을 받는다. 즉, 사회의 변화에 사회 전체의 맥락 속에서 동시대를 살아가는 사람들은 윤리적 규범을 공유하게 되는 것이다.

2022 개정 교육과정은 디지털 대전환(Digital Transformation)의 시대에 적합한 학습자의 역량 강화 교육을 강조하였다. 디지털, AI, 데이터과학 등 디지털 시대에 AI와 함께 살아갈 학습자의 선택을 존중하고 학습자가 주도하는 교육으로의 변화가 시작된 것이다. 2022 개정 교육과정의 중점 중 하나는 디지털 · AI 소양의 강조이다. 디지털 리터러시는 초등학교와 중학교의 모든 교과에서 반영하여 학습자들의 디지털 소양을 강화할 수 있도록 구성하고 있다. 고등학교에서는 정보 교과의 과목 중 하나인 AI 기초를 구성하였다.

이미 삶의 곳곳에 스며 있는 다양한 AI 서비스를 비롯하여 AI는 생활의 곳곳에서 우리 삶의 패러다임을 바꿔가고 있다. 이 시대를 살아가는 우리에게 AI가 영향을 주는 만큼 'AI 윤리'라는 용어 또한 쉽게 접할 수 있다. AI 시대의 도래로 인해 'AI 윤리'가 삶의 윤리 중 하나가 된 것이다. 그러나 AI 윤리는 지금까지 시대의 흐름에 따라 변화되어 온 일반적인 윤리와는 많은 차이를 나타낸다. AI가 무엇인지를 명확하게 알지 못한 상태에서 AI 윤리를 논하기는 어려울 것이기 때문이다. AI가 인간의 지능을 모방하도록 구현된 기술로 결과를 인간이 예측하기 어려울 수 있다는 점을 상기한다면, 'AI 윤리는 사람이 지켜야 하는 윤리인가? AI가 지켜야 하는 윤리인가?' 등에 대한 논의도 함께 필요할 것이다.

이처럼 살펴본 내용들을 바탕으로 AI 윤리 교육의 방향을 정리해 보면 다음과 같다. 첫째, 단순히 AI의 활용에 대한 올바른 인식과 태도뿐만 아니라 AI 자체의 개발 방향과 범위에 대해서도 생각할 수 있는 기회가 제공되어야 한다. 둘째, AI가 가지는 가치에 대해 생각할 수 있는 기회가 제공되어야 한다. 셋째, AI를 활용함에 있어 인간의 존엄성과 권리 및 자유를 먼저 생각할 수 있는 기회가 제공되어야 한다. 넷째, 개인의 프라이버시를 보호하고 개개인의 차이에 따른 다양성 존중을 먼저 생각할 수 있는 기회가 제공되어야 한다. 다섯째, AI의 활용이 사람에게 해를 끼치지 않아야 된다는 것을 생각할 수 있는 기회가 제공되어야 한다. 여섯째, AI의 활용이 사회의 공공성과 집단 간의 연대성을 생각할 수 있는 기회가 제공되어야 한다. 일곱째, AI 개발과 활용을 책임있게 수행하고 안전하게 활용될 수 있는 방법을 생각할 수 있는 기회가 제공되어야 한다. 여덟째, AI가 투명하게 활용될 수 있는 방안을 생각할 수 있는 기회가 제공되어야 한다. AI는 사람과 유사한 역량을 발휘하거나 어떤 부분에서는 더 뛰어난 성과를 나타낼 수가 있다. 그러나 그러한 우수성이 사전에 적절하게 설계되고 통제되지 않는다면 의도하지 않는 결과를 초래할 수도 있다. 따라서 미래사회에서 AI를 개발하고 활용함에 있어 어떤 요소들을 중요하게 다루어야 하는지를 AI 윤리교육을 통해 학생들이 생각할 수 있는 기회가 제공되어야 할 것이다(김성락, 2021).

3) AI 활용의 윤리적 측면에서의 대책

AI의 윤리적 문제를 해결하고 책임감 있는 활용을 보장하기 위해 다각적인 노력이 필요하다. 먼저, 법적 규제를 강화해야 한다. AI 기술의 악용을 방지하기 위해 강력한 법적 처벌 기준을 마련하고, 피해자 구제를 위한 체계적인 지원 시스템을 구축해야 한다. 이러한 법적 장치는 불법적인 AI 활용을 억제하고, 기술이 인간의 권리를 침해하지 않도록 보호할 수 있을 것이다.

기술적 방어체계의 구축도 중요한 과제이다. 딥페이크 감지 기술을 포함하여 AI로 생성된 허위 정보나 조작 콘텐츠를 탐지하고 차단할 수 있는 시스템을 개발해야 한다. 이를 위해 AI 연구자와 개발자들이 기술적 대응 방안을 마련하고, 이러한 기술이 대중적으로 활용될 수 있도록 지원해야 한다. 나아가, AI가 가져올 수 있는 부작용에 대응하기 위해 지속적인 연구와 개발이 필요하다.

교육과 인식 제고는 AI의 윤리적 활용을 위한 필수적인 요소이다. 학생, 교사, 일반 대중에게 AI 기술과 그로 인해 발생할 수 있는 윤리적 문제를 교육하고 올바른 기술 사용 방식을 알리는 것이 중요하다. 특히, 미디어 리터러시 교육을 통해 정보의 신뢰성과 진위를 판단하는 능력을 강화해야 한다. 이를 통해 개인과 사회가 AI 기술을 보다 비판적이고 윤리적으로 활용할 수 있도록 도와야 한다.

윤리적 AI 개발을 촉진하는 것도 핵심이다. 개발자들이 투명성과 공정성을 확보할 수 있는 윤리적 기준을 준수하며 AI를 설계하도록 장려해야 한다. AI 알고리즘의 의사결정 과정에서 차별이나 편향이 배제되도록 규정하고 책임 있는 개발 문화를 정착시키는 것이 필요하다.

마지막으로, 공공과 민간의 협력을 강화해야 한다. 정부와 기업, 학계가 협력하여 AI 기술의 투명한 사용을 보장하고, 피해를 예방하기 위한 대책을 공동으로 마련해야 한다. 이러한 협력은 AI 기술이 사회적 신뢰를 기반으로 발전하고 인간과 조화를 이루며 지속 가능한 방식으로 활용되는 데 기여할 것이다. AI 기술은 인간 사회를 풍요롭게 할 수 있는 잠재력을 지니고 있으나 그 잠재력을 올바르게 실현하기 위해서는 윤리적 책임과 신중한 접근이 필수적이다.

2. 개인정보 보호

AI의 발전과 에듀테크의 확산으로 교육 분야에서 개인정보 보호의 중요성이 더욱 부각되고 있다. 특히 학생들의 민감한 정보가 디지털 플랫폼을 통해 수집되고 활용되면서 이에 대한 법적 · 윤리적 고려가 필수적이다. 에듀테크는 학생들의 학습과 생활 데이터를 수집 · 분석하여 활용되는데 이는 기술적 보안이 뒷받침되지 않을 경우 유출 위험이 매우 크다. 학생들의 데이터를 관리하고 활용하는 프로그램은 특히 더 강력한 보안 장치를 필요로 한다. AI와 관련된 개인정보 보호에 관한 주요 법률과 규정 및 학교 현장에서의 개인정보 동의 및 활용 방법을 살펴보면 다음과 같다.

1) 관련 법률

(1) 개인정보 보호법

우리나라의 개인정보 보호법은 개인정보의 수집, 이용, 제공 등에 관한 일반적인 규정을 담고 있다. 교육 분야에서 AI를 활용할 때 학생들의 개인정보를 처리하는 경우 이 법의 적용을 받는데 주요 내용은 다음과 같다.

- 개인정보의 수집 및 이용(제15조), 개인정보의 수집 제한(제16조): 개인정보를 수집할 때는 정보주체의 동의를 받아야 하며, 수집 목적에 필요한 최소한의 정보만을 수집해

야 한다.

- 개인정보의 제3자 제공(제17조 개인정보의 제공): 수집된 개인정보를 제3자에게 제공하려면 정보주체의 동의가 필요하며 제공 목적, 제공받는 자, 제공하는 항목 등을 명확히 밝혀야 한다.
- 개인정보의 파기(제21조): 개인정보의 보유 기간이 경과하거나 처리 목적이 달성된 경우, 가명정보의 처리 기간 경과 등 그 개인정보가 불필요하게 되었을 때에는 지체 없이 해당 정보를 파기해야 한다.
- 개인정보의 안전성 확보 조치(제29조 안전조치의무): 개인정보의 안전성 확보 조치로 개인정보의 분실, 도난, 유출, 변조 등을 방지하기 위해 기술적 · 관리적 조치를 취해야 한다.

(2) 정보통신망 이용촉진 및 정보보호 등에 관한 법률(정보통신망법)

정보통신망법은 정보통신망의 이용촉진과 이용자의 개인정보 보호, 건전하고 안전한 환경조성을 위해 정보통신서비스 제공자가 이용자의 권익보호와 준수해야 할 사항을 규정하고 있다. 에듀테크 플랫폼이 온라인 서비스를 제공하는 경우, 이 법의 적용을 받을 수 있으며 주요 내용은 다음과 같다.

- 개인정보의 수집 제한(제22조의2 접근권한에 대한 동의): 서비스 제공에 반드시 필요한 정보 외에는 수집을 제한하며, 민감한 정보의 경우 별도의 동의를 받아야 한다.
- 주민등록번호의 사용 제한(제23조의2): 정보통신서비스 제공자는 주민등록번호를 수집 · 이용함에 있어 최소한의 수집과 제한된 범위 내에서 하여야 하며, 본인 확인을 위해 주민등록번호를 사용하지 아니하는 대체수단을 제공하여야 한다.

(3) 통신비밀보호법

통신비밀보호법은 통신 및 대화의 비밀과 자유에 대한 제한을 엄격한 법적 절차를 거치도록 함으로써, 통신의 비밀을 보호하고 통신의 자유를 신장하는 것을 목적으로 한다. 이 법의 주요 내용은 다음과 같다.

- 통신 및 대화 비밀의 보호(제3조): 누구든지 법률에 의하지 않고서는 우편물의 검열, 전기통신의 감청, 통신사실확인자료의 제공 또는 공개되지 아니 한 타인 간의 대화를 녹음하거나 청취하지 못한다.

- 불법 감청 등에 대한 처벌(제14조 타인의 대화비밀 침해금지, 제16조 벌칙): 공개되지 아니한 타인 간의 대화를 녹음 또는 청취할 수 없으며, 그 내용을 공개 또는 누설한 자는 처벌을 받는다.

(4) 위치정보의 보호 및 이용 등에 관한 법률(위치정보법)

위치정보법은 위치정보의 유출·오용 및 남용으로부터 사생활의 비밀 등을 보호하기 위한 법률로서 개인정보와 관련된 내용은 다음과 같다.

- 개인위치정보 수집·이용·제공 시 동의 원칙(제18조): 개인위치정보를 수집·이용·제공하려면 개인의 동의를 받아야 한다.
- 법정대리인의 동의(제25조): 14세 미만 아동의 개인위치정보를 처리할 때는 법정대리인의 동의가 반드시 필요하다.

(5) 교육기본법 및 초·중등교육법

교육기본법과 초·중등교육법은 교육 현장에서 학생들의 개인정보 보호와 관련된 일반적인 원칙을 제시하고 있으며 주요 내용은 다음과 같다.

- 학생 정보의 보호(교육기본법 제23조의3 학생정보의 보호원칙): 학생의 학업 성적, 생활 기록 등은 보호되어야 하며, 학생과 보호자의 동의 없이 제3자에게 제공되어서는 안 된다.
- 학생 관련 자료 제공의 제한(초·중등교육법 제30조의6): 학교생활기록과 건강검사기록 같은 학생 정보를 교육 목적 외의 용도로 해당 학생이나 보호자의 동의 없이 제3자에게 제공하여서는 아니 된다.

(6) 국제 규범: GDPR (일반 개인정보 보호 규정)

EU(유럽연합)의 일반 개인정보 보호 규정(General Data Protection Regulation: GDPR)은 개인정보 보호에 대한 국제적인 기준을 제시하고 있으며, 글로벌 에듀테크 기업이나 해외와 연계된 교육 프로그램에서는 이를 준수해야 할 필요가 있다.

- 데이터 주체의 권리 강화(제12조~제23조): 개인은 자신의 데이터에 대한 접근, 수정, 삭제, 처리 제한 등의 권리를 가지며, 데이터 처리자는 이를 보장해야 한다.

- 동의 기준 강화(제7조): 개인정보 수집 · 처리에 대한 동의는 명확하고 구체적이며 자유롭게 제공되어야 하며, 침묵이나 사전 선택(opt-out)은 유효한 동의가 아니다.
- 개인정보 유출 통지 의무(제33조~제34조): 유출 발생 시 72시간 이내 감독기관에 신고해야 하며, 위험이 클 경우 정보주체에게도 통지해야 한다.

(7) 장애인 등에 대한 특수교육법(특수교육법)

특수교육법에서는 특수교육대상자의 개인정보를 보호해야 한다는 구체적인 조항이 포함되어 있지는 않지만, 특수교육 대상 학생과 그 가족의 권리 보호를 강조하고 있다. 비록 직접적으로 '개인정보 보호'를 명시하지는 않지만, 학생의 존엄성과 권리 보호를 위한 맥락에서 개인정보 보호의 중요성을 간접적으로 시사하고 있다고 할 수 있다.

- 특수교육대상자의 권리(제4조): 특수교육대상자는 교육을 받을 권리뿐 아니라, 차별받지 않고 학습할 권리가 보장된다. 이는 특수교육대상자의 개인정보가 유출되어 차별받거나 불이익을 받아서는 아니 된다는 것을 시사한다.
- 특수교육지원센터의 설치(제29조): 특수교육지원센터는 장애학생의 정보를 수집 · 관리하는 역할을 하는데 이 과정에서 수집된 정보가 법률적 테두리 안에서 적절하게 보호되어야 할 것이다.
- 개별화교육계획(제32조): 개별화교육계획(IEP)을 수립할 때 장애학생의 장애 특성과 건강상태 및 가족과 관련한 민감한 내용들이 기록될 수 있는데 이 과정에서 개인정보 보호가 요구된다.

에듀테크 분야에서 AI를 활용할 때는 위와 같은 법률과 규정을 준수하여 학생들의 개인정보를 보호하고 윤리적 책임을 다하는 것이 중요하다. 특별히 장애 학생들이 생활하는 특수교육현장에서의 개인정보 보호의 중요성은 보다 중요하다고 할 수 있다. 장애 학생들의 개인정보에는 의료정보, 재활치료 기록, 학습장애나 심리적 특성과 같은 민감한 정보가 포함될 가능성이 매우 높다. 이러한 정보는 노출될 경우 학생들과 보호자에게 부정적인 낙인효과나 차별의 원인이 되거나 사회적 소외로 이어질 우려가 크다. 따라서 에듀테크의 기술적 활용을 장려하되, 학생들의 개인정보가 노출되지 않도록 주의를 기울여야 할 것이다. 이를 통해 신뢰할 수 있는 교육 환경을 조성하고, 기술의 혜택을 학습과 생활지도에 최대한 활용할 수 있을 것이다.

2) 학교 현장에서의 개인정보 동의 및 활용

학교에서의 개인정보 동의와 활용은 학생과 학부모의 권리를 보호하면서 원활한 교육 활동을 운영하기 위해 중요하다. 개인정보 수집 시 명확한 목적과 필수·선택 항목 구분이 필요하며, 최소한의 정보만 수집해야 하고 사진·영상 활용 시 개별 동의를 받는 등 보안이 강화된 시스템을 강구하여 관리해야 한다. 또한 교직원의 정보 접근을 제한하고 유출 방지 및 보관 기간 준수 등의 조치를 철저히 해야 한다. 정기적인 교육을 통해 학생과 학부모의 인식을 높이는 것도 필수적이다. 이와 관련하여 학교에서 적용해 볼 수 있는 개인정보 수집 및 이용 동의서와 제3자 제공 동의서는 이 장의 끝에 있는 부록에 첨부하였다.

표 3-3 학교에서 개인정보 동의와 관련한 실질적 운영 방안

1. 개인정보 수집 · 이동 동의서 운영 개선
   - **일괄 동의서 활용:** 매년 학기 초에 필수적으로 필요한 개인정보 활용 범위를 포함한 통합 동의서를 받아 운영한다. 예를 들어, 상담, 체험학습, 가정통신문 발송 등을 포함할 수 있다.
   - **선택 동의 분리:** 필수 제공 항목과 선택 항목을 구분하여 동의할 수 있도록 하고, 선택 항목은 동의하지 않아도 불이익이 없음을 명시한다.
   - **전자 동의 시스템 활용:** 종이 문서 대신 학부모가 학교 홈페이지, LMS, 모바일 앱 등을 통해 동의할 수 있도록 하여 편의성을 높인다.
2. 개인정보 활용 최소화 및 보호 조치
   - **불필요한 정보 요구 금지:** 예를 들어, 체험학습 신청 시 주민등록번호는 받지 않고, 최소한의 정보(이름, 연락처, 비상연락망 등)만 수집한다.
   - **자료 보관 기간 명확화:** 특정 목적(예: 행사 사진 활용)이 끝나면 즉시 폐기하도록 내부 규정을 마련하고, 폐기 절차를 교직원에게 안내한다.
   - **암호화 및 접근 권한 관리:** 학생 및 학부모의 개인정보가 담긴 자료는 암호화하여 저장하고, 접근 권한을 담당 교사로 한정한다.
3. 사진 · 영상 촬영 및 활용 기준 명확화
   - **학교 행사 사진 · 영상 촬영 사전 안내:** 연초에 전체 동의를 받되, 개별 행사마다 추가 안내하여 이의 제기할 기회를 제공한다.
   - **SNS 및 홍보물 활용 시 개별 동의 필수:** 학교 홈페이지, SNS(학교 공식 인스타그램, 블로그 등) 등에 학생 사진·영상을 게시할 경우, 개별 동의를 받아야 한다.
   - **익명 처리 원칙 준수:** 가급적 학생의 얼굴이 명확히 드러나지 않도록 모자이크 처리하거나 뒷모습, 활동 장면 위주로 촬영한다.

4. 학생 정보 공유 시 안전한 운영
 - 교내 정보 공유 원칙 수립: 교직원 간 학생 정보를 공유할 경우, 반드시 목적을 명확히 하고, 필요한 최소한의 정보만 공유한다.
 - 이메일 · 메신저 사용 지침 마련: 학생 개인정보가 포함된 자료는 이메일, 메신저(카카오톡, 네이버 밴드 등)를 통해 공유하지 않도록 하고, 반드시 보안이 적용된 내부 시스템을 활용한다.
5. 학부모 · 학생 대상 개인정보 보호 교육
 - 학부모 대상 안내: 개인정보 보호 원칙과 동의서 작성 요령을 가정통신문 또는 학부모 교육을 통해 안내한다.
 - 학생 대상 교육: 개인정보 유출 위험성, SNS 사용 시 주의사항 등을 안내하는 교육을 정기적으로 운영한다.

3. 저작권

저작권은 창작자가 자신의 창작물에 대해 갖는 권리를 의미하며, 이를 통해 창작물의 사용과 배포를 통제할 수 있다. 저작권은 문학, 예술, 음악, 영화, 소프트웨어 등 다양한 창작물에 적용되며, 창작자가 창작물을 공표하지 않았더라도 창작과 동시에 보호를 받는다. 저작권의 주요 목적은 창작자의 권리를 보호하고, 이를 통해 창작 활동을 활성화하는 데 있다.

1) 관련 법률

저작권법은 창작자가 만든 문학, 음악, 미술, 영상, 소프트웨어 등의 창작물(저작물)의 재산적 권리와 인격적 권리를 보호함으로써 창작 활동을 장려하고 저작물의 무단 복제, 배포, 공중 송신 등을 금지한다. 다만, 교육, 연구, 보도 등 공익적 목적으로 제한적으로 저작물을 이용할 수 있는 '공정 이용' 규정을 제공한다.

- 저작물의 정의 및 보호 대상(제2조, 제4조): 저작물이란 인간의 사상 또는 감정을 표현한 창작물이며 문학 · 학술 · 예술적 표현물이 이에 해당한다.
- 저작자의 권리
 - 저작인격권(제11조~제15조): 공표권, 성명표시권, 동일성유지권 등 저작자의 인격을

보호하기 위한 권리이다.

– 저작재산권(제16조, 제17조, 제18조~제22조): 복제권, 공연권, 공중송신권, 전시권, 배포권, 2차적 저작물작성권 등 경제적 이익을 위한 권리이다.

- 저작권의 귀속 및 양도(제9조~제12조, 제45조~제47조): 창작한 자에게 저작권이 귀속되며, 일정한 경우 공동저작권 또는 업무상 저작(회사 저작물 등)의 귀속이 따로 정해지며, 저작재산권은 양도하거나 상속할 수 있다.
- 보호기간(제39조, 제40조): 저작자의 생존 기간과 사후 70년간 보호된다(단, 무명저작물 · 단체 저작물 등은 공표 후 70년).
- 저작권의 제한(제23조~제35조의4 공정이용 등): 교육 목적, 보도, 연구 등을 위한 제한적 이용이 허용된다.
  – 대표적인 예: 학교 수업에서의 이용, 시사보도에서의 인용, 도서관의 복제 등
- 2차적 저작물과 저작인접권(제5조, 제21조): 원 저작물을 바탕으로 한 번역, 편곡, 영상화 등은 별도의 권리로 보호된다.
- 저작인접권(제66조~제87조): 실연자, 음반제작자, 방송사업자 등에게 부여되는 권리이다.
- 저작권 침해와 구제 수단
  – 침해 시 민사적 손해배상, 형사 처벌 가능(제123조~제137조)
  – 정지 · 예방청구, 손해배상청구 등 가능(제125조, 제126조)

2) 교육 현장에서 저작권 활용

교육 현장에서는 학습 자료를 제작하거나 수업 자료를 준비하면서 다양한 저작물을 활용하게 된다. 이 과정에서 다음과 같은 점을 유의해야 한다.

- 저작권자의 허락 여부 확인: 저작물을 사용할 때는 저작권자의 허락을 받아야 하며, 저작물이 특정 조건하에서 자유롭게 사용 가능한 경우도 명시된 조건을 준수해야 한다.
- 출처 명시: 자료를 사용할 때는 반드시 저작권자의 이름과 출처를 명확히 밝혀야 한다. 이는 저작권 보호의 기본적인 예의이자 의무이다.
- 공정 이용의 한계: 수업 목적으로 저작물을 사용하는 경우에도 사용량, 목적, 저작물의 성격 등을 고려해야 한다. 교육적 목적으로 사용된다고 하더라도 저작물의 원래 시장 가치를 훼손하거나 과도한 사용은 문제가 될 수 있다.

• 디지털 자료의 공유: 수업 목적으로 디지털 자료를 활용하거나 공유할 때, 내부적으로만 사용하는지 여부를 고려하고, 외부 배포가 이루어지지 않도록 관리해야 한다.

표 3-4 교사의 수업에서의 저작물 활용 시 저작권법에서 허용하는 예외적인 경우

한국저작권위원회(Korea Copyright Commission)

–웹사이트: https://www.copyright.or.kr

1. 공교육 목적의 수업에서의 이용(저작권법 제25조)
   - 학교 등 교육기관에서의 수업 목적 이용
     - –교사는 학교에서 직접 교육을 위해 저작물을 이용할 수 있다.
     - –학생이 과제나 발표를 위해 저작물을 활용하는 것도 가능하다.
     - –단, 상업적 목적이 아닌 경우에 한한다.
     - –전체를 복제할 경우는 불가능하며, 필요한 범위 내에서만 이용해야 한다.
     - –수업 자료(프린트, PPT 등)로 제공할 경우 출처를 명확히 밝혀야 한다.
2. 공정 이용(저작권법 제35조)
   - –교육 목적이더라도 과도하게 활용하면 저작권 침해가 될 수 있으므로, '공정 이용' 원칙을 적용해야 한다.
   - –다음 조건을 고려하여 합리적 범위 내에서 사용해야 한다.
     - ① 이용 목적 및 성격(비영리 교육 목적일 것)
     - ② 저작물의 종류 및 특성(창작성이 높은 저작물은 신중하게 활용)
     - ③ 사용된 분량(전체가 아닌 일부를 활용)
     - ④ 시장에 미치는 영향(원저작물의 판매에 부정적 영향을 주지 않을 것)
3. 시각장애인 등 장애인을 위한 이용(저작권법 제33조)
   - –교사가 시각장애인이나 기타 장애 학생을 위해 점자, 큰 글씨, 음성 변환 등의 방식으로 저작물을 변형하여 제공할 수 있다.
   - –다만, 장애인 대상 교육을 위해서만 사용해야 하며, 일반 학생들에게 그대로 배포할 수는 없다.
4. 시험 목적의 복제(저작권법 제32조)
   - –학교 시험 및 평가를 위해 저작물을 사용할 경우 별도의 허락 없이 활용할 수 있다.
   - –시험이 끝난 후 해당 자료를 상업적 용도로 배포하는 것은 불가능하다.
5. 저작권이 소멸된 자료 활용
   - –저작자의 사후 70년이 경과한 저작물은 자유롭게 활용 가능하다.
   - –예를 들어, 조선 시대 문헌, 1950년 이전 작가의 저서 등은 저작권이 소멸되어 자유롭게 사용 가능하다.

6. 공공저작물 활용(공공누리, CCL 라이선스)
- 정부 기관이나 공공기관에서 제공하는 저작물은 일정 조건(출처 명시 등) 하에 자유롭게 이용 가능하다.
- 공공누리(KOGL) 마크가 붙은 자료나 크리에이티브 커먼즈(CCL) 라이선스를 따르는 자료는 허용 범위 내에서 수업에 활용할 수 있다.

주의할 점
- 인터넷에서 다운로드한 이미지, 영상, 음악 등을 수업에 활용할 경우, 반드시 출처와 저작권 여부를 확인해야 한다.
- 교육 목적이라 하더라도 전체 책을 스캔하여 배포하거나 상업적으로 활용하는 행위는 불법이다.
- 온라인 강의(줌, 유튜브 등)에서 저작물을 사용할 경우, 학교 수업 목적이더라도 '공개 범위'를 설정하여 제한적으로 활용해야 한다.

* 수업에서 저작물을 활용할 때는 위의 기준을 참고하여 합법적인 범위 내에서 활용하여야 한다.

(1) 저작권 구분 방법

사용하려는 자료의 저작권 상태를 파악하는 것은 중요하다. 다음과 같은 방법으로 저작권 상태를 쉽게 확인할 수 있다.

- CC 라이선스 확인: 크리에이티브 커먼즈(CC) 라이선스(Creative Commons: CC)는 저작권자가 자신의 창작물을 다른 사람이 일정한 조건하에 자유롭게 사용할 수 있도록 허락하는 표준 라이선스 체계이다. CC 라이선스는 저작권 보호와 공유를 동시에 가능하게 하며, 저작권자의 권리를 보호하면서도 저작물을 더 쉽게 공유하고 재사용할 수 있

표 3-5 CC 라이선스의 주요 구성 요소

크리에이티브 커먼즈 라이선스는 총 네 가지 조건을 조합하여 만들어진다. 이 조건들은 저작권자가 저작물 사용 시 허용하거나 제한할 수 있는 내용을 나타낸다.

1. 저작자 표시(BY, Attribution)
- 저작자를 반드시 표시해야 하며, 모든 CC 라이선스에서 필수 조건이다.
  예: 저작물 사용 시 "저작자 이름"을 명시해야 함.

2. 비영리(NC, NonCommercial)
   - 상업적 용도로 사용할 수 없다.
   - 예: 비영리 목적으로만 저작물을 사용 가능
3. 변경 금지(ND, NoDerivatives)
   - 저작물을 수정하거나 2차 저작물을 만들 수 없다.
   - 예: 원본 그대로 사용해야 함.
4. 동일 조건 변경 허락(SA, ShareAlike)
   - 2차 저작물을 만들 경우 원본과 동일한 CC 라이선스를 적용해야 한다.
   - 예: 동일한 조건으로 공유되어야 함.

• CC 라이선스의 조합

이 조건들은 다음과 같이 조합되어 여섯 가지 주요 라이선스 유형을 만든다.

1. CC BY: 저작자 표시만 요구
2. CC BY-SA: 저작자 표시 + 동일 조건 변경 허락
3. CC BY-ND: 저작자 표시 + 변경 금지
4. CC BY-NC: 저작자 표시 + 비영리
5. CC BY-NC-SA: 저작자 표시 + 비영리 + 동일 조건 변경 허락
6. CC BY-NC-ND: 저작자 표시 + 비영리 + 변경 금지(가장 제한적인 유형)

도록 도와준다. CC-BY, CC-BY-SA, CC-BY-NC 등의 라이선스는 저작물의 사용 가능 범위를 명확히 알 수 있다.

- 퍼블릭 도메인 확인: 저작권 보호 기간이 만료되었거나 저작권자가 권리를 포기한 저작물은 자유롭게 사용할 수 있다. 주로 오래된 문학 작품, 고전 음악 등이 이에 해당한다.
- 저작권 마크 및 정책 확인: 저작물의 출처나 공식 웹사이트에서 저작권 관련 표시와 사용 가능 여부를 확인할 수 있다.
- 온라인 플랫폼 활용: 저작권 상태를 확인할 수 있는 플랫폼(예: Pixabay, Unsplash, Wikimedia Commons)을 활용하면 무료로 사용 가능한 자료를 쉽게 찾을 수 있다.

표 3-6 한국 내 저작권 상태 확인 및 정보 검색 플랫폼

1. 한국저작권위원회(Korea Copyright Commission)
   - 웹사이트: https://www.copyright.or.kr

–설명: 저작권 관련 정책 수립, 교육, 상담, 분쟁 조정 등 다양한 서비스를 제공하는 기관으로, 저작권 등록 및 저작물 이용 활성화에 대한 정보도 확인할 수 있음

2. **저작권비즈니스지원센터(Copyright Business Support Center)**

–웹사이트: https://www.findcopyright.or.kr

–설명: 저작권자 찾기 정보시스템을 통해 저작물의 권리 정보를 체계적으로 수집하고 제공하여, 이용자가 저작권자(권리자)를 간편하게 찾을 수 있도록 지원하는 시스템

3. **공유마당(Gongu)**

–웹사이트: https://gongu.copyright.or.kr

–설명: 저작권이 소멸되었거나 저작권자가 무료로 이용을 허락한 저작물을 제공하는 플랫폼으로, 다양한 분야의 저작물을 자유롭게 이용할 수 있음

4. **한국저작권보호원(Korea Copyright Protection Agency)**

–웹사이트: https://www.kcopa.or.kr

–설명: 저작권 침해 예방과 보호를 위한 다양한 활동을 수행하며, 저작권 침해 신고와 관련된 정보도 제공함

(2) 교육 현장에서 무료로 적용되는 저작물

교육적 목적으로 무료로 활용 가능한 저작물의 범위는 다음과 같다.

- 공정 이용 범위 내 자료: 수업에서 비영리적 목적으로 활용하며, 자료의 일부를 사용하거나 변형해 사용하는 경우 공정 이용에 해당할 가능성이 높다.
- 오픈소스 및 공공저작물: 정부기관, 공공단체에서 제공하는 자료는 별도의 허가 없이 사용할 수 있는 경우가 많다. 예를 들어, 대한민국에서 제공되는 '공공누리' 마크가 붙은 자료는 이용 조건만 지키면 자유롭게 활용할 수 있다.
- 교육 전용 라이선스 자료: 일부 저작물은 교육 현장에서 비영리적으로 사용하는 경우 무료로 제공되며, 교육 전용 라이선스 정책이 적용될 수 있다.

교육 현장에서 저작물을 활용할 때는 저작권의 기본 원칙과 관련 법규를 준수하는 것이 필수적이다. 저작권자의 권리를 존중하면서도 공정 이용과 무료 자료를 적절히 활용한다면 창의적이고 윤리적인 교육 활동이 가능하다. 저작권에 대한 올바른 인식과 실천은 교육 현장의 신뢰를 높이고, 학생들에게 올바른 창작 윤리를 가르치는 기반이 될 것이다.

4. 초상권

초상권이란 개인이 자신의 얼굴, 모습 등 외모에 대한 권리를 보호받을 수 있는 권리이다. 즉, 자기 자신의 초상에 대한 독점권을 말한다. 헌법상 인정되는 인격권의 하나로서, 본인의 동의 없이 사진, 영상 등에서 자신의 모습을 촬영·사용하거나 공개·배포되었을 경우 손해배상 청구와 같은 민사적 책임뿐 아니라 형사적 책임을 물을 수 있다. 초상권은 헌법이 보장하는 기본적 인권에 근거하여 보호된다. 초상권에는 인격권으로서의 초상권과 재산권으로서의 초상권이 있는데, 후자는 퍼블리시티권과 유사하다.

1) 관련 법률

법적으로는 초상권과 함께 퍼블리시티권(Right of Publicity, 사진, 동영상 등의 상업적 활용 권리)도 포함되어 개인의 이미지를 상업적으로 이용할 경우 반드시 동의를 받아야 한다. 공적 인물의 경우 일반적으로 초상권의 보호 범위가 제한적일 수 있으나, 사적 영역에서 촬영된 경우 초상권 침해의 요소가 될 수 있다.

- 대한민국헌법(제10조): 모든 국민은 인간으로서의 존엄과 가치를 가지며, 행복을 추구할 권리를 가진다고 규정하고 있으며, 초상권은 이 조항에서 파생된 개인의 인격권 중 하나로 해석된다.
- 민법(제751조 재산 외의 손해에 대한 손해배상): 타인의 인격권을 침해하여 정신적 손해를 끼친 경우 손해배상 책임이 있으며, 초상권 침해로 인해 정신적 피해가 발생한 경우 이 조항에 따라 손해배상을 청구할 수 있다.
- 형법(제314조 업무방해죄): 무단 촬영이나 영상 유포가 상대방의 사회생활, 명예, 평온한 생활 등을 방해할 경우 업무방해죄가 성립할 수 있다.
- 성폭력범죄의 처벌 등에 관한 특례법(제14조 카메라 등을 이용한 촬영): 상대방의 동의 없이 신체를 촬영하거나 유포하는 경우 형사처벌 대상이 되며, 특히 사적인 공간에서의 촬영 또는 유포는 초상권뿐 아니라 성적 자기결정권 침해로도 간주된다.
- 개인정보 보호법(제2조, 제3조, 제17조 등): 얼굴 사진이나 영상도 개인정보에 해당하므로, 이를 수집하거나 제3자에게 제공할 때는 당사자의 동의가 필요하며, 무단 촬영·게

시 · 유포는 개인정보 보호법 위반이 될 수 있다.

- 청소년 보호법, 아동복지법 등 특별법: 청소년이나 아동의 초상은 보호가 더욱 강화되며, 동의 없이 촬영 · 유포 시 더 무거운 책임을 질 수 있다.

2) 교육 현장에서의 초상권 활용

교육 현장에서 초상권 보호는 특히 중요하다. 학생, 교직원, 학부모를 대상으로 사진과 영상을 촬영하거나 사용하는 경우 다음 사항에 주의해야 한다.

- 촬영 전 동의 절차 준수: 수업 자료, 학교 행사, 교육 활동 중 촬영이 필요한 경우 대상자의 사전 동의를 반드시 받아야 한다. 특히 학생을 촬영하여 활용할 때는 학생 본인뿐 아니라 학부모의 동의도 필요할 수 있다. 특수교육 현장에서는 자기결정능력이 어려운 학생에게만 동의를 받을 것이 아니라 보호자에게도 꼭 확인 절차를 거쳐야 한다. 또한 보호자나 학생이 촬영 및 공개를 원하지 않을 경우 존중하여야 한다.
- 촬영 목적과 사용 범위 명시: 촬영이나 활용을 위해서는 사진이나 영상을 사용할 목적과 범위를 명확히 고지해야 한다. 수업자료나 앨범제작 같은 학교 내부의 자료로만 사용할 것인지, SNS나 웹사이트 등과 같은 외부 홍보 자료로 활용할 것인지에 따라 동의의 범위가 달라질 수 있다.
- 특정 개인의 식별 방지: 다수의 학생이 등장하는 사진이나 영상에서는 특정 학생이 두드러지지 않도록 구성해야 하며, 클로즈업 촬영은 피하는 것이 바람직하다.
- 촬영 후 데이터 관리: 촬영된 자료는 안전하게 관리하고, 사용 목적이 끝난 경우 즉시 삭제하거나 보관 규정을 준수해야 한다.

(1) 초상권을 침해하지 않는 방법

수업이나 교육 활동에서 초상권을 보호하기 위해 다음과 같은 방법을 실천할 수 있다.

- 모자이크 처리와 블러 효과 활용: 사진이나 영상에서 개인의 얼굴이 식별되지 않도록 얼굴부분에 모자이크 처리나 블러 효과를 사용한다.
- 대체 자료 활용: 학생의 얼굴이 아닌 일러스트, 아바타, 상징적인 이미지로 대체할 수 있다. 교육 활동을 설명하는 데 굳이 학생의 실제 모습을 사용할 필요가 없는 경우 이를

적극 활용한다. 최근에는 생성형 AI를 활용해 필요한 그림과 이미지를 직접 생성하여 활용할 수 있는데, AI 생성 이미지는 저작권이나 초상권에서 비교적 자유롭다.

- 공용 동의 문구 활용: 촬영 대상자에게 초상권 동의서를 제공하고, 동의를 받지 않은 학생은 촬영에서 제외하거나 얼굴이 나오지 않도록 조정한다.
- 공개 제한 설정: 촬영된 사진이나 영상을 공유할 때, 공개 범위를 학교 내부로 제한하거나 암호화된 환경에서만 접근할 수 있도록 설정한다.

(2) 포토샵 및 동영상 편집에서 초상권 침해 방지 방법

포토샵이나 동영상 편집 프로그램을 사용할 때 초상권 침해를 피하기 위해 다음 방법을 적용할 수 있다.

- 얼굴 식별 방지: 편집 과정에서 얼굴을 흐리게 처리하거나 모자이크를 적용해 개인의 식별을 어렵게 한다.
- 대체 이미지 삽입: 편집 과정에서 원본 사진 대신 초상권에 영향을 미치지 않는 공공 저작물, 그림, 상징 이미지 등을 삽입할 수 있다.
- 동의 받은 사진 활용: 동의를 받은 사진이나 영상을 활용하여 원본 자료의 초상권을 침해하지 않도록 주의한다. 사용 전 동의 여부를 재확인한다.
- 배경과 피사체 분리: 인물 촬영이 포함된 자료는 배경과 피사체를 분리하여 사용하거나, 배경만 활용하는 형태로 편집한다.

초상권은 개인의 기본 권리로, 이를 존중하지 않으면 교육 활동에서도 법적·윤리적 문제가 발생할 수 있다. 교육 현장에서 학생과 교직원의 초상권을 보호하기 위해 사전 동의 절차와 안전한 자료 관리를 철저히 하고, 모자이크 처리와 대체 이미지 활용 등 다양한 방법을 적용하는 것이 필요하다. 이러한 실천은 교육 현장의 신뢰를 높이고, 학생들에게 권리를 존중하는 문화를 가르치는 데 기여할 것이다.

표 3-7 사진 · 동영상에서 모자이크 처리를 위한 AI 기반 도구

명칭	소개
블러미 (BlurMe)	AI 기술을 활용하여 사진과 동영상에서 얼굴을 자동으로 감지하고 모자이크 또는 블러 처리를 제공한다. 웹 브라우저를 통해 간편하게 사용할 수 있으며, 모바일에서도 지원한다. 1분 이내의 동영상은 무료로 처리할 수 있다. https://www.blur.me/ko/
AILab Tools	이 도구는 첨단 AI 기술을 사용하여 이미지 내 얼굴을 자동으로 인식하고 빠르게 모자이크 처리 가능함. JPEG, PNG 등 다양한 이미지 형식을 지원하며, 업로드 후 몇 초 내에 결과를 확인할 수 있다. https://www.ailabtools.com/ko
곰믹스(GOM Mix)	동영상 편집 프로그램으로, 얼굴 블러 처리 및 모자이크 기능을 제공한다. 움직이는 얼굴에 대한 모자이크 처리가 가능하며, 초보자도 쉽게 사용할 수 있는 직관적인 인터페이스를 갖추고 있다. https://www.gomlab.com/gommix-video-editor
SimpleMosaic	화면의 특정 영역을 모자이크 처리할 수 있는 간단한 프로그램이다. 설치 없이 실행할 수 있으며, 실시간 방송이나 유튜브 시청 시 특정 영역을 가릴 때 유용하다. https://blog.naver.com/tipsware/223128796613
Photo Kit	프로그램 실행 없이 사진을 불러와 화면의 특정 부분을 모자이크 처리할 수 있는 AI기반 온라인 이미지 편집기이다. https://photokit.com/?lang=ko

활동하기

1. AI의 판단에 오류가 발생했을 때 그 책임은 누구에게 있는지, 책임 주체를 중심으로 토론해 보세요.
2. AI 기술의 발달이 사회적 약자에게 긍정적인 역할을 하는지, 오히려 불평등을 심화시킬지에 대해 논의해 보세요.
3. AI가 특수교육 대상 학생의 학습과 일상생활 활동 교육에 효과적으로 활용되기 위한 방안을 함께 나누어 보세요.

부록

<table>
<tr><td rowspan="4">교표</td><td rowspan="4">행복한 배움과 나눔으로 꿈이 성장하는
○○ 학 교
교육통신</td><td>제 2025-○○호</td></tr>
<tr><td>발송일: 2025. ○. ○.</td></tr>
<tr><td>담당: ○○○
031)777-9999</td></tr>
</table>

제목: 2025학년도 학생과 학부모 개인정보 활용 동의 요청

안녕하십니까. 우리 학교에서는 개인정보 보호법 제15조에 따라 교육활동에 필요한 학생과 학부모의 개인정보를 수집 및 활용하기 위해 개인정보 수집 · 이용에 관한 동의를 받고자 합니다.

- ○ 만 14세 미만 아동에 해당할 경우 법정대리인의 자필 서명 필요
- ○ 수집 항목들에 대한 정보 이용 동의를 거부할 권리가 있으나, 거부 시 해당 항목의 서비스가 제공되지 않는 제한 사항이 있음을 확인 후 서명
- ○ 영역별 수집항목은 안내된 이용목적 이외의 용도로 활용되지 않으며, 보유기간 종료 시 즉시 파기 예정. 동의서를 작성하신 다음 3월 13일(목)까지 제출하여 주시기 바랍니다.

□ 법령에 근거하여 수집 · 이용 및 제3자 제공 동의 없이 처리하는 개인정보 안내
 -정보 주체자의 별도 동의절차 없이 소관법령에 따라 개인정보를 처리합니다.

활용분야	개인정보 목적 및 이용항목	관련 법령
학교생활기록부 (전교생 해당)	• 수집 및 이용에 관한 사항 1. 목적: 학생 지도 및 상급학교 학생선발 활용 2. 수집 및 이용항목: 인적사항(학교, 학년, 반, 성명, 성별, 주민등록번호, 주소, 보호자 성명 및 생년월일), 학적사항, 출결상황, 수상경력, 자격증 및 인증취득상황(고), 진로희망사항, 창의적 체험활동상황, 일상생활활동 상황, 교과학습발달상황, 자유학기활동상황(중), 독서활동상황(중 · 고), 행동특성 및 종합의견 3. 보유기간: 준영구	초 · 중등교육법 제25조(학교생활기록)
	• 제3자 제공에 관한 사항 1. 제공기관: 교육(지원)청, 상급학교 2. 제공시기: 사안 발생 시	
학생건강기록부 (전교생 해당)	• 수집 및 이용에 관한 사항 1. 목적: 학생 건강기록 관리 2. 수집 및 이용항목: 인적사항(성명, 성별, 주민등록번호, 혈액형, 보호자명, 학교, 학년, 반), 전염병 예방접종, 신체의 발달사항, 신체의 능력, 건강검진현황, 별도검사현황 3. 보유기간: 졸업 후 5년까지	학교보건법 제7조(건강검사 등), 제7조의3(건강검사기록), 학교건강검사규칙 제9조(건강검사 결과의 관리)
	• 제3자 제공에 관한 사항 1. 제공기관: 상급기관, 상급학교, 전출학교, 보건소 2. 제공시기: 사안 발생 시	학교보건법 제10조(예방접종 완료 여부의 검사), 감염병의 예방 및 관리에 관한 법률 제31조(예방접종 완료 여부의 확인)

〈계속〉

<table>
<tr><th>활용분야</th><th>개인정보 목적 및 이용항목</th><th>관련 법령</th></tr>
<tr><td rowspan="2">CCTV 영상촬영
(전교생 해당)</td><td>• 수집 및 이용에 관한 사항
1. 수집 이용 목적: 외부인의 무단출입, 학교폭력 및 범죄 예방
2. 수집항목: 영상정보
3. 이용 및 보유기간: 30일 주기로 삭제</td><td>초 · 중등교육법 제30조의8(학생의 안전대책 등)</td></tr>
<tr><td>• 제3자 제공에 관한 사항
1. 제공기관: 수사기관
2. 제공시기: 사안발생 시</td><td>개인정보 보호법 제18조 제2항 제7호 범죄의 수사와 공소의 제기 및 유지를 위하여 경찰에서 수사 요청 시</td></tr>
</table>

ㅁ 개인 정보 수집 및 이용 동의서

<table>
<tr><td rowspan="3">교내외
대회 참가
신청서
작성
(대외참가
학생에 한함)</td><td>1. 수집 · 이용 목적: 교내외에서 실시하는 대회 참가 신청서에 기재
2. 수집항목: 학생의 개인 정보(학년, 반, 이름, 사진, 장애유형, 등급), 학부모 개인 정보(이름, 전화번호, 사진 등) 대회 측에서 요구하는 사항 등
3. 보유 및 이용기간: 1년
4. 정보주체의 수집 거부 권리 안내: 동의 거부가 가능하며 거부 시 학생 또는 학부모의 개인 정보가 기재되지 않으며, 대회 참가 가 불가능함.
개인정보 수집 및 이용에 동의하십니까?</td></tr>
<tr><td>학교가 학생의 개인 정보인 학년, 반, 이름, 사진, 장애유형, 등급 등
대회주체 측에서 요구하는 사항을 기재하는 것에
□ 동의함 □ 동의 안 함</td></tr>
<tr><td>학교가 학부모의 개인 정보인 사진, 이름 등 대회주최 측에서
요구하는 사항을 기재하는 것에
□ 동의함 □ 동의 안 함</td></tr>
<tr><td rowspan="2">늘봄 학교
(전공과
학생 제외)</td><td>1. 수집 · 이용 목적: 교내에서 실시하는 늘봄 학교(선택형 교육: 교내 방과후 교실, 선택형 돌봄: 종일반) 활동 내용 홈페이지에 탑재, 외부활동 시 보험가입 및 대상자 선정을 위한 학생, 학부모 정보 이용
2. 수집항목: 학생의 개인 정보(학년, 반, 이름, 사진, 장애 유형, 등급), 학부모 개인 정보(이름, 전화번호)
3. 보유 및 이용기간: 1년
4. 정보주체의 수집 거부 권리 안내: 동의 거부가 가능하며 거부 시 학생의 사진이 게시되지 않으며 보험가입을 위한 자료제공이 되지 않아 보험가입이 불가능함.
개인정보 수집 및 이용에 동의하십니까?</td></tr>
<tr><td>늘봄 학교(선택형 교육: 교내 방과후 교실, 선택형 돌봄: 종일반)에
개인정보를 활용하는 것에
□ 동의함 □ 동의 안 함</td></tr>
</table>

〈계속〉

학부모회	1. **수집 · 이용 목적**: 성은학교 학부모회 회원 간 연락처 및 학부모학교 참여 활동에 관한 제반 안내사항과 관련 정보 제공 2. **수집항목**: 자녀(학년, 반, 이름), 학부모(성명, 집 전화번호, 휴대폰번호, 주소, 이메일) 3. **보유 및 이용기간**: 2023년 학부모회 운영 기간까지 보유 및 이용 4. **정보주체의 수집 거부 권리 안내**: 학부모학교 참여활동과 관련하여 기본정보 수집에 동의하지 않을 경우 거부 할 수 있으며, 정보 제공시 제한을 받을 수 있음. 개인정보 수집 및 이용에 동의하십니까?
	학부모회의 원활한 운영을 위하여 이에 ☐ 동의함 ☐ 동의 안 함
지원인력 배치	1. **수집 · 이용 목적**: 지원인력(특수교육지도사, 사회복무요원) 배치 학부모 동의 2. **수집항목**: 학생 및 학부모 정보(학생 이름, 학년, 반, 가족관계, 주소, 학부모 성명, 전화번호) 3. **보유 및 이용기간**: 1년 4. 동의 거부가 가능함. 개인정보 수집 및 이용에 동의하십니까?
	특수교육 지원인력 배치에 개인정보를 활용하는 것에 ☐ 동의함 ☐ 동의 안 함
홈페이지	1. **수집 · 이용 목적**: 학교 홈페이지에 교육활동 게시 2. **수집항목**: 학생 사진, 이름, 수업 동영상 3. **보유 및 이용기간**: 1년 4. **정보주체의 수집 거부 권리 안내**: 동의 거부가 가능하며 거부 시 학생의 사진이나 동영상이 게시되지 않음. 개인정보 수집 및 이용에 동의하십니까?
	학교가 학생의 개인정보인 이름, 사진, 동영상을 홈페이지 서비스에 활용하는 것에 ☐ 동의함 ☐ 동의 안 함
SMS (e알리미, Hi클래스(초등))	1. **수집 · 이용 목적**: 학교, 학급의 전달사항을 학부모님께 전달 2. **수집항목**: 학부모의 연락처 3. **보유 및 이용기간**: 1년 4. **정보주체의 수집 거부 권리 안내**: 동의 거부가 가능하며 거부 시 학교 및 학급의 전달사항을 문자로 전송받지 못함. 개인정보 수집 및 이용에 동의하십니까?
	학교가 학생 보호자의 개인정보인 휴대폰 번호를 활용하는 것에 ☐ 동의함 ☐ 동의 안 함

〈계속〉

<table>
<tr><td rowspan="2">통학버스</td><td>1. 수집 · 이용 목적: 통학버스 노선표 작성 시 연락 가능한 연락처 기재
2. 수집항목: 학부모 전화번호
3. 보유 및 이용기간: 1년
4. 정보주체의 수집 거부 권리 안내: 동의 거부가 가능하며 거부 시 통학버스 운행정보를 문자로 연락받지 못함.
개인정보 수집 및 이용에 동의하십니까?</td></tr>
<tr><td>학교가 학생 보호자의 개인정보인 휴대폰 번호를 활용하는 것에
□ 동의함 □ 동의 안 함</td></tr>
<tr><td rowspan="2">학교요람</td><td>1. 수집 · 이용 목적: 학교 요람 교육활동 사진 게시
2. 수집항목: 학생 활동사진
3. 보유 및 이용기간: 1년
4. 정보주체의 수집 거부 권리 안내: 동의 거부가 가능하며 거부 시 학생의 사진이 게시되지 않음.
개인정보 수집 및 이용에 동의하십니까?</td></tr>
<tr><td>학교가 학생의 교육 활동사진을 학교요람에 활용하는 것에
□ 동의함 □ 동의 안 함</td></tr>
<tr><td rowspan="2">체험학습
(복지카드,
보험가입)</td><td>1. 수집 · 이용 목적: 체험학습 시 장애인임을 증명하기 위해 복지카드 제시
2. 수집항목: 학생의 개인 정보(이름, 주민등록번호, 사진, 장애유형, 등급, 주소, 장애인등록일자), 학부모 개인 정보(전화번호)
3. 보유 및 이용기간: 1년
4. 정보주체의 수집 거부 권리 안내: 동의를 거부 시 체험학습 할인, 무료입장에 제한받을 수 있음.
개인정보 수집 및 이용에 동의하십니까?</td></tr>
<tr><td>체험학습(복지카드, 보험가입)에 개인정보를 활용하는 것에
□ 동의함 □ 동의 안 함</td></tr>
<tr><td rowspan="2">행정정보
공동이용</td><td>1. 수집 · 이용 목적: 학교생활기록부 작성 · 정정
2. 수집항목: 주민등록 등 · 초본(현행 주소)
3. 보유 및 이용기간: 1년
4. 정보주체의 수집 거부 권리 안내: 동의 거부가 가능하며 거부 시 그 해당 부분에 대해서는 직접 서류(주민등록표 등 · 초본)를 따로 제출하여야 합니다.</td></tr>
<tr><td>학교가 행정정보 공동이용을 통해 학생의 주민등록표 등 · 초본의 정보를 이용하여 행정정보를 처리하는데
□ 동의함 □ 동의 안 함</td></tr>
</table>

〈계속〉

<table>
<tr><td rowspan="3">소식지 발간</td><td>1. 수집 · 이용 목적: 자유학년제 소식지 사진 게시
2. 수집항목: 학생 활동사진, 학생활동 동영상, 학부모 활동사진, 학부모 활동 동영상
3. 보유 및 이용기간: 1년
4. 정보주체의 수집 거부 권리 안내: 동의 거부가 가능하며 거부 시 소식지에 게시되지 않음.
개인정보 수집 및 이용에 동의하십니까?</td></tr>
<tr><td>학교가 학생의 개인정보인 학생 활동사진 및 동영상을 소식지에 활용하는 것에
□ 동의함 □ 동의 안 함</td></tr>
<tr><td>학교가 학부모의 개인정보인 학부모 활동사진 및 동영상을 소식지에 활용하는 것에
□ 동의함 □ 동의 안 함</td></tr>
</table>

□ 개인 정보 수집 · 이용 및 제3자 제공 동의서

<table>
<tr><th>업무명</th><th>개인정보 수집 · 이용 및 제3자 제공 동의</th></tr>
<tr><td>학교
교육활동
홍보</td><td>• 수집 및 이용에 관한 사항
1. 수집 및 이용 목적: 학교 교육 자료제작 및 홍보(홈페이지, 학교신문 등)
2. 수집 항목: 학년, 반, 이름, 사진(동영상), 작품활동, 수상내역
3. 보유 및 이용 기간: 삭제 시까지(학교별 보유기간 작성)
4. 개인정보 수집 동의를 거부할 수 있으며, 미동의 시 홍보물 내용에학생 정보가 포함되지 않습니다.
개인정보 수집 및 이용 동의하십니까?
개인정보 수집 및 이용 동의 □ 예 □ 아니요

• 제3자 제공에 관한 사항
1. 제공받는 자: 홍보물 이용자(불특정 다수)
2. 제공받는 자의 이용 목적: 학교 교육 자료 및 홍보물 열람(홈페이지, 학교신문)
3. 제공하는 항목: 학년, 반, 이름, 사진(동영상), 작품활동, 수상내역
4. 제공받는 자의 보유 및 이용 기간: 제공받는 자가 삭제 시까지
5. 개인정보 수집 동의를 거부할 수 있으며, 동의 거부 시 홍보물 내용에 학생 정보가 포함되지 않습니다.
개인정보 제3자 제공에 동의하십니까?
개인정보 수집 및 이용 동의 □ 예 □ 아니요</td></tr>
</table>

〈계속〉

<table>
<tr><th>업무명</th><th>개인정보 수집 · 이용 및 제3자 제공 동의</th></tr>
<tr><td>졸업 앨범
(해당 학년)</td><td>• 수집 및 이용에 관한 사항
1. 수집 및 이용 목적: 졸업생 앨범 제작
2. 수집 항목: 학년, 반, 성명, 학생의 사진 및 영상
3. 보유 및 이용 기간: 제작 완료시까지 (3개월)
4. 개인정보 수집 동의를 거부할 수 있으며, 동의 거부 시 졸업 앨범 내용에 해당 학생의 정보는 포함되지 않습니다.
개인정보 수집 및 이용 동의하십니까?
개인정보 수집 및 이용 동의 □ 예 □ 아니요

• 제3자 제공에 관한 사항
1. 제공받는 자: 졸업앨범 구입자, (학생 및 교직원)
2. 제공받는 자의 이용 목적: 졸업앨범 구입에 따른 앨범 열람
3. 제공하는 항목: 학년, 반, 성명, 학생의 사진 및 영상
4. 제공받는 자의 보유 및 이용 기간: 앨범 파기 시까지
5. 개인정보 수집 동의를 거부할 수 있으며, 미동의 시 졸업앨범에 해당 학생정보는 포함되지 않습니다.
개인정보 제3자 제공에 동의하십니까?
개인정보 수집 및 이용 동의 □ 예 □ 아니요</td></tr>
</table>

유 · 초 · 중 · 고 · 전공 (　)학년 (　)반

학생명:　　　　보호자:　　　　(인)

2025년 ○월 ○일

○○학교장

제 4 장

디지털교육의 교육과정

개요

이 장은 디지털 기술 발전에 따른 국내외 디지털교육과정의 대응 방향과 2022 개정 교육과정을 탐색하는 데 목적이 있다. 이를 위해 이 장에서는 주요 국가들의 디지털교육과정 변화를 살펴보고 우리나라의 디지털교육의 흐름과 이러한 변화가 2022 개정 교육과정에 어떻게 반영되었는지를 살펴본다. 이 장의 학습을 통하여 디지털교육 관련 교육과정의 이해를 바탕으로 미래 사회의 변화에 대응하기 위한 교사의 실천적 역량을 함양하게 된다.

1. 국외 디지털교육 교육과정
2. 우리나라의 디지털교육 교육과정 변천사
3. 2022 개정 교육과정에서의 디지털교육

1. 국외 디지털교육 교육과정

1980년대 이후 세계화가 본격화되면서 각국은 국제 경쟁력을 유지하기 위한 주요 방안으로 교육 개혁을 추진하고 그 일환으로 디지털교육과정을 적극적으로 도입해 왔다. 특히, 21세기 사회 구성원에게 요구되는 핵심역량을 함양하기 위해 국제 사회는 협력 체계를 강화하고 공동 대응 전략을 마련하며 컴퓨터 교육과정을 지속적으로 확대하고 있다. 이러한 노력은 국제 교육 표준을 제고하고 AI(인공지능) 및 디지털교육을 통해 미래 인재를 양성함으로써 국가 경쟁력 강화에 기여하고 있다(한국교육학술정보원, 2017).

각국의 디지털교육 교육과정은 시대적 변화에 따라 점진적으로 발전해 왔다. 20세기 말(1980~1990년대)에는 정보통신기술(ICT)을 활용한 교육이 중심이었으나, 2000~2010년대에 들어 디지털 기술이 급속히 발전함에 따라 교육의 중점은 컴퓨터 과학으로 이동하였다. 이 시기에는 문제 해결 능력 개발을 목표로 코딩 교육과 컴퓨팅 사고력(computational thinking)이 강조되었으며, ICT 교육과 컴퓨터 과학 교육이 교육과정에서 중요한 위치를 차지하게 되었다. 특히 2006년, 자네트 윙(Jeannette Wing)이 주창한 컴퓨팅 사고력은 컴퓨팅 리터러시(computational literacy)의 철학적 기반이 되었으며, 이는 코딩 교육의 핵심 개념으로 자리 잡았다.

2010년대에 들어서며 소프트웨어(SW) 교육은 더욱 본격화되었다. 2013년 에스토니아는 세계 최초로 공교육에 코딩 과목을 도입하였고 2014년 유럽연합(EU) 차원에서 디지털교육 아젠다가 발표되었다. 같은 해, 영국은 G20 국가 중 최초로 초·중등 교육과정에 코딩 교육을 도입하였다. 이와 함께 미국과 유럽 여러 국가들도 코딩 교육을 강화하였으며, 이러한 국제적 흐름은 다른 국가들에게도 영향을 미쳐 컴퓨터 과학과 코딩 교육의 필수화로 이어졌다.

SW 교육과 관련된 교과 명칭은 국가마다 다르다. 미국, 이스라엘, 인도는 '컴퓨터 과학(Computer Science)', 유럽, 에스토니아, 일본, 독일은 '정보 또는 정보 과학(Informatics)', 영국과 호주는 '컴퓨팅(Computing)'이라는 용어를 사용하지만, 공통적으로 컴퓨팅 사고력에 기반한 문제 해결 능력 함양을 목표로 한다(한국과학창의재단, 2019).

최근에는 기존 소프트웨어 교육이 강조해 온 '컴퓨팅 사고력' 향상을 넘어, 인공지능(AI) 중심의 교육으로 빠르게 전환되고 있다(류혜인, 조정원, 2021). 이에 따라 디지털교육을 실행하는 공교육의 핵심인 초·중·고등학교를 중심으로, 주요 국가들의 교육과정 변화와 디지털교육을 선도하는 사례를 살펴보는 것은 미래 사회 변화에 대응할 수 있는 교육과정 설계와 실천적 접근 방안을 모색하는 데 중요한 의미를 지닌다. 국외 디지털교육과정의 주요 내용은 다음과 같다.

1) 미국: 창조적 천재를 키우는 코딩의 놀이터

미국은 국가 수준의 획일적인 교육과정을 제시하지 않고, 교과 교육과 관련된 국가 차원의 지침을 제공한 후, 각 주(State)가 자율성과 다양성을 바탕으로 세부 교육과정을 구성하고 운영한다(신승기, 배영권, 2018; 윤혜진, 조정원, 2019). 이러한 구조로 인해 컴퓨터 과학 교육의 도입 시기, 내용, 운영 방식은 주마다 상이하며, 이에 따라 교육 기회의 불균형과 질적 차이가 발생할 수 있다.

이에 대응하여 2015년 「모든 학생 성공법(Every Student Succeeds Act: ESSA)」 발표와 함께, 국가 차원의 컴퓨터 과학 교육의 방향을 제시하고 주 간 격차를 완화하기 위해 초·중·고 교육과정에 컴퓨터 과학을 포함하도록 안내하는 K−12 CS(Computer Science for K−12) 지침이 마련되었다(CSTA, 2015; 이용배, 김평, 2022, 재인용).

미국에서는 민간 주도하에 컴퓨터 과학 교육과정 개발이 활발히 이루어지고 있으며, K-12 컴퓨터 교육 연합체는 교육과정의 구조화 및 자료를 각 주 교육부에 제공하고 있다. 또한 컴퓨터 과학 교사 단체인 CSTA(Computer Science Teachers Association)는 교육 내용 개발과 보급에서 핵심적인 역할을 하며, 국제교육기술학회(ISTE)와 협력하여 AI 및 디지털 교육의 평등한 제공을 위한 표준안을 수립해 왔다(류혜인, 조정원, 2021).

미국의 컴퓨터 과학 교육은 시대에 따라 철학과 초점이 변화해 왔다. 1998년에는 '기술을 사용하는 법(Learning to use technology)'에 초점을 두었으나, 2007년에는 '기술을 활용한 학습(Using technology to learn)'으로 전환되었다(김갑수, 2016). Jeannette Wing(2006)은 계산적 사고(Computational Thinking: CT)를 모든 사람이 갖추어야 할 필수 사고 능력으로 제안하였으며, 이는 2011년 CSTA와 ISTE에 의해 학년별 성취 기준과 활동으로 구체화되었다. 이후 초등학교 1학년부터 고등학교 12학년까지 다섯 가지 핵심 영역을 모든 교과와 통합하여 가르칠 것이 권장되었으며, 고등학교 졸업 시까지 CT 능력을 체계적으로 기를 수 있도록 구성되었다.

2017년에는 CSTA 교육과정 표준이 개정되어 인공지능, 데이터 과학, 네트워크 보안의 중요성이 강조되었고 교육과정은 컴퓨팅 시스템, 네트워크와 인터넷, 알고리즘과 프로그래밍, 데이터와 분석, 컴퓨팅의 영향이라는 다섯 가지 핵심 개념으로 재구성되었다.

2018년에는 국립과학재단(NSF), 인공지능협회(AAAI), 컴퓨터과학교사협회(CSTA)가 협력하여 K-12(유치원부터 12학년까지)의 AI 교육을 위한 프레임워크인 AI4K12를 개발하였다(조원영 외, 2019). AI4K12는 AI 교육을 다섯 가지 주제(Big Ideas)로 나누고, 모든 학생이 AI에 대해 알아야 할 내용과 AI로 무엇을 할 수 있어야 하는지를 정의하며, AI 교육을 위한 최소한의 기준이자 지침으로 기능한다. AI4K12는 이 다섯 가지 빅 아이디어를 중심으로 K-12 전 과정을 네 개의 학년군(G2, G3-G5, G6-G8, G9-G12)으로 나누어, 각 단계에 적합한 핵심 개념을 점진적으로 심화하며 지도한다. 특히 학생들이 AI와 효과적으로 상호작용하고 이를 실제 문제 해결에 활용할 수 있도록, AI 소양 교육과 융합적 문제 해결 중심의 수업이 함께 강조된다. 더불어 다양한 교과와의 통합 수업을 통해 컴퓨터 활용 역량과 팀 기반 문제 해결 능력을 동시에 기를 수 있도록 교육과정이 설계되고 있다(유성렬, 2024; 한국과학창의재단, 2019).

표 4-1 AI4K12's 5 Big Idea 프레임워크

주제	1. 인식	2. 표현 · 추론	3. 학습	4. 상호작용	5. 사회적 영향
개념	컴퓨터는 센서를 사용하여 세계를 인식	에이전트는 세상을 표현하고 구조화하여 추론에 사용	컴퓨터는 데이터로부터 학습	지능형 에이전트는 인간과 상호작용을 위해 많은 지식을 요구	AI는 긍정 · 부정적 효과를 동시 야기
교육 목표	• 인간감각과 센서 차이 이해 • 컴퓨터 인식 작동 방식과 한계 이해 • 시각, 음성 등 인식의 유형 파악 • 지능형 vs 비지능형 기계 특징 파악	• 표현의 유형 파악 • 추론 알고리즘 유형 파악 • 추론 알고리즘 작동 원리 이해 • 추론 알고리즘 한계 이해	• 기계학습 접근 방법 이해 • 학습 알고리즘 유형 파악 • 인공신경망 기초 개념 이해 • 데이터가 학습에 미치는 영향 • 기계학습의 한계	• 자연어의 이해 • 감성 컴퓨팅 이해 • 상식 추론 이해 • 인간과 로봇의 자연스러운 인터페이스 방식 • 인터페이스의 한계 이해	• AI가 산업, 의료, 교육, 정부 등에 미치는 영향 이해 • AI가 야기하는 윤리 딜레마 이해 • AI의 윤리적 표준 마련 필요 이해 • AI에 의한 일자리, 업무 변화 이해
학령별 교육 내용	• (K−2) Alexa나 Siri와 소통하기 • (3−5) 센서입력이 디지털신호로 전환 방법 이해 • (6−8) 센서 사용한 프로그램 개발 • (9−12) 다양한 컴퓨터 지각에 대한 배경지식 습득	• (K−2) 의사결정 트리 활용법 습득 • (3−5) 트리를 이용한 동물 분류 시스템 표현 • (6−8) 집 위치를 그래프 모델로 설계, 최소 경로 추론 • (9−12) 틱택도 게임을 검색 트리로 표현	• (K−2) 이미지 인식 툴 사용하기 • (3−5) 기계학습 방법 3가지 이해 • (6−8) 훈련 데이터 편차 해결 • (9−12) 신경망 훈련 및 간단한 알고리즘 경험	• (K−2) 긍 · 부정 단어 식별 • (3−5) 억양, 표정, 자세를 통한 감정 이해 • (6−8) 단순 챗봇 구성 • (9−12) 문장 분석기로 애매한 표현 다루기	• (K−2) 실생활의 AI 사례 토론 • (3−5) AI 편향성에 의한 영향 설명 • (6−8) AI의 예상치 못한 결과 이유 설명 • (9−12) 사회문제 해결을 위한 AI 활용 방안 연구

출처: 한국과학창의재단(2020).

2) 중국: 사회주의 인공지능 강국을 향한 초 · 중 · 고 AI 교육

중국의 컴퓨터 교육은 1984년 일부 대도시에서 처음 도입되었으며, 1990년대에는 정보 소양 교육을 중심으로 발전하였다. 2000년에 발표된 '초 · 중등 정보기술 교육과정 지도요강'에서는 컴퓨터 과목이 '정보기술'로 개편되고, 초등학교 3학년부터 고등학교까지 정보기

술 교육이 의무화되었다(손민정 외, 2020). 초・중학교에서는 최소 68시간, 고등학교에서는 70~140시간의 정보기술 교육을 실시하였으며, 초・중학교는 종합 실습 활동을 통해 정보기술 교육이 이루어지고, 고등학교는 '정보기술' 교육과정을 통해 학습이 진행되었다. 중학교 정보기술 교육과정은 정보기술 기초, 멀티미디어 기술 응용 초보, 데이터 처리, 인터넷 활용 등으로 구성되며, 기본적인 컴퓨터 활용뿐만 아니라 정보 검색 및 디지털 리터러시 교육이 포함되었다.

2005년에는 정보기술을 고등학교 필수 과목으로 지정하고 정보통신기술(ICT) 교육을 본격 도입하였다. 이후 2017년 발표된 '차세대 인공지능 발전 계획'과 2018년의 '교육정보화 2.0 행동계획'을 통해 AI 교육이 강화되었고 일부 지역에서는 AI 교과서를 정규 교육과정에 도입하는 시범 운영이 이루어졌다.

중국의 교육과정은 필수, 선택형 필수, 선택의 세 가지 유형으로 구성되어 있으며 인공지능 교육은 선택형 필수 과목으로 운영된다. 초등학교 단계에서는 기계의 작동 원리와 센서 사용법 등을 통해 논리적 사고를 기르며, 중학교에서는 AI 기본 이론을, 고등학교에서는 파이썬 프로그래밍과 로봇 개발 등 실습 중심의 심화 교육을 실시한다(손민정 외, 2020; 류혜인, 조정원, 2021).

정부, 학교, 기업이 협력하여 인공지능(AI) 교육을 위한 교재와 플랫폼을 공동으로 개발하였으며, 2021년에는 '제14차 5개년 계획'을 통해 스마트 교육을 공식화하고 AI 기반 교육으로의 전환을 선언하였다. 앞서 2019년에는 '중국 교육 현대화 2035' 계획을 수립하여 에듀테크 및 AI 교육에 대한 투자와 연구를 확대하고 디지털 과학기술을 기반으로 한 교육 현대화 로드맵을 마련하였다(손민정 외, 2020).

이러한 흐름은 21세기 디지털 전환의 일환으로 수립된 AI 국가전략과 맞물려 교육 분야에서도 혁신적인 변화를 이끌어내고 있다. 특히, 교육 개혁과 교육과정 개정을 통해 디지털 기술, 정보통신기술(ICT), 디지털 역량, 그리고 창의적 사고 능력의 함양이 교육과정에 반영되고 있다. 아울러 컴퓨터 과학 기반의 STEM 교육을 중심으로 디지털 리터러시, AI 및 데이터 리터러시가 융합적으로 통합되어, 학생들은 다양한 신기술을 활용해 학습 영역을 확장해 나가고 있다.

3) 영국: 디지털 문해력을 키우는 AI 교육 선구자

영국의 소프트웨어 교육은 경제적 필요에 기반하여 시작되었다(최은선, 박남제, 2024). 디지털 경제의 핵심 동력으로서 인적 자원의 중요성을 인식한 영국 정부는, 단순한 컴퓨터 활용 기술을 넘어서 컴퓨팅이라는 학문에 대한 심도 있는 이해를 목표로 교육과정을 설계하였다.

초·중등 교육과정에서는 '컴퓨팅(Computing)'이라는 명칭 아래 공통된 학습 목표가 설정되어 있으며, 정부 차원의 통일된 교과서나 자료는 존재하지 않고, 각 학교와 교사가 자율적으로 교수 자료를 개발하는 방식으로 운영되고 있다(한국교육학술정보원, 2017).

영국의 국가 교육과정은 1991년 처음 도입되어 기술 과목을 포함한 10개의 교과로 구성되었으며, 이후 1999년 개정에서는 ICT가 필수 교과로 지정되었다(김자미, 이원규, 2014). 2008년에는 모든 Key Stage 단계에서 ICT 교육이 필수가 되며 체계적인 ICT 교육 체계가 마련되었다. 그러나 2011년 발표된 'The Next Gen Report'에서는 기존 ICT 교육이 기능 위주에 치우쳐 있어 국가 경쟁력을 약화시킨다는 우려가 제기되었다. 이에 따라 2014년 교육과정 개정에서는 ICT 과목이 '컴퓨팅'으로 대체되었고, 컴퓨터 과학적 사고력과 문제 해결 능력을 중심으로 하는 교육 내용이 강화되었다. 컴퓨팅 교과는 실천적 과목으로서, 단순한 도구 활용을 넘어 창의성과 논리적 사고를 요구하는 과목으로 자리 잡았다(윤혜진, 조정원, 2019).

영국의 AI 교육은 고등 사고력을 기르고 실습 중심 학습을 강화하는 데 중점을 두고 있다. 학생들은 코딩과 프로그래밍을 직접 수행하며, 정보 및 계산 원리, 디지털 시스템의 작동 방식, 추상화, 알고리즘, 데이터 표현 등 다양한 컴퓨팅 개념을 학습한다. 이러한 교육은 STEM 교육 철학을 기반으로 하며, 과학·기술·공학·수학의 융합적 문제 해결 능력을 기르는 데 중점을 둔다. 또한 실습 중심 수업을 통해 문제 분석력과 창의적 사고를 강화하고, 다양한 정보 기술을 평가하고 활용하는 능력을 키운다.

국가 교육과정에서는 주당 수업 시수를 강제하지 않고, 권장 시수를 제시하며, 각 Key Stage 종료 시점까지 관련 내용을 이수하도록 안내하고 있다. 권장 시수는 Key Stage 1(5~7세) 21시간, Stage 2(7~11세) 23.5시간, Stage 3~4(12~16세) 24시간이다. 5세부터는 언플러그드 활동을 통해 알고리즘 개념을 익히며, 초등과 중등 과정에서는 각각 1~2개의 프로그래밍 언어 학습이 권장된다.

4) 핀란드: 혁신적이고 포용적인 미디어 리터러시 교육의 선도 국가

핀란드는 별도의 컴퓨터 교과를 두지 않고, 전 교과과정에 디지털 교육을 통합하는 방식으로 운영하고 있다. 특히 수학 교과와의 융합을 통해 컴퓨터 교육이 효과적으로 구현되며, 정보통신기술(ICT)을 활용한 수학적 사고 및 문제 해결이 학습 목표에 포함되어 있다. 이는 수학의 논리성과 구조적 접근이 프로그래밍, 알고리즘 사고와 자연스럽게 연결되기 때문이다.

1990~2010년에는 ICT 기반 교육이 단순한 환경 조성 수준에 머무르며 한계를 드러내며 기존 교육 방식 개선 논의와 함께 소프트웨어(SW) 교육 기반이 마련되었다. 이러한 흐름 속에서 소프트웨어(SW) 교육의 기반이 마련되었고, 2014년 교육과정 개정을 통해 프로그래밍 교육이 필수 과정으로 도입되었으며, 2016년부터는 국가 주도 프로젝트인 'KOODI 2016'을 통해 전면적인 코딩 교육이 시행되었다. 이 프로젝트는 의무교육과정(19학년)을 3개 그룹으로 나누어 학습자 발달 수준에 맞춘 단계별 프로그래밍 교육을 실시하였다. 1~2학년은 놀이 기반 활동으로 명령어와 문제 해결 방식을 자연스럽게 익히고, 3~6학년은 시각적 프로그래밍 언어를 활용해 아이디어를 구현하며 흥미를 유도하였다. 7~9학년은 텍스트 기반 프로그래밍 언어학습을 통해 창의적 표현과 자기 주도적 문제 해결 능력을 배양하였다(신승기, 배영권, 2015). 핀란드 국립교육위원회는 2016년 교육과정에서 미디어 리터러시와 프로그래밍 기술을 포함한 디지털 역량을 전 교과에 융합하는 방향으로 교육 체계를 개편하였다. 이에 따라 웹 사이트를 통해 지역이나 학교의 특성과 무관하게 적용 가능한 세부 교육 목표를 다음과 같이 제시하였다.

미디어 리터러시는 콘텐츠 해석과 영향 이해, 책임 있는 사용자 태도, 창의적 표현 역량을 중점으로 하며, 안전한 온라인 환경 조성, 부적절한 메시지에 대한 대응 방법, 윤리적 콘텐츠 활용 교육을 포함한다. 프로그래밍 교육은 세 영역으로 구성된다. 첫째, 프로그래밍 사고는 분류, 비교, 인과 관계 분석 등을 통해 정보 처리 능력을 기르는 데 중점을 둔다. 둘째, 프로그래밍 생성 및 활용은 공동 개발과 센서, 로봇 등을 통한 실용 기술의 습득을 포함한다. 셋째, 프로그래밍 환경은 프로그래밍 원리와 실생활 적용 방식을 학습하는 영역이다. 특히 7~9학년은 다양한 교과 주제에 텍스트 기반 언어를 적용해 애니메이션, 게임 개발, 문자 제어 기술 등을 익히며 협업 능력과 문제 해결 역량을 강화하고 있다(한국-핀란드 교육 연구 센터, 2025).

핀란드는 디지털 기술을 단순한 코딩 기술 습득에 그치지 않고, 이를 창의적이고 실용적으로 활용하는 역량으로 확장하여 교육하고 있다. 또한 초·중·고 교육과정을 개정하면서 인공지능(AI) 요소를 반영하였으며, 학교, 대학, 민간 기업과의 협력을 통해 교육 생태계를 확장하고 있다. 이와 함께, AI 윤리와 사회적 책임에 대한 교육도 병행하여 균형 잡힌 디지털 교육을 실현하고 있다. 〈표 4-2〉는 국가별 디지털교육 교육과정 현황을 나타내고 있다.

표 4-2 국가별 디지털교육 교육과정 현황

국가	교과 명칭	편제	시수	디지털 교육의 목표와 내용	AI 교육적용 시기
미국	정보기술 (초 · 중) 컴퓨터과학	• L1: 유–5학년 • L2: 6–8학년 • L3: 9–12학년	• 주별 상이 • 선택 시 (평균 32시간) • 주 정책에 따라서 선택/필수	• 컴퓨터과학과 관련된 산물의 창작자, 사용자, 학습자로 발전, 컴퓨팅의 역할에 대한 이해, 타 교과 학습에 컴퓨팅 과학 활용 • 컴퓨팅 사고, 컴퓨터 과학 전반, 협력 학습과 프로젝트 관리, 효과적인 의사소통 등	2017년 CSTA CS 표준에 일부 영역으로 포함
중국	정보 기술 (초 · 중 · 고)	• 초(3–6학년) • 중(1–3학년) • 고(1학년) • 필수(초3–9, 고1) • 선택(10학년 2학기)	• 지역별 상이 • 초–68시간 이상 • 중–68시간 이상 • 고–70~140시간	• 정보기술의 영향 이해, 소프트웨어 활용, 타교과 학습에 정보기술 활용하기, 프로그래밍, 정보기술 활용 태도 • 네트워크, 데이터베이스 프로그래밍, 소프트 웨어, 컴퓨터 시스템, IT, 그래픽, 컴퓨터 활용, 멀티미디어 프로그래밍, 스프레드시트, 프로그래밍	2019년 부터 3년간 AI교과서 시범학교 운영(300개교)
영국	컴퓨팅 (초 · 중 · 고)	• 초1–고11학년 • 필수	• KS1–3: 학년별 34시간 자율선택 • KS4: 10학년 34차시 자율선택 • 11학년 34차시 컴퓨터 과학 선택	• 컴퓨팅 사고력 함양, 컴퓨터 과학 교육, 디지털 시스템 원리 이해와 프로그래밍, 창의적인 ICT 활용 및 창작 • 알고리즘, 프로그래밍, 컴퓨팅 시스템, 디버깅, 정보기술, 개인정보 보호, 컴퓨터 네트워크를 통한 커뮤니케이션과 협업 등	2018년 AI 교육 도입이 정책적으로 제안, 2020년 전후부터 교육기관 중심으로 AI 교육 콘텐츠 및 자료 등장
핀란드	없음	• 1학년–9학년 • 필수(수학)	• 수학 160시간 (디지털 기술 포함)	• 컴퓨팅과 컴퓨팅 시스템개념 이해, 추론을 통한 문제 해결에 정보통신기술 및 알고리즘 활용, 그래픽 프로그래밍 계획 및 구현, 학생의 지식관리 및 분석기술 개발에 ICT활용 등 • 수학 교과 기반의 ICT 활용 중심, 알고리즘, 프로그래밍 포함	2020년 AI 기초 교육을 위한 온라인 교육과정을 마련

출처: 최숙영(2015), 한국교육학술정보원(2019), 이은경(2020)을 참고하여 재구성함.

2. 우리나라 디지털교육 교육과정의 변천

교육과정은 초 · 중등학교 교육의 목적과 목표를 실현하기 위한 국가 수준의 기준으로서, 학교가 교육과정을 편성 · 운영할 때 따르는 공통적이고 기본적인 지침을 제시한다. 우리나라 초 · 중등 교육과정은 국가 교육 목표와 사회 변화에 따라 약 5~10년 주기로 전면 개정되어 왔다. 그러나 2000년대 이후, 급변하는 사회 환경과 기술 발전에 효과적으로 대응하고 학교 자율성을 높이기 위해, 교육부는 2003년부터 기존의 전면 개정 중심 방식에서 수시 · 부분 개정이 가능한 상시 개정 체제로 전환하였다. 이에 따라 2003년 이후의 국가 교육과정은 주기적 전면 개정과 함께, 사회 변화와 교육적 필요에 따른 수시 · 부분 개정이 가능한 체제로 운영되었으며, 그 결과 2007년, 2009년, 2015년, 2022년 개정이 이루어졌다.

1) 태동기(1970년대)

국내 컴퓨터 교육은 1960년대 경제기획원이 인구조사 분석을 위해 컴퓨터를 도입하면서 시작되었고 1969년에는 일부 대학에서 교육용 컴퓨터가 활용되기 시작하면서 교육 현장에서의 필요성이 점차 대두되었다. 1970년에는 '전자계산기교육계획'이 발표되었고, 이에 따라 상업고등학교에서는 '전자계산일반'이 필수 과목으로 지정되었으며 프로그래밍 관련 선택 과목도 개설되었다. 1974년 고등학교 교육과정 개정에서는 기술 과목에 전자계산기의 구성과 활용이 포함되면서, 컴퓨터 교육이 직업교육에서 일반교육 영역으로 확장되는 계기가 마련되었다.

2) 도입기(1980년대 초 · 중반)

1980년대에 들어서면서 정부는 세계적인 흐름에 맞추어 학교에 PC를 보급하고, 초 · 중 · 고 전반에 걸쳐 체계적인 컴퓨터 교육을 본격적으로 추진하였다. 1981년 고등학교 교육과정 개정에 따라 상업계 고등학교에 PC가 도입되었고, 1984년부터는 실업계 고등학교에 정보처리과와 정보기술과가 신설되었다. 초등학교에서는 특별활동 시간에, 중학교에서는 기술 과목 내에서, 일반계 고등학교에서는 산업기술 과목에 포함된 전자계산기 관련 단원을 활용해 기초적인 컴퓨터 교육이 이루어졌다. 특히 고등학교 수학 I 과목에는 순서도와 알고리즘 개념이 포함되어 프로그래밍의 기초가 다루어졌다.

이 시기의 컴퓨터 교육은 주로 직업교육 중심이었으며, 1984년에는 상업계 고등학교에 전산과, 공업계 고등학교에 전자계산기과가 신설되었다. 이어 1985년 교육개혁심의회는 컴퓨터 교육의 확대 필요성을 제기하였고, 그 결과 초·중등학교 일반 교육과정에도 컴퓨터 교육이 점차 포함되기 시작하였다.

3) 확산기(1980년대 후반~1900년대 초반)

1987년, 정부는 학교 컴퓨터 교육 강화 방안을 발표하였고, 이에 따라 제5차 교육과정에서는 중학교 기술·가정 과목에 컴퓨터 단원이 새롭게 추가되고 '컴퓨터'가 선택 과목으로 편성되었다. 일반계 고등학교에서는 기술 및 상업 과목 내에 '정보통신'과 '컴퓨터' 관련 단원이 신설되었으며, '정보산업' 과목이 선택 과목으로 운영되었다.

1989년부터는 국가 차원에서 본격적인 컴퓨터 교육 정책이 추진되었고, 1992년 제6차 교육과정에서는 정보 및 컴퓨터 교육이 더욱 강화되었다. 국민학교(현 초등학교) 실과 과목의 5~6학년 교육 내용에는 '컴퓨터 다루기'와 '컴퓨터로 글쓰기'가 포함되었고, 중·고등학교에서도 컴퓨터 관련 단원과 선택 과목이 추가되었다. 이 시기는 개인용 컴퓨터(PC)와 인터넷 보급이 확산되던 시기로, 학생들의 컴퓨터 활용 능력과 기초적인 프로그래밍 교육의 중요성이 크게 강조되었다.

4) 교육 정보화기(1990년대 중·후반)

1990년대 중반 이후, 정보통신기술(ICT)의 발전과 인터넷의 급속한 보급으로 기술 문해력(technology literacy)의 중요성이 부각되었다. 이에 따라 컴퓨터 교육은 초·중·고 전 교육 단계로 확대되었으며, 1997년 제7차 교육과정에서는 소프트웨어(SW) 이해와 프로그래밍 요소를 포함한 ICT 교육이 초·중등 교육과정에 도입되었다.

이 교육과정에 따라 중학교에는 '컴퓨터' 과목이, 고등학교에는 '정보사회와 컴퓨터' 과목이 선택 과목으로 신설되었다. 또한 학교 재량 시간을 활용하여 ICT 관련 내용을 국민공통기본교육과정의 일부로 편성할 수 있도록 하였으며, 학년이나 학교급에 관계없이 영역별·단계별 연계성을 고려한 융통성 있는 지도가 가능하도록 하였다.

5) ICT 활용 교육 촉진기(2000~2019년)

21세기 정보화 사회에 대비하기 위해, 2000년 교육부는 '초·중등 정보통신기술교육 운영지침'을 제정하였다. 이에 따라 초등학교에서는 ICT 활용 교육이 중심이 되었고, 중학교에서는 '컴퓨터' 과목이 선택 과목으로 운영되었으며, 고등학교에서는 '정보사회와 컴퓨터' 과목이 선택 과목으로 포함되었다. 이 시기의 ICT 교육은 정보 생성, 검색, 분석 능력을 향상시키는 데 목적이 있었고, 다양한 교육 기기를 활용한 교수·학습 활동을 지원하는 데 기여하였다.

2005년 개정 교육과정에서도 ICT 활용 교육이 지속적으로 강조되었으나, 정보 활용법 위주의 교육이 논리적 문제 해결 능력을 배양하는 데 한계가 있다는 지적이 제기되었다. 이에 따라 2007년 개정 교육과정에서는 중학교와 고등학교의 과목 명칭을 '정보'로 통일하고, 교과 내용을 컴퓨터 과학의 원리와 이해 중심으로 구성하여 문제 해결 능력과 정보 윤리 교육을 강화하였다. 2008년에는 학교 자율화 정책이 적용되면서 정보 교육의 운영 방식이 보다 다양해졌다.

2009년 개정 교육과정에서는 국제적 교육 흐름을 반영하여 '컴퓨팅 사고력(Computational Thinking)' 개념이 도입되었다. 이를 통해 논리적 사고력, 창의적 문제 해결력, 계산적 사고력 등이 강조되었으며, 이후 소프트웨어(SW) 교육의 필요성이 더욱 부각되었다.

이러한 변화의 흐름 속에서, 2015 개정 교육과정에서는 초·중등학교에 SW 교육을 필수 교육과정으로 포함하였다. 초등학교에서는 실과 교과의 정보 관련 내용을 SW 기초 소양 교육으로 개편하고, 5~6학년군에서 최소 17시간 이상 운영하도록 하였다. 중학교에서는 기존 선택 과목이었던 '정보'를 '과학/기술·가정/정보' 교과군의 필수 과목으로 지정하였고, 고등학교의 '정보' 과목은 기존 심화 선택에서 일반 선택 과목으로 전환되어 접근성을 높였다.

이 개정 교육과정에서는 '정보문화 소양' '컴퓨팅 사고력' '협력적 문제 해결력'을 핵심역량으로 설정하고, 교육 내용을 SW 중심으로 재구성하였다. 중·고등학교 정보 과목은 '정보문화' '자료와 정보' '문제 해결과 프로그래밍' '컴퓨팅 시스템'의 네 가지 대영역으로 구성되며, 동일한 체계를 적용함으로써 학년 간 연계성과 일관성을 강화하였다.

2015 개정 교육과정의 후속 조치로, 2019년부터 초등학교 실과 교과 내 SW 교육은 총 17시간으로 운영되었으며, 알고리즘과 프로그래밍 교육이 포함되었다. 중학교에서는 '정보' 과목이 필수 과목으로 지정되었고, 이수 시수는 34시간으로 명확히 규정되었다.

또한 '인공지능 기초' 과목은 고등학교 일반 선택 과목인 '정보'와 중학교 '정보' 과목과 연계되어 설계되었으며, '인공지능의 이해' '인공지능의 원리와 활용' '데이터와 기계 학습' '인공지능의 사회적 영향'의 네 가지 영역으로 구성된다. '인공지능의 이해'와 '사회적 영향' 영역에서는 현대 및 미래 사회 구성원으로서의 기본 소양을 기르도록 하며, '원리와 활용' '데이터와 기계 학습' 영역에서는 실생활 문제 해결을 위한 기술과 개념 이해에 중점을 둔다.

이와 연계된 고등학교 과목인 '정보과학'은 과학 계열의 전문 선택(심화 선택) 교과로, 중학교 '정보' 및 고등학교 '정보' '인공지능 기초' 과목과 내용 체계를 공유하고 있다. '정보과학'은 프로그래밍, 자료 처리, 알고리즘, 컴퓨팅 시스템의 네 영역으로 구성되며, 모든 영역은 컴퓨팅 사고력을 기반으로 실생활 및 학문 분야의 복잡한 문제 해결 능력을 기르는 데 목적이 있다(김한성 외, 2020).

6) 인공지능 및 디지털 역량 강화기(2020년대~)

2020년대에 접어들면서 머신러닝과 딥러닝을 포함한 인공지능(AI) 기술은 혁신적인 기술 진보를 배경으로 비약적인 발전을 이루고 있다. 이는 4차 산업혁명을 계기로, 기존에 인간 고유의 영역으로 간주되던 지적 능력까지 컴퓨터가 수행할 수 있게 되면서 인공지능이 사회 전반에 걸쳐 패러다임 전환을 일으킬 것으로 전망된다.

이러한 변화에 대응하기 위해, 정부는 2019년 12월 '인공지능 국가전략'을 발표하였다(과학기술정보통신부, 2019). 이 전략은 AI와 소프트웨어(SW)를 미래 사회의 필수 역량으로 규정하고, 초·중등 교육과정에서 학생들이 AI를 쉽고 흥미롭게 학습할 수 있도록 필수 교육 시간 확대를 포함한 정책 방향을 제시하였다. 이는 지능정보사회에 적합한 인재를 양성하기 위한 것으로, 단순한 지식 습득을 넘어 복잡한 문제 해결을 위한 컴퓨팅 사고력, 협업 능력 등 새로운 핵심역량의 중요성을 반영한다.

이와 같은 정책 흐름 속에서 2020년 교육부는 '정보교육 종합계획(2020~2024)'을 수립하고, 초등학교 단계부터 체계적으로 정보 및 AI 역량을 기를 수 있도록 교육과정을 강화하였다(교육부, 2020c). 초등학교에서는 14학년을 대상으로 ICT 활용 교육을 실시하고, 5~6학년에서는 정보 및 AI 교육을 본격적으로 도입하였다. 중학교는 정보 수업 시간을 확대하고, 교육의 연속성을 고려해 정보·AI 역량 교육을 심화하였다. 고등학교에서는 '인공지능 기초' '데이터 과학' 등 다양한 선택 과목을 신설하여 학생들이 자신의 진로와 적성에 맞는 심화 학습을 할 수 있는 기반을 마련하였다. 또한 학교의 여건과 학생 수요에 따라 학교장이 신설 과목 개설 및 인정 교과서 개발을 주도할 수 있도록 하여, 맞춤형 교육과정 운영이 가능하도록 지원하였다. 정부는 교육 현장의 디지털 전환과 AI 교육 기반 구축을 적극 추진하는 가운데 2024년 발표된 '국가 AI 전략'을 통해 AI · SW 생태계 구축이 본격화되었으며, '인공지능 시대 교육정책방향과 핵심과제'를 통해 2025년부터 AI 교육을 초 · 중 · 고 교육과정에 정식 도입할 계획을 밝혔다. 특히 '제2차 정보교육 종합계획(안)'(2025~2029)에서는 AI · 정보교육 실현, 교원 역량 강화, 디지털 문화 조성 등을 위한 체계적인 방안을 제시하고 있다.

2022 개정 교육과정은 이러한 종합계획의 방향을 구체적으로 반영한 결과물이다. 디지털 소양을 언어 · 수리 능력과 함께 기초 소양으로 명시하고, 초 · 중 · 고 전 학년에 걸쳐 정보 및 AI 교육을 강화하였다. 고등학교에는 AI 관련 선택 과목을 신설하고, 학교의 자율성을 기반으로 교육과정의 다양화를 추진하였다. 특히, 인공지능, 빅데이터, 사물인터넷 등 디지털 신기술의 개발과 활용에 필요한 지식과 역량을 기를 수 있도록 교육 기반을 확충하였다. 초등학교의 정보교육 시간은 기존 17시간에서 34시간으로, 중학교는 34시간에서 68시간으로 각각 두 배 확대되었으며(교육부, 2022m), 이는 AI 리터러시를 포함한 디지털 역량을 체계적으로 함양하기 위한 교육 체계 전환의 중요한 기반이 되고 있다. 〈표 4-3〉은 교육과정의 변천에 따른 디지털교육 내용을 정리한 것이다.

표 4-3 교육과정 변천에 따른 디지털교육의 변화

<table>
<tr><th>교육과정</th><th>주요 내용</th><th>비고</th></tr>
<tr><td>3차 교육과정
(1973~1981)</td><td>• 고등학교 기술 과목의 전자계산기 단원에 전자계산기 구성과 활용 포함</td><td rowspan="2">직업 전문교육으로서의 컴퓨터 교육 활성화와 일반 보통 교육으로서의 컴퓨터 교육 도입의 기초 마련</td></tr>
<tr><td>4차 교육과정
(1982~1987)</td><td>• 중학교 기술에 정보 사회에서의 컴퓨터의 역할 포함
• 일반계고등학교 산업기술의 전자계산기 단원에 전자계산기의 개요, 전자계산기의 응용 포함</td></tr>
<tr><td>5차 교육과정
(1987~1992)</td><td>• 초등학교 5~6학년 실과에 컴퓨터와 일의 세계 및 생활
• 중학교 기술 · 가정 과목 내 일부 단원으로 포함됨
• 일반계 고교에 고교 기술, 상업, 실업 선택 과목에 정보산업 도입</td><td rowspan="2">일반 보통 교육으로서의 학교 컴퓨터 교육 확대</td></tr>
<tr><td>6차 교육과정
(1992~1996)</td><td>• (초) 5~6학년 실과에 컴퓨터 관리하기 도입
• (중) 기술 · 산업교과에 컴퓨터 단원 포함 및 선택 교과로 '컴퓨터' 도입
• (고) 정보사회와 컴퓨터라는 선택 과목 신설 컴퓨터 활용 능력과 정보 윤리 교육이 강화됨</td></tr>
</table>

<table>
<tr><td>7차 교육과정
(1997~2009)</td><td>• (초) 실과에 컴퓨터 다루기와 활용하기 포함
• (중) 기술 · 가정 교과에 컴퓨터와 정보처리, 컴퓨터와 생활 포함
• (고) 정보사회와 컴퓨터를 일반 선택 과목으로 설정</td><td>컴퓨터교육의 필수화 및 ICT 활용 교육 강조</td></tr>
<tr><td>2007 개정
교육과정</td><td>• 중 · 고등학교의 컴퓨터 과목 명칭을 '정보'로 통일
• 정보 교육에 대한 체계적, 단계적 내용 설계
• 컴퓨터 과학의 핵심 내용 구성과 문제 해결력을 중시한 영역 개발
• 컴퓨터과학교육 강조 및 단계적 교육 내용 강화</td><td rowspan="2">ICT 활용 능력함양과 디지털 리터러시를 강화</td></tr>
<tr><td>2009 개정
교육과정</td><td>• 중 · 고등학교의 교육 내용이 4개 영역으로 동일하게 구성하여 학교 급별 정보 과목 간의 연속성과 계열성을 갖도록 함
• 일반계 고등학교 정보 과목이 생활 · 교양 교과 영역의 기술 · 가정 교과군 내의 기술 · 가정 일반 과목의 심화 과목으로 편성</td></tr>
<tr><td>2015 개정
교육과정</td><td>• (초) 실과 과목 내의 ICT 활용 위주의 정보 단원을 SW 기초 소양 중심으로 구성하여 17시간 이상 이수하도록 함
• (중) 정보 교과 신설하고 과학/기술 · 가정/정보 교과군으로 개편하며 학교에서 SW 교육을 필수로 34시간 이상 이수하도록 함
• (고) 심화선택 '정보' 과목을 일반선택 과목으로 전환하고 SW 중심으로 내용 개편</td><td>초 · 중학교에서 SW 교육을 필수로 이수하도록 함으로써 SW 교육 강화</td></tr>
<tr><td>2022 개정
교육과정</td><td>• (초)실과+학교 자율 시간 활용 34시간 이상 (중)정보과+학교 자율 시간 활용 68시간 이상 편성, (고)교과 신설, 다양한 진로 및 융합선택과목 신설(데이터과학, SW와 생활 등)</td><td>모든 교과교육을 통한 기초 소양 함양과 인공지능 강조</td></tr>
</table>

출처: 최숙영(2015), 한국교육학술정보원(2000)을 참고하여 재구성함.

3. 2022 개정 교육과정의 디지털교육

최근 인공지능(AI)의 영향력은 정치, 경제, 사회, 문화 등 우리 사회 전반에 걸쳐 뚜렷하게 나타나고 있으며, 기술의 급속한 발전은 교육 분야에도 새로운 혁신과 변화를 요구하고 있다. 이러한 사회적 변화와 시대적 요구에 대응하기 위해, 2022 개정 교육과정은 초 · 중 · 고등학교 교육 전반에 걸쳐 교육 목표, 내용, 교수 · 학습 방법, 평가 방식 등을 전면적으로 개편하였다. 2022 개정 교육과정을 이끌어 낸 주요 배경은 다음과 같다(교육부, 2022m).

첫째, 인공지능 기술 발전에 따른 디지털 전환, 감염병 대유행 및 기후 · 생태환경 변화, 인구 구조 변화 등에 의해 사회의 불확실성이 증가하고 있다.

둘째, 사회의 복잡성과 다양성이 확대되면서, 사회적 문제 해결을 위한 협력의 필요성이 커짐에 따라 상호 존중과 공동체 의식 함양이 더욱 중요해지고 있다.

셋째, 학생 개개인의 특성과 진로에 맞는 학습을 지원하는 맞춤형 교육에 대한 요구가 증가하고 있다.

넷째, 교육과정 의사 결정 과정에 다양한 교육 주체들의 참여를 확대하고, 교육과정 자율화 및 분권화를 활성화해야 한다는 요구가 커지고 있다.

1) 교육과정의 핵심역량과 정보 교과의 역량 구성

2015 개정 교육과정은 디지털 전환과 생태 위기 등 급변하는 사회 변화에 능동적으로 대응할 수 있는 주도적이고 포용적인 인간상을 구현하기 위해, 핵심역량 중심의 교육을 강조하였다. 이를 위해 학교 교육 전 과정을 통해 중점적으로 길러야 할 여섯 가지 핵심역량을 제시하였으며, 교과 교육에서는 컴퓨팅 사고력, 디지털 문화, 인공지능 소양 등 디지털 시대에 요구되는 교과역량을 포함하였다.

반면, 2022 개정 교육과정은 디지털 전환과 인공지능 시대에 부합하는 역량 강화를 중심에 두고, 2015 교육과정보다 더욱 발전된 형태로 설계되었다. 특히, 포용성과 창의성을 갖춘 주도적인 사람을 미래 인재상으로 설정하였으며, 총론에서 핵심역량으로 제시한 '지식정보처리' '창의적 사고' '협력적 소통' '공동체 역량'과 연계하여, 정보 교과에서는 '컴퓨팅 사고력' '디지털 문화 소양' '인공지능(AI) 소양'을 교과역량으로 구성하였다.

컴퓨팅 사고력은 실생활의 문제를 발견하고 분석하여, 컴퓨팅 기반의 창의적인 해결 방안을 제시하는 능력이며, 인공지능 소양은 인간 중심의 윤리의식과 데이터에 대한 이해를 기반으로 인공지능을 통해 문제를 해결할 수 있는 능력이다. 이는 총론의 '지식정보처리' '창의적 사고' 역량과 연계된다. 또한 '디지털 문화 소양'은 디지털 사회의 구성원으로서 윤리의식 및 시민성을 갖추고 디지털 기술을 기반으로 협업과 의사소통을 실천하는 능력으로, '인공지능 소양'과 더불어 총론의 협력적 소통 및 공동체 역량과 연계된 역량이다(최현종, 전용주, 2023).

표 4-4 2022 정보교육 교과 역량 및 하위 요소

컴퓨팅 사고력	디지털 문화 소양	인공지능소양
• 추상화 능력 • 자동화 능력 • 창의 · 융합능력	• 디지털 의사소통 · 협업능력 • 디지털 윤리의식 • 디지털 기술활용능력	• 인공지능 문제 해결력 • 데이터 문해력 • 인공지능 윤리의식

출처: 최현종, 전용주(2023)를 참고하여 재구성함.

2) 학교급별 디지털교육 내용 구성

2022 교육과정은 초 · 중 · 고 전 학년에 걸쳐 '인공지능 교육'을 정식으로 도입하고, 프로그래밍, AI 기초 원리, AI 활용, AI 윤리 등의 내용을 포함하였다.

초등학교에서는 '실과' 교과와 학교 자율 시간을 활용하여 최소 34시간 이상의 소프트웨어 교육이 이루어지도록 편성하였으며, '생활 속 인공지능'이라는 선택 과목도 함께 도입되었다. 이를 통해 5~6학년 실과의 '디지털 사회와 인공지능' 영역이 중 · 고등학교 정보 교과와 자연스럽게 연계되도록 하여, 학생들이 점진적으로 인공지능 역량을 기를 수 있도록 구성하였다.

중학교에서는 정보 과목의 수업 시수를 확대하고, 자율 시간을 활용하여 총 68시간 이상의 수업 이수가 가능하도록 권장하고 있다. 이 단계에서는 AI 학습 강화와 디지털 기초 소양 함양에 중점을 두고, 기초 및 심화 수준의 정보를 균형 있게 제공한다. 특히 초 · 중학교에서는 학생들의 발달 수준을 고려하여 놀이 및 체험 중심 활동, 실생활 문제를 간단한 프로그램으로 구현하는 방식으로 구성함으로써 학습 부담은 줄이고 흥미를 높이도록 하였다. 예를 들어, 카드놀이 등 언플러그드 활동을 통해 절차적 사고를 익히고, 코딩을 통해 문제 해결 과정을 직접 구현해 보는 경험을 제공한다.

고등학교에서는 학생의 진로와 적성에 따라 정보 역량을 심화할 수 있도록 다양한 선택 과목이 개설되었다. 일반 선택 과목인 '정보', 진로 선택 과목인 '인공지능 기초' 및 '데이터 과학', 융합 선택 과목인 '소프트웨어와 생활' 등을 통해 학생들은 자신의 관심 분야에 맞춰 체계적인 디지털 역량 강화가 가능하다.

또한 2022 교육과정에서는 디지털 소양과 함께 AI 소양이 포함되어, 디지털 기술을 이해하고 활용하는 능력의 중요성이 더욱 강조되었다(교육부, 2020c, 2022a). 〈표 4-5〉는 이러한 AI 교육 내용을 학교급별로 정리한 영역 및 요소들이다.

표 4-5 AI 교육을 위한 학교급별 영역 및 내용 요소

<table>
<tr><th>영역</th><th>핵심 개념</th><th>초등학교</th><th>중학교</th><th>고등학교</th></tr>
<tr><td rowspan="2">AI의 이해</td><td>AI와 사회</td><td rowspan="2">-AI와의 첫 만남
-AI의 다양한 활용
-약AI와 강AI</td><td rowspan="2">-AI 발전 과정
-튜링 테스트</td><td>-AI의 개념과 특성
-AI 기술의 발전과 사회 변화
-AI 기술의 적용 분야
-AI 융복합</td></tr>
<tr><td>AI와 에이전트</td><td>-지능 에이전트의 개념과 역할
-지능 에이전트 분석</td></tr>
<tr><td rowspan="4">AI의 원리와 활용</td><td>데이터</td><td>-여러 가지 데이터
-수치데이터 시각화
-데이터의 중요성
-문자 데이터 시각화
-데이터 경향성</td><td>-데이터 수집, 전처리, 예측</td><td>-데이터의 속성
-정형데이터와 비정형데이터
-데이터 속성 분석
-빅데이터</td></tr>
<tr><td>인식</td><td>-컴퓨터의 인식 장치와 인식 방법</td><td>-사물 인식</td><td>-센서와 인식
-컴퓨터 비전
-음성 인식과 언어이해
-컴퓨터 비전 응용
-음성 인식 응용
-자연어 처리</td></tr>
<tr><td>분류, 탐색 추론</td><td>-특징에 따라 분류하기
-AI 분류 방법
-지식 그래프</td><td>-AI 탐색 방법
-규칙 기반 추론</td><td>-휴리스틱 탐색
-논리적 추론</td></tr>
<tr><td>기계학습과 딥러닝</td><td>-AI 학습 놀이 활동
-기계학습 원리 체험</td><td>-지도, 비지도 학습</td><td>-기계학습, 딥러닝의 개념과 활용
-분류, 기계학습 모델
-기계학습, 강화학습 원리
-퍼셉트론과 신경망, 심층 신경망</td></tr>
<tr><td rowspan="2">AI의 사회적 영향</td><td>AI의 영향력</td><td rowspan="2">-우리에게 도움을 주는 AI
-AI와 함께하는 삶
-AI의 올바른 사용법</td><td>-AI와 나의 직업</td><td>-사회적 문제해결
-데이터 편향성
-AI와의 공존
-알고리즘 편향성</td></tr>
<tr><td>AI 윤리</td><td>-AI의 오남용 예방</td><td>-윤리적 딜레마
-사회적 책임과 공정성
-AI 개발자, 도입자 윤리</td></tr>
</table>

출처: 교육부, 한국과학창의재단(2021).

3) 2022 특수교육 기본 교육과정의 디지털교육

2022 특수교육 기본 교육과정은 특수학교에 재학 중인 특수교육 대상 학생을 위한 교육과정으로, 국가 수준 교육과정의 구성 중점과 인간상, 핵심역량을 반영하여 마련되었다. 이 교육과정은 학교급별 교육 목표와 교육과정의 기준 및 내용을 제시하며, 교수 · 학습의 설계와 운영을 위한 기본 지침도 함께 담고 있다. 아울러, 학생의 실생활과 밀접하게 연관된 내용을 중심으로 구성되어 학습권을 보장하고, 개별적인 교육적 요구에 부응하는 유연한 운영이 가능하도록 설계되었다. 또한 교수 · 학습 측면에서는 학생의 전인적 성장을 도모하고, 자기 주도적 학습 능력과 핵심역량을 효과적으로 함양할 수 있도록 다음과 같은 교육 지침을 제시하고 있다.

가. 학교는 학생들이 깊이 있는 학습을 통해 핵심역량을 함양할 수 있도록 교수 · 학습을 설계하여 운영한다.
  - ☞교과의 깊이 있는 학습에 기반이 되는 언어 · 수리 · 디지털 기초소양을 모든 교과를 통해 함양할 수 있도록 수업을 설계한다.

나. 교과의 특성과 학생의 능력, 적성, 진로를 고려하여 학습 활동과 방법을 다양화하고 학교의 여건과 학생의 특성에 따라 다양한 학습 집단을 구성하여 학생 맞춤형 수업을 활성화한다.
  - ☞정보통신기술 매체를 활용하여 교수 · 학습 방법을 다양화하고, 학생 맞춤형 학습을 위해 지능정보기술을 활용할 수 있다.

다. 교사와 학생 간, 학생과 학생 간 상호 신뢰와 협력이 가능한 유연하고 안전한 교수 · 학습 환경을 지원하고, 디지털 기반 학습이 가능하도록 교육공간과 환경을 조성한다.
  - ☞다양한 지능정보기술 및 도구를 활용하여 효율적인 학습을 지원할 수 있도록 디지털 학습 환경을 구축한다.
  - ☞특수교육 대상 학생 등 교육적 요구가 다양한 학생들을 위해 필요할 경우 의사소통 지원, 행동 지원, 보조공학 지원 등을 제공한다.

2022 교육과정에서는 학습자의 다양성과 개별성을 존중하는 교육을 실현하기 위해 디지털교육 기반 콘텐츠를 강화하고 있다. 이는 모든 학생이 자신의 특성과 속도에 맞추어 학습할 수 있도록 돕기 위한 실천적 의지를 담고 있다. 이러한 흐름 속에서 '제6차 특수교육발전

5개년 계획'(2023~2027)에서는 특수교육 대상 학생들의 디지털 역량 향상과 정보격차 해소를 주요 목표로, 맞춤형 정보화 교육자료를 개발하고 디지털 튜터 등 전문가의 지원을 계획하고 있다. 특히, 특수교육 대상 학생에게 디지털 기반의 교수·학습 방법이 효과적이라는 연구 결과들은, 에듀테크 기술을 통해 보다 효과적이고 몰입도 높은 학습 환경의 가능성을 뒷받침하고 있다(곽은선, 표윤희, 2017; 박유민, 2023).

이러한 배경 속에서 강조되는 디지털 기초소양은 언어 소양, 수리 소양, 디지털 소양의 세 가지 영역으로 구성된다.

먼저, 언어 소양은 다양한 기호, 매체, 양식을 활용하여 텍스트를 이해하고 생산하며, 이를 통해 소통하고 문제를 해결하는 능력을 의미한다. 국어 교과에서는 점자, 보완대체의사소통(AAC), 픽토그램 등 학생 개개인의 의사소통 방식을 고려한 지도 방식을 적용하고 있으며, 사회 교과에서는 그림, 동영상, 신문 기사 등의 자료를 활용하여 역사적 사건의 맥락 이해를 돕는다. 과학 교과에서는 실험 보고서 작성 시 그림, 사진, 그래프 등 시각 자료를 활용하여 정보 전달력과 표현 능력을 높인다.

수리 소양은 일상생활 속에서 수리 정보를 이해하고 문제를 해결하는 능력이다. 수학 교과에서는 촉각 교구, 색상 구분, 도형 모형 등 시각적 보조 자료를 활용하며 진로와 직업 교과에서는 용돈 관리, 가격 비교 등 생활 속 재정 개념을 실례를 통해 지도한다. 과학 교과에서는 실험 데이터를 수집·분석하고, 측정값을 해석하는 과정을 통해 수리적 사고력을 기른다.

디지털 소양은 디지털 기술과 윤리의식을 바탕으로 정보를 수집·분석하고, 이를 비판적으로 이해하며 새로운 정보를 생성·활용하는 능력을 의미한다. 특수학교에서는 디지털 윤리 교육을 통해 온라인 예절, 개인정보 보호, 사이버 괴롭힘 예방 등을 지도하며, 점자 키보드, 음성지원 소프트웨어, 터치스크린 등 보조공학 기기를 활용해 디지털 접근성을 높인다. 이러한 디지털 소양은 교과 교육을 통해 구체적으로 구현되며, 특히 실과 교과와 정보통신활용 교과에서 디지털교육 내용이 어떻게 구성되어 있는지를 살펴본다.

(1) 실과 교과의 디지털교육

실과 교과는 실천 중심의 교과로서, 학생들이 일상생활에서 자립적으로 살아가는 데 필요한 지식과 기능을 습득하고, 이를 바탕으로 일상생활을 충실히 수행하며 미래 사회의 변화에 유연하게 대응할 수 있는 능력과 태도를 기르는 것을 목표로 한다.

초등학교 5~6학년에 편성·운영되며, 이러한 교육적 목표를 실현하기 위해 '기본생활' '기술·정보' '생명·안전' '진로 인식'의 4개 영역으로 교육과정을 구성하였다.

2022 기본 교육과정은 장애 학생의 교육적 요구를 반영한 맞춤형 교육과 실생활 중심 교육을 강조하고 있으며, 이에 따라 실과 교과에서도 디지털 역량 함양을 위한 내용이 강화되었다. 특히 '기술 · 정보' 영역에서는 디지털 전환 시대를 살아가는 데 필요한 기초적인 디지털 문해력과 정보통신 기기 활용 능력을 기르는 데 주안점을 두고 있다. 이를 위해 정보통신 기기의 종류와 기능 이해, 기초 기능 익히기, 건전한 사용 습관 형성 및 정보통신 예절 실천, 절차적 사고를 통한 문제 해결 등의 내용을 포함하고 있다.

이 교과는 학생의 실제 삶과 밀접한 주제를 중심으로 구성되며, 자립적인 생활에 필요한 실용적인 기능을 익히는 데 중점을 두고 있다. 이는 학생들이 일상생활을 보다 편리하고 능동적으로 영위할 수 있는 기초 역량을 기르도록 돕는 데 목적이 있다.

(2) 정보통신활용 교과의 디지털교육

정보통신활용과는 중 · 고등학교 기본 교육과정의 선택 과목으로, 특수교육 대상 학생이 정보통신 기기, 소프트웨어, 인공지능, 디지털 문화 등을 직접 경험하고 활용하면서, 디지털 전환에 따른 사회 변화에 유연하게 적응할 수 있도록 지원하는 과목이다. 아울러, 정보통신 기기 활용과 디지털 문화 체험을 통해 기초적인 정보 처리 능력과 문제 해결력을 기를 수 있도록 하고, 특수교육 현장에 적합한 교육 내용을 구성함으로써 학생들이 디지털 사회에 참여하고 소통하는 데 필요한 역량을 갖출 수 있도록 돕는다(교육부, 2022n).

정보통신활용 교과는 (1) 정보통신 이해와 기기의 사용, (2) 정보통신 생활과 소프트웨어, (3) 정보통신 윤리와 디지털 문화의 세 가지 영역으로 구성된다. 첫째, '정보통신 이해와 기기의 사용' 영역은 정보통신 기기 조작, 관련 프로그램의 활용, 기술 발달 과정에 대한 이해를 통해 정보통신 기술 변화에 적절히 대처하는 능력을 기르도록 구성되었다. 둘째, '정보통신 생활과 소프트웨어' 영역은 학생들이 일상생활 속에서 소프트웨어를 활용해 보는 경험을 통해 기초적인 문제 해결 능력과 논리적 사고력을 키울 수 있도록 구성하였다. 셋째, '정보통신 윤리와 디지털 문화' 영역은 디지털 기술의 발달에 따른 윤리적 쟁점과 다양한 디지털 문화를 경험하며, 디지털 환경 변화에 적응하고 바람직한 태도와 실천 역량을 기를 수 있도록 내용을 구성하였다. 각 영역은 학년군별로 지식 · 이해, 과정 · 기능, 가치 · 태도의 관점에서 학습 요소를 제시하며, 이를 바탕으로 학생이 익혀야 할 내용과 기대되는 수행 능력을 성취기준으로 제시하고 있다. 특히 특수교육 대상 학생이 정보통신의 유용성, 컴퓨터의 편리함, 디지털 문화의 즐거움을 직접 체험하면서, 개인정보 보호의 생활화와 정보통신의 가치와 의미를 자연스럽게 내면화하는 것이 중요하다. 이를 실현하기 위해 정보통신활용 교과는 다음의 세 가지 교육적 중점을 제시하고 있다.

첫째, 기기 조작 능력 강화를 위해, 학생들이 익숙한 정보통신 기기를 선택하고 다양한 매체를 활용하여 정보를 전달하거나 수신할 수 있도록 지도한다.

둘째, 문제 해결력 향상을 위해, 컴퓨터의 기본 사용법을 익히고, 알고리즘적 사고를 바탕으로 생활 속 문제를 해결하는 활동을 중심으로 구성한다.

셋째, 디지털 문화 경험과 윤리 교육에 중점을 두어, 여가, 가정, 지역사회 등 다양한 맥락에서 디지털 문화를 경험하도록 하며, 정보통신의 실생활 유용성을 인식하고, 이를 바탕으로 정보윤리의 중요성을 이해하고 실천할 수 있도록 유도한다.

이러한 정보통신활용 교과의 학습을 통해 학생들이 디지털 활용 역량과 윤리의식을 기르고, 디지털 사회에서 주도적으로 살아가는 시민으로 성장할 수 있도록 한다.

활동하기

1. 국외 주요 국가들의 디지털교육 교육과정의 공통된 특징을 바탕으로, 국내 초·중등 디지털 교육과정에 주는 시사점을 설명해 보세요.
2. 2022 교육과정에서는 언어, 수리, 디지털 활용 등 기초소양 역량을 중점적으로 강화하였습니다. 이러한 변화에 따라 교사의 교수·학습 방법과 역할에 어떤 변화가 필요한지, 구체적인 사례를 들어 설명해 보세요.
3. 디지털 전환 사회에서 특수교육 대상 학생이 겪을 수 있는 디지털 격차를 생활 기능 측면에서 구체적인 사례로 제시하고, 이를 해소하기 위한 학교 교육적 지원 방안을 설명해 보세요.

제 5 장

디지털교육을 활용한 수업 설계

개요

이 장은 디지털교육을 활용하여 학습자 중심의 맞춤형 수업을 설계하는 방안을 탐색하는 데 목적이 있다. 이를 위해 이 장에서는 디지털교육을 활용한 수업 설계의 필요성, 여러 유형의 수업 설계 모형, 장애 학생을 포함한 다양한 학습자를 위한 맞춤형 수업 설계 사례를 살펴본다. 이 장의 학습을 통해 학습자의 특성과 요구를 반영하고 디지털교육을 효과적으로 활용하여 수업을 설계하며, 기술과 인간 중심의 교육이 조화를 이루는 실천 방안을 탐색하게 된다.

1. 디지털교육을 활용한 수업 설계의 필요성
2. 디지털교육을 활용한 수업 모형
3. 디지털교육을 활용한 수업 설계

1. 디지털교육을 활용한 수업 설계의 필요성

오늘날 교육 환경은 빠르게 변화하고 있으며, 인공지능(AI)과 디지털 기술의 발전은 교육 방식에도 큰 영향을 미치고 있다. 디지털 기술을 접목한 학습 방식은 기존의 전통적인 교실 수업의 한계를 넘어 학습 효과를 높이고 개별 맞춤형 교육을 실현하는 데 기여하고 있다(이은주 외, 2023). 특히 AI 기반 학습 도구는 학생 개개인의 학습 수준을 분석하고 효율적인 학습 경험을 제공하며 교육의 질을 향상시키는 역할을 한다. 이에 따라 교사들은 미래 교육을 준비하는 데 필수적인 요소로서 AI와 디지털 기술을 효과적으로 활용하는 방법을 고민해야 할 것이다.

이러한 맥락에서, 디지털교육을 수업 설계에 반영해야 하는 주요 이유는 다음과 같다.

첫째, 디지털교육을 수업 설계에 활용하면 학생 개개인의 다양성과 학습 격차를 고려한 개별 맞춤형 학습 환경을 조성할 수 있기 때문이다. 전통적인 교육 방식은 교사가 동일한 내용을 모든 학생에게 일괄적으로 전달하는 형태였다. 그러나 학생마다 학습 속도와 이해도에 차이가 있기 때문에 개별 맞춤형 교육이 필요하다. AI 기반 학습 시스템은 학생들의 학습 데이터를 분석하여 개인별 맞춤형 학습을 제공할 수 있다. 예를 들어, 적응형 학습 기술은 학생의 학습 패턴을 분석해 난이도에 맞는 문제를 추천하고 필요한 경우 추가 학습 자료를 제시함으로써 자기 주도 학습을 촉진할 수 있다(황은경, 신종호, 2021). 이 과정에서 교사는 학생별 학습 진도를 실시간으로 모니터링하고 개별 피드백을 제공할 수 있으며, 시각 자료나 음성 지원 등 보조 기술을 병행해 장애 학생을 포함한 다양한 학습자에게 적합한 지원이 가능하다.

둘째, 학습 내용을 효과적으로 전달하고 이해를 돕기 위한 시각적 · 경험적 요소를 수업에 통합하여 참여도를 향상할 수 있도록 디지털교육 기반 설계가 요구된다. 디지털 기술은 추상적인 개념을 보다 직관적으로 이해할 수 있는 환경을 제공한다. 예를 들어, 가상현실(VR)과 증강현실(AR)을 활용하면 학습자가 직접 체험할 수 없는 환경을 간접적으로 경험할 수 있게 하여 학습의 몰입도를 높인다(이재병, 권난주, 2022). 이와 같은 시뮬레이션 중심 설계는 수업 구조 자체에 새로운 차원을 제공한다. 또한 AI 기반 자동 피드백 시스템은 학습자가 실시간으로 피드백을 받을 수 있게 하여 학습 동기 유지에 긍정적인 영향을 미친다. 문법 오류 수정 도구나 수학 문제 풀이 보조 도구와 같은 기능은 학습자가 오류를 인식하고 개선하는 과정을 통해 자기 주도성과 학습 효능감을 높일 수 있도록 돕는다.

셋째, 디지털 요소를 반영한 수업 설계는 학생의 지속적인 참여를 이끌고, 학습에 대한 동기를 높이는 데 도움이 된다. 단순히 정보를 전달하는 방식이 아니라, 학생이 직접 참여하고 반응할 수 있는 활동 중심의 수업은 특히 특수교육 대상 학생들의 주의 집중력을 높이고 흥미를 끌어내는 데 효과적이다. 게이미피케이션(Gamification) 요소를 접목한 학습 환경은 학습을 놀이처럼 즐기도록 만들어 학습자의 몰입을 강화하고 흥미를 유발하며 학습 목표 달성에 동기를 부여한다(이은배, 최서연, 2020). Kahoot, Quizizz와 같은 쌍방향 학습 플랫폼은 실시간 퀴즈 기능을 제공해 학생들의 자발적인 참여도를 높이며, AI 기반 시뮬레이션은 학습자가 직접 조작하거나 탐구하는 활동을 가능하게 함으로써 단순한 지식 수용을 넘어 능동적이고 자기주도적인 학습이 되도록 한다.

넷째, 디지털 기반 학습 분석 시스템은 수업 설계 시 평가 계획과 피드백 경로를 정교하게 설계할 수 있는 근거 자료를 제공한다. AI 기반 학습 분석 시스템은 학생의 성취도, 참여도, 반응 유형 등을 실시간으로 수집 · 분석하여 교사에게 의미 있는 정보를 제공하며, 이를 통해 교사는 학생 맞춤형 자료를 제공하거나 추가 지도를 설계할 수 있다. 나아가 예측 분석

기술을 활용하면 학습 부진이 예상되는 학생을 조기에 발견하고 적절하게 개입함으로써 교육적 손실을 최소화하고 지속적인 학습 성장을 도모할 수 있다(정영식, 2016).

다섯째, 디지털 기술을 활용한 수업 설계는 시간적 · 공간적 제약을 넘는 유연한 수업 구조를 가능하게 하여 교육의 접근성과 형평성을 확대한다. 온라인 플랫폼, MOOC, AI 튜터링 도구를 수업 설계 단계에서 고려함으로써, 지역이나 장애, 경제적 조건 등으로 인한 교육 격차를 줄일 수 있다. 또한 실시간 AI 챗봇이나 질의응답 시스템은 학습자가 궁금한 내용을 언제든지 질문하고 학습할 수 있는 유연한 환경을 제공하여, 전통적인 교실 수업의 제약을 보완하고 보편적 학습권을 실현하는 데 긍정적 역할을 한다.

이처럼 디지털 기술의 발전은 수업 설계의 방식 자체를 바꾸고 있다. 단순히 자료를 전자화하거나 영상을 활용하는 수준을 넘어, 학습자 중심 수업을 체계적으로 조직하고, 진단-피드백-평가의 전 과정을 설계에 반영하며, 교육의 보편성과 다양성을 실현하는 구조적 설계로 확장되고 있다. 교사는 이러한 기술을 기반으로 보다 창의적이고 유연한 수업을 계획할 수 있으며, 이는 궁극적으로 미래 교육의 핵심 가치인 역량 중심 교육을 실현하는 토대가 될 것이다.

2. 디지털교육을 활용한 수업 모형

1) 체제적 교수설계 모형(ADDIE 모형)

ADDIE 모형은 수업을 체계적으로 설계하고 운영할 수 있도록 도와주는 대표적인 교수설계 방법이다. 이 모형은 교육 목표를 설정하는 것부터 수업 평가에 이르기까지 수업의 전 과정을 단계별로 정리하여, 교사가 계획적으로 수업을 준비하고 실행할 수 있도록 돕는다. ADDIE 모형은 분석(Analysis), 설계(Design), 개발(Development), 실행(Implementation), 평가(Evaluation)라는 다섯 단계를 중심으로 구성되어 있으며, 각 단계는 서로 연결되어 반복적으로 활용된다. 특히 디지털 기술과 AI가 함께 활용되는 오늘날 교육 현장에서는 이 모형이 학생의 특성과 필요를 고려한 수업을 만드는 데 효과적인 수업 설계 도구로 활용되고 있다(허난, 2015; 차성욱, 2024).

구체적으로 ADDIE 모형의 각 단계는 다음과 같은 과정을 포함한다.

분석 단계에서는 학생이 어떤 배경을 가지고 있는지, 어떤 것을 배우고 싶어 하는지 등 학

[그림 5-1] ADDIE 모형 기반 특수교육 수업 설계도

습자의 요구와 학습 환경을 파악한다. 특히 특수교육에서는 학생 개개인의 발달 수준이나 장애 특성, 디지털 기기 사용 능력 등을 함께 살펴보는 것이 중요하다. 이렇게 분석된 정보는 수업 목표를 설정하고 이후 단계를 계획하는 데 기초 자료로 활용된다.

설계 단계에서는 분석 결과를 바탕으로 구체적인 학습 목표를 정하고, 어떤 방법으로 수업을 진행할지, 어떤 자료와 도구를 사용할지를 계획한다. 최근에는 AI, 가상현실(VR), 증강현실(AR) 같은 디지털 기술을 수업에 포함시키는 경우가 많아, 이러한 기술을 어떤 방식으로 활용할지도 함께 고민하게 된다.

개발 단계에서는 설계한 수업안을 바탕으로 실제 수업 자료를 만들고 필요한 디지털 콘텐츠를 준비하는 과정이 이루어진다. 예를 들어, AI가 포함된 퀴즈 앱이나, VR 기술을 활용한 체험형 학습 자료, 시각 자료나 학습용 영상 등을 제작하게 된다. 이렇게 준비된 자료는 수업을 보다 생생하고 몰입감 있게 만드는 데 도움을 준다.

실행 단계에서는 준비한 자료와 도구를 실제 수업에 적용하면서 학생들의 반응을 관찰한다. 수업이 원활하게 진행되는지, 자료가 잘 활용되는지 등을 확인하고, 필요하다면 바로 수정하거나 보완할 수도 있다. 특히 특수교육 수업에서는 학생 개개인의 반응과 참여 정도를 세심하게 살펴보는 것이 중요하다.

마지막으로 평가 단계에서는 수업이 어떤 결과를 가져왔는지를 분석하고, 그 결과를 바탕으로 다음 수업을 어떻게 바꿀지 고민한다. 최근에는 AI 기반의 평가 도구를 활용하여 학생의 학습 데이터를 분석하고, 이를 바탕으로 맞춤형 피드백을 제공하는 사례도 늘고 있다. 이 과정을 통해 교사는 수업의 효과를 높이고 학생의 성장을 도울 수 있다.

ADDIE 모형의 가장 큰 장점은 수업 준비 과정을 구조화하여 교사가 단계적으로 수업을 설계할 수 있게 한다는 점이다. 특히 특수교육에서는 다양한 특성과 필요를 가진 학생들을 고려해야 하므로, 이처럼 체계적인 접근이 큰 도움이 된다. 또한 디지털 도구나 보조기기를 함께 사용하는 데도 적합한 구조를 가지고 있어서, 현대 교육 환경에 잘 어울린다. 다만 수업을 준비하는 데 시간이 많이 걸릴 수 있고, 교사의 경험이나 디지털 역량에 따라 수업의 질이 달라질 수 있다는 점은 고려해야 한다.

실제로 ADDIE 모형은 다양한 교육 현장에서 효과적으로 활용되고 있다. 예를 들어, 중학교 수학 시간에 플립드 러닝을 적용한 수업에서 이 모형을 활용한 사례가 있다. 이 수업에서는 먼저 학습자의 사전 이해도를 파악하고, 동영상 자료와 활동지를 설계하여 제작했다. 이후 수업에서는 학생들이 미리 학습한 내용을 바탕으로 토론과 문제 해결 활동을 진행했고, 수업이 끝난 후에는 참여도와 성취도를 바탕으로 다음 수업을 계획하는 데 필요한 정보를 얻을 수 있었다. 이처럼 ADDIE 모형은 수업 전반을 꼼꼼하게 준비하고 운영하는 데 실질적인 도움을 주는 방법이라 할 수 있다(허난, 2015).

ADDIE 모형은 특수교육 수업을 설계할 때 학생 개개인의 특성과 학습 수준을 반영하면서도 전체적인 수업 흐름을 구조화하는 데 매우 효과적인 접근이다. 특히 디지털 도구와 함께 사용할 수 있는 유연한 구조를 갖추고 있어, 미래 교육을 준비하는 교사들에게 꼭 필요한 수업 설계 방법 중 하나로 자리 잡고 있다.

2) TPACK 모형

TPACK 모형(Technological Pedagogical and Content Knowledge)은 교사가 효과적인 수업을 설계하고 운영하기 위해 기술(Technology), 교수법(Pedagogy), 교과 내용(Content)에 대한 지식을 통합적으로 활용하는 과정을 설명하는 교수설계 개념이다(이다희, 황우형, 2018a). 이 이론은 Shulman(1986)이 제안한 '교수내용지식(PCK)' 개념을 기반으로, Mishra와 Koehler(2006)가 디지털 시대에 적합하도록 발전시킨 것으로 알려져 있다(최현종, 이태욱, 2015). TPACK은 단순히 기술을 도입하는 데 그치지 않고, 수업의 목적, 학습자의 특성, 내용의 전달 방식에 따라 기술과 교수법을 유기적으로 결합할 수 있어야 한다는 점을 강조한다.

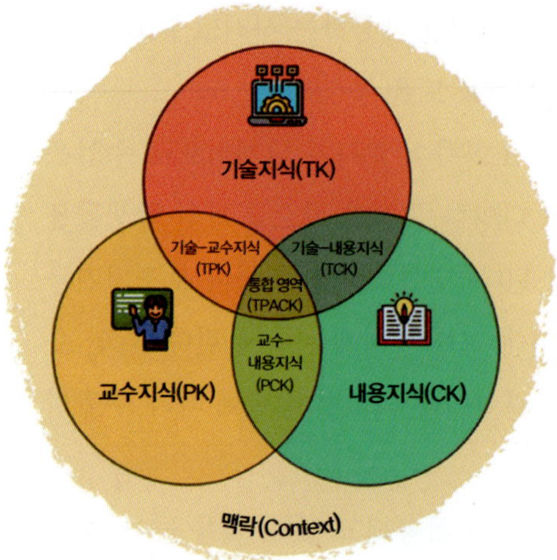

영역	특수교육 중심 내용
기술지식 (TK)	보조공학, AI 기반 학습 도구, 접근성 지원 기술 등 장애 학생을 위한 디지털 도구 활용 능력
교수지식 (PK)	장애 유형에 따른 교수 전략, 개별화 교육계획(IEP), 시각 · 청각 지원 전략 등 교수법에 대한 지식
내용지식 (CK)	장애 학생에게 필요한 교과 내용을 구조화하고 쉽게 전달할 수 있는 교과 전문성
기술-교수지식 (TPK)	장애 학생의 학습 특성에 맞는 디지털 교수전략을 선택하고 적용하는 능력
기술-내용지식 (TCK)	특수교육 대상 교과 내용을 디지털 콘텐츠나 기술로 변환하고 설명할 수 있는 능력
교수-내용지식 (PCK)	장애 학생에게 적절한 교수법으로 교과 내용을 쉽게 설명하고 지도하는 전략
통합 영역 (TPACK)	장애 학생의 요구에 맞춰 기술, 교수법, 내용을 통합해 수업을 설계하고 운영하는 종합 역량

[그림 5-2] TPACK 모형 기반 특수교육 수업 설계도

이 모형은 전통적인 선형 구조가 아니라, 세 가지 지식 요소가 서로 영향을 주고받으며 상호작용하는 형태로 구성되어 있다. 먼저 내용지식(Content Knowledge: CK)은 교사가 가르치는 교과 내용에 대한 깊이 있는 이해를 의미한다. 이는 장애 학생의 인지적 특성과 이해도를 고려하여 내용을 구조화하고 단순화하는 능력도 포함된다. 교수지식(Pedagogical Knowledge: PK)은 수업을 어떻게 설계하고 운영할지를 결정하는 교수 전략에 관한 지식이며, 특수교육에서는 개별화 교육계획(IEP), 시각적 지원, 반복 학습, 대체 평가 방법 등의 전략이 포함된다. 기술지식(Technological Knowledge: TK)은 전통적인 보조기기부터 AI, 소프트웨어, 접근성 기술(음성 안내, 확대 기능 등)에 이르기까지 다양한 도구를 이해하고 수업에 적절히 활용할 수 있는 능력을 뜻한다.

이 세 영역은 독립적으로 존재하지 않고 서로 연결되어 상호작용하며 다양한 중첩 영역을 형성한다(이유진, 2024). 기술-교수지식(TPK)은 학생의 학습 접근성이나 반응성을 고려해 적절한 디지털 교수 전략을 선택하고 적용하는 능력이다. 예를 들어, 시각 지원이 필요한 학생에게 영상 자료를 보완하거나, 반응 속도가 느린 학생을 위한 맞춤형 퀴즈 앱을 적용하는 것 등이 이에 해당한다. 기술-내용지식(TCK)은 교과 내용을 디지털 콘텐츠로 변환하여 전달하는 능력으로, 예를 들어 초등 수학 수업에서 '화폐 단위와 돈 계산'을 주제로 할 때 교사가 디지털 화폐 학습 앱을 활용하여 학생들이 가상의 돈으로 물건을 사고파는 활동을 체험하게 하면 학생들이 실제 생활에서의 수 개념을 쉽게 익힐 수 있다. 과학 수업에서는 증강현실(AR)로 태양계 행성의 움직임을 시각화하고, 이를 통해 개념을 직접 탐색하게 하는 활동도 통합 영역(TPACK)에 기반한 수업 설계 사례가 될 수 있다. 교수-내용지식(PCK)은 교과 내용을 효과적으로 가르치기 위한 교수 전략을 의미하며, 장애 학생에게는 단계적 설명, 반복 학습, 직접 조작 기반 활동이 이에 포함된다.

이러한 중첩 지식이 모두 통합된 영역이 바로 TPACK이다. 이 영역은 내용, 교수 전략, 기술을 함께 고려하여 수업을 설계하고 운영하는 종합적 역량을 의미하며, 특히 특수교육에서는 장애 학생의 특성과 학습 목표에 맞춘 수업 설계를 가능하게 한다. 예를 들어, 학습자가 음성 지시가 필요한 경우 AI 스피커나 화면 읽기 기능을 포함한 자료를 제공하고, 교수 전략은 직접 조작 중심의 활동으로 설계하며, 내용은 핵심 개념만 강조하는 방식으로 단순화할 수 있다.

TPACK의 가장 큰 강점은 기술을 맥락에 맞게 선택하고 통합할 수 있다는 점이다. 즉, 기술은 목적이 아니라 수단이며, 학생의 이해와 참여를 끌어내기 위해 어떤 도구가 가장 적절한지를 고민하는 과정이 중요하다. 이는 장애 학생의 개별적 요구를 고려한 수업 설계와도 일맥상통한다. 하지만 TPACK을 실제 수업에 적용하기 위해서는 교사에게 세 가지 지식 모두에 대한 전문성과 경험이 요구되며, 기술 활용에 익숙하지 않은 경우 초기 적용에 어려움을 겪을 수 있다. 따라서 TPACK 역량은 지속적인 교사 연수와 실습, 피드백 중심의 전문성 향상 활동을 통해 점진적으로 키워야 한다.

TPACK은 실제 특수교육 수업에서도 다양한 방식으로 적용될 수 있다. 예를 들어, 초등 과학 시간에 AR 기술을 활용해 화산의 분화 과정을 3D로 시각화하고, 이를 청각장애 학생이 접근할 수 있도록 자막과 이미지 중심 설명을 함께 제공하는 방식은 TPACK의 좋은 사례가 된다. 또는 학습장애가 있는 학생을 위해 음성 피드백이 제공되는 수학 문제 풀이 앱을 활용하고, 그 결과를 바탕으로 교사가 개별 피드백을 제공하는 수업도 TPACK 기반 수업 설계의 한 예다.

최근에는 AI 기반 분석 도구, 메타버스 수업 공간, 맞춤형 학습 시스템 등 다양한 디지털 기술이 TPACK의 틀 안에서 통합적으로 활용되고 있으며, 이를 위한 특수교육 교사 연수 프로그램도 확산되고 있다. TPACK은 단순한 이론이 아닌, 교사의 실제 수업을 학생 중심, 기술 기반, 교수 전략 중심으로 전환할 수 있는 실천적 도구이며, 미래 교육을 준비하는 데 있어 교사의 전문성과 디지털 역량을 함께 키울 수 있는 핵심 프레임워크로 자리 잡고 있다.

3) 디지털 스토리텔링 활용 수업 설계 모형

디지털 스토리텔링(Digital Storytelling)은 디지털 기술을 활용하여 개인의 경험이나 이야기를 창의적으로 표현하는 방식으로, 학습자들이 자신의 이야기를 스스로 구성하고 공유하는 과정을 통해 학습에 몰입할 수 있도록 돕는 교수전략이다(채민수, 2025; 주효정, 김혜령, 전지윤, 2025). 이는 단순히 정보를 전달하는 데 그치지 않고, 학습자가 학습 내용과 자신의 삶을 연결지으며 보다 깊이 있는 사고와 자기 주도적 표현이 가능하도록 돕는다. 특히 스마트폰, 영상 편집 앱, 디지털 이미지, 음성 녹음 도구 등 다양한 매체의 접근성이 높아지면서, 학교 현장에서도 디지털 스토리텔링은 효과적인 학습 방법으로 주목받고 있다.

이 수업 설계 방식은 학습자가 수업 주제와 관련된 개인적인 이야기를 스스로 구상하고, 이를 디지털 콘텐츠로 제작하여 공유하는 일련의 과정을 중심으로 이루어진다. 이 과정에서 학습자는 자신의 생각을 구조화하고 표현하는 능력뿐 아니라, 문제 해결력, 창의력, 협업 능력, 디지털 리터러시와 같은 핵심 역량을 자연스럽게 기르게 된다. 특히 특수교육 대상 학생의 경우, 이야기 중심 수업은 개인의 경험과 감정, 흥미를 바탕으로 한 참여 중심 수업을

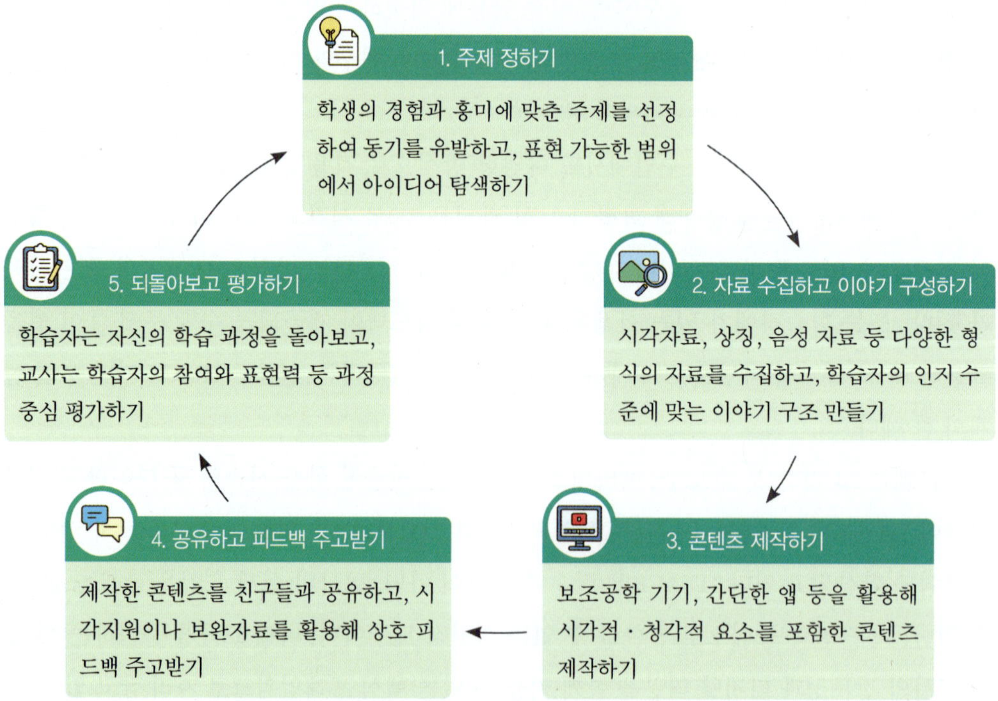

[그림 5-3] 디지털 스토리텔링 기반 특수교육 수업 설계도

가능하게 하며, 자기 표현력과 사회적 상호작용 능력을 함께 향상시킬 수 있다.

디지털 스토리텔링 수업은 보통 주제 구상과 아이디어 정리, 자료 수집과 이야기 구성, 콘텐츠 제작과 편집, 공유 및 피드백, 성찰과 평가의 단계로 이루어진다. 수업의 시작에서는 학생들이 자신이 표현하고 싶은 이야기나 경험을 떠올리고, 이를 수업 주제와 연결해 보는 활동을 한다. 교사는 이 과정에서 적절한 질문을 제시하거나 예시를 통해 학생들의 사고를 유도할 수 있다. 이후 학생은 이야기 전개를 위한 자료를 수집하고, 이야기의 흐름을 구상하며 전개 구조를 설계하게 된다. 이 단계에서는 이야기 구조(도입 · 전개 · 결말)를 구상하고, 이야기 속 메시지를 명확히 하는 것이 중요하다. 콘텐츠 제작 단계에서는 영상, 사진, 음악, 자막, 내레이션 등 다양한 디지털 매체를 결합하여 완성된 스토리를 만들어낸다. 특수교육 환경에서는 보조공학 도구를 활용하여 접근성을 높이고, 음성지원 앱이나 시각적 아이콘 등을 통해 표현 방식을 다양화할 수 있다. 완성된 작품은 수업 시간에 친구들과 함께 공유되며, 피드백을 주고받는 활동을 통해 서로의 관점을 배우고 자신의 작업을 되돌아보는 기회를 갖게 된다. 마지막으로 학습자는 전체 활동을 스스로 성찰하고, 교사는 과정 중심의 평가를 통해 학생의 성장과 참여 태도를 파악할 수 있다.

이러한 교수설계는 학습자에게 자기 표현의 기회를 넓혀주고, 창의적이며 몰입도 높은 수업 환경을 제공한다는 점에서 큰 장점이 있다. 특히 특수교육에서는 학습자의 정서적 안정감과 자기효능감을 높이는 데 긍정적인 영향을 미칠 수 있다. 학생이 자신의 이야기를 주도적으로 구성하고 이를 동료와 나누는 과정은 자존감과 소통 능력을 함께 길러주는 경험이 된다. 또한 이 교수설계는 하나의 정답을 요구하지 않기 때문에 다양한 표현 방식이 가능하며, 학습자의 특성과 수준을 고려한 유연한 수업 운영이 가능하다. 말하기나 쓰기에서 어려움을 느끼는 학생도 이미지, 음악, 짧은 문장이나 상징을 활용하여 자신의 생각을 표현할 수 있기 때문에 포용적인 수업 전략으로 적합하다.

다만 모든 학습자가 디지털 장비나 편집 도구를 능숙하게 사용할 수 있는 것은 아니므로, 수업 전 기초적인 사용법에 대한 안내와 꾸준한 교사의 지도가 필요하다. 또한 수업의 초점이 '영상 잘 만들기'에만 맞춰지지 않도록, 학생이 전하고자 하는 이야기의 내용과 메시지에 집중하도록 하는 것이 중요하다.

이 교수설계는 실제 수업에서도 다양한 방식으로 활용되고 있다. 예를 들어, 특수학교 고학년 국어 수업에서 '나의 하루'를 주제로 디지털 스토리텔링 프로젝트를 진행한다면, 학생들이 자신이 경험한 하루 중 인상 깊은 장면을 사진이나 그림으로 표현하고 간단한 음성이나 자막을 덧붙여 디지털 슬라이드 영상을 제작할 수 있다. 이를 수업 시간에 발표하면서 친구들과의 상호작용을 통해 자신감을 얻고, 서로 다른 삶의 이야기를 존중하며 공감하는 경험을 할 수 있을 것이다. 또 다른 예로는 전통음악 수업에서 국악기 연주 과정을 영상으로 촬영하고 발표하는 활동을 할 수 있다. 학생들은 각자 맡은 악기를 소개하고 연주 장면을 촬영하여 하나의 문화 이야기로 엮었으며, 이를 통해 실기 중심 수업이 문화 이해, 자기표현, 디지털 기술 역량까지 확장되는 의미 있는 수업을 설계할 수 있을 것이다.

디지털 스토리텔링 기반 수업은 학생이 자신의 삶과 감정을 바탕으로 학습 주제를 재해석하고 표현하는 과정을 통해, 지식 전달을 넘어서 자기 이해와 사회적 소통 능력을 함께 키울 수 있도록 돕는 미래지향적인 수업 전략이다. 특히 특수교육에서 이 모형은 다양한 표현 방식이 가능하다는 점에서, 학생 개개인의 특성과 욕구를 존중하며 개별화된 접근이 가능하다는 강점을 가진다. 교사는 학습자의 수준과 강점을 잘 파악하고 적절한 도구와 교수전략을 설계하여, 학생이 진정으로 의미 있는 학습을 경험할 수 있도록 수업을 이끌어야 할 것이다.

4) PATROL 교수 · 학습 모형

PATROL 교수 · 학습 모형은 학생 중심 수업을 더 잘 실현할 수 있도록 디지털교과서를 효과적으로 활용하는 데 초점을 둔 교수 전략이다(정영식, 2016). 특히 이 모형은 플립러닝

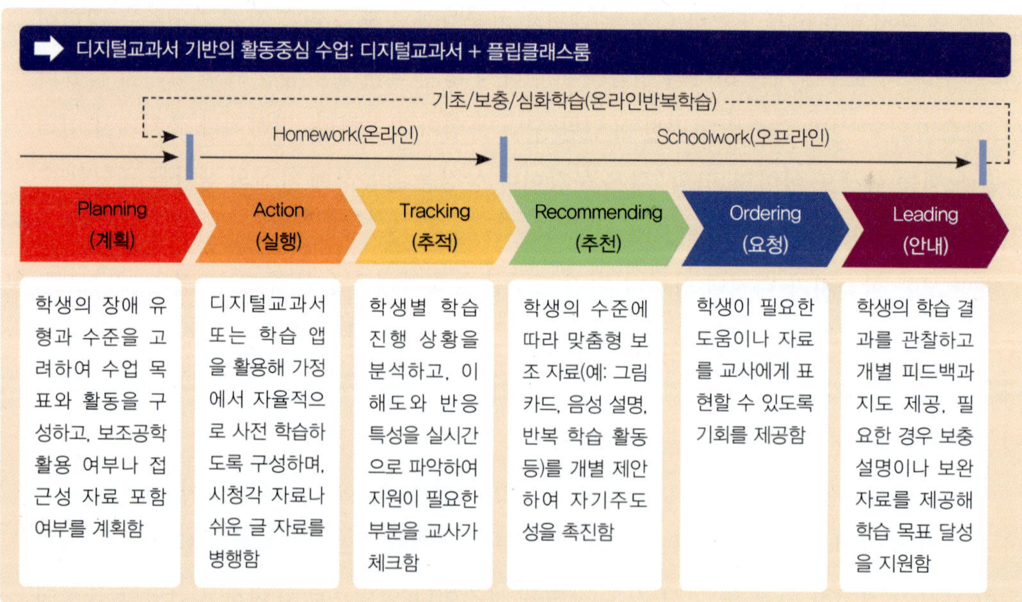

[그림 5-4] PATROL 모형 기반 특수교육 수업 설계도

수업에서 나타날 수 있는 단점을 보완하는 데 도움을 준다.

이 모형은 계획(Planning), 실행(Action), 추적(Tracking), 추천(Recommending), 요청(Ordering), 안내(Leading)의 여섯 단계로 구성되며, 각 단계는 교사와 학생 간의 상호작용을 촉진하고 디지털 기술의 장점을 최대한 수업에 반영할 수 있도록 설계되어 있다. 무엇보다 이 모형은 수업 전 · 중 · 후의 학습 과정을 모두 포괄하며, 실시간 피드백과 맞춤형 지원을 강화하는 데 초점이 맞춰져 있다(정영식, 유정수, 2024).

첫 번째 단계인 계획 단계에서는 교사가 수업 목표를 설정하고, 학생의 수준과 필요를 고려해 적절한 디지털 콘텐츠를 선정하여 학습 자료를 준비한다. 특수교육 환경에서는 이때 학습자의 인지적, 감각적 특성을 반영하여 시각자료, 음성지원 자료, 쉬운 말 자료 등 다양한 형태로 콘텐츠를 변환하는 작업도 함께 이루어진다.

다음 실행 단계에서는 학생이 디지털교과서를 활용해 수업 전에 자율적으로 학습하며 과제를 수행하는 활동이 중심이 된다. 이를 통해 학생은 수업 시간에 보다 능동적으로 참여할 수 있는 준비를 하게 되며, 교사는 학습 격차를 사전에 파악하고 조율할 수 있다.

추적 단계에서는 디지털교과서 또는 학습 플랫폼을 통해 학생의 학습 진도와 이해도를 교사가 실시간으로 모니터링한다. 이 단계는 학생의 개별적인 학습 특성을 파악하고 이후 수업 전략에 반영할 수 있는 중요한 자료를 제공한다.

추천 단계에서는 앞 단계에서 얻은 학습 데이터를 바탕으로 교사가 학생에게 추가 학습 자료나 활동을 제안한다. 이 과정은 단순히 과제를 제시하는 것이 아니라, 학생의 현재 학습 수준과 요구에 맞춘 맞춤형 학습 경로를 제시하는 데 의미가 있다. 특히 학습 속도가 느리거나 반복 학습이 필요한 특수교육 대상 학생들에게는 이 단계가 매우 유용하게 작용할 수 있다.

요청 단계는 학생이 학습 중 필요로 하는 자료나 지원을 교사에게 직접 요청할 수 있는 기회를 제공한다. 이는 학생의 자기주도성을 높이고, 수업에 대한 적극적인 참여를 유도하는 데 기여한다. 특수교육 상황에서는 보조공학 도구 요청, 이해가 어려운 개념에 대한 재설명, 감각적 지원 자료 요청 등이 포함될 수 있다.

마지막 안내 단계는 교사가 학생의 학습 과정을 관찰하며 적절한 개입과 지도를 제공하는 과정으로, 학생의 이해 정도를 점검하고, 필요한 경우 보충 자료나 대안적 설명을 통해 학습 목표 달성을 돕는다.

이러한 PATROL 모형의 장점은 무엇보다 디지털교과서의 기능을 학습 전반에 통합함으로써 개별화 학습을 촉진하고, 교사가 실시간 데이터를 바탕으로 즉각적인 피드백을 제공할 수 있다는 데 있다. 특히 특수교육 환경에서는 학습자의 다양한 접근성을 보장하면서도 교사의 역할이 기술을 통해 보완될 수 있다는 점에서 효과적이다. 또한 학습자의 자기주도성을 강화하면서도 학습 과정을 교사가 구조화할 수 있는 유연한 설계가 가능하다는 점도 긍정적인 요소로 꼽힌다. 반면, 모든 단계가 디지털 기반으로 운영되기 때문에 디지털교과서의 기능에 대한 교사의 숙련도, 학습자의 도구 활용 능력, 학급 내 기기 환경 등이 뒷받침되지 않으면 원활한 운영이 어려울 수 있다는 한계도 존재한다.

예를 들어, 특수학급에서 '환경 보호'를 주제로 통합사회 수업을 구성한다고 가정해 보면, PATROL 모형을 적용한 수업을 다음과 같이 설계해 볼 수 있다. 수업의 시작 단계에서는 교사가 영상 중심의 콘텐츠와 그림 자료로 구성된 디지털 학습 자료를 미리 제작하여 학생들에게 제공하고, 학생들은 이를 활용해 환경오염 사례를 조사하거나 관련된 실천 활동을 생각해 보는 과제를 가정에서 수행하도록 한다. 이후 본 수업에서는 교사가 학습 앱을 활용해 학생들의 사전 학습 정도를 확인하고, 그에 따라 수업 내용을 조절하며 보완한다. 수업 마무리 단계에서는 학생들이 각자의 생활 속 환경 보호 실천 방법을 발표하고, 친구들과 서로 피드백을 주고받는 활동을 진행할 수 있다. 이때 학생 수준에 따라 스티커, 그림 카드, 말풍선 도구 등을 활용한 피드백 활동을 설계할 수 있으며, 교사는 필요한 경우 시각 자료나 구어 설명을 제공하여 학생들이 내용을 충분히 이해하고 표현할 수 있도록 지원할 수 있다.

5) 블렌디드 러닝 기반 혼합형 순환 수업 모형

디지털 기술의 발달로 온라인과 오프라인을 유기적으로 결합한 수업 방식, 즉 블렌디드 러닝(Blended Learning)이 교육 현장에서 점점 더 널리 사용되고 있다. 이 가운데 순환 수업 모형은 학생들이 다양한 학습 활동이나 공간을 일정한 구조 속에서 순서대로 경험하는 방식으로, 기존 교실 구조를 크게 바꾸지 않으면서도 효과적인 학습을 구현할 수 있다는 점에서 실용적인 접근법으로 주목받고 있다(김일영, 2022). 특히 특수교육에서는 학생 개개인의 수준과 요구를 고려한 개별화, 소그룹 활동, 반복 학습 등이 유연하게 조화될 수 있어 교육적으로 더욱 의미 있는 수업 전략이 될 수 있다.

순환 수업 모형은 대표적으로 거꾸로 수업, 스테이션 순환 수업, 랩 기반 수업의 세 가지 유형을 바탕으로 구성되며, 이를 혼합하여 수업을 설계하는 것이 바로 혼합형 순환 수업 모형이다. 먼저 '거꾸로 수업(Flipped Classroom)'은 학생이 집에서 온라인 콘텐츠를 활용해 기본 개념을 먼저 학습하고, 학교에서는 프로젝트 활동이나 협업 활동 등을 중심으로 심화 학습을 수행하는 방식이다. 이 방식은 자기주도성과 수업 참여도를 높이는 데 효과적이다. 다

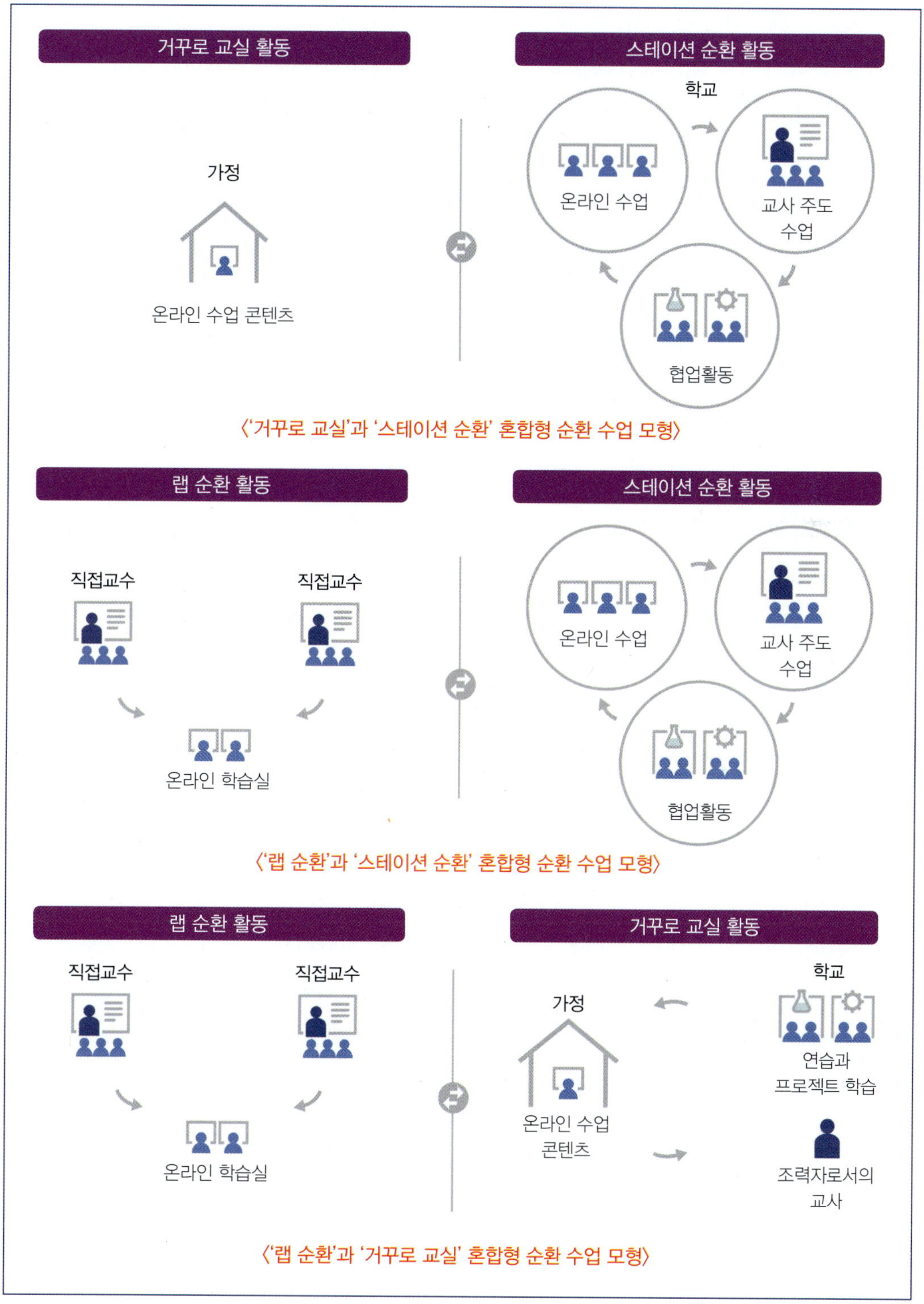

[그림 5-5] 블렌디드 러닝 기반 혼합형 순환 수업 모형

출처: 김일영(2022).

음으로 '스테이션 순환 수업(Station Rotation)'은 한 수업 시간 안에서 교사 주도 수업, 소그룹 활동, 온라인 학습 등 다양한 활동을 일정한 순서에 따라 반복하며 순환하는 수업 방식이다. 다양한 교수·학습 전략이 한 차시 내에 조화롭게 통합되기 때문에 학생들의 집중도와 몰입도를 높일 수 있다. 반면, '랩 기반 수업(Lab Rotation)'은 학생들이 일정 시간 동안 컴퓨터실 등 전용 온라인 학습 공간에서 개별 학습을 수행한 후, 교실로 돌아와 교사의 직접 지도를 받는 구조다. 이 방식은 개별 피드백이 용이하고, 학습자 수준에 따른 학습 경로 설계가 가능하다는 장점을 지닌다(김일영, 2022).

이러한 세 가지 순환 수업 유형은 하나의 방식만으로 운영하기보다는 수업 목표나 학습자의 특성에 따라 혼합형으로 설계될 수 있으며, 이처럼 다양한 요소를 결합한 수업 설계가 '혼합형 순환 수업 모형'이라 불린다. 예를 들어, 거꾸로 교실과 스테이션 순환을 혼합한 순환 수업의 경우 가정에서는 온라인 영상을 통해 개념을 선행 학습하고, 학교에서는 교사의 설명과 협업 중심 활동, 실습 등을 순차적으로 경험하게 하는 수업으로 운영할 수 있다. 이러한 구조는 유연하게 설계가 가능하며, 수업 목표나 학생의 요구에 따라 활동 순서를 조정하거나 스테이션의 구성 비율을 달리할 수 있다. 따라서 교사의 계획력과 수업 운영 역량, 학습 환경의 지원이 효과적인 운영을 위한 핵심 요소로 작용한다.

특수교육에서는 이 모형을 보다 학생 중심으로 변형하여 적용할 수 있다. 예를 들어, 가정에서는 음성 안내가 포함된 쉬운 영상 자료나 읽기 자료로 기초 개념을 익히고, 교실에서는 보조공학 도구나 시각 자료를 활용해 반복 활동이나 실습을 구성할 수 있다. 소그룹 활동은 또래 간 사회적 상호작용을 유도하며, 교사 주도의 직접 지도는 실시간 피드백을 통해 학습자의 이해도를 파악하고 필요한 지원을 제공할 수 있는 기회를 마련한다.

랩 기반 수업과 스테이션 순환 수업을 결합할 경우, 컴퓨터실 등에서 온라인 콘텐츠를 개별적으로 학습한 뒤, 교실에서는 교사의 지도 아래 협업 활동이나 실습 중심 수업을 이어가는 방식으로 구성할 수 있다. 이를 통해 기초 개념 학습과 응용 활동, 온라인과 오프라인 활동이 균형을 이루는 수업 구조가 가능하다. 이러한 설계는 지식의 습득과 적용이 분리되지 않고 자연스럽게 이어질 수 있는 학습 환경을 만든다.

랩 순환과 거꾸로 교실 혼합형 순환 수업 모델의 경우, 학생이 가정에서 온라인 콘텐츠로 개념이나 배경지식을 선행 학습한 뒤 학교에서는 컴퓨터실 등 전용 공간에서 개별 또는 협업 중심의 심화 학습이나 프로젝트 활동을 이어갈 수 있다. 교사는 가정 학습용 자료 제작과 학교 활동 안내자의 역할을 하고, 학생은 온라인과 오프라인 활동을 유기적으로 순환하며 자기주도성과 협업능력을 함께 기른다. 이 모델은 시간표 조정이나 공간 활용 등 학교 차원의 계획적 운영이 필요하며, 다양한 교과 통합 프로젝트에도 적용 가능하다.

혼합형 순환 수업 모형이 가진 장점은 다음과 같다. 첫째, 다양한 활동의 조합을 통해 학생의 흥미와 참여를 유도하고, 학습자 중심 수업을 구현할 수 있다. 둘째, 교사는 전체 수업 흐름을 주도하면서도 학생에게 자율성과 선택의 기회를 제공하는 유연한 운영이 가능하다. 셋째, 개별화와 소그룹 활동이 공존하여 다양한 수준의 학습자가 각자의 속도에 맞춰 학습할 수 있다. 반면, 온라인 콘텐츠의 질이 수업 효과에 큰 영향을 줄 수 있으며, 각 활동의 순환을 원활히 구성하려면 학급 내 인적 · 물적 자원의 확보가 중요하다. 특히 랩 기반 수업을 포함할 경우, 시간표 조정과 전용 학습 공간 확보가 함께 이루어져야 한다.

혼합형 순환 수업 모형의 예로 특수학급에서 '나의 감정 표현'을 주제로 거꾸로 수업과 스테이션 순환 수업을 혼합하여 구성할 수 있다. 학생들은 가정에서 간단한 동영상 자료를 통해 감정 단어와 표현 방법을 먼저 익히고, 교실에서는 교사의 지도 아래 그림카드를 활용한 감정 표현 활동, 친구들과의 역할극 활동, 학습 앱을 활용한 감정 단어 맞추기 활동 등을 순차적으로 경험한다. 이처럼 다양한 활동이 순환되면서 학생들은 자신감을 얻고, 자연스럽게 표현력과 사회성을 함께 기를 수 있다.

블렌디드 러닝 기반의 혼합형 순환 수업 모형은 특수교육뿐만 아니라 일반 교육 현장에서도 폭넓게 활용될 수 있는 교수전략이다. 기존의 교실 수업을 보다 유연하고 학생 참여 중심으로 전환하고자 할 때, 이 모형은 교사와 학생 모두에게 보다 풍부한 학습 경험을 제공할 수 있으며, 자율성과 협업, 개별화와 피드백이 유기적으로 연결된 수업 환경을 구현하는 데 효과적인 대안이 될 수 있을 것이다.

6) GATe 프레임워크 모형

GATe 프레임워크(Generative AI based Teaching and Learning Framework) 모형은 인공지능(AI)과 디지털 도구를 활용하여 교수학습을 설계하고 실행하며 평가까지 이끄는 체계적인 수업 설계 방식이다(박선아 외, 2024). 이 프레임워크는 특히 생성형 AI와 같은 최신 기술을 교육 현장에 통합하고자 할 때, 학습자 중심의 참여와 몰입을 이끌어내기 위한 실질적인 설계 방향을 제시해 준다. 일반적인 교수설계와 달리 수업의 시작부터 끝까지 디지털 기술이 유기적으로 작동하며, 각 단계는 서로 연결되고 반복적으로 환류될 수 있도록 구성되어 있다.

가장 먼저 이루어지는 수업 기획 단계에서는 교육과정과 학습자의 특성, 수업 환경의 조건을 분석한다. 특수교육 수업의 경우에는 학생들의 인지적, 정서적 특성은 물론 감각적 보

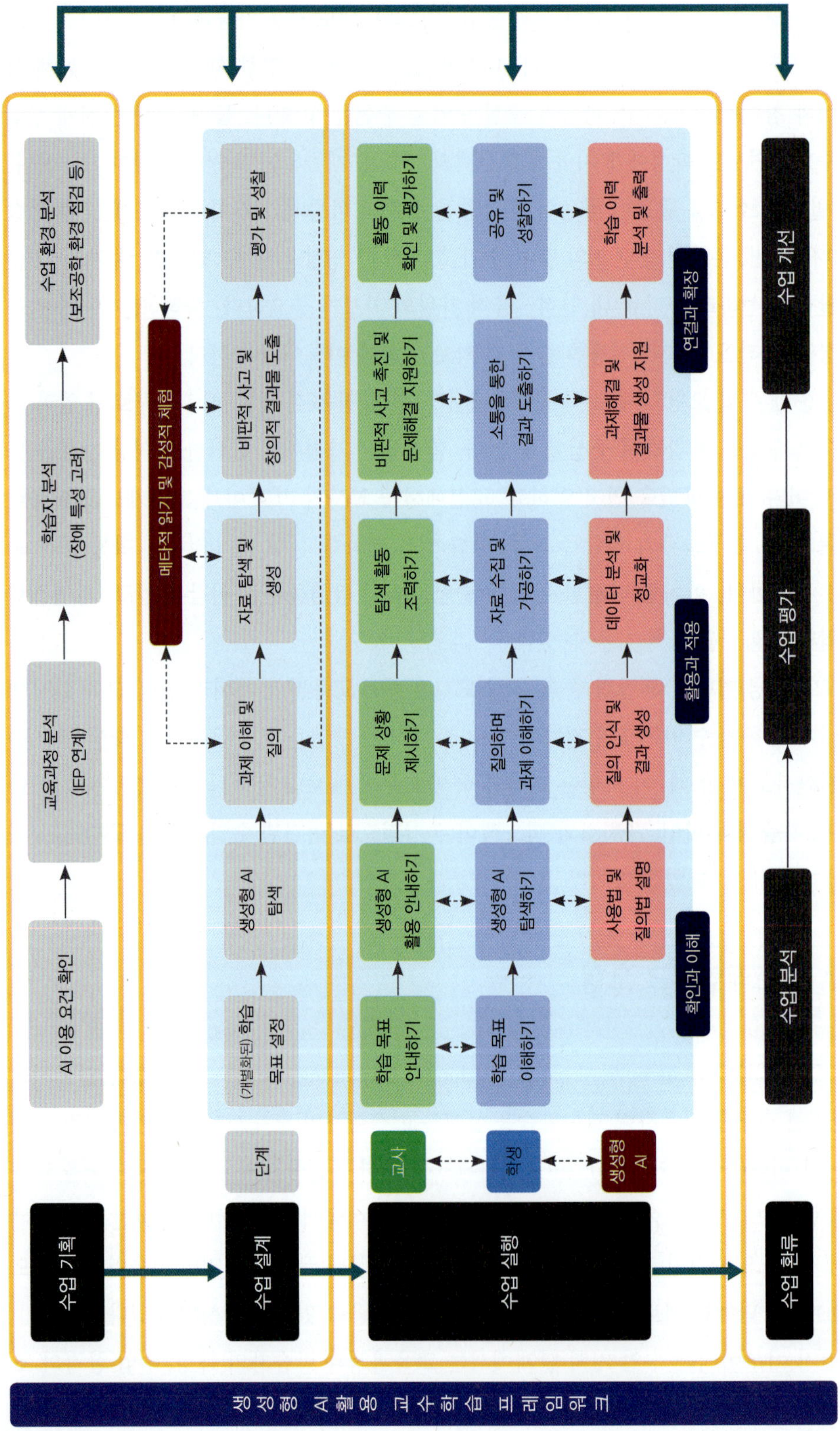

[그림 5-6] GATe 프레임워크 모형 기반 특수교육 수업 설계도

조가 필요한지, 보조공학 기기를 사용할 수 있는지 등을 함께 고려하게 된다. 또한 어떤 AI 기술이나 디지털 도구를 수업에 적용할 수 있을지를 판단하고, 이를 바탕으로 학습 목표를 설정한다.

수업 설계 단계에서는 설정된 목표에 따라 활동 내용과 평가 방식을 구체화하며, 적절한 디지털 기술을 선택하여 수업 흐름을 구조화한다. 예를 들어, 학습자의 몰입을 위해 VR이나 AR 기술을 적용하거나, AI 튜터링 기능을 통해 개인 맞춤형 학습 자료를 제공하는 방식이 활용될 수 있다. 이 과정에서 중요한 것은 활동이 학생의 수준에 맞도록 조정되어야 한다는 점이며, 평가 또한 정답 중심이 아닌 과정 중심, 피드백 중심으로 설계될 수 있다.

설계가 완료되면 수업 실행 단계로 이어진다. 이 단계에서는 학생이 자기 주도적으로 학습에 참여하거나 소그룹 활동을 통해 협력적으로 문제를 해결하도록 구성된다. 교사는 수업 목표와 도구의 사용법을 학생에게 명확히 안내하고, 학습 과정에서 필요한 경우 시각 자료나 음성 안내 등 접근성 지원을 함께 제공한다. AI 기반 플랫폼은 학습자의 반응을 실시간으로 분석하여 개별 피드백을 제공할 수 있으며, 이를 통해 학생은 자신의 학습 상태를 즉시 확인하고 조정할 수 있게 된다.

마지막으로 수업 환류 단계에서는 수업 중에 수집된 데이터를 기반으로 학습 성과를 분석하고, 수업의 적절성이나 학생의 이해 수준을 평가한다. 만약 학생들이 특정 개념에서 어려움을 보였다면, 그 부분은 추가 활동이나 대체 자료를 통해 보완되며 다음 수업으로 자연스럽게 연결된다. 이러한 순환 구조는 교사에게는 수업을 점진적으로 개선할 수 있는 근거를 제공하고, 학생에게는 연속적인 학습 경험을 제공한다.

GATe 프레임워크 모형의 가장 큰 강점은 학습자의 반응을 기반으로 수업을 조정하고 발전시킬 수 있다는 점이다. 특히 특수교육 수업에서는 개별화된 지원이 필수적인데, 이 모형은 AI 도구를 활용하여 각 학생에게 적절한 난이도의 학습 과제를 제공하고, 실시간 피드백을 통해 학습을 이어갈 수 있도록 도와준다. 또한 수업 전반에 걸쳐 디지털 기술이 단순히 자료 제시 도구가 아닌, 수업의 흐름과 내용 설계에 실질적인 영향을 주는 수단으로 작동한다는 점도 큰 특징이다.

한편, 이 모형을 실제 수업에 적용할 때는 교사가 AI 도구나 디지털 플랫폼에 익숙해야 하며, 학습자 데이터의 윤리적 활용에 대한 고려도 필요하다. 또한 학교의 디지털 인프라 수준에 따라 실행 가능성이 달라질 수 있다는 점도 사전에 검토되어야 한다. 예를 들어, 특수학급에서 '우리 동네 안전지도 만들기' 활동을 구성할 경우, GATe 프레임워크 모형을 기반으로 수업을 기획할 수 있다. 수업 시작 전에는 학생의 지도 이해 능력과 디지털 도구 활용 수준을 파악하여 목표를 설정하고, 이후 사진 앱이나 음성 녹음 도구를 포함한 활동을 설계한다. 수업 시간에는 각자 촬영한 사진을 활용해 위험 요소를 분석하고 발표하며, 마지막에는 활동 결과를 평가하고 부족한 점을 보완하는 방식으로 수업이 마무리될 수 있다.

이처럼 GATe 프레임워크는 특수교육을 포함한 다양한 교육 현장에서 학습자의 수준과 필요에 맞춘 수업을 설계할 수 있도록 도와주며, 디지털 기술을 적극적으로 활용한 미래형 교수설계의 방향을 제시해 주는 실천적인 도구가 될 수 있다.

3. 디지털교육을 활용한 수업 설계

특수학교 중학교 2학년 수학 수업에서 성취기준 '[9수학01-02] 일, 십, 백의 자릿값을 알고, 세 자리 수를 읽고 쓴다.'를 중심으로 ADDIE 모형, TPACK 모형, PATROL 교수·학습 모형에 따라 디지털교육을 활용한 수업 설계의 예는 다음과 같다.

1) ADDIE 모형을 적용한 특수교육 기본 교육과정 수학과 수업 설계

ADDIE 모형은 교수·학습 설계를 체계적으로 접근할 수 있는 대표적인 설계 틀로 분석(Analysis), 설계(Design), 개발(Development), 실행(Implementation), 평가(Evaluation)의 다섯 단계로 구성된다. 각 단계는 서로 유기적으로 연결되며 반복 가능한 구조로 설계되어 학습자의 특성과 개별화된 지원이 중요한 특수교육 환경에 효과적으로 활용될 수 있다(Branch, 2009).

첫 번째 단계인 분석 단계에서는 학생들의 자릿값 개념에 대한 이해 수준을 파악하기 위해 Kahoot, Wordwall, 설문지를 활용한 진단평가를 실시한다. 특수학교 학생의 경우 다양한 인지적·신체적 특성이 있으므로 교사의 관찰, 보조교사 인터뷰, 보호자 면담 등의 방법을 통해 학습자의 상태를 다각도로 분석하는 것이 필요하다. 이때 '디지털 기기 활용 경험, 숫자 인식 능력, 수 조작 능력, 주의 집중 시간, 감각 민감도' 등 다양한 요소를 종합적으로 파악하고, 개별화 교육계획(IEP)과의 연계 여부도 함께 고려한다.

설계 단계에서는 수업의 목표를 '세 자리 수를 정확하게 읽고 쓴다.'로 설정하고 시각적, 청각적, 조작 중심의 활동을 포함한 수업 흐름을 계획한다. 예를 들어 '숫자 듣기 → 자릿값 블록 조작 → 숫자 말하기 → 수의 크기 비교하기'의 순서로 활동을 구성하며 시각적 구조화와 예측 가능한 일과 제공을 통해 학생의 수업 몰입도를 높인다. 자릿값은 색상으로 구분(백=파랑, 십=노랑, 일=초록)하고, 시각 타이머나 픽토그램을 활용하여 다양한 장애 유형에 맞는 시각적 안내를 제공한다. 또한, 감각 민감도가 높은 학생을 위한 청각 자극 조절 및 반복 기능 포함 여부도 설계 시 고려한다.

개발 단계에서는 수업에 사용할 실제 자료를 제작하고 필요한 앱이나 도구를 선정한다. 시각 자료는 한쇼(Hancom Office HanShow)나 캔바(Canva) 등을 활용해 제작하고, 숫자 개념 학습에는 '123 Numbers', 'Number Kids', '핑크퐁 123' 등 한국어를 지원하는 아동용 앱을 활용한다. 퀴즈 활동은 띵커벨, 퀴즈앤 등을 통해 구성하고 수직선 개념 학습은 터치형 PPT로 보완할 수 있다. 보조공학이 필요한 학생을 위해 TTS(Text-To-Speech), 음성 입력, 확대 텍스트, 고대비 모드 등 접근성 기능을 함께 구성한다.

실행 단계에서는 수업이 실제로 운영되며, 교사와 보조 인력이 협력하여 학습자의 이해 수준에 따라 실물 교구와 디지털 도구를 적절히 병행하여 제공한다. 자릿값 블록 활동은 터치나 스위치 조작 등 학습자의 신체 능력에 따라 조정되며, 말하기 활동에는 음성 피드백 앱을 활용하여 학생이 말한 수를 인식하고 시각적으로 확인할 수 있게 한다. 숫자 카드 배열 활동은 수의 순서와 상대적 크기 개념을 익히는 데 도움이 되며, 모든 활동은 학생의 반응 속도, 감각 반응, 집중 시간 등을 고려해 개별화하여 제공되어야 한다.

마지막 평가 단계에서는 수업 중 진행한 퀴즈, 블록 조작, 말하기 활동 등을 통해 형성평가를 실시하고, Google Form이나 Wordwall을 통해 총괄평가를 진행한다. 특수교육에서는 정답률과 함께 과제 참여 여부, 시도 횟수, 활동 지속 시간 등을 루브릭 형태로 구성하여 정량적 평가 외에 정성적 관찰 평가의 근거로 삼을 수도 있다. 결과는 사진, 음성 녹음, 활동 영상 등 다양한 형태로 기록되며 학생별 개별 피드백을 바탕으로 다음 수업을 조정하는 데 활용된다.

ADDIE 모형은 수업의 전 과정을 계획하고 조정하는 데 매우 유용한 틀을 제공하며, 특수교육 대상 학생의 다양한 특성을 고려한 수업 설계와 실행에 적합하다. 디지털 도구와 보조공학 기술이 유기적으로 결합될 때, 학생의 참여와 몰입이 증대되고, 이해와 표현이 보다 효과적으로 이루어질 수 있다. 교사는 각 단계에서 학습자의 수준과 장애 유형에 맞는 도구와 방법을 선택하여 수업을 구성해야 하며 학생 개개인의 '참여 경험'과 감각적 반응을 학습의 중심에 두는 것이 중요하다.

2) TPACK 모형을 적용한 특수교육 기본 교육과정 수학과 수업 설계

세 자릿수에서 자릿값과 위치에 따라 숫자의 크기가 달라진다는 개념은 단순히 수를 읽고 쓰는 것을 넘어서, 학생이 숫자의 구조를 직접 만들고 이해하는 경험을 갖는 것이 중요하다. 이를 위해 TPACK(기술–교수–내용 지식) 모형을 활용하면, 교사가 수업을 설계할 때 세 가지 요소인 '기술' '교수' '내용'을 통합적으로 고려해 학생 맞춤형 수업을 구성할 수 있다(이다희, 황우형, 2018b).

먼저 기술적 요소(Technology)는 수업을 흥미롭고 효과적으로 만드는 데 도움이 된다. 예를 들어, '123 Numbers' 'Number Kids' '핑크퐁 123' 등의 앱은 색과 소리, 움직임을 통해 숫자 개념을 자연스럽게 익힐 수 있게 해 준다. 또 'Clova Note' 'Google 음성입력' 기능은 학생이 말한 숫자를 자동으로 텍스트로 변환하여 말하기와 쓰기 활동을 연결시켜 준다. 복습이나 점검을 위한 도구로는 'Math Quizzes'나 '네이버 폼 퀴즈' 같은 퀴즈 앱이 효과적이다. 이러한 도구들은 학생의 이해 정도를 실시간으로 파악하고 개별 피드백을 제공하는 데도 활용될 수 있다.

다음으로 교수법(Pedagogy) 측면에서는, 학생의 수준에 맞춘 단계적 수업 구성이 중요하다. 예를 들어, '숫자 듣기 → 자릿값 블록 조작 → 숫자 말하기 또는 쓰기 → 수직선에 위치 표시하기'와 같은 흐름으로 수업을 구성할 수 있다. 이때 시각자료, 음성 안내, 색깔 구분 등을 함께 제공하여 다양한 감각을 활용한 활동이 이뤄지도록 한다. 또한 학생에 따라 활동의 난이도와 진행 속도를 조절하며, 쉬운 반복 활동부터 도전적인 문제 해결 활동까지 유연하게 조절할 수 있도록 계획하는 것이 중요하다.

마지막으로 내용(Content) 부분에서는 '세 자리 수는 백, 십, 일 자릿값으로 구성된다.'는 기본 개념을 중심으로 수업을 설계한다. 학생은 자릿값에 따라 숫자의 구성과 크기가 어떻게 달라지는지를 배우게 된다. 교사는 이를 위해 색으로 구분된 숫자 카드나 블록, 수직선 시각자료 등을 활용하여 학생이 직접 구성해 보는 활동을 제시한다. 예를 들어, 교사가 '325'라는 수를 제시하면, 학생은 블록을 이용해 백의 자리 3개, 십의 자리 2개, 일의 자리 5개를 구성하고 숫자를 말하거나 써보게 된다.

이러한 수업은 교사의 일방적 설명이 아니라, 학생이 직접 구성하고 표현하며 피드백을 받는 활동 중심의 수업이다. 특히 음성 인식 앱을 활용하여 학생이 말한 숫자가 화면에 시각적으로 제시되는 기능은 학습 정확성과 성취감을 높이는 데 효과적이다. 수업 마지막에는 학생이 말한 숫자, 블록 조작 활동, 퀴즈 결과 등을 바탕으로 평가를 실시하며, 단순히 정답 여부만이 아니라 학생의 이해 과정과 참여 정도도 함께 고려해야 한다.

TPACK 기반 수업은 기술, 교수법, 내용을 유기적으로 통합하는 것이 핵심이다. 기술은 흥미를 높이고, 교수법은 학생의 학습 참여를 유도하며, 내용은 다양한 방식으로 이해하고 표현할 수 있도록 제공된다. 이렇게 구성된 수업은 학생이 수학을 '외워서 푸는 것'이 아니라, '직접 느끼고 표현하면서 이해하는 활동'으로 경험하게 만들어 준다.

3) PATROL 모형을 적용한 특수교육 기본 교육과정 수학과 수업 설계

세 자리 수의 자릿값과 숫자의 위치에 따라 수의 크기가 달라지는 원리를 이해하고, 이를 읽고 쓸 수 있는 능력을 기르기 위해 PATROL 교수 · 학습 모형을 적용하면 학습자의 수준과 특성에 맞게 수업을 유연하게 구성할 수 있다. PATROL은 계획(Planning), 실행(Action), 추적(Tracking), 추천(Recommending), 요청(Ordering), 안내(Leading)의 여섯 단계로 이루어져 있으며, 학생이 흥미를 느끼고 생각을 넓히며 자신 있게 표현하고 배운 내용을 실제 생활 속에서 활용할 수 있도록 자연스럽게 이어지는 구조로 설계되어 있다.

계획(Planning) 단계에서는 학생이 알고 있는 내용을 자연스럽게 떠올릴 수 있도록 일상생활과 관련된 상황을 활용한다. 예를 들어, 마트에서 325원을 계산할 때 어떤 동전이 필요한지에 대해 이야기하면서 숫자와 관련된 경험을 떠올릴 수 있도록 유도한다. 짧은 동영상이나 시각 자료를 함께 제시하면 학생의 이해를 도울 수 있다.

실행(Action) 단계에서는 시각, 청각 등 다양한 감각 자극을 통해 학습에 몰입할 수 있도록 구성한다. 예를 들어, 123 Numbers, 핑크퐁 123 등의 앱을 활용해 자릿값을 색상과 애니메이션으로 표현하고, 학생이 말한 숫자를 앱이 인식해 화면에 표시하는 기능을 활용하면 흥미와 몰입을 높일 수 있다.

추적(Tracking) 단계에서는 학생이 자릿값에 따라 수가 어떻게 달라지는지를 조작과 탐색을 통해 직접 경험하게 한다. 블록이나 색 카드를 활용해 숫자를 구성하거나, 디지털 슬라이드, 전자칠판, 온라인 화이트보드 등을 통해 학생이 수를 조작하고 시각화하며 사고를 확장할 수 있도록 지원한다.

추천(Recommending) 단계에서는 교사가 학생의 수행을 관찰한 뒤, 학생이 더 나은 표현이나 사고를 할 수 있도록 제안한다. 예를 들어, 학생이 만든 숫자를 보고 더 큰 수를 만들 수 있는 방법이나, 자릿값을 바꾸었을 때 생기는 수의 변화에 대해 이야기하도록 유도한다.

요청(Ordering) 단계에서는 학생이 배운 내용을 말하거나 행동으로 표현해 볼 수 있도록 유도한다. 교사가 숫자를 제시하면 학생은 블록을 이용해 구성하고, Clova Note 등 음성 인식 앱을 통해 자신의 발화를 화면으로 확인하며 즉각적인 피드백을 받을 수 있다.

안내(Leading) 단계에서는 학습한 개념을 정리하고, 실생활과 연결하여 적용해 본다. 카드 배열, 수직선 활동, 간단한 퀴즈를 통해 학습 내용을 정리하고, 띵커벨이나 Math Quizzes 앱으로 자기 점검을 진행한다. 이후 용돈 계산, 가격표 읽기, 숫자 스티커 붙이기 등의 실생활 활동으로 확장하여 배운 내용을 자연스럽게 활용할 수 있도록 한다.

PATROL 모형은 이처럼 여섯 단계가 유기적으로 연결되어 있으며, 학생의 참여와 사고 과정을 중심에 두고 설계되는 것이 특징이다. 특히 디지털 도구는 수업 참여를 높이고, 학생의 발달 특성과 학습 수준에 맞는 다양한 피드백과 표현 기회를 제공한다.

PATROL 교수·학습 모형은 세 자리 수의 자릿값 개념을 단계별 활동을 통해 학생이 직접 경험하고 표현하며, 일상생활 속에서 자연스럽게 활용할 수 있도록 돕는 수업 구조를 가지고 있다. 특히 특수교육 환경에서는 디지털 도구를 활용하면 학생의 흥미를 끌고, 각자의 수준에 맞는 맞춤형 지원을 제공하는 데 도움이 된다.

4) ADDIE, TPACK, PATROL 수업설계 모형 비교

세 자릿수의 자릿값과 숫자의 위치에 따라 수의 크기가 달라지는 원리를 이해하고, 이를 정확하게 읽고 쓸 수 있도록 지도하기 위해 다양한 교수·학습 설계 모형을 활용할 수 있다. ADDIE, TPACK, PATROL 세 가지 설계 모형은 각각 다른 방식과 교육적 관점을 바탕으로 하며, 수업을 어떻게 구성하고 운영할 것인지에 대해 서로 다른 특징을 가지고 있다.

ADDIE 모형은 수업을 분석, 설계, 개발, 실행, 평가의 다섯 단계로 나누어 체계적으로 준비하고 운영할 수 있도록 도와주는 틀이다. 이 모형은 수업을 시작하기 전 학습자의 수준이나 배경, 환경 등을 먼저 꼼꼼히 분석하고, 그에 따라 목표를 세운 뒤 수업 활동과 평가를 일관성 있게 설계하도록 안내한다. 특히 특수교육 환경에서는 학습자의 개인차를 반영해 단계별로 맞춤형 수업을 구성하고 다양한 방식으로 평가할 수 있어 유용하다. 다만 이 모형은 교사가 수업 전체를 주도하기 때문에 학생의 자율성과 창의적인 표현을 이끌어 내는 데는 다소 한계가 있을 수 있다.

TPACK 모형은 수업을 구성할 때 교사가 고려해야 할 세 가지 요소인 기술, 교수법, 내용을 통합적으로 바라보는 것이 핵심이다. 예를 들어, 자릿값 개념을 가르칠 때, 수학 내용을 효과적으로 전달할 수 있는 교수 전략과 함께, 학습자의 참여를 높이기 위한 디지털 도구까지 함께 고려하여 수업을 설계한다. 숫자 블록이나 색깔 카드, 음성 인식 앱 등을 활용해 수의 구조를 시각적 · 청각적으로 확인하도록 구성하면 학생이 더 쉽게 개념을 이해할 수 있다. TPACK 모형은 특히 다양한 도구를 잘 활용할 수 있도록 교사의 전문성을 강화하는 데에도 도움이 된다.

PATROL 모형은 계획, 실행, 추적, 추천, 요청, 안내의 여섯 단계를 중심으로 수업을 구성하며, 학습자가 스스로 탐색하고 생각하며 표현하는 과정을 강조한다. 자릿값 개념처럼 직접 손으로 만들고 말하면서 익히는 수업에서는 특히 효과적인 구조다. 이 모형에서는 디지털 도구가 정보 전달 도구라기보다는 학습자의 참여와 표현을 도와주는 보조 수단으로 쓰이며, 학습자가 수업의 중심이 되어 자기 방식대로 배우고 표현할 수 있도록 이끈다.

이처럼 같은 성취기준을 바탕으로 수업을 설계하더라도, ADDIE, TPACK, PATROL 모형은 수업의 구성 방식이나 중심 활동이 서로 다르다. ADDIE는 수업 전체의 흐름과 구조를 설계하는 데 강점을 가지며, TPACK은 내용과 교수 전략, 기술이 균형을 이루도록 통합적으로 구성하는 데 적합하다. PATROL은 학생이 수업의 주체가 되어 탐색하고 표현하고 적용할 수 있도록 돕는 데 초점을 둔다.

따라서 교사는 이 세 가지 모형의 장단점을 이해하고, 수업 목표와 학습자의 특성에 따라 적절한 모형을 선택하거나 융합해 적용하는 유연한 사고가 필요하다. 이를 통해 더 효과적이고 학생 중심적인 수업 설계가 가능해진다.

표 5-1 ADDIE, TPACK, PATROL 모형의 교수 · 학습 설계 요소 비교

구분	ADDIE 모형	TPACK 모형	PATROL 모형
설계 특징	체계적이고 순차적인 수업 개발 절차	기술 · 교수 · 내용의 통합적 설계	학습자 중심, 문제 해결 · 표현 중심 활동 설계
핵심 구성 요소	분석 → 설계 → 개발 → 실행 → 평가	기술(Technology)+교수(Pedagogy)+내용(Content)	계획 → 실행 → 추적 → 추천 → 요청 → 안내
교사 역할	설계 및 전 과정 주도, 평가 중심	통합적 설계자이자 조정자	학습자 사고와 표현을 유도하는 촉진자
학습자 역할	자료 수용자, 평가 참여자	교수 요소와 기술을 활용하는 참여자	사고하고 표현하며 문제를 해결하는 주체
기술 활용 목적	콘텐츠 제작, 학습 평가 도구	수업 맥락에 맞는 기술 통합	학습자의 표현과 참여를 지원하는 보조 수단
적합한 수업 맥락	수업 전반을 처음부터 끝까지 계획할 때	수업 구성 요소를 기술과 통합할 필요가 있을 때	탐색적 활동, 창의적 표현, 자기주도 학습 강조 시

출처: 허난(2015), 차성욱(2024), 이다희, 황우형(2018a), 정영식(2016)을 참고하여 재구성.

활동하기

1. AI와 디지털 기술이 교육에 미치는 영향을 살펴보고, 디지털 도구가 수업에 긍정적인 영향을 주었던 사례나 어려움을 느꼈던 경험을 공유해 보세요.
2. ADDIE 모형에 따라 설계된 실제 수업의 각 단계(분석 · 설계 · 개발 · 실행 · 평가) 중 가장 중요하다고 생각하는 단계와 그 이유를 토론해 보세요.
3. 특수교육 대상 학생을 위한 '세 자릿수' 수업을 자신이 선택한 교수설계 모형의 단계에 따라 수업 목표, 활동, 평가 방법을 포함해 설계하고, 모둠별로 설계안을 공유하며 서로 피드백을 나눠 보세요.

Part 02

디지털교육을 활용한 교과 수업의 실제

제 6 장 국어

개요

이 장은 디지털교육을 활용한 국어과 역량을 함양하기 위해 교육과정적 기초와 적용 방안을 탐색하는 데 목적이 있다. 이를 위해 이 장에서는 2022 특수교육 기본 교육과정 국어에서의 디지털교육 내용을 살펴보고 실제 적용한 사례와 활용 방법을 탐색한다. 이 장의 학습을 통하여 향후 장애 학생을 위한 국어 교육에서 디지털교육 역량을 함양하게 된다.

1. 국어 교육의 기초

국어과는 국어를 의사소통과 사고의 도구로 활용하여, 학생이 자아를 인식하고 타인과 교류하며 세계를 이해하도록 돕는 교과이다. 국어과는 학생의 국어 사용 능력과 의사소통 역량을 기르고, 다양한 상황과 환경에서 자기주도적인 국어 생활을 할 수 있도록 지원한다. 이를 위해 '듣기 · 말하기' '읽기' '쓰기'의 세 영역으로 구성되며, 상황과 목적에 맞는 국어 사용, 다양한 매체와 도구의 활용, 창의적 사고와 표현, 국어문화를 향유하는 역량을 함께 함양한다.

국어과에서 인공지능(AI)과 디지털교육은 의사소통 역량을 중심으로 학생들이 다양한 매체와 디지털 도구를 활용하여 효과적으로 소통하고 정보를 이해하며 표현할 수 있는 능력을 기르는 데 중점을 둔다. 인공지능과 디지털교육의 활용은 디지털 도구와 매체 자료를 활용하여 학습 경험을 풍부하게 한다. 학생들은 컴퓨터, 태블릿, 스마트폰과 같은 기기를 사용해 다양한 텍스트를 읽고 쓰며 멀티미디어 자료(영상, 이미지, 음성 등)를 통해 내용을 이해하고 표현할 수 있다. 예를 들어, 보완대체의사소통 기기나 화면 읽기 프로그램을 활용하면 장애 학생들도 디지털 환경에서 국어 학습에 참여할 수 있다. 이를 통해 학생들은 디지털 기기를 활용한 정보 탐색, 자료 분석, 창의적 표현의 기회를 가지게 된다.

또한 디지털 매체를 활용한 국어과 수업은 학생들의 의사소통 능력을 확장한다. 학생들은 이메일, 채팅, 영상통화 등 다양한 디지털 플랫폼을 활용하여 타인과 소통하고 협력하는 방법을 배운다. 디지털 기반의 의사소통 활동은 학생들에게 실생활에서 필요한 언어 사용 능력을 향상시키며 이를 통해 학생들은 변화하는 사회적 맥락에 적응한다. 더불어, 국어과에서 디지털교육의 활용을 통해 디지털 윤리와 정보 활용 능력을 자연스럽게 익히게 된다. 학생들은 디지털 매체에서 신뢰할 수 있는 정보를 선별하고 매체 자료를 비판적으로 분석하며, 디지털 환경에서 언어 예절과 책임감을 가지고 소통하는 방법을 배운다. 이를 통해 학생들은 디지털 환경에서의 올바른 의사소통 문화를 향유할 수 있게 된다.

결론적으로, 국어과는 디지털교육과의 연계를 통해 학생들이 디지털 시대에 필요한 의사소통 역량과 정보 활용 능력을 기르고 이를 바탕으로 자기주도적이며 협력적인 학습자로 성장할 수 있도록 돕는다. 이는 학생들이 디지털 환경에서 질 높은 삶을 영위하며 미래 사회의 주체로서 역할을 할 수 있도록 하는 중요한 기반이 된다.

2022 특수교육 기본 교육과정 국어에서는 디지털교육에 대해 교수·학습 방법과 평가에서 제시하고 있다. 원격수업 상황에서의 교수·학습의 방향과 방법, 평가의 방향이나 방법을 말하며 학생의 학습 양식을 고려하여 다양한 디지털 기기 및 자료의 활용 방안을 모색하고 과정 중심 평가가 이루어질 것을 제시한다. 2022 특수교육 기본 교육과정 국어과에서 디지털교육 관련 내용은 〈표 6-1〉과 같다.

표 6-1 2022 특수교육 기본 교육과정 국어에서 디지털교육 관련 내용

1. 교수·학습 방법

(1) 교수·학습의 방향

(가) 국어과 목표와 성취기준을 고려하여 학생이 '의사소통 역량, 자기관리 역량, 공동체·대인 관계 역량, 디지털·미디어 역량, 창의적 사고 역량, 문화향유 역량'을 기를 수 있도록 교수·학습을 계획하고 운용한다.

(아) 디지털교육 환경 및 미래 디지털 환경에서의 의사소통 맥락을 고려하여 온오프라인 수업을 적절하게 활용하고, 의사소통에 필요한 다양한 디지털 도구를 활용할 수 있도록 교수·학습을 계획하고 운용한다.

(자) 학생이 미래 사회에 성공적으로 적응하고 자기주도적인 국어 생활을 하며, 질 높은 삶을 살아가는 데 필요한 언어 소양과 디지털 소양을 함양할 수 있도록 교수 · 학습을 계획하고 운용한다.

(2) 교수 · 학습 방법

(라) 읽기에 어려움이 있는 학생을 지도할 때는 수업의 목표에 따라 읽기 자료를 잘 활용할 수 있도록 환경을 조정해 주거나 다양한 보조공학 기기를 제공하고, 전자저작물과 교재는 화면 읽기 프로그램이나 화면 넘기기 기능이 있는 프로그램을 활용하여 학생이 읽기 활동에 참여하게 함으로써 학습 목표를 성취하게 한다.

(마) 신체 · 운동의 제한으로 인해 쓰기에 어려움을 겪는 학생은 보완대체의사소통 기기와 컴퓨터 등 대체 입력 방법을 활용할 수 있도록 지도한다.

(하) 온오프라인 연계 수업, 원격수업 시에는 국어과의 효과적인 학습을 위해 디지털 기반의 의사소통 도구를 적극적으로 활용한다.

2. 국어 교과의 디지털교육 실제

1) 쓰기 영역

(1) 교육과정 및 학습자 분석

국어과 쓰기 영역에서 '문장이 찾아왔어요' 단원의 문장을 작성하는 법에 대해 알아본다. 이와 관련된 성취기준은 특수교육 기본 교육과정에서는 [4국어02-04], [4국어02-03], [6국어01-02], [9국어03-01], [12국어03-02]와 공통 교육과정에서는 [2국05-03], [4국03-05], [6국03-06], [6국03-04]와 연계하여 교육과정을 재구성할 수 있다. 교육과정 재구성을 위한 구체적인 내용은 〈표 6-2〉에 제시하였다.

도현이는 교사의 시범을 보고 채팅형 AI 기능을 스스로 사용할 수 있으므로 프롬프트 등을 미리 제공하지 않고 시행착오를 거치며 스스로 동화를 작성할 수 있도록 지도한다. 시우는 태블릿 사용 시 자신이 좋아하는 영상 보기 등에 집착하는 모습을 보이므로 태블릿 제공 전 미리 태블릿 사용 규칙을 상기시키고 원격 제어 프로그램을 사용하거나 화면 공유 등을 이용해 다른 앱을 사용하지 못하도록 관리하는 조치를 한다. 마지막으로 지유는 주의 집중이 어렵고 지체장애로 인해 글자 입력에 오류가 발생할 수 있으므로 프롬프트와 단어카드 등을 활용하여 AI 동화를 작성한다. 또한 프롬프트나 단어카드의 내용에 따라 다른 결과물이 산출되는 것을 느낄 수 있도록 지도한다.

표 6-2 주제에 맞는 글쓰기의 교육과정 및 학습자 분석

단원	문장이 찾아왔어요		제재	문장에 주인 표현하기
성취기준	기본	[4국어02-04] 그림책, 환경 인쇄물, 책 등 다양한 읽을거리에 관심을 가진다. [4국어02-03] 상징, 글자, 그림 단서를 활용하여 인물과 장면을 파악한다. [6국어01-02] 모습과 행동을 단어나 문장으로 표현한다. [9국어03-03] 문장의 기본 구조를 알고 문장을 쓴다. [9국어03-04] 쓰기에 자신감을 가지고 단어나 문장으로 쓰려는 태도를 기른다. [12국어03-02] 주제와 내용이 자연스럽게 연결되는 짧은 글을 쓴다.		
	공통	[2국05-03] 작품 속 인물의 모습, 행동, 마음을 상상하여 시, 노래, 이야기, 그림 등으로 표현한다. [4국03-05] 자신의 쓰기 과정을 점검하며 쓰기에 자신감을 갖는다. [6국03-06] 쓰기에 적극적으로 참여하며 자신의 글을 독자와 공유하는 태도를 지닌다. [6국03-04] 독자와 매체를 고려하여 내용을 생성하고 표현하며 글을 쓴다.		
학습자 장애유형	도현(지적장애), 시우(자폐성장애), 지유(중도중복장애: 지적 · 지체장애)			

(2) 교수 · 학습과정안 설계 및 개발

국어과 쓰기 영역에서 문장 만들기 단원의 주제에 맞는 글쓰기에 대한 학습 단계에 따른 교수 · 학습과정안의 설계와 구체적인 자료 개발은 〈표 6-3〉과 같다.

표 6-3 주제에 맞는 글쓰기 교수 · 학습과정안

학습단계	교수 · 학습 활동	자료
도입	• 동기유발 –좋아하는 책 이야기하기/교사의 예시 자료 보기 • 학습목표 확인하기 제시된 주제에 맞는 그림책을 만든다.	• 토도 한글 도서관, 영상 그림책 등 활용, 교사가 사전에 제작한 AI 동화책 활용

전개	• 〈활동 1〉 주제에 맞는 동화책 내용 글쓰기 –작성에 어려움이 있거나 힌트가 필요할 경우 AI앱의 질문 활용 • 〈활동 2〉 AI앱을 이용한 삽화 만들기 –삽화에 대한 설명을 바꿔가며 그림을 수정하기 • 〈활동 3〉 캔바, 구글 슬라이드 등을 이용하여 동화책 완성하고 발표하기 –발화에 어려움이 있는 경우 화면 읽기 프로그램 등을 사용하여 발표하기	• AI 활용 능력이 좋은 학생은 개요, 주인공 특징 등을 적을 수 있는 학습 안내지를 제공 • 태블릿PC • 뤼튼AI • 구글 슬라이드 • 클로바 더빙
정리	• 학습 내용 정리하기 –동화책의 내용을 요약해 보고 주제와 관련 있는지 토의하고 자료 저장하기	• 다했어요, 패들렛, 구글 클래스룸 등

(3) 디지털교육 실행 및 평가

도입 단계에서는 다양한 디지털 도서를 예시로 제시하거나, 교사가 직접 만든 동화책을 음성 더빙과 함께 제공하여 흥미를 유발한다. 예를 들어, 클로바 더빙의 다양한 음성을 이용하여 동화를 소개할 수 있다. 또한 인공지능을 활용한 동화책 제작 과정을 PPT나 동영상을 활용하여 안내한다.

〈활동 1〉에서는 주도적으로 AI를 활용할 수 있는 도현이의 경우, 처음에는 주제나 교훈을 정하지 않고 다양한 방식으로 최대한 많은 아이디어가 나오도록 독려한다. 다른 학생들의 경우에는 결과물의 완성도와 학생의 만족도에 따라 동화의 주제나 주인공의 설정 등에 대한 힌트와 프롬프트 예시를 제공한다. 이를 통해 학생들이 단계적으로 동화를 완성해 갈 수 있도록 지도한다. 글쓰기에 대한 이해가 충분한 학생에게는 학습 안내지 등을 통해 자세한 설정을 첨가할 수 있도록 추가적인 힌트를 제공한다.

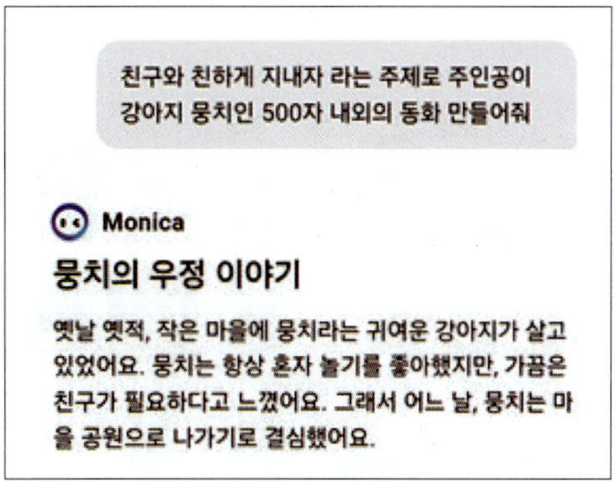

[그림 6-1] AI를 활용한 동화 작성

처음 생성형 AI를 활용하여 글쓰기를 할 때는 동화, 소설, 에세이 등 글의 형식과 함께 핵심 주제 및 분량을 간단히 정한 뒤 시

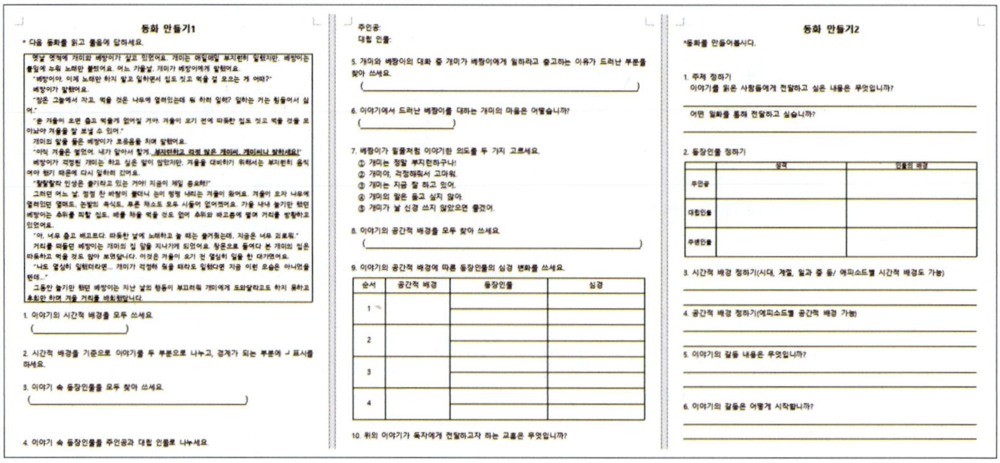

동화 만들기1

* 다음 동화를 읽고 물음에 답하세요.

옛날 옛적에 개미와 베짱이가 살고 있었어요. 개미는 매일매일 부지런히 일했지만, 베짱이는 풀잎에 누워 노래만 불렀어요. 어느 가을날, 개미가 베짱이에게 말했어요.
"베짱이야, 이제 노래만 하지 말고 일하면서 집도 짓고 먹을 걸 모으는 게 어때?"
베짱이가 말했어요.
"잠은 그늘에서 자고, 먹을 것은 나무에 열려있는데 뭐 하러 일해? 일하는 거는 힘들어서 싫어."
"곧 겨울이 오면 춥고 먹을게 없어질 거야. 겨울이 오기 전에 따뜻한 집도 짓고 먹을 것을 모아놔야 겨울을 잘 보낼 수 있어."
개미의 말을 들은 베짱이가 코웃음을 치며 말했어요.
"아직 겨울은 멀었어. 내가 알아서 할게. 부지런하고 걱정 많은 개미씨, 개미씨나 잘하세요!"
베짱이가 걱정된 개미는 하고 싶은 말이 많았지만, 겨울을 대비하기 위해서는 부지런히 움직여야 했기 때문에 다시 일하러 갔어요.
"팔랄랄라 인생은 즐기라고 있는 거야! 지금이 제일 중요해!"
그러던 어느 날, 점점 찬 바람이 불더니 눈이 펑펑 내리는 겨울이 왔어요. 겨울이 오자 나무에 열려있던 열매도, 논밭의 곡식도, 푸른 채소도 모두 시들어 없어졌어요. 가을 내내 놀기만 했던 베짱이는 추위를 피할 집도, 배를 채울 먹을 것도 없어 추위와 배고픔에 떨며 거리를 방황하고 있었어요.
"아, 너무 춥고 배고프다. 따뜻한 날에 노래하고 놀 때는 즐거웠는데, 지금은 너무 괴로워."
거리를 떠돌던 베짱이는 개미의 집 앞을 지나가게 되었어요. 창문으로 들여다 본 개미의 집은 따뜻하고 먹을 것도 많아 보였답니다. 이것은 겨울이 오기 전 열심히 일을 한 대가였어요.
"나도 열심히 일했더라면... 개미가 걱정해 줬을 때라도 일했다면 지금 이런 모습은 아니었을 텐데..."
그동안 놀기만 했던 베짱이는 지난 날의 행동이 부끄러워 개미에게 도와달라고도 하지 못하고 후회만 하며 겨울 거리를 배회했답니다.

1. 이야기의 시간적 배경을 모두 쓰세요.
( )

2. 시간적 배경을 기준으로 이야기를 두 부분으로 나누고, 경계가 되는 부분에 ⌟ 표시를 하세요.

3. 이야기 속 등장인물을 모두 찾아 쓰세요.
( )

4. 이야기 속 등장인물을 주인공과 대립 인물로 나누세요.

주인공:
대립 인물:

5. 개미와 베짱이의 대화 중 개미가 베짱이에게 일하라고 충고하는 이유가 드러난 부분을 찾아 쓰세요.
( )

6. 이야기에서 드러난 베짱이를 대하는 개미의 마음은 어떻습니까?
( )

7. 베짱이가 밑줄처럼 이야기한 의도를 두 가지 고르세요.
① 개미는 정말 부지런하구나!
② 개미야, 걱정해줘서 고마워.
③ 개미는 지금 잘 하고 있어.
④ 개미의 말은 듣고 싶지 않아.
⑤ 개미가 날 신경 쓰지 않았으면 좋겠어.

8. 이야기의 공간적 배경을 모두 찾아 쓰세요.
( )

9. 이야기의 공간적 배경에 따른 등장인물의 심경 변화를 쓰세요.

순서	공간적 배경	등장인물	심경
1			
2			
3			
4			

10. 위의 이야기가 독자에게 전달하고자 하는 교훈은 무엇입니까?

동화 만들기2

*동화를 만들어봅시다.

1. 주제 정하기
이야기를 읽은 사람들에게 전달하고 싶은 내용은 무엇입니까?

어떤 일화를 통해 전달하고 싶습니까?

2. 등장인물 정하기

	성격	인물의 배경
주인공		
대립인물		
주변인물		

3. 시간적 배경 정하기(시대, 계절, 일과 중 등/ 에피소드별 시간적 배경도 가능)

4. 공간적 배경 정하기(에피소드별 공간적 배경 가능)

5. 이야기의 갈등 내용은 무엇입니까?

6. 이야기의 갈등은 어떻게 시작합니까?

[그림 6-2] 동화 작성하기 활동 안내지

작하는 것이 좋다. 원하는 글을 완성하기 위해 다양한 질문을 주고받으며, 내용과 문장을 수정하도록 지도한다.

AI 도구는 자연어 능력에 큰 영향을 받으므로 학생의 수준별 목표를 정하고 이에 맞는 프롬프트를 제공하는 것이 좋다. 자연어 능력이 충분한 학생에게는 등장인물과 특징, 기승전결, 교훈 등을 적을 수 있는 빈칸 형태의 학습 안내지를 제공하는 것도 효과적이다.

〈활동 2〉 삽화 만들기 활동에서는 다양한 동화책 삽화 예시를 제공하고, 뤼튼 AI의 템플릿을 활용하여 삽화를 만들어 보도록 지도한다. 학생들이 단어 카드를 활용하여 뤼튼 이미지 기능으로 여러 사진을 제작한 후 스스로 만족스러운 사진을 선택할 수 있도록 안내한다.

학생들이 원활하게 삽화를 생성하려면 이미지 생성형 AI 도구에 대한 사전 교육이 필요하다. 또한 문장으로 이미지를 생성하는 데 어려움이 있는 학생들을 위해 다양한 프롬프트를 학습 안내지 형태로 제공하면 참여도를 높일 수 있다.

[그림 6-3] AI를 활용한 이미지 생성

〈활동 3〉에서는 만들었던 삽화와 동화책 내용을 여러 가지 프레젠테이션 도구를 이용하여 동화책을 디자인하도록 한다. 시중에 판매되는 동화책의 삽화, 문장 배치를 미리 템플릿으로 제공할 수도 있으며 도현이의 경우 가능한 자율적으로 이미지를 생성할 수 있도록 격려해 준다. 지유는 스스로 정확한 위치에 배치하는 것을 어려울 수 있으므로 미리 삽화의 배치 위치를 설정한 후 번호로 선택할 수 있도록 지도한다.

수업 정리 단계에서는 먼저 학생 스스로 주제를 파악할 수 있도록 지도한 뒤 냅킨 AI, 삼성노트 AI 기능 등을 활용하여 주제를 요약하고 자신이 요약한 내용과 비교하며 토의할 수 있도록 지도한다.

2) 읽기 영역

(1) 교육과정 및 학습자 분석

국어과 읽기 영역에서는 '문장의 의미를 파악해요' 단원의 '문장의 주요 단어 파악하기'에 대해 알아본다. 이와 관련된 성취기준은 특수교육 기본 교육과정에서는 [4국어02-04], [9국어01-01], [12국어02-02]와 공통 교육과정에서는 [4국02-02], [6국02-01]과 연계하여 교육과정을 재구성할 수 있다. 교육과정 재구성을 위한 구체적인 내용은 〈표 6-4〉에 제시하였다.

이번 활동은 시각적으로 정보를 받아들이는 것을 선호하는 자폐성장애 학생과, 집중력이 낮은 학생들에게 문장의 의미를 한눈에 알기 쉽게 요약하는 방법을 교수하는 것을 주요 목적으로 한다. 그러므로 시우(자폐성장애)와 집중력에 어려움이 있는 도현이에게 효과적인 활동이 될 것으로 기대된다. 지유(중도중복장애: 지적 · 지체장애)의 경우에는 필기와 타이핑 등에 어려움이 있어 많은 내용의 글쓰기에 어려움을 겪을 수 있으므로, 주요 내용과 간단한 문답을 통해 생성형 AI를 활용한 글쓰기를 진행한 후 세부 내용을 수정하는 방식으로 충분한 내용의 글쓰기를 체험할 수 있다. AI를 활용하면 간단한 조작으로 다양한 도식을 생성할

표 6-4 글을 읽고 내용 파악하기의 교육과정 및 학습자 분석

단원		문장의 의미를 파악해요	제재	문장의 주요 단어 파악하기
성취기준	기본	[4국어02-04] 그림책, 환경 인쇄물, 책 등 다양한 읽을거리에 관심을 가진다. [9국어02-02] 문장의 의미를 파악하여 주요 내용을 확인한다. [12국어02-02] 글의 중심 내용을 파악하고 대강의 내용을 간추린다.		
	공통	[4국02-02] 문단과 글에서 중심 생각을 파악하고 내용을 간추린다. [6국02-01] 글의 구조를 고려하며 주제나 주장을 파악하고 글 내용을 요약한다.		
학습자 장애유형		도현(지적장애), 시우(자폐성장애), 지유(중도중복장애: 지적 · 지체장애)		

수 있으므로, 다양한 도식 생성을 독려한다. 그리고 만든 도식을 비교하는 활동을 통해 더 효과적인 도식 표현을 찾아볼 수 있도록 지도한다.

(2) 교수 · 학습과정안 설계 및 개발

국어과 읽기 영역에서 이야기 간추리기 단원의 글을 읽고 내용 파악하기에 대한 학습 단계에 따른 교수 · 학습과정안의 설계와 구체적인 자료 개발은 〈표 6-5〉와 같다.

표 6-5 글을 읽고 내용 파악하기에 대한 교수 · 학습과정안

학습단계	교수 · 학습 활동	자료
도입	• 동기유발 –지난 차시에서 작성한 동화책 읽기 • 학습목표 확인하기 책을 읽고 도표나 문장을 이용하여 요약한다.	• 학생이 제작한 AI 동화책 활용, 음성 더빙 등을 활용하여 흥미 유발
전개	• 〈활동 1〉 친구의 동화책 내용 요약하기 –친구의 동화책을 읽고 주요 내용 요약하기 –채팅형 AI 도구를 이용하여 주요 내용 요약하기 • 〈활동 2〉 요약한 내용을 도표로 만들기 –Napkin.ai 사이트에서 내용과 어울리는 도표로 변환하기 • 〈활동 3〉 요약한 내용 발표하기 –발화에 어려움이 있는 경우 화면 읽기 프로그램 등을 사용하여 발표하기	• Napkin.ai를 활용할 때 내용과 어울리는 도표를 사용할 수 있도록 피드백 • 냅킨 AI • 채팅형 AI앱
정리	• 학습 내용 정리하기 –요약한 자료를 보고 동화책의 주제와 교훈에 대해 이야기 나누기 –발표 영상 공유하기	• 다했어요, 패들렛, 구글 클래스룸 등

(3) 디지털교육 실행 및 평가

도입에서는 이전 차시에 학생들이 제작했던 동화를 이용하면 흥미 유발과 수업 참여도 향상에 도움이 될 것으로 예상된다.

〈활동 1〉의 요약하기 활동에서는 먼저 그래픽 도식을 생성하기 이전에 채팅형 AI 도구 혹은 삼성노트의 AI 기능을 이용하여 문장의 주요 내용을 글로 요약해 보도록 한다. 문장 단위

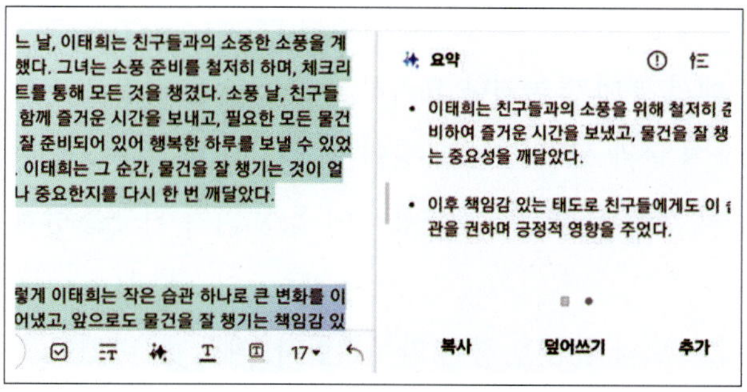

[그림 6-4] AI 요약하기 기능

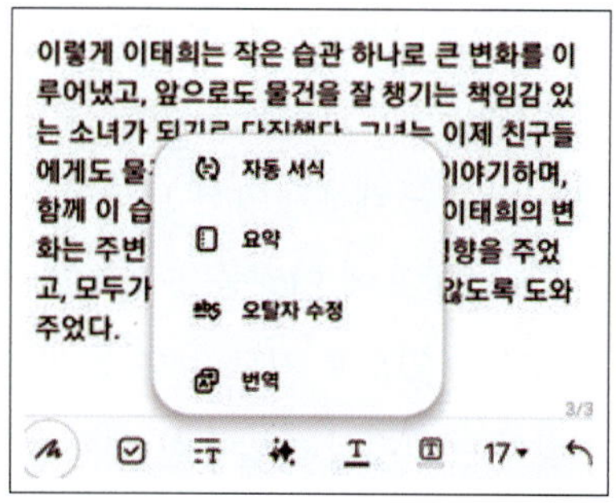

[그림 6-5] 삼성노트 AI 기능

로 발화가 가능한 도현이의 경우 자신이 요약한 내용과 AI를 활용해 생성된 요약을 비교해 보고 스스로 점검하여 피드백하고 수정할 수 있도록 지도한다. 자폐성장애 학생인 시우의 경우 시각적인 자료를 사용할 내용의 이해가 더 수월할 가능성이 높으므로 그래픽 도식으로 내용을 요약하는 과정을 통해 글의 내용을 이해하는 활동에 흥미를 가질 수 있다.

〈활동 2〉 냅킨 AI를 이용한 요약하기 활동에서는 내용별로 효과적인 도식 유형을 설명하기에 앞서 다양한 방식으로 표현해 볼 수 있는 기회를 충분히 제공한다. 이후, 학생들이 각자 만든 도식을 비교해 보며 가장 효과적인 도식 표현 방식을 스스로 탐색할 수 있도록 지도한다. 냅킨 AI는 커서만 가져다 대도 도식이 바뀌기 때문에, 주의 집중이 어려운 도현이나 터치를 통한 선택에 어려움을 겪는 지유에게는 도식 생성 과정에서의 오류에 민감하게 반응하지 않고, 다양한 표현 시도를 격려하는 것이 중요하다.

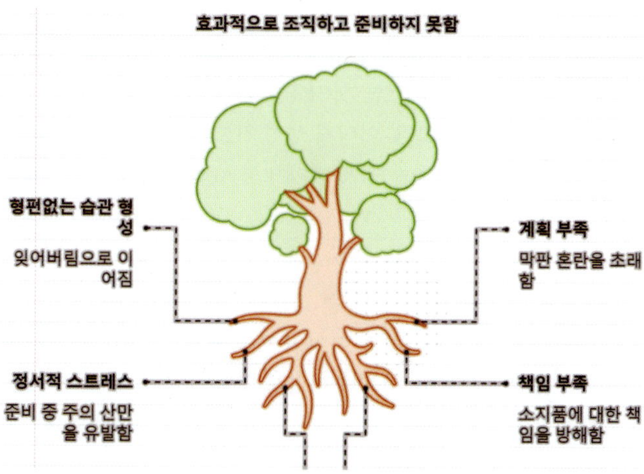

[그림 6-6] 냅킨 AI를 활용한 그래픽 도식

〈활동 3〉 마지막 발표 활동에서는, 요약한 내용을 바탕으로 자신의 글 또는 친구의 글의 주요 내용을 발표하도록 한다. 이 과정에서 흥미가 높거나 요약하기 활동을 잘 따라오는 학생의 경우 프레젠테이션 도구를 이용하여 글과 도식을 함께 넣어 발표 자료를 만들도록 할 수 있다. 발표에 어려움을 느끼는 학생의 경우 삼성노트를 이용하여 음성 읽기 기능을 통해 발표할 수 있도록 지도할 수 있다.

정리 단계에서는 발표한 내용을 토대로 토의 활동을 하며 마무리한다. 패들렛, 다했어요, 구글 클래스룸 등 활동 자료를 공유할 수 있는 플랫폼을 활용하여 토의 활동을 진행할 경우 익명으로 의견을 남길 수 있도록 하여 토의 활동에 적극적으로 참여하지 못하는 학생의 참여를 유도할 수 있다. 또한 앱을 이용한 메모 및 요약을 해석 없이 그대로 따라 쓰지 않도록 자신이 요약한 내용과 비교할 수 있도록 지도할 필요가 있다. AI 요약은 잘못된 요약과 정보를 제공할 수 있으므로 결과물을 스스로 해석할 수 있도록 지도해야 한다. AI 결과물에서 오류를 발견한 경우, 이를 자신의 요약 능력과 읽기 능력에 대한 자신감을 높이는 계기로 삼을 수 있도록 유도한다.

3. 국어 교과의 디지털교육 활용

국어에서 디지털교육을 활용할 수 있는 교육자료를 제시하면 〈표 6-6〉과 같다.

표 6-6 국어 교과의 디지털교육 활용 사례

명칭	소개	성취기준
뤼튼AI	무료로 사용할 수 있는 챗GPT 기반 AI서비스로 채팅형 AI 및 이미지 생성 기능 등을 한 앱에서 사용할 수 있어 채팅형 AI 입문에 효과적인 앱	[9국어01-01] 상대방의 이야기를 듣고 주요 내용을 파악한다. [12국어03-02] 주제와 내용이 자연스럽게 연결되는 짧은 글을 쓴다.
삼성노트	삼성 태블릿, 핸드폰 등 기본적으로 설치되어 있는 앱으로 수업 중 키보드, 손글씨, 사진 등을 활용하여 수업 내용을 쉽게 메모할 수 있으며, 버전에 따라 AI 기능으로 요약, 문단 정리, 오탈자 확인 등의 기능을 사용할 수 있음.	[9국어02-02] 문장의 의미를 파악하여 주요 내용을 확인한다. [12국어02-02] 글의 중심 내용을 파악하고 대강의 내용을 간추린다.

클로바노트	네이버에서 제공하는 음성 입력 노트 앱. 브레인스토밍, 회의 내용 등을 손쉽게 문자로 변환할 수 있다. 토의 수업에서 자동으로 발화자를 구분하여 내용을 문자로 변환하고, 중요한 내용을 AI로 요약하는 기능이 포함되어 있음.	[9국어02-02] 문장의 의미를 파악하여 주요 내용을 확인한다. [12국어02-02] 글의 중심 내용을 파악하고 대강의 내용을 간추린다.
Napkin.AI	https://app.napkin.ai/ 활용도 높은 메모 앱으로, AI기반 스케치, 메모 등의 기능 외에도 AI를 사용하여 내용을 그래픽으로 표현하는 기능이 있음.	[9국어02-02] 문장의 의미를 파악하여 주요 내용을 확인한다. [9국어03-02] 기록의 필요성을 알고 일상생활에 필요한 내용과 정보를 메모한다. [12국어02-02] 글의 중심 내용을 파악하고 대강의 내용을 간추린다.
클로바 더빙	https://clovadubbing.naver.com/ 네이버에서 제공하는 텍스트-음성 변환 서비스로 다양한 목소리 제공은 물론 목소리의 높낮이 속도 등 세밀한 조정이 가능하여 듣기자료 제작, 수업 콘텐츠 제작에 사용할 수 있는 서비스	[9국어02-01] 단어의 의미 관계를 이해하고 의미 관계에 알맞게 띄어 읽는다. [12국어02-01] 글의 느낌과 분위기를 살려 유창하게 읽는다.
Padlet	https://padlet.com/ 자료 수합 및 공동 작업을 할 수 있는 협업 플랫폼으로 브레인스토밍, 발표 자료의 공유 및 소통 등 다양한 방식으로 활용할 수 있는 플랫폼	[9국어02-05] 글을 읽고 글에 대한 느낌과 경험을 다른 사람과 나눈다. [12국어01-03] 생각을 주고받으며 대화를 나눈다.
투닝	https://tooning.io/ 교사는 무료로 사용할 수 있는 웹툰 제작 플랫폼으로 학생들이 흥미롭게 접근할 수 있는 수업 자료 제작이 가능하며, 학생들의 글쓰기 및 표현력 향상에도 도움이되는 플랫폼. 학생들이 흥미롭게 자신만의 이야기를 웹툰으로 표현할 수 있으며, 캐릭터 템플릿 및 AI로 글을 웹툰으로 만들 수 있는 기능 등을 포함하고 있음.	[12국어01-05] 다양한 매체와 매체 자료를 활용하여 의사소통한다.

1) 뤼튼 AI

뤼튼 AI는 생성형 AI 기술을 기반으로 한 채팅형 콘텐츠 작성 도구로 학생들의 창의적인 글쓰기와 아이디어 발상 등에 효과적인 AI 도구이다. 챗GPT를 기반으로 한 채팅형 인공지능 기능과 AI 이미지 만들기 등을 무료로 사용할 수 있으며, 간단한 인터페이스로 채팅형 AI를 입문하는 학생들이 유용하게 사용할 수 있다.

채팅형 AI 앱을 사용할 때 주의해야 할 점으로는 AI를 활용해 얻은 정보는 정확하지 않은 정보가 섞여 있을 수 있다는 것을 사전에 교육하고 다른 검색 도구, 책 등을 통해 정보를 교차 검증할 수 있는 방법을 교육해야 한다는 것이다. 채팅형 AI를 활용한 수업 전에는 AI가 문장에 어떻게 반응하는지 유심히 관찰할 수 있도록 교육하고 자신이 원하는 답변을 얻기 위한 '프롬프트'를 스스로 찾아갈 수 있도록 지도한다.

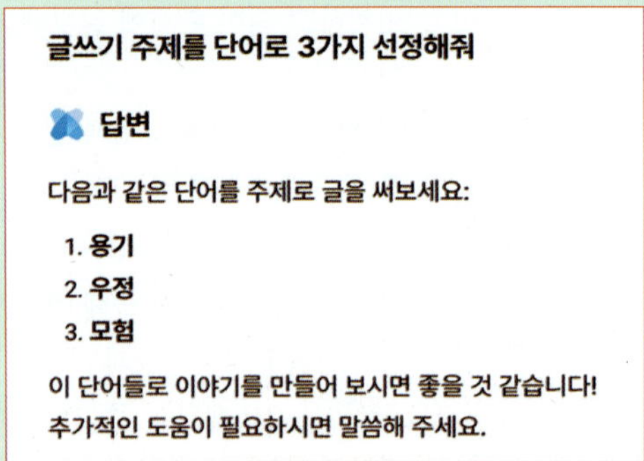

① 주제 선정 브레인스토밍 활용

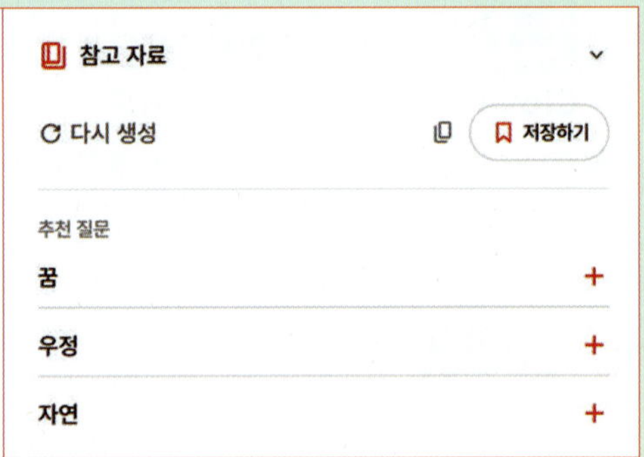

② 추천 질문을 통한 내용 확장

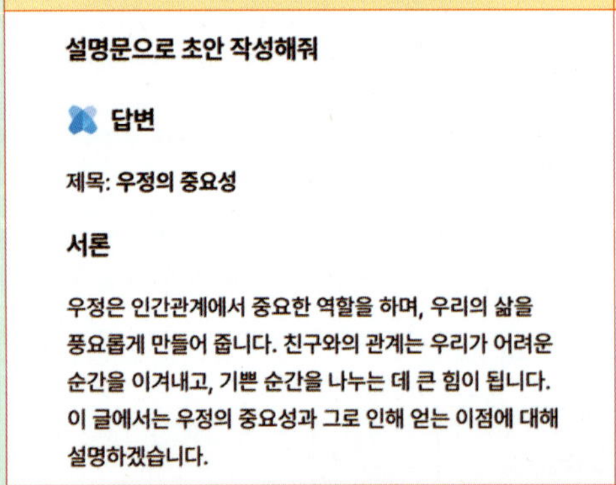

③ 초안 작성하기

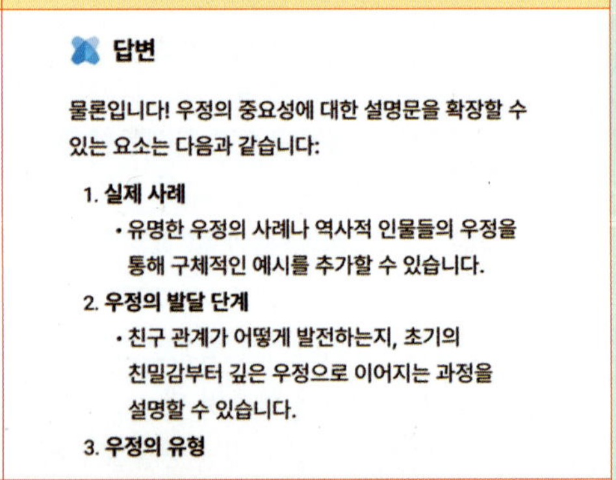

④ 수정 보완 자료 찾아보기

뤼튼AI를 활용한 국어 수업을 위해 먼저 앱에 접속하여 여러 가지 단어 단위의 주제를 입력한다. 뤼튼 AI가 해당 주제와 관련된 다양한 글감 아이디어를 제시하면 학생은 그중 마음에 드는 소재를 선택한다. 선택한 글감을 바탕으로 뤼튼 AI가 자동으로 생성한 글의 구조를 참고하여 자신의 글을 구성해 본다. 글을 작성한 후에는 문장 수정 및 첨삭 기능을 활용하여 글의 흐름이 자연스럽게 연결되도록 다듬는다. 이후 친구들과 서로의 글을 공유하고 피드백을 주고받으며, 필요에 따라 다시 수정하거나 보완하여 최종 글을 완성한다.

2) 삼성노트

삼성노트 앱은 삼성전자가 제공하는 메모 및 필기 앱으로 스마트폰 외에도 태블릿 PC 등 삼성 디바이스에 기본 탑재되어 있다. 타이핑 외에도 손글씨 입력, 음성 입력, 이미지 삽입 등 다양한 기능을 지원하고 버전에 따라 AI를 활용한 요약 등 학생들이 수업 중 메모하기에 적합한 기능을 무료로 사용할 수 있다.

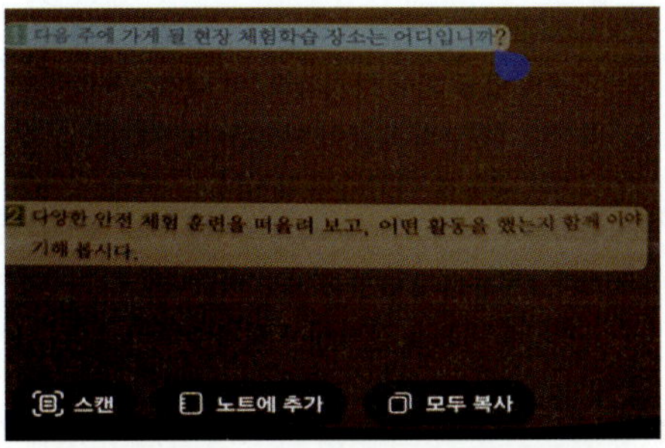

① 스캔 기능을 활용해 내용 입력하기

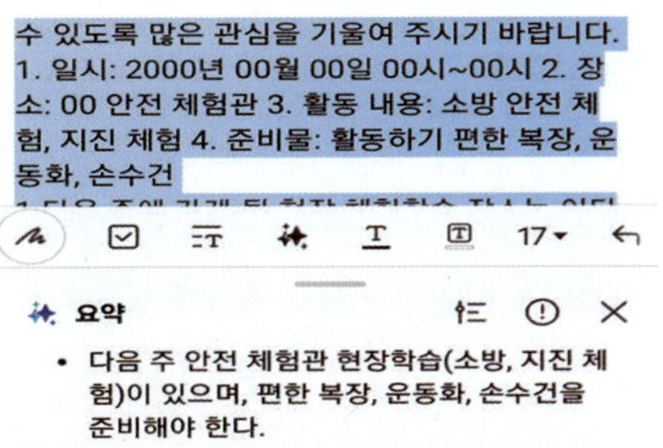

② 요약하기 기능 사용하기

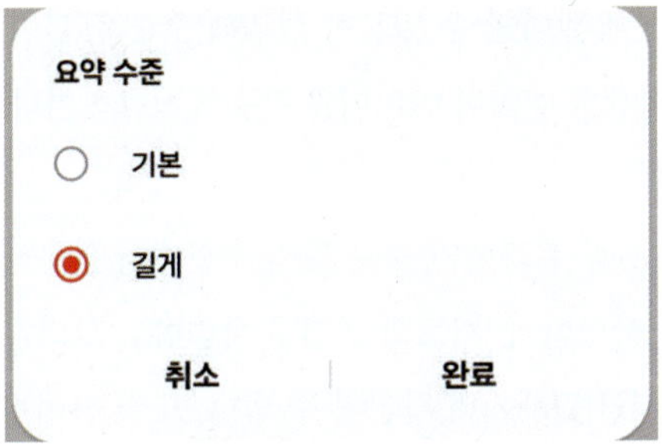

③ 요약하기 기능 수정하기

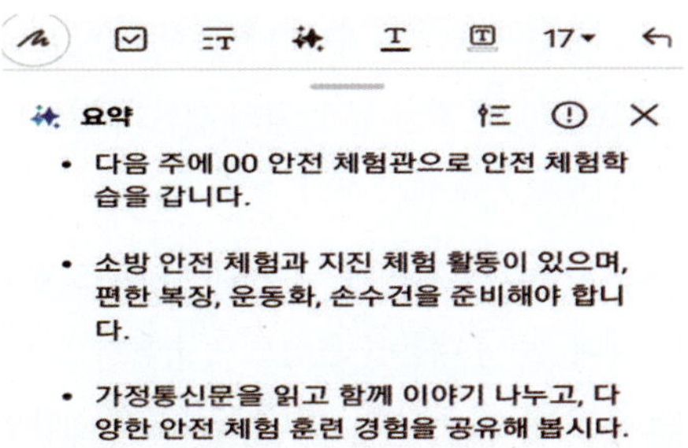

④ 요약한 내용 확인 및 토의

삼성노트를 사용할 때 주의할 점은 음성인식 타이핑 기능을 사용할 때 다른 학생의 말소리나 주변 소음이 들어가 정확한 내용이 입력되지 않을 수 있다는 것이다. 그래서 조용한 환경에서 사용해야 하므로 학생들이 동시에 사용하지 않도록 지도할 필요가 있다. 또한 삼성 외의 다른 브랜드 태블릿을 혼용하여 사용하는 경우 자료 공유에 어려움이 있을 수 있으므로 사용에 주의가 필요하다.

삼성노트를 활용한 국어 수업을 위해 먼저 교과서나 학습 자료의 글을 삼성노트에 복사하거나 직접 필기한다. 텍스트가 입력된 상태에서 삼성노트의 AI 요약 기능을 실행하면 글의 주요 내용을 자동으로 요약해 준다. 학생은 AI가 제시한 요약 내용을 확인하고 핵심 내용이 잘 반영되었는지 비교한다. 필요한 경우 직접 핵심어를 추가하거나 중요 문장을 표시해 보며 글의 중심 내용을 재정리한다. 이후 요약된 내용을 바탕으로 글의 주제와 목적 핵심 정보를 정리하고 친구들과 비교하여 보완한다.

3) 클로바노트

클로바노트는 삼성노트를 호환성 문제 등으로 사용하기 어려운 경우 대체로 사용할 수 있는 노트 앱이다. 문자 혹은 손글씨로 입력하는 다른 노트 앱과는 다르게 클로바노트는 음성인식을 통한 메모 기능에 특화되어 있는 앱으로 브레인스토밍이나 토의 활동에 효과적으로 활용할 수 있다.

클로바노트는 AI 기능을 활용해 발화자를 구분하여 내용을 입력하기 때문에 여러 학생이 동시에 발화하는 상황에서도 높은 정확도를 보이는 장점이 있다. 하지만 비슷한 목소리나 같은 성별의 학생이 동시에 이야기하는 경우 오류가 있을 수 있으므로 토의 상황에서 발화의 순서를 정하고 규칙을 지켜 토의할 수 있도록 지도하면 좋다. AI 요약의 경우 높은 정확도와 단락별 요약 등의 기능을 지원하여 수업 내용, 토의 내용을 한눈에 알아볼 수 있도록 정리해 주는 장점이 있다. 무료 사용의 경우 월 15회의 제한이 있으므로 학생별 네이버 아이디를 활용해 사용하거나 유료 버전으로 사용해야 한다.

클로바노트를 국어과 수업에 활용하는 방법 중 가장 효과적인 것은 토의 수업에서 활용하는 방법이다. 토의 내용을 음성으로 녹음하여 노트를 작성한 후 서로의 의견을 확인하고 요약하는 활동을 통해 대화로 나누었던 의사소통 내용을 다시금 되새기며 확인할 수 있다. 또한 타이핑이 어려운 지체장애 학생의 경우 필기도구 대신 활용하여 복습할 수 있는 메모 자료를 만드는 용도로 사용할 수 있다.

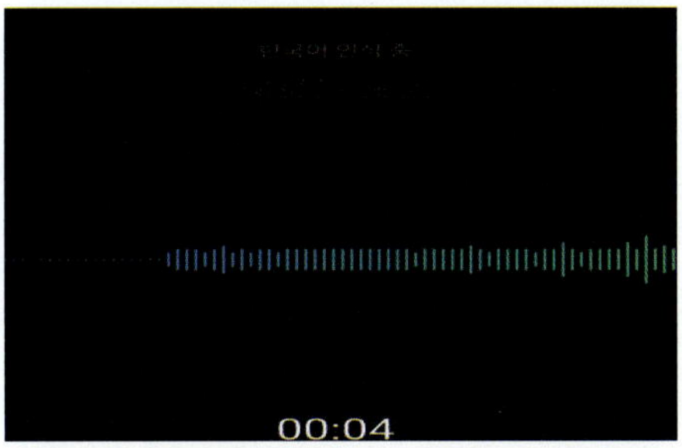

① 음성 녹음으로 노트 만들기

② 녹음 중 메모 입력하기

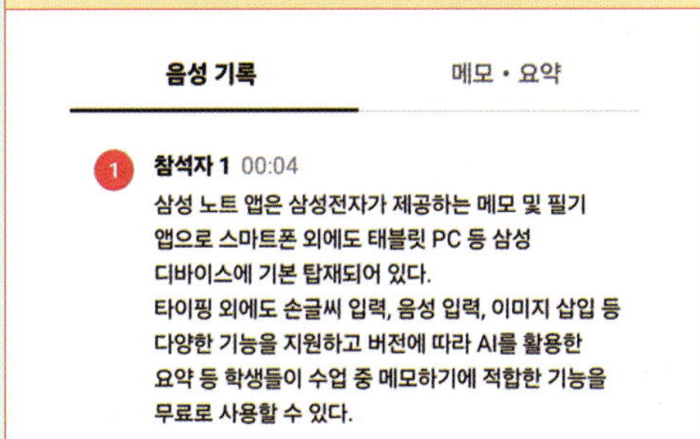

③ 음성 기록 확인하기

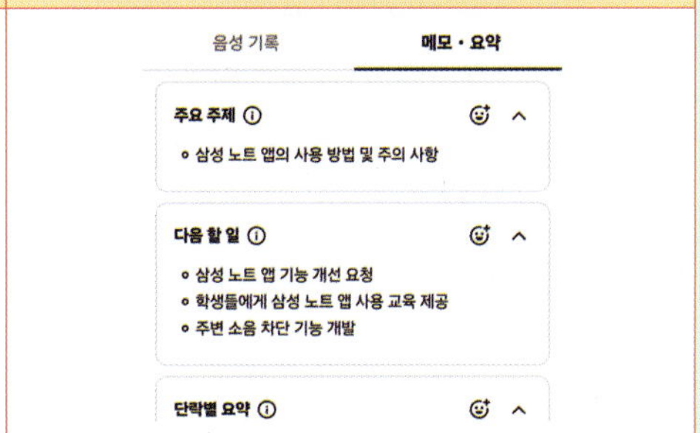

④ AI 요약기능

4) Napkin.AI

냅킨 AI는 아이디어의 시각화를 돕는 AI 기반 메모 도구로, 학생들이 떠올린 아이디어를 간단한 스케치나 문자로 입력하면 구조화된 다이어그램, 시각적 자료 등으로 변환해 주는 앱이다. 수업 내용, 문학 작품의 이야기 흐름 등을 직관적인 시각 자료로 변환할 수 있다.

냅킨 AI를 사용하기 전에 글의 종류에 따라 사용하면 좋은 그래픽 도식의 모양을 미리 교수해야 한다. 시간의 흐름, 비교, 위계적 내용 등에 따라 학생들이 적절한 모양의 그래픽 도식을 선택할 수 있도록 사전 교육을 진행하면 효과적이다. 수업 중 메모 기능으로 활용할 때는 그림을 적절한 선화로 변경해 주거나, 레이아웃 기능 등을 사용할 수 있다.

냅킨 AI를 국어과에 사용하는 방법은 그래픽 도식자를 사용한 정리 외에도 수업 중 내용을 정리하고 메모하는 기능으로 사용할 수 있다. 수업 중 들은 내용을 직접 입력하여 정리하거나 냅킨 AI에서 제공하는 스케치 변환 기능을 사용하여 효율적으로 수업자료를 정리할 수 있도록 지도한다. 수업을 진행한 후 메모한 내용을 바탕으로 학생과 질의응답 시간을 가지며 메모와 기록의 중요성을 자연스럽게 느낄 수 있도록 한다.

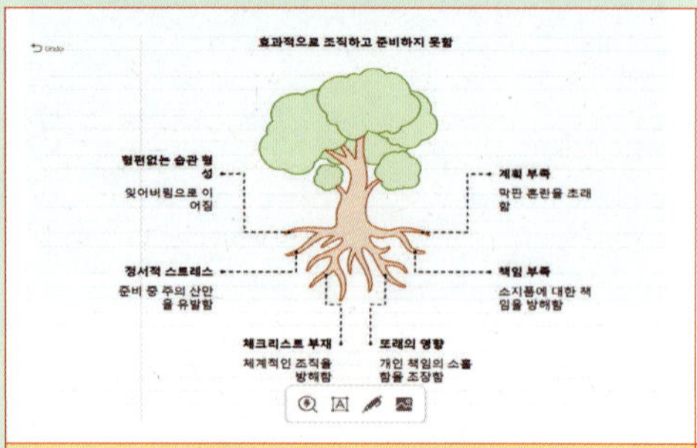

① 주요 내용의 시각화

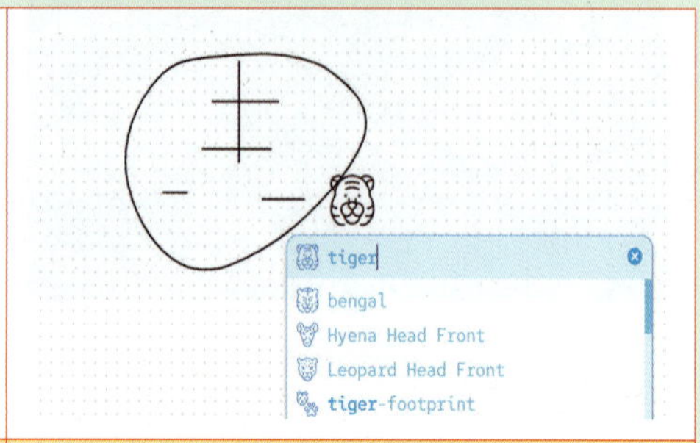

② 스케치 변환 메모 기능

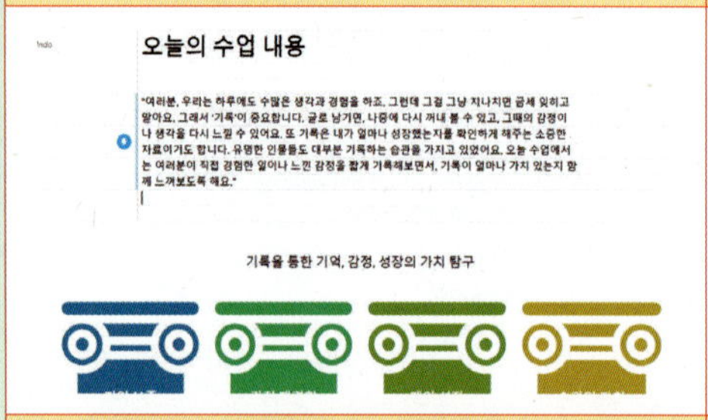

③ 수업 내용 메모하기

④ 그래픽 도식자의 수정

5) 클로바 더빙

클로바 더빙은 네이버 AI 기술을 기반으로 한 음성 합성 서비스이다. 텍스트를 자연스러운 음성으로 변환해 주고 다양한 목소리 톤과 스타일을 제공하며 원하는 음성을 선택해 맞춤형 더빙 콘텐츠를 제작할 수 있다.

클로바 더빙은 말의 빠르기 높낮이 외에도 끝음 처리, 끝음 길이 등의 상세한 조절이 가능해서 질문하는 말, 비아냥거리는 말 등 글로는 파악하기 어려운 다양한 자료를 제작할 수 있다.

클로바 더빙은 국어과 말하기 · 듣기 수업에 효과적으로 사용할 수 있다. 특히 읽기 유창성 관련 수업에 효과적으로 사용할 수 있으며 글의 분위기와 느낌을 살려 유창하게 읽기를 주제로 수업할 때 활용할 수 있다. 클로바 더빙을 사용하여 학생의 읽기 자료를 음성 파일로 전환한 후 다양한 옵션을 사용하여 여러 가지 음성으로 들을 수 있도록 한다. 학생들은 다양한 음성 옵션을 따라 읽어보며 글의 분위기에 맞는 유창한 읽기 방법을 모델링할 수 있고 자신이 읽은 부분을 녹음하여 클로바 더빙과 비교해 볼 수 있다. 또한 음의 높낮이가 문장부호에 따라 글이 다르게 읽히는 것을 체험할 수 있다.

① 전체 인터페이스

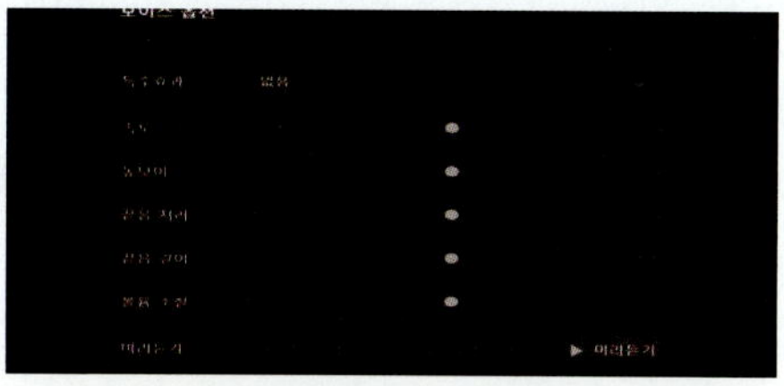

② 다양한 음성 옵션 제공

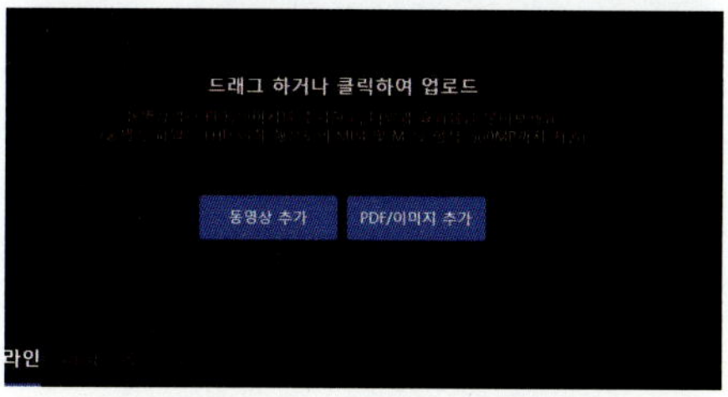

③ 비디오 자료 제작 기능

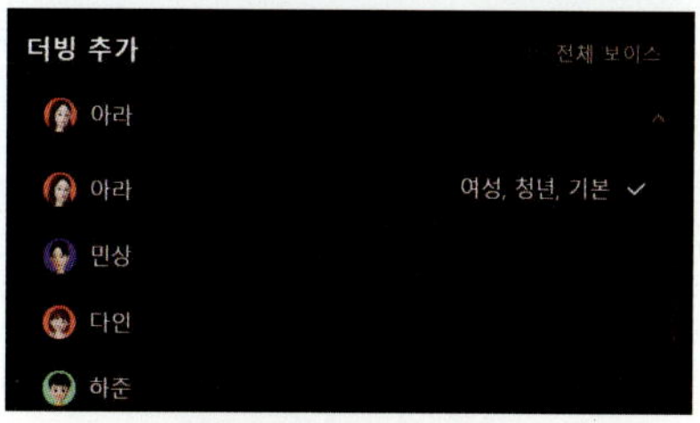

④ 음성 템플릿의 제공

6) Padlet

Padlet은 협업과 아이디어 공유에 특화된 도구로, 학생들이 국어 수업에서 학습한 내용을 정리하거나 토론 활동을 진행하는 데 효과적인 플랫폼이다. Padlet은 간단한 클릭과 드래그 방식으로 게시판을 생성하고 텍스트, 이미지, 동영상 등 다양한 형식의 자료를 추가할 수 있어 학생들이 자유롭게 의견을 표현하고 공유할 수 있다. 무료로 기본 기능을 사용할 수 있으며 유료 구독을 통해 더욱 다양한 기능을 활용할 수 있다.

Padlet을 사용할 때 주의해야 할 점으로는 게시판에 올라오는 내용이 학습 목표와 관련이 있도록 지도하며 부적절한 게시물이 올라오지 않도록 사전 교육을 진행해야 하는 것이다. 또한 협업 과정에서 모든 학생이 고르게 참여할 수 있도록 역할 분담을 명확히 하는 것이 중요하다. Padlet을 활용한 수업을 하기 전에 학생들이 게시판을 활용하는 방법과 자료를 체계적으로 정리하는 방법을 실습하며 학습 목표에 맞는 게시판을 구성할 수 있도록 적절한 템플릿과 기능을 선택하는 방법을 지도한다.

국어 수업에서는 Padlet을 활용하여 글을 읽고 자신의 느낌과 경험을 다른 사람과 나누는 수업을 진행할 수 있다. 먼저 학생들에게 읽기 자료를 제공한 후 감상한 내용을 게시할 수 있도록 한다. 교사는 의사소통 설정 기능을 이용하여 댓글, 평점 등 다양한 기능을 통해 학생들이 의견을 자유롭게 나눌 수 있는 시간을 제공한다. 익명 기능을 활용할 때에는 학생들이 돌발적인 내용이나 상처주는 말을 사용하는 것을 방지하기 위해서 교사 계정에서 허가한 게시글만 게시할 수 있는 기능을 사용하는 것도 효과적이다.

① 제작한 자료의 공유

② 댓글 및 평점 등 다양한 의사소통

③ QR코드를 활용한 자료 공유

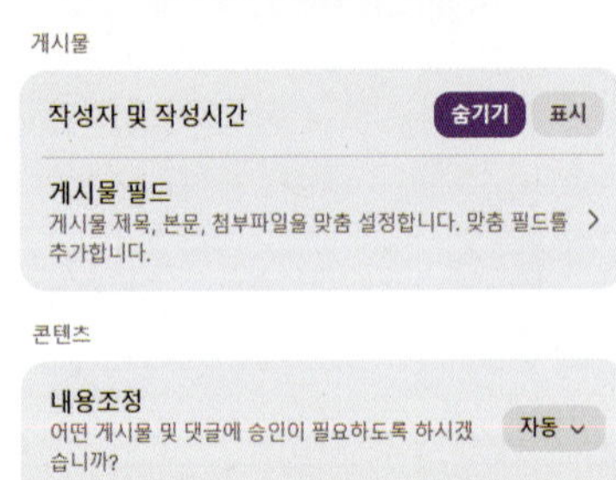

④ 게시 방식 설정 변경 기능

7) 투닝

투닝은 네이버의 AI 기반 웹툰 제작 도구로 그림을 잘 그리지 못하는 학생도 쉽게 웹툰을 제작할 수 있도록 돕는 서비스이다. 투닝에서 제공하는 다양한 캐릭터, 배경, 소품 등을 활용하여 장면을 구성하고 텍스트를 입력하여 간단하게 스토리를 구성할 수 있다. 그리고 캐릭터의 자세 등을 수정하고 미리 볼 수 있어 학생들의 이야기를 손쉽게 시각적으로 표현할 수 있다.

투닝은 캐릭터의 자세, 방향 표정 등을 수정할 수 있어 문학 작품에서 표현되는 주인공에 대한 묘사 등을 고민해 보며 적용할 수 있도록 지도할 수 있다. 또한 AI를 사용하여 문장으로 웹툰을 만드는 기능도 제공하여 투닝을 활용하기 어려움이 있는 학생에게는 미리 제작한 프롬프트에 단어를 넣는 방식으로 제작을 지도할 수 있다. 그리고 투닝은 말하기 · 듣기 · 쓰기 · 읽기를 통합적으로 적용할 수 있는 학습 도구로 학생들이 실생활에서 활용할 수 있는 매체 활용 능력과 의사소통 전략을 자연스럽게 익힐 수 있도록 도와준다.

투닝은 국어과 수업에서 다양한 매체를 통한 의사소통 능력을 기를 때 효과적으로 활용할 수 있다. 학생들은 자신이 전하고자 하는 주제나 감정을 만화 형식으로 표현하기 위해 투닝 앱 또는 웹사이트에 접속하여 캐릭터와 배경을 선택하고 대사를 입력한다. 이를 통해 학생들은 말과 글 그리고 이미지가 어우러지는 복합적 표현 방식을 경험할 수 있다. 주어진 주제를 바탕으로 의사소통 상황을 설정한 뒤 등장인물 간의 대화를 구성하여 실제 의사소통 장면을 만화를 통한 시각자료로 구성한다. 학생들은 상황에 알맞은 표현을 고민하고 비언어적 요소인 표정, 몸짓 등을 고려하여 내용을 더욱 효과적으로 전달한다. 완성된 만화 콘텐츠는 수업 시간에 공유하여 친구들과 비교해 본다. 또한 친구들의 작품에 대해 피드백을 주고받으며 자신이 표현하고자 했던 의도와 실제 전달된 의미를 비교한다.

① 전체 인터페이스

② AI를 활용한 초안 생성

③ 비언어적 요소 수정

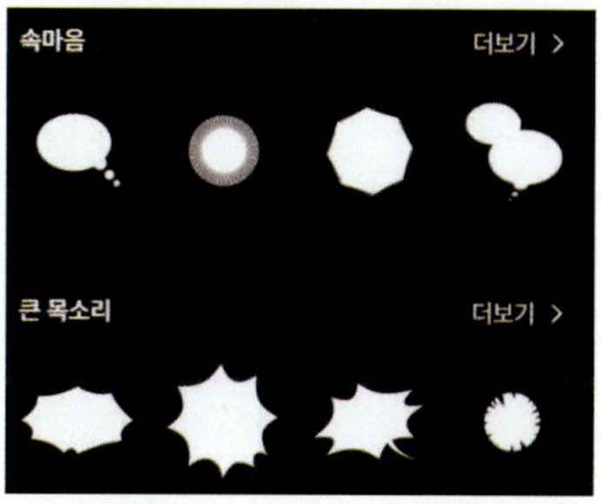

④ 만화적 요소를 활용한 표현

활동하기

1. 기본 교육과정 국어에서 제시된 디지털교육 관련 내용과 공통 교육과정 국어에서 제시된 디지털교육 관련 내용을 비교하세요.
2. 디지털교육 자료를 활용한 교수 · 학습과정안을 설계해 보세요.
3. 이 책에서 제시된 디지털교육 자료 외에 국어 교과에서 활용할 수 있는 자료를 찾고 장단점을 이야기해 보세요.

제 7 장 사회

개요

이 장은 디지털교육을 활용한 사회과 역량을 함양하기 위해 교육과정적 기초와 적용 방안을 탐색하는 데 목적이 있다. 이를 위해 이 장에서는 2022 특수교육 기본 교육과정 사회에서의 디지털교육 내용을 살펴보고 실제 적용한 사례와 활용 방법을 탐색한다. 이 장의 학습을 통하여 향후 장애 학생을 위한 사회 교육에서 디지털교육 역량을 함양하게 된다.

1. 사회 교육의 기초
2. 사회 교과의 디지털교육 실제
3. 사회 교과의 디지털교육 활용

1. 사회 교육의 기초

사회과는 학생이 자신을 바르게 이해하고 사람들과 상호작용하면서 세상을 알아가게 하는 교과이다. 사회과는 학생이 자신을 사회적 존재로서 바르게 이해하고 세상을 알아가도록 돕는 교과로서 실제적 사회 경험을 통해 사회에 참여하며 시민으로서 삶을 가꾸어 나가는 과정이다.

인공지능(AI)과 디지털교육은 학습 과정 전반에 대한 데이터화를 통해 개별 학습을 지원하고 맞춤형 학습 환경을 강화한다. 복잡한 사회 현상이나 역사적 사건을 시뮬레이션하거나 가상공간에서 체험할 수 있게 하여 학생들이 직접 경험하지 못한 시공간적 상황을 깊이 이해하도록 돕는다. 또한 증강현실 기술은 지리적 특징을 실감 나게 보여 주어 국가 간의 지형적, 경제적, 문화적 차이를 이해하도록 돕는다. 그리고 위험 요소가 있거나 직접적인 관찰이 어려운 사회적 이슈를 탐구할 때는 보조공학 기기와 스마트 기기를 활용해 안전하고 효율적으로 문제를 해결하도록 돕는다. 경제적 불평등이나 환경 문제와 같은 복잡한 주제를 다룰 때 데이터 시각화 도구를 통해 현상을 분석하고 이를 바탕으로 해결 방안을 탐구할 수 있다.

정보통신 기기의 기본 기능과 디지털 문해력을 함양하여 정보화 사회에 대비할 수 있도록 지도하는 것은 사회과 교육의 중요한 역할이다. 정보통신 기술을 활용해 정보를 분석하고 실생활의 문제를 절차적 사고로 해결하는 능력을 키우며 정보통신 예절 교육을 통해 학생들이 인터넷과 스마트폰을 올바르게 사용할 수 있도록 지도해야 한다.

2022 특수교육 기본 교육과정의 사회과에서는 디지털교육을 접목한 교수 · 학습 방법과 평가 방법을 제시하고 있다. 사회과 교수 · 학습의 방향을 모든 학생의 능동적 참여를 위해 보조공학과 테크놀로지를 활용하여 보편적 학습설계(UDL) 원리를 적용하고 학습한 내용을 실생활에 적용할 수 있도록 다양한 학습 경험을 제공해야 한다고 설정하였다. 또한 교수 · 학습 방법을 학생들의 다양성을 활용하여 실생활 체험형 융합 수업과 테크놀로지를 활용하

표 7-1 2022 특수교육 기본 교육과정 사회에서 디지털교육 관련 내용

1. 교수 · 학습 방법
   (1) 교수 · 학습의 방향
      (바) 모든 학생이 자신의 교육적 요구와 학습 양식에 따라 학습 활동에 능동적으로 참여할 수 있도록 보조공학 및 테크놀로지 등을 활용하고 보편적 학습설계의 원리를 적용하여 교수 · 학습을 설계한다.
      (사) 다양한 사회적 학습 경험을 위하여 온오프라인 연계 수업, 원격수업, 가정 및 지역사회 연계 학습을 계획하고 학습한 내용을 실생활에서 활용하도록 가정 및 지역사회와 협력한다.
   (2) 교수 · 학습 방법
      (카) 학생들의 장애 특성, 학습 수준, 교육적 요구 등의 다양성을 사회과 교수 · 학습에 필요한 이질적 학습 집단 특성으로 활용하고 실생활 체험형 융합 수업과 테크놀로지를 활용한다.

2. 평가
   (1) 평가의 방향
      (마) 디지털 테크놀로지를 적용한 수업 등 디지털교육 환경에 적합한 다양한 평가 방법을 적용한다.
   (2) 평가 방법
      (차) 학생 맞춤형 학습 경험 제공의 평가를 위해 개별화한 평가 준거 성취기준을 바탕으로 학생의 장애 특성과 학습 양식을 고려한 평가 방안을 적용한다.

도록 한다.

평가에서는 디지털교육 환경에 적합한 다양한 방법을 사용하며 학생 맞춤형 학습 경험을 평가하기 위해 개별화된 성취기준에 기반한 평가 방안을 마련한다. 사회과 교육과정의 평가의 방향에서는 학생의 장애 특성과 학습 양식을 고려하여 디지털 매체와 인공지능 기술을 평가 장면과 방법으로 활용한다고 명시되어 있다. 2022 특수교육 기본 교육과정 사회과에서 디지털교육 관련 내용은 〈표 7-1〉과 같다.

2. 사회 교과의 디지털교육 실제

1) 관계의 삶 영역

(1) 교육과정 및 학습자 분석

사회과 관계의 삶 영역 중 '우리나라 이곳저곳' 단원에서 '여러 지역의 자연환경과 특징'에 대해 알아본다. 이와 관련된 성취기준은 특수교육 기본 교육과정에서는 [9사회03-01], [12사회03-01], 공통 교육과정에서는 [6사09-01], [6사09-02]]와 연계하여 교육과정을 재구성할 수 있다. 교육과정 재구성과 학습자에 대한 내용은 〈표 7-2〉에 제시하였다.

도현은 말하기를 좋아하며 사회성이 높아 주변 사람들과의 대화에 적극적으로 참여하고

표 7-2 여러 지역의 자연환경과 특징 살펴보기 교육과정 및 학습자 분석

단원	우리나라 이곳저곳	제재	여러 지역의 자연환경과 특징 살펴보기
성취기준	기본	[9사회03-01] 우리나라의 자연환경과 인문환경 특징을 파악하고 환경을 소중히 여긴다. [12사회03-01] 세계 곳곳의 사람들이 환경과 조화를 이루며 살아가는 모습을 파악하고 일상에서 환경친화적 생활 태도를 실천한다.	
	공통	[6사09-01] 세계를 표현하는 다양한 공간 자료의 특징을 이해하고, 지구본과 세계지도에서 위치를 표현하는 방법을 익힌다. [6사09-02] 세계 주요 대륙과 대양을 파악하고, 우리나라 및 세계 여러 국가의 위치와 영토의 특징을 이해한다.	
학습자 장애유형	도현(지적장애), 시우(자폐성장애), 지유(중도중복장애: 지적·지체장애)		

자신의 생각을 자유롭게 표현하려는 모습을 보인다. 시우는 반향어를 사용하며 특정 대상이나 활동에 지나치게 집착하는 상동행동이 나타난다. 대화를 시도할 때 들은 말을 그대로 따라 하거나 흥미가 가는 활동에만 몰두하는 경향이 있다. 지유는 휠체어를 이용하지만 소근육 운동이 가능해 정교한 교구나 학습 기기를 사용할 수 있다. 주어진 환경에서 적절한 보조기기와 지원이 제공되면 자신의 의사를 표현하고 다른 이들과 상호작용하기도 한다.

(2) 교수·학습과정안 설계 및 개발

사회과 '우리나라 이곳저곳' 단원의 '여러 지역의 자연환경과 특징 살펴보기'에 대한 교수·학습과정안의 설계와 구체적인 자료 개발은 〈표 7-3〉과 같다.

표 7-3 여러 지역의 자연환경과 특징 살펴보기에 대한 교수·학습과정안

학습단계	교수·학습 활동	자료
도입	• 동기유발 –축소된 지도에서 다양한 지역 탐색하기 –원하는 지역을 선택하여 자세히 살펴보기 • 학습목표 확인하기 다양한 지역환경과 특징을 알아본다.	• 구글맵 링크
전개	• 〈활동 1〉 메타버스와 친해지기 –메타버스 사용법 익히기 –메타버스를 활용한 다양한 콘텐츠 경험하기 • 〈활동 2〉 메타버스에서 다양한 지역환경과 특징 탐색하기 –메타버스에서 지역의 지형적 특징 탐색하기 –메타버스에서 공공기관 탐색하기 –메타버스에서 지역의 편의 시설 탐색하기	• ZEP 둘러보기 • 수업 자료의 ZEP 제작맵
정리	• 학습 내용 정리하기 –다양한 지역환경과 특징에 대한 퀴즈 참여하기	• 수업 자료의 제작맵

(3) 디지털교육 실행 및 평가

도입 단계에서는 전자칠판에 축소된 형태의 구글맵을 띄워 학생들이 전 세계 지도를 살펴보도록 하면서 수업을 시작한다. 국내의 장소만 표시되는 네이버·카카오맵과 달리 구글맵은 세계지도를 제공하고 간단한 터치만으로 확대·축소가 가능하므로 세밀한 조작이 어

[그림 7-1] 축소된 형태의 구글 지도에서 원하는 지역을 확대하기

[그림 7-2] 하단의 이미지 탭으로 관련된 지역의 이미지도 확인하기

려운 지유도 비교적 쉽게 접근할 수 있다. 교사는 학생들과 함께 "어디를 가보고 싶니?" "이 지역은 어떤 특징이 있을까?" 같은 질문을 던지면서 흥미로운 장소들을 찾아보도록 유도한다. 수업에 참여하는 학생들은 구글맵 하단의 이미지 탭을 통해 실제 사진들을 확인하고, 주변 편의 시설이나 식당 · 대중교통 정보까지 확인하면서 다양한 지역 환경을 간접적으로 경험한다.

이 과정에서 도현은 한두 문장으로 간단하게나마 "이곳은 ~예요" 식의 표현을 연습하고 시우는 특정 지역에 지나치게 몰입하지 않도록 교사의 안내에 따라 주제나 화면을 바꿔가며 관심을 넓혀 간다. 이렇게 지도 위에서 다양하고 생생한 정보를 확인하는 활동은 학생들의 호기심을 높이고 "오늘 우리가 알아볼 학습 목표는 '다양한 지역환경과 특징을 알아보는 것'" 이라는 교사의 안내와 함께 학습 주제를 명확히 인식하게 만든다.

전개의 〈활동 1〉은 '메타버스와 친해지기'로, 무료로 접속 가능한 ZEP 플랫폼을 활용한다. 교사는 전자칠판을 통해 ZEP 사이트나 QR코드로 접속하는 방법을 간단한 그림 자료와 함께 설명해 주어 학생들이 시각적으로 쉽게 이해할 수 있도록 돕는다. ZEP은 3D 가상공간 기반 메타버스 플랫폼으로 사용자가 아바타를 통해 가상의 교실, 회의실, 전시관, 놀이 공간 등을 자유롭게 만들어 참여할 수 있도록 지원한다. 이때 지유가 직접 조작하기 어려운 부분이 있으면 교사가 마우스나 키보드를 함께 움직여 주어 맵 안을 둘러볼 수 있게 해 주고, 도

[그림 7-3] 메타버스에서 제공하는 다양한 서비스

현에게는 "앞으로 가 보자." "이 버튼을 눌러 볼래?" 같은 짧은 지시문을 사용해 단계적으로 안내한다. 시우는 새로운 화면 전환이나 캐릭터의 이동에 지나치게 집착하거나 반향어를 반복할 수 있으므로 "지금은 도시 맵 구경, 다음은 산 맵으로 이동" 같은 순서를 미리 알려 주고, 시간이나 순서가 바뀔 때마다 시각 타이머나 간단한 그림 스케줄을 제시한다.

〈활동 2〉에서는 '메타버스에서 다양한 지역환경과 특징 탐색하기'로 교사가 미리 제작한 ZEP 맵 또는 기본 템플릿 안에서 도시 · 산 · 바다와 같은 공간을 포털로 연결해 놓는다. 학생들은 하나씩 포털을 통과하며 각 지역의 분위기와 배경음 등을 체험한다. 가령 바다 맵에 들어가면 파도 소리가 나오도록 설정해 놓고, 산 맵에서는 새소리가 들리게 하여 시우가 청각적 변화를 느끼도록 이끈다. 도현은 맵 안에서 발견한 오브젝트(예: 배, 나무, 동물 등)를 가리키며 짧게나마 "이건 배예요."처럼 말하는 기회를 갖는다. 지유는 교사와 함께 천천히 캐릭터를 이동시켜서 맵을 구경하며 "여기는 산이네." "바다 소리가 난다." 같은 설명을 듣고

[그림 7-4] 메타버스 내 공원, 바다 등 다양한 맵

간단하게 대답해 볼 수 있도록 유도한다. 학생 수준에 따라 난이도를 조정해 방 탈출형이나 퀴즈형 맵으로 이동할 수도 있고 중도장애 학생에게는 OX 퀴즈처럼 간단한 형식을 제공해 모두가 자신의 수준에 맞게 참여하도록 안내한다.

정리 단계에서는 "오늘 다양한 지역환경과 특징을 어떻게 살펴봤나요?"라는 질문으로 시작하여, 구글맵과 메타버스(ZEP)를 통해 배운 내용을 상기시키고 서로 비교해 본다. 교사는 OX 퀴즈나 간단한 객관식 문제를 제시해 "산은 어떤 특징이 있었니?" "해안가 주변에서는 어떤 소리가 났니?"처럼 학생들이 직접 답을 말하도록 한다. 도현은 "예/아니요" 또는 짧은 어휘로 대답할 수 있도록 하고 시우는 반향어 대신 자신이 경험한 내용을 중심으로 이야기하도록 유도한다. 지유에게는 큰 화면으로 문제를 확대하여 보여 주고 필요하면 교사가 문제를 대신 읽어 주어 답을 선택하게 한다. 이러한 활동을 통해 학생들이 수업에서 익힌 개념을 자연스럽게 점검하고 마무리로 서로가 탐색한 장소나 가장 기억에 남는 공간을 이야기하면서 수업을 끝낸다. 구글맵과 메타버스를 결합해 다양한 지역 환경을 체험함으로써 학생들은 시공간의 제약 없이 폭넓은 학습 경험을 쌓고 장애 유형별로도 충분히 참여할 수 있는 수업을 완성한다.

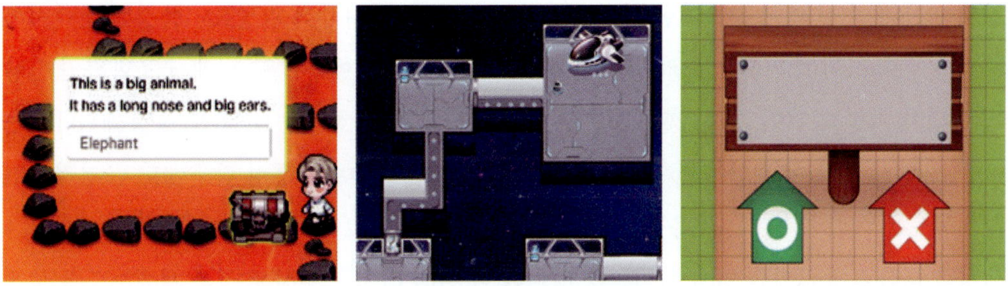

[그림 7-5] 퀴즈, 방탈출, OX 등 다양한 방식으로 학생의 성취수준 확인하기

2) 시민의 삶 영역

(1) 교육과정 및 학습자 분석

사회과 시민의 영역 중 '변화하는 우리 사회' 단원의 '세계화 시대의 도래로 인해 달라지는 생활 모습 변화 알아보기'에 대해 알아본다. 이와 관련된 성취기준은 특수교육 기본 교육과정에서는 [12사회03-04], [12사회03-08], 공통 교육과정에서는 [6사10-01], [6사12-01]와 연계하여 교육과정을 재구성할 수 있다. 교육과정 재구성에 대한 내용은 〈표 7-4〉에 제시

표 7-4 **세계화 시대의 도래로 인해 달라지는 생활 모습 변화 알아보기 교육과정 및 학습자 분석**

단원		변화하는 우리 사회	제재	세계화 시대의 도래로 인해 달라지는 생활 모습 변화 알아보기
성취기준	기본	[9사회03-07] 우리 사회가 변화하는 모습을 조사하고 사회 변화에 관심을 가진다 [12사회03-08] 세계인이 함께 살아가는 모습을 조사하고 세계시민으로서 삶의 태도를 가진다.		
	공통	[6사10-01] 세계의 여러 지역의 지형 경관을 살펴보고, 이를 통해 다양한 삶의 모습을 이해한다. [6사12-01] 세계의 인구 분포를 파악하고 여러 국가의 인구 특징을 탐구한다.		
학습자 장애유형		도현(지적장애), 시우(자폐성장애), 지유(중도중복장애: 지적 · 지체장애)		

하였다.

도현은 말하기를 즐기고 사회성이 높으므로 이번 차시의 '다국어 인사 나누기' 활동에서 또래 친구들을 이끌며 다양한 언어로 인사를 시범해 보이는 역할을 맡길 수 있다. 시우는 반향어 사용과 특정 관심사에 대한 상동행동이 두드러진다. 시각적 일정표 · 한정된 선택지 · 그림 상징이 포함된 의사소통 카드를 제시하여 인사 표현을 예측할 수 있게 구조화하면 반향어를 점차 기능적 언어로 전환할 수 있다. 시우가 강하게 선호하는 대상(예: 특정 캐릭터 또는 국기)을 인사 카드에 포함하면 집중을 유도하고 세계 여러 나라 특성 탐구에도 긍정적으로 참여하도록 이끌 수 있다. 지유는 소근육 운동이 가능하므로 대형 버튼이 달린 AAC 기기나 터치형 태블릿에 국가별 인사 아이콘을 배치해 한 번의 터치로 인사 음성을 재생하도록 설계하면 학습 참여가 용이하다. 또래 보조를 활용해 기기 조작을 지원하고, 지유가 선택한 언어로 교사가 즉시 응답해 상호작용을 강화하면 세계시민 의사소통 경험을 확장할 수 있다.

(2) 교수 · 학습과정안 설계 및 개발

사회과 '변화하는 우리 사회' 단원의 '세계화 시대의 도래로 인해 달라지는 생활 모습 변화 알아보기'에 대한 교수 · 학습과정안의 설계와 구체적인 자료 개발은 〈표 7-5〉와 같다.

표 7-5 세계화 시대의 도래로 인해 달라지는 생활 모습 변화 알아보기에 대한 교수 · 학습과정안

학습단계	교수 · 학습 활동	자료
도입	• 동기유발 –다양한 나라의 모습 살펴보기 –다양한 나라의 인사말 알아보기 • 학습목표 확인하기 다양한 나라의 인사말로 인사를 한다.	• 유튜브 등 시청각자료
전개	• 〈활동 1〉 다양한 나라의 인사말 찾기 –다양한 나라의 인사말 검색하기 –다양한 나라의 인사말 듣고 따라하기 • 〈활동 2〉 다양한 나라의 인사말 건네기 –인공지능으로 발음 교정하기 –인공지능에게 인사 건네기	• 수업 자료의 PPT • 챗GPT 자료
정리	• 학습 내용 정리하기 –다양한 나라의 인사말에 대한 퀴즈	• 수업 자료의 PPT

(3) 디지털교육 실행 및 평가

다양한 나라의 인사말을 주제로 한 이 수업은 도입에서 세계 여러 나라의 문화를 간단히 살펴보면서 시작된다. 전자칠판에 지도나 랜드마크 사진을 띄워놓고 학생들에게 "이 나라 사람들은 어떻게 인사할까요?"라는 질문을 던진다. 학생들은 자신이 알고 있는 외국어 인사말을 직접 말해보거나 인터넷 자료(예: 파파고)에서 찾아본 인사말을 떠올리며 반응한다. "헬

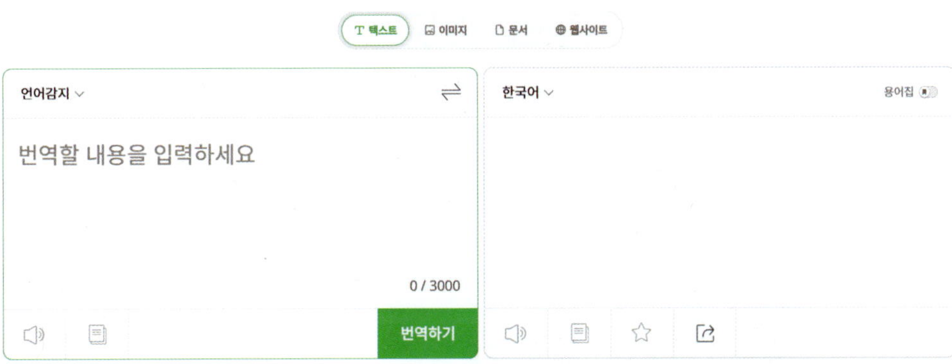

[그림 7-6] 외국어를 한국어로 번역하기

로(Hello)"나 "곤니찌와(こんにちは)" "니하오(你好)" 같은 표현이 나오면 즉각적인 반응을 학생에게 보여 주고 이를 통해 오늘 수업에서 다양한 언어로 인사를 배워볼 것임을 안내한다.

전개 〈활동 1〉에서는 파파고 웹사이트를 활용해 간단한 인사말이나 단어를 번역해 보면서 학습을 이어간다. 전자칠판에 파파고 화면을 크게 띄워두고 "안녕하세요."를 영어·중국어·일본어 등으로 바꿔보거나 학생들이 즉석에서 말하거나 입력한 표현을 번역하는 과정을 실시간으로 시각화한다. 말을 좋아하는 도현에게는 마이크에 대고 직접 "안녕."이라고 말해보게 하고 번역된 결과를 친구들에게 소개하도록 권유한다. 그럼 도현은 "이 말은 영어로 Hello래."라고 발표하면서 자연스럽게 자신감을 키운다. 긴 문장을 다루기 어려운 경우에는 "고마워요."나 "안녕." 같은 짧은 표현부터 번역해보게 하여 "이건 ~라는 뜻이에요."라고 결과를 말해보도록 한다. 시우가 특정 주제에 몰두해 같은 표현만 반복할 경우에는 "동물 이름도 바꿔볼까?" "이번엔 음식 관련 표현을 볼까?" 같은 식으로 제안하여 흥미를 분산시킨다. 지유는 직접 타이핑하기 어렵다면 교사가 대신 입력해 주되 번역된 결과를 확인하게 하고 "지유가 어떤 뜻인지 설명해 볼래?"처럼 간단히 질문해 보면서 참여를 유도한다.

번역된 결과를 토대로 실제 발음을 따라 해보는 활동도 함께 진행한다. 파파고의 음성 인식 기능을 통해 "Hello" 같은 표현을 들려주고 학생들이 이를 흥미롭게 반복해 보도록 유도하는 것이다. 도현에게는 "도현이가 외국어로 인사하면 우리 모두 같이 해보자."라고 해서 발표 기회를 주고 짧은 단어를 여러 번 듣고 따라 말하게 하여 숙달도를 높인다. 시우의 경우 주어진 한 표현에만 몰두하지 않도록 교사가 관심을 다른 표현으로 자연스럽게 옮겨주고 음성 인식 기능을 추가로 활용해 "방금 들은 소리는 어떻게 인사하는 걸까?"라고 질문하면

[그림 7-7] 파파고 에듀 접속단계

서 쉬운 의사소통을 이끌어낸다.

Jellow Communicator라는 보완대체의사소통(AAC) 도구를 활용해 그림과 음성을 통한 의사소통 경험도 마련한다. 전자칠판에 Jellow Communicator 기본 화면을 보여 주고 원하는 그림 아이콘을 누르면 어떤 문장이나 단어가 음성으로 재생되는지 확인해 본다. 도현이처럼 말 자체를 좋아하지만 문장 구성이 서툴 수 있는 학생은 "배고파요."나 "같이 가요." 같은 표현을 앱이 대신 말해 주게 한 뒤 그 내용을 친구들에게 다시 설명하게 해보면 좋다. 자주 쓰는 생활 표현부터 접근해 그림 아이콘을 선택한 뒤 앱이 읽어 주는 단어나 문장을 천천히 따라 말하도록 이끈다. 시우가 특정 아이콘이나 문장에만 집착하면 "이제 다른 표현도 해볼까?" 식으로 새 픽토그램에 주의를 옮겨주고 지유가 터치하기 어렵다면 교사가 대신 누르되 "지유가 어떤 그림을 고르고 싶어?"라고 짧고 분명하게 묻고 시선을 통해 의사를 표현하도록 돕는다. 이때 한 화면에 너무 많은 아이콘을 보여 주면 혼란스럽기 쉬우므로 처음에는 주로 쓰는 표현만 띄워두고 필요에 따라 점차 확장해 가면 학생들의 집중도와 흥미를 더 높일 수 있다.

마지막으로 배운 내용과 활동들을 간단히 복습하고 평가하면서 수업을 마무리한다. "Hello는 어느 나라 말이었지?" "방금 Jellow Communicator에서 선택한 그림은 무슨 뜻이었을까?" 같은 짧은 퀴즈를 통해 학생들이 방금까지 다뤘던 표현과 도구 활용법을 재확인한다. 이어 "오늘 어떤 표현을 배울 때가 제일 재미있었나요?"라고 묻고 학생들이 서로 대답하도록 유도하면 이 경험을 바탕으로 다음에 더 다양한 언어 표현을 시도해 보고 싶다는 동기가 자연스럽게 생긴다. 이런 과정을 거치며 학생들은 외국어 학습뿐만 아니라, 서로의 소리를 듣고 자신의 생각을 표현하는 실질적인 의사소통 능력도 함께 발전시킨다.

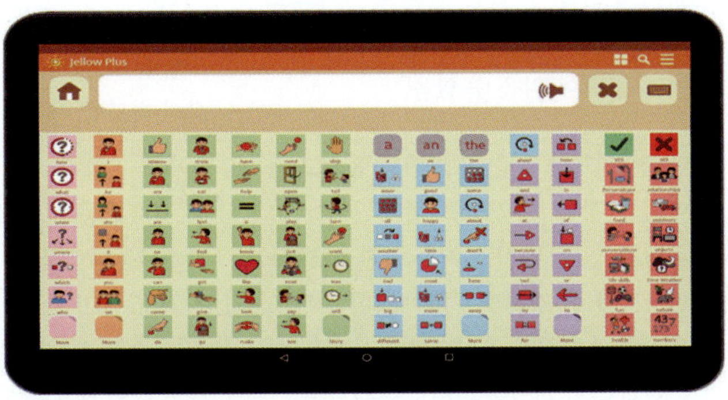

[그림 7-8] Jellow Communiator의 다양하고 직관적인 AAC 목록

3. 사회 교과의 디지털교육 활용

사회에서 디지털교육에 활용할 수 있는 교육자료를 제시하면 〈표 7-6〉과 같다.

표 7-6 사회 교과의 디지털교육 활용 사례

명칭	소개	성취기준
좋은피자 위대한피자	게임에서 피자 가게 주인으로 플레이하며 생산자의 입장에서 다양한 문제를 간접적으로 체험할 수 있는 앱	[12사회03-02] 사람들의 다양한 경제활동 모습을 분석하며 경제생활 주체로서의 삶의 태도를 지닌다. [9사회03-02] 여러 지역 사람들의 다양한 경제활동 모습을 조사하며 나라의 경제활동에 관심을 가진다.
트리플	트리플 앱은 여행 정보를 제공하는 플랫폼으로 사용자는 맞춤형 일정 계획을 세우고 실시간 여행 정보를 확인하며 효율적인 여행을 준비할 수 있음.	[6사회03-04] 가족, 친구와 여러 지역의 문화 활동에 관심을 가지고 참여한다. [12사회03-08] 세계인이 함께 살아가는 모습을 조사하고 세계시민으로서의 삶의 태도를 가진다.
네이버 검색	(음성) 음성인식 인공지능 엔진을 통해 인간의 음성언어를 인식하고 텍스트로 변환해 주는 도구. (이미지) 이미지로 정보를 검색하는 인공지능 기반 서비스.	[6사회01-02] 일상생활에서 활동이나 물건을 선택하고 나의 선택을 중요하게 여기는 태도를 기른다. [6사회02-02] 친구와 사이좋게 지내며 친구와의 우정을 소중히 여긴다.
밀리의 서재 키즈	밀리의 서재 키즈는 월정액으로 도서를 대여해 읽을 수 있는 전자책 서비스로 다양한 키즈북을 제공하여 관심사와 맞는 책을 찾아 읽을 수 있음.	[6사회03-04] 가족, 친구와 여러 지역의 문화 활동에 관심을 가지고 참여한다. [12사회03-08] 세계인이 함께 살아가는 모습을 조사하고 세계시민으로서의 삶의 태도를 가진다.
뱅크샐러드	뱅크샐러드는 금융 기초 개념을 쉽고 재미있게 익힐 수 있도록 설계된 디지털 플랫폼. 용돈 관리나 저축 습관 형성 등 일상생활 속 경제활동을 게임이나 퀴즈 형식으로 구성해 참여도를 높이고 자연스럽게 돈의 개념을 이해하도록 도움.	[9사회03-02] 여러 지역 사람들의 다양한 경제활동 모습을 조사하며 나라의 경제활동에 관심을 가진다. [12사회03-02] 사람들의 다양한 경제활동 모습을 분석하며 경제생활 주체로서의 삶의 태도를 지닌다.

캔바	원하는 키워드를 입력하면 그에 맞는 이미지를 자동으로 만들어주는 서비스. 텍스트 프롬프트를 입력하면 인공지능이 그에 맞는 이미지를 생성함. 인공지능 기술을 사용하여 실시간으로 관련 이미지를 생성하며 현재 저작권 문제는 없고 생성된 이미지는 다양한 형식으로 다운로드하거나 공유할 수 있음.	[6사회01-02] 일상생활에서 활동이나 물건을 선택하고 나의 선택을 중요하게 여기는 태도를 기른다. [6사회02-02] 친구와 사이좋게 지내며 친구와의 우정을 소중히 여긴다.

1) 좋은 피자 위대한 피자

좋은 피자, 위대한 피자는 손님의 주문을 듣고 직접 피자를 만들어 판매하는 경영 시뮬레이션 게임이다. 중도 및 경도의 장애 학생도 흥미를 느끼기 쉬우며 언어 이해와 순서 수행, 경제 개념을 함께 학습할 수 있다. 다만 손님의 주문이 간접적이거나 수수께끼처럼 표현되어 주문 해석에 어려움을 겪을 수 있다. 따라서 시각적 보조자료와 교사의 언어적 지원이 함께 제공되어야 효과적으로 활용할 수 있다.

이 수업은 모바일 게임인 '위대한 피자, 좋은 피자'를 활용하여 학생들이 생산자의 입장에서 자원을 관리하고 고객 요구에 따라 피자를 판매해 보는 경험을 제공한다. 또한 특수교육대상자의 다양한 학습 수준에 맞춰 광고나 유료 결제 요소를 미리 차단·설정해 두고 조작 방법을 단순화하거나 교사의 시범을 통해 반복적으로 안내함으로써 게임 속 상황을 부담 없이 체험할 수 있도록 돕는다.

먼저 교사는 게임 시연을 통해 재료 구매, 피자 조리, 가격 책정, 주문 처리 등 기본적인 운영 과정을 보여 준다. 이후 학생들은 소그룹으로 나누어 실제 게임을 진행하며 재료비와 판매가를 조절해 수익을 늘리거나 고객 의견을 반영해 가게를 개선하는 등 다양한 경제활동을 체험한다. 이때 시각 자료나 그림 카드, 간단한 문구 등을 활용하여 팀 내 역할 분담을 안내하고 반복·집중이 필요한 작업(피자 조리, 주문 목록 확인 등)을 적절히 나눠서 맡길 수 있도록 하여 적극적인 참여와 협력을 이끈다.

마무리 단계에서는 각 팀이 운영 결과와 학습한 점을 발표하고 "어떤 피자를 가장 많이 팔았나요?" "어떻게 하면 이익을 더 높일 수 있을까요?" 같은 질문을 통해 경제활동의 요소를 돌아본다. 이를 통해 학생들은 실제 경제 상황과 유사한 문제를 해결해 보며 경제활동 이해와 주체로서의 태도를 자연스럽게 기르게 된다.

동기유발이 되는 인트로

좋은 피자 위대한 피자 플레이 화면

2) 트리플

트리플(Triple) 앱은 여행에 필요한 항공권, 숙박, 관광지·맛집 정보를 한곳에서 종합적으로 제공하는 플랫폼이다. 앱을 실행하면 직관적인 인터페이스를 통해 원하는 지역의 항공권이나 숙박 예약, 그리고 주요 관광지 일정을 손쉽게 관리할 수 있다. 보다 정확한 정보를 얻으려면 예약 시점에 따라 항공권 가격 변동이나 숙박 프로모션 등을 주기적으로 확인해야 하며 해외여행의 경우 언어나 통화 차이를 미리 파악하고 문화·관습을 존중하는 준비 과정도 필요하다. 특히 지도가 원활히 작동하려면 인터넷 연결 상태가 중요하므로 신호가 끊기지 않도록 주의해야 한다.

수업에서의 적용 사례로 학생들이 모둠별로 특정 국가나 지역을 선택해 가상 여행 계획을 세워보는 활동을 들 수 있다. 교사는 먼저 트리플 앱을 열고 '항공권 조회' '숙박 검색' 같은 핵심 기능을 시연하면서, "어떤 항공편이 저렴한지" "숙소는 어느 지역에 잡으면 편리한지" 등을 비교하는 방법을 소개한다. 각 모둠은 관심 있는 여행지를 살펴보면서 여행 기간과 예산을 고려해 항공권과 숙박, 관광지 정보를 조합해 본다. 모둠별 토의를 통해 "이 도시에서는 박물관이나 축제 같은 문화 행사를 꼭 방문하자."처럼 일정의 우선순위를 정해 보고 다른 모둠과 비용이나 동선의 효율성을 비교해 보도록 한다. 이를 통해 학생들은 합리적인 의사결정 과정을 체험하고 함께 문제를 해결하는 협력 능력을 키울 수 있다.

복잡한 단계는 교사가 시범으로 미리 보여 주고 화면 전환이나 검색어 입력은 학생들이 할 수 있는 부분만 직접 시도하도록 안내할 수 있다. 반복적인 항공권 조회나 교통편 검색을 선호하는 학생들에게는 구조화된 작업을 맡기고 관광지나 맛집 후기 등을 수집해 발표 자료를 구성하는 역할을 다른 학생이 수행하게 하는 등 간단히 역할을 나누어 활동에 대한 흥미와 집중도를 높인다. 간단한 터치나 클릭 정도만 가능한 학생이라면 교사가 화면을 보조해 주고 "이 항공권이 적절해 보이면 여기 버튼을 눌러볼까요?"처럼 선택지를 제시해 참여 경험을 높인다. 이런 식으로 단계별 지원을 조정하면 다양한 수준의 학생들이 함께 여행 계획을 구상하면서 성취감을 느낄 수 있다.

마무리 단계에서는 "이 나라에서 주의해야 할 문화적 예절은 무엇일까요?"처럼 질문해 해외 문화를 존중하고 이해하는 자세를 확인하고 여행을 통해 얻게 될 새로운 시각이나 학습 내용을 함께 공유하도록 유도한다.

홍보 이미지	사용법을 담은 PPT

3) 네이버 음성검색

네이버 음성검색은 사용자가 말하는 내용을 자동으로 인식해 검색 결과를 보여 주는 기능으로 장애 학생의 문자 입력 부담을 줄이고 접근성을 높일 수 있는 유용한 도구다. 말하는 즉시 검색이 가능해 정보 탐색 활동이나 간단한 질문 학습에서 활용도가 높으며 특히 언어 표현이 가능한 학생에게 자기표현의 수단이 될 수 있다. 다만, 발음이 부정확하거나 말의 속도가 빠를 경우 인식 오류가 발생할 수 있어 정확한 발화 연습이나 교사의 보조가 필요하다. 검색 결과가 갑자기 화면에 뜨는 방식이기 때문에 시각적 구조화가 함께 제공되면 더 효과적으로 사용할 수 있다.

학생들이 협력하여 필요한 정보를 직접 찾아보고 공유하면서 자기 결정과 협동의 중요성을 체험하는 활동에서 활용할 수 있다. 먼저 교사는 여러 가지 인공지능 검색 앱의 특징과 장점을 간단히 소개한다. 예를 들어, 음성검색 앱(예: 다글로, 네이버 음성검색)을 통해 말로 질문을 하면 바로 텍스트나 검색 결과가 표시되고 이미지 검색 앱(예: 구글 렌즈, 네이버 스마트렌즈)을 사용하면 카메라로 촬영한 사물이나 텍스트를 인식해 관련 정보를 얻을 수 있음을 시연한다. 이때 "명확한 발음 · 조명 확보 · 대상 정면 촬영"과 같은 기본 사용법을 알려주고 인터넷 연결 상태가 좋아야 검색 속도와 인식 정확도가 높아진다는 점을 강조한다. 또한 앱 사용 시 개인정보 노출이나 부적절한 검색 결과가 나타날 수 있으므로 교사가 최종적으로 자료를 확인하고 학생들이 안전하게 탐색할 수 있도록 지도한다.

이후 학생들을 두세 명씩 모둠으로 나누어 특정 과제를 주거나 각자 관심 있는 정보를 하나씩 찾아보도록 안내한다. 학생의 특성과 수준에 맞추어 음성검색이나 이미지 검색을 활용한다. 필요한 경우 교사가 검색어 예시나 간단한 촬영 방법을 반복 시연하며 검색 결과가 여러 형태로 나타날 수 있음을 보여 준다.

마무리 단계에서는 각 모둠이 찾은 정보를 바탕으로 "발견한 행사는 언제 열리는지" "이미지 인식으로 알게 된 내용은 무엇인지"를 간단히 발표한다. 다른 모둠의 결과를 경청하며 의견을 주고받는 과정을 통해, 학생들은 친구의 아이디어와 선택을 존중하게 되고 자연스럽게 협동의 의미를 이해하게 된다.

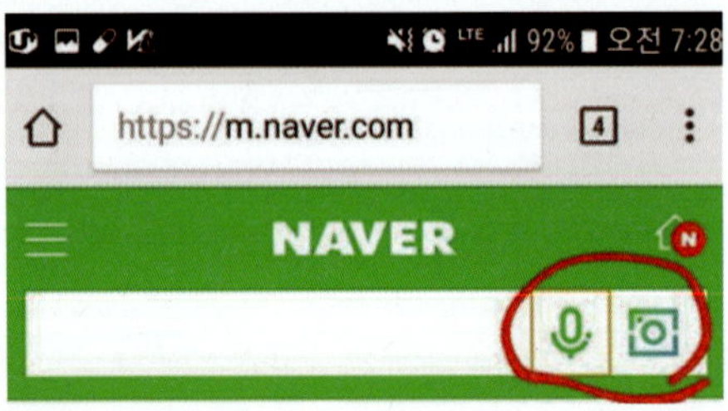

네이버 음성검색 실행 방법

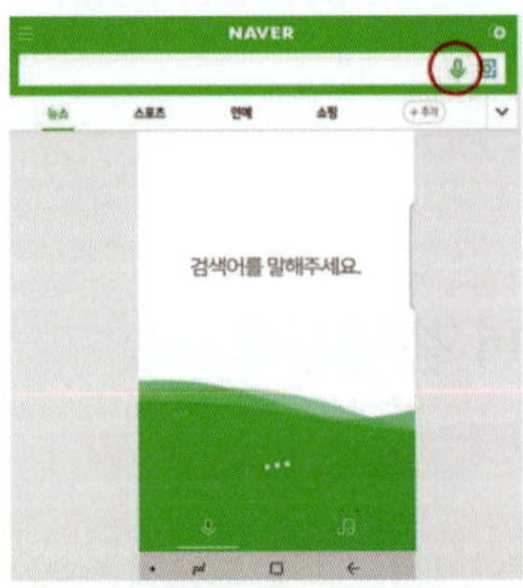

음성을 통한 검색 방법

4) 밀리의 서재 키즈

밀리의 서재 키즈는 학생들이 다양한 장르와 수준의 전자책을 손쉽게 읽을 수 있도록 돕는 교육용 디지털 도서관 플랫폼이다. 밀리의 서재 키즈를 활용해 학생들이 스스로 책을 선택하고 흥미로운 주제를 탐색하며 독서 활동에 대한 책임감과 협동심을 키우는 경험을 하게 된다. 이때 여러 권의 책이 추천·분류되는 과정을 미리 살펴보고 해당 플랫폼에서 제공하는 광고나 유료 서비스를 제한할 필요가 있다. 또한 인터넷 연결 상태가 원활해야 원활한 독서가 가능하므로 교실 환경에서 와이파이 접속을 안정적으로 유지하도록 주의한다. 개인별 읽기 수준에 맞춰 추천받을 수 있다는 점, 그리고 전자책으로 부담 없이 접근할 수 있다는 점이 밀리의 서재 키즈만의 주요 장점이다.

이후 학생들은 소그룹을 구성해 특정 주제를 정하고 각자 한 권씩 책을 골라 내용을 확인해 본다. 예를 들어, "여러 나라의 풍습"이나 "재미있는 과학 상식" 같은 범주를 정해둔 뒤 관심 있는 도서를 골라 스크롤하거나 목차를 살펴보도록 한다. 특수교육대상자의 특성을 고려하여 화면 터치나 스크롤이 익숙하지 않은 학생에게는 교사가 단계별로 사용법을 반복 안내하고 필요하면 짧은 설명이나 선택지를 미리 제시해 주어 편하게 접근할 수 있도록 돕는다. 이렇게 간단한 방식으로도 자기 주도적으로 책을 고르고 내용을 파악해 볼 수 있어 학생들은 독서 활동에 대한 흥미를 자연스럽게 높이게 된다.

마무리 단계에서는 각 소그룹이 "이 책에서 처음 알게 된 사실"이나 "특히 흥미로웠던 장면"을 간단히 공유한다. 다른 모둠의 책 선택 이유나 새롭게 습득한 정보를 들으며 공감대를 쌓고 "그 부분은 나도 재미있을 것 같아!"처럼 반응하면서 친구들과의 우정도 돈독히 할 수 있다. 이 과정을 통해 학생들은 스스로 책을 고르고 탐색했다는 점에서 자기 결정의 소중함을 깨닫고 더불어 독서 경험을 나누며 협동과 배려의 가치를 체득하게 된다.

밀리의 서재 안내

밀리의 서재에서 제공하는 추천 및 검색 서비스

5) 뱅크샐러드

뱅크샐러드(Bank Salad)는 다양한 금융 계좌, 카드, 보험, 대출 정보를 한눈에 확인하고 관리할 수 있는 개인 자산 관리 앱이다. 자동으로 수입과 지출을 분류해 주며 사용자는 자신의 소비 패턴을 쉽게 파악하고 저축이나 소비 목표를 설정할 수 있다. 단, 금융 개념이나 연동 과정이 복잡할 수 있어 실제 연동보다는 모의 계정이나 시뮬레이션 자료를 활용하는 것이 적절하다.

뱅크샐러드는 어린이들이 용돈 관리, 저축 습관 등 기본적인 금융 개념을 재미있게 익힐 수 있도록 설계된 디지털 플랫폼이다. 해당 앱을 통해 게임 · 퀴즈 형태로 구성된 간단한 경제활동 상황을 체험하며 학생들이 스스로 돈의 가치와 관리 방법을 이해하게 되는 경험을 제공한다. 먼저 교사는 뱅크샐러드를 실행하여 메인 화면에서 용돈 관리 시뮬레이션과 일상 속 경제 퀴즈를 시연하며 안내한다. 이때 금융 관련 개념이 낯설 수 있으므로 용돈이라는 예시부터 시작해 앱에 입력하는 방법과 진행 과정을 천천히 보여 주고 광고나 유료 기능이 표시되지 않도록 사전에 설정을 조정한다.

이후 학생들은 소그룹을 이뤄 뱅크샐러드의 초급 단계부터 시작하여 일상적인 수입(예: 용돈)과 지출(예: 간식 구매)을 기록하며 자동으로 생성되는 통계나 그래프를 보고 "이번 주에 간식을 사는 데 얼마나 지출했는지" "앞으로 더 큰 물건을 사려면 얼마나 저축해야 하는지" 등을 간단히 파악해 본다. 또한 각 모둠에서는 용돈 계획이나 앱 기록 과정을 나누어 맡고 진행 상황을 자연스럽게 설명하거나 질문을 주고받으면서 협력 분위기를 조성한다.

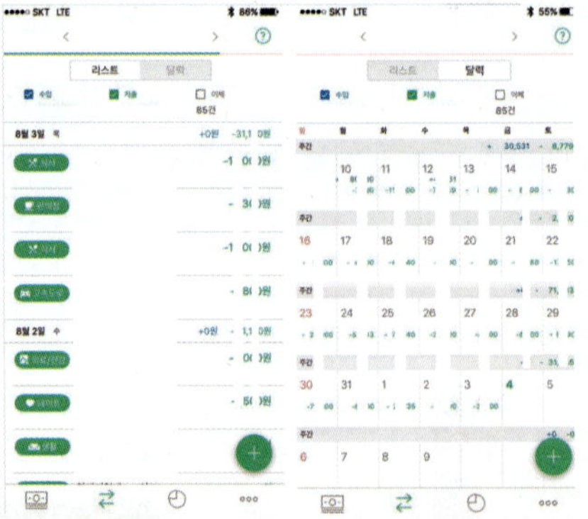

실제 수입과 지출 수업 사례 결과물(개인정보 보호를 위하여 일부 가림 처리)

마무리 시간에는 각 모둠이 "용돈을 어떻게 사용 · 저축했는지" "앞으로 어떤 목표가 생겼는지"를 발표하며 배운 점을 공유한다. 학생들은 다른 모둠의 용돈 계획이나 저축 아이디어를 들으면서 경제활동의 기본 원리를 체감하고 이를 통해 다양한 경제활동에 대한 이해를 넓히게 된다. 더불어 자신의 선택과 책임 있는 소비 · 저축 습관에 대해 생각해 보며 경제생활 주체로서의 태도를 기를 수 있다.

6) 캔바

캔바(Canva)는 온라인에서 손쉽게 프레젠테이션, 포스터, 학습지 등을 제작할 수 있는 시각 디자인 도구다. 드래그 앤 드롭 방식으로 구성되어 쉽게 접근할 수 있으며 글자 크기나 이미지, 아이콘 등을 자유롭게 조절할 수 있어 개별화된 시각 자료 제작에 유용하다. 다만 다양한 기능이 한 화면에 노출되기 때문에 처음 사용하는 학생은 과도한 자극이나 선택의 어려움을 겪을 수 있다. 따라서 템플릿을 미리 정해 주고 조작법을 짧게 연습하는 것이 효과적이다.

이 수업은 캔바(Canva)의 인공지능 이미지 생성 기능을 활용해 학생들이 간단한 포스터를 공동으로 제작하는 경험을 제공한다. 이 프로그램을 사용할 때는 광고나 유료 기능이 표시되지 않도록 사전 설정을 해두고 인공지능 이미지가 예상과 다른 결과물을 줄 수 있다는 점을 안내하여 여러 차례 시도해 보도록 유도한다. 또한 키워드 입력만으로 다양한 결과물을 얻을 수 있다는 장점이 있으나 부적절한 이미지를 생성할 가능성도 있으므로 교사가 최종 이미지를 검토하고 필요한 경우 적절히 수정하거나 대체 이미지를 선택하도록 돕는다.

캔바 제작 결과물 예시(초상권 문제로 사진은 인공지능 이미지로 대체)

도입 단계에서 교사는 캔바에서 인공지능 이미지 생성 옵션을 선택하고 간단한 키워드를 입력해 원하는 이미지를 얻는 과정을 시연한다. 이후 학생들을 소그룹으로 나누어 특정 주제를 함께 정하도록 하며 각 그룹이 생각해 낸 키워드를 입력해 이미지를 생성해 본다. 생성된 이미지를 바로 확인하면서 흥미를 높이고 배경 · 텍스트 · 배치 등을 자유롭게 수정하여 하나의 완성된 포스터를 만들어 간단한 주제나 메시지를 담도록 한다. 학생의 특성을 고려하여 드래그 앤 드롭보다는 클릭이나 간단한 텍스트 입력을 중심으로 활동을 구성하고 교사는 학생들이 각자 할 수 있는 만큼만 부담 없이 참여할 수 있도록 반복 안내와 시범을 제공한다. 마무리 단계에서는 각 모둠이 완성한 포스터를 교실 앞에서 공유하고 "이 이미지는 어떤 키워드를 입력해서 만든 건가요?" "주제를 왜 이렇게 정했나요?"처럼 제작 과정을 묻고 답하면서 협업의 즐거움과 자기 선택의 중요성을 되새긴다. 학생들은 서로가 만든 이미지를 보며 아이디어를 나누고 칭찬하거나 감상을 공유함으로써 친구와의 우정을 자연스럽게 키우게 된다.

활동하기

1. 기본 교육과정 사회에서 제시된 디지털교육 관련 내용과 공통 교육과정 사회에서 제시된 디지털교육 관련 내용을 비교하세요.
2. 디지털교육 자료를 활용한 사회과 교수 · 학습과정안을 설계해 보세요.
3. 이 책에서 제시된 디지털교육 자료 외에 사회 교과에서 활용할 수 있는 자료를 찾고 장단점을 이야기해 보세요.

제8장 수학

개요

이 장은 디지털교육을 활용한 수학과 역량을 함양하기 위해 교육과정적 기초와 적용 방안을 탐색하는데 목적이 있다. 이를 위해 이 장에서는 2022 특수교육 기본 교육과정 수학에서의 디지털교육 내용을 살펴보고 실제 적용한 사례와 활용 방법을 탐색한다. 이 장의 학습을 통하여 향후 장애 학생을 위한 수학 교육에서 디지털교육 역량을 함양하게 된다.

1. 수학 교육의 기초
2. 수학 교과의 디지털교육 실제
3. 수학 교과의 디지털교육 활용

1. 수학 교육의 기초

수학은 여러 교과 학습의 기본 토대가 되며 자연과학, 공학, 의학뿐만 아니라 사회과학, 인문학, 예체능 분야 등 다양한 직업에서 요구하는 수리 소양을 갖추는 데 기초가 된다. 또한 수학은 기본적인 삶을 영위하고 일상생활 문제를 해결하는 데 도움이 되며 나아가 미래 사회를 주도할 창의적인 인재를 양성하기 위한 기반을 제공한다.

한편 인공지능(AI), 데이터 사이언스 등 미래 첨단 기술의 주요 기저로 수학이 활용됨에 따라 수학 교육의 강화에 대한 사회적 요구가 증대되었다. 교육 현장에서는 지능정보화 시대의 핵심 인재를 양성하고 누구나 수학적으로 생각하는 힘을 함양하여 개인과 국가 경제력을 제고할 필요성이 부각되고 있다. 이에 교육부(2020b)는 제3차 수학교육 종합 계획에서 지능정보사회의 소양을 갖추고 세계를 선도하는 인재를 양성하는 것을 비전으로 제시하였으며 미래 사회에 필요한 수학 역량을 중심으로 교과 내용을 재구조화하고 '인공지능(AI) 수학'

등 실생활 기반 과목 개발과 적용에 중점을 두고 있다.

2022 특수교육 기본 교육과정 수학에서는 AI · 디지털교육에 대해 교수 · 학습의 방향과 방법에서 제시하고 있다. 교수 · 학습의 방향에서는 학생의 교육적 요구 및 특성 등을 고려하여 변화하는 미래 환경에 대응하는 디지털 기반 교수 · 학습을 계획할 것을 제시한다. 교수 · 학습 방법에서도 학생의 교육적 요구 및 특성을 고려하여 디지털교육 매체를 활용하며 수학적 개념의 이해를 돕고 실생활 활용 능력을 키우는 것을 강조하였다. 아울러 원격수업에서는 다양한 콘텐츠를 활용하여 교사와 학생, 학생과 학생 간의 상호작용이 원활하게 이루어지도록 하고 원격수업 관련 플랫폼을 사전 점검하여 수업 진행이 원활하게 진행되도록 하였다. 2022 특수교육 기본 교육과정 수학에서 디지털교육과 관련된 내용은 〈표 8-1〉과 같다.

표 8-1 2022 특수교육 기본 교육과정 수학과에서 디지털교육 관련 내용

1. 교수 · 학습의 방향
   (바) 학생의 교육적 요구 및 특성 등을 고려하여 디지털 기반 교수 · 학습, 원격수업 등 미래 사회 및 환경 변화에 대응하는 교수 · 학습을 계획한다.
2. 교수 · 학습 방법
   (라) 수학과 수업은 학생의 교육적 요구 및 특성을 고려하여 컴퓨터 보조학습, 보조공학, 매체 및 도구 활용 학습 등을 적절히 선택하여 적용한다.
   (사) '지식 · 이해'의 교수 · 학습에서는 다음 사항을 강조하여 지도한다.
   가상현실(VR), 증강현실(AR), 혼합현실(MR), 교육용 콘텐츠 등의 디지털 자료를 활용하여 수학적 개념의 이해를 돕는다.
   (아) '과정 · 기능'의 교수 · 학습에서는 다음 사항을 강조하여 지도한다.
   계산기, 컴퓨터, 교육용 소프트웨어, 교육용 앱 등의 공학적 도구와 구체물, 가상 조작물, 측정 도구 등의 교구를 활용하는 다양한 학습 활동을 통해 실생활 활용 능력을 키운다.
   (파) 원격수업에서의 교수 · 학습 방법을 제시할 때에는 다음 사항에 유의한다.
   교사와 학생, 학생과 학생 간의 상호 작용이 원활하게 이루어지도록 수학 내용과 관련된 다양한 콘텐츠를 활용한다.

2. 수학 교과의 디지털교육 실제

1) 수와 연산 영역(화폐)

(1) 교육과정 및 학습자 분석

수학의 수와 연산 영역에서 '화폐의 활용' 단원의 '몇만 몇천 원 사용하기'에 대해 알아본다. 이와 관련된 성취기준은 2022 특수교육 기본 교육과정에서는 [6수학01-11], [9수학01-13], [12수학01-14]와 공통 교육과정에서는 [2수01-03], [4수01-02]와 연계하여 교육과정을 재구성할 수 있다. 교육과정 재구성을 위한 구체적인 내용은 〈표 8-2〉에 제시하였다.

도현이는 사회성이 높고 말하는 것을 좋아하므로 친구들이 활동할 때 점원의 역할을 수행할 수 있도록 한다. 시우는 특정 간식에 과도한 관심을 갖기 때문에 판매하는 상품을 문구로 제한하였으며 마지막 숨겨진 바코드 찾기를 해결했을 때의 보상을 미리 공개하여 수업 참여도를 높인다. 마지막으로 서연이는 저시력이기 때문에 라벨 프린터로 확대된 바코드를 생성하여 제공하고 포스 화면을 확대하여 제공한다. 서연이의 현행 수준은 한 자릿수의 수 세기가 가능한 수준으로 설정하였다.

표 8-2 몇만 몇천 원 사용하기의 교육과정 및 학습자 분석

단원	화폐의 활용	제재	몇만 몇천 원 사용하기
성취기준	기본	[6수학01-11] 몇천 원짜리 상품과 교환할 수 있는 지폐를 찾는다. [9수학01-13] 몇만 몇천 원짜리 상품과 교환할 수 있는 지폐를 찾는다. [12수학01-14] 실생활의 다양한 상황에서 필요한 화폐를 활용한다.	
	공통	[2수01-03] 네 자리 이하의 수의 범위에서 수의 계열을 이해하고, 수의 크기를 비교할 수 있다. [4수01-02] 다섯 자리 이상의 수의 범위에서 수의 계열을 이해하고, 수의 크기를 비교하며 그 방법을 설명할 수 있다.	
학습자 장애유형	도현(지적장애), 시우(자폐성장애), 서연(중도중복장애: 지적 · 시각장애)		

(2) 교수 · 학습 과정안 설계 및 개발

수학의 '화폐의 활용' 단원의 '몇만 몇천 원 사용하기'에 대해 학습 단계에 따른 교수 · 학습과정안의 설계와 구체적인 자료 개발은 〈표 8-3〉과 같다.

표 8-3 몇만 몇천 원 사용하기에 대한 교수 · 학습과정안

학습단계	교수 · 학습 활동	자료
도입	• 동기유발 –바코드로 계산하는 영상 시청하기 • 학습목표 확인하기 바코드를 이용하여 물건값을 계산한다.	• 동영상 자료
전개	• 〈활동 1〉 상품 등록하기 –교실에 있는 문구용품을 바코드 리더기를 활용하여 등록하기 –상품 진열하기 • 〈활동 2〉 내가 가진 돈으로 살 수 있는 물건 찾기 –5,000원(10,000원)으로 살 수 있는 물건 찾기 • 〈활동 3〉 물건에 알맞은 값 지불하기 –포스기로 물건값의 합계를 확인한 후 알맞은 값을 모형 화폐로 지불하기	• 토스 포스 • 바코드 리더기 • 전자칠판 • 등록할 문구류 • 태블릿 • 모형 화폐
정리	• 학습 내용 정리하기 –숨겨진 바코드 찾기	• 바코드 • 상품

(3) 디지털교육 실행 및 평가

수업을 시작하기에 앞서 전자칠판을 활용할 경우 토스 포스 앱을 전자칠판에 설치하고 노트북을 TV와 연결하여 사용하는 경우 토스 포스 프로그램을 노트북에 설치한 뒤 로그인한다. 바코드 리더기를 전자칠판 혹은 노트북과 연결하고 토스 포스 설정에서 '유선/무선 바코드 스캐너 사용'을 활성화시킨 뒤 홈 화면에서 바코드를 찍어보며 리더기의 작동을 확인한다. 본 수업은 2차시 블록타임 수업으로 계획하였으며 1차시는 바코드 인식과 상품 등록에 2차시는 물건값 계산과 화폐 사용에 중점을 두고 수업을 진행한다.

도입에서는 바코드를 직접 찍어 계산하는 영상을 시청하고 무인계산대나 키오스크를 이용해 본 경험을 이야기한다. 학습목표를 함께 읽고 오늘의 활동을 확인하며 정리 시간 미션

인 바코드 찾기를 간략하게 설명하면서 성공했을 때의 상품을 사전 고지하여 시우의 수업 참여도를 높인다.

전개의 〈활동 1〉에서는 교실에 있는 문구용품을 찾아 상품으로 등록한다. 한 명씩 전자칠판으로 나와 문구용품을 선택하여 상품 등록을 진행한다. 판매 홈 화면에서 새로운 물건의 바코드를 찍고 추가하기 버튼을 누르면 상품을 등록하는 화면이 나온다. 물건의 이름과 가격을 입력하고 등록 버튼을 누른다. 물건의 가격을 정할 때는 태블릿을 사용해 물건의 실제 판매 가격을 검색하여 현실적인 가격으로 등록하도록 한다. 시우는 미리 검색한 태블릿을 보고 상품의 이름과 가격을 똑같이 입력하도록 한다. 서연이는 상품의 배경색을 고르고 제시된 가격을 한 자리씩 함께 읽으면서 같은 숫자를 찾아 입력하도록 한다.

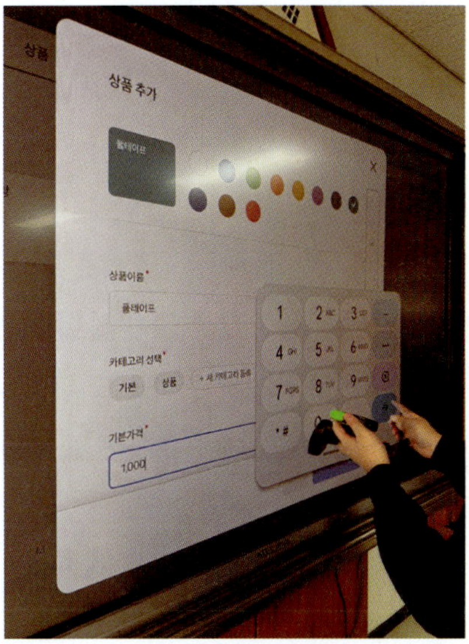

[그림 8-1] 전자칠판에서 상품 등록하기

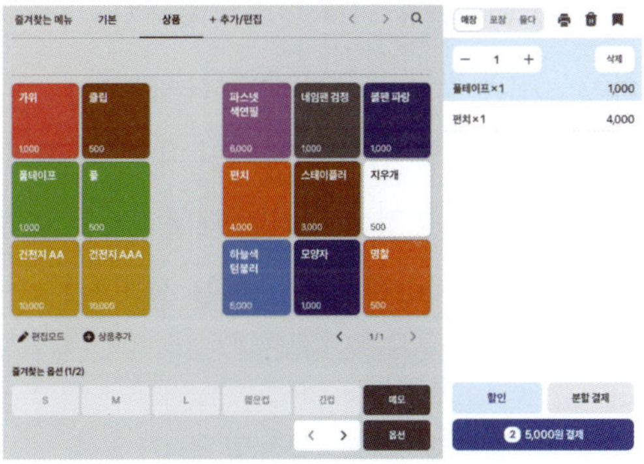

[그림 8-2] 5,000원어치 물건을 선택한 포스 화면

〈활동 2〉에서는 학생의 수준별로 예산과 물건 수를 조절한다. 도현이는 물건을 고른 뒤 바코드를 찍어 10,000원으로 살 수 있는지 확인한다. 물건의 개수를 조정하거나 예산을 변경하는 등의 추가 미션을 부여한다. 시우는 물건 하나를 고르고 바코드를 찍어 가격을 확인한 뒤 5,000원과 비교하여 살 수 있는 물건인지 확인한다. 서연이에게는 포스 화면을 확대하여 제공하며 뒷자리를 생략하고 물건의 가격과 자신이 가진 돈을 비교한다. 예를 들어, 1,000과 5,000을 비교하는 대신 1과 5 중 큰 수를 찾는다.

〈활동 3〉에서는 자신이 고른 물건의 합계 금액을 확인한 뒤 모형 화폐를 사용하여 물건값을 계산한다. 도현이는 스스로 무인점포를 이용한다고 가정하고 물건을 여러 개 골라 바코드를 찍고 결제를 누른 뒤 물건값에 알맞은 값을 상자에 넣도록 한다. 시우의 차례에는 도현이가 점원 역할을 수행하며 지불한 값이 물건값과 다른 경우 차이가 얼마큼 나는지 알려준다. 서연이의 차례에는 〈활동 2〉에서와 마찬가지로 확대된 화면을 제공하고 금액의 뒤 세 자리를 생략하여 물건값의 합을 확인한다. 예를 들어, 8,000원인 경우 1부터 8까지 함께 천 원권을 세어가며 금액을 맞춘다. 수 세기가 어려운 학생은 물건을 고르고 바코드를 찍은 뒤 대용화폐를 사용하여 계산하도록 지도한다.

정리에서는 교실 곳곳에 숨겨져 있는 바코드를 함께 찾는다. 일종의 보물찾기로 특정 사물함 안쪽, 학급 게시판 급식표 뒷면 등 위험하지 않은 곳에 바코드를 숨겨놓는다. 해당 바코드는 미리 등록해 놓아야 하며 상품 이름에 학생들에게 하고 싶은 말을 입력해도 좋다. 교사는 시간을 확인하며 바코드 위치의 직접적인 힌트를 제공한다. 찾은 바코드를 모두 인식하여 최종 합계금액을 교사에게 지불하면 모두가 함께 보상을 받는다.

2) 측정 영역

(1) 교육과정 및 학습자 분석

수학의 측정 영역에서 '길이' 단원의 '길이 재기'에 대해 알아본다. 이와 관련된 성취기준은 2022 특수교육 기본 교육과정에서는 [4수학03-01], [6수학03-01], [9수학03-01], [12수학03-01]과 공통 교육과정에서는 [2수03-10]과 연계하여 교육과정을 재구성할 수 있다. 교육과정 재구성을 위한 구체적인 내용은 〈표 8-4〉에 제시하였다.

민재는 자기조절이 어려워 태블릿으로 다른 앱을 사용하려고 하기 때문에 필요한 시간에만 제공하고 지속적으로 규칙을 상기시킨다. 준호는 청각장애 학생으로 말로 표현하기 어

표 8-4 길이 재기의 교육과정 및 학습자 분석

단원	길이		제재	길이 재기
성취기준	기본	[4수학03-01] 구체물 두세 개의 크기, 길이를 직접 비교하고 용어로 나타낸다. [6수학03-01] 길이(cm)의 단위를 알고 측정 도구(자 등)를 사용하여 길이를 측정한다. [9수학03-01] 길이(m)의 단위를 알고 측정 도구(줄자 등)를 사용하여 길이를 측정한다. [12수학03-01] 길이의 단위를 활용하여 여러 가지 측정 활동에 참여한다.		
	공통	[2수03-10] 길이 단위 1cm와 1m를 알고, 이를 이용하여 주변 사물의 길이를 측정할 수 있다.		
학습자 장애유형	민재(지적장애), 준호(중도중복장애: 지적 · 청각장애), 지유(중도중복장애: 지적 · 지체장애)			

렵기 때문에 클로바더빙 앱에 본 차시와 관련된 말을 입력해 두고 앱을 활용하여 표현하도록 지도한다. 지유는 지체장애 학생이지만 소근육 활동이 가능하기 때문에 각 활동에 부분적으로 참여할 수 있도록 역할을 세분화하여 부여한다.

(2) 교수 · 학습과정안 설계 및 개발

수학의 '길이' 단원의 '길이 재기'에 대해 학습 단계에 따른 교수 · 학습과정안의 설계와 구체적인 자료 개발은 〈표 8-5〉와 같다.

표 8-5 길이 재기의 교수 · 학습과정안

학습단계	교수 · 학습 활동	자료
도입	• 동기유발 –'택시! 택시!' 도입 이야기 함께 읽기 –레고 택시 주행 영상 보기 • 학습목표 확인하기 자를 사용하여 길이를 측정한다.	• 동영상 자료
전개	• 〈활동 1〉 레고 택시 조립하기 –조립 과정을 보고 택시 조립하기 • 〈활동 2〉 길 만들기 –자 또는 줄자를 이용하여 길 만들기 • 〈활동 3〉 목적지에 도착하기 –자 또는 줄자로 길의 거리를 측정하고 입력하기 –도착지와의 간격을 길이를 이용하여 표현하기 –입력값 수정하기	• 태블릿 • 전자칠판 • 자, 줄자 • 마스킹테이프 • 레고 스파이크 에센셜
정리	• 학습 내용 정리하기 –협력하여 어려운 길 통과하기	• 레고 스파이크 에센셜 • 태블릿

(3) 디지털교육 실행 및 평가

본 수업 전 레고 스파이크 에센셜의 기본 사용방법을 익히는 수업을 진행한다. 노트북에는 레고 스파이크 전용 소프트웨어를 설치하고 태블릿과 전자칠판에는 전용 앱을 설치한 뒤 자습서 활동을 진행한다. 여러 개의 허브를 한 공간에서 사용하는 경우 미리 허브의 이름을 변경하고 변경된 이름을 라벨로 붙여 다른 기기에 연결되지 않도록 한다. 레고 스파이크의 개수가 충분하지 않은 경우 조별 수업 혹은 전체 수업으로 교구를 함께 사용하거나 대여 프로그램을 이용할 수 있다. 경기도교육청의 경우 2025년 기준 '찾아가는 SW · AI 교육 프로그램'을 통해 레고 스파이크를 5주간 대여할 수 있다. 본 수업은 2차시 블록타임 수업으로 계획하였으며 레고 택시를 미리 조립해 놓는다면 1차시로 진행할 수 있다.

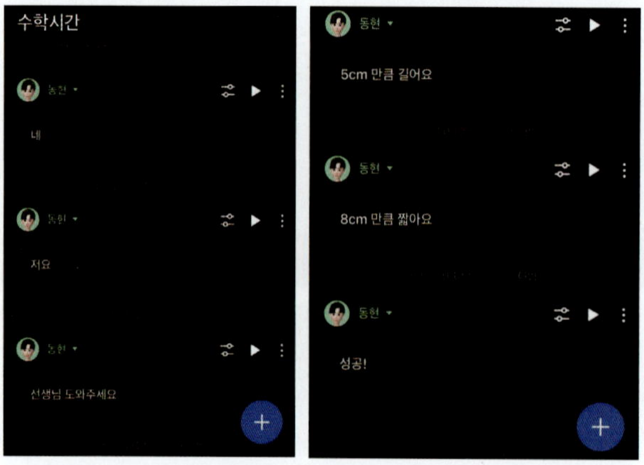

[그림 8-3] 클로바더빙 앱 화면

도입에서는 전자칠판에서 레고 스파이크 앱을 실행하고 행복한 여행자 단원 '택시! 택시' 수업을 선택하여 이야기를 함께 읽고 문제상황을 파악한다. 레고 택시의 실제 주행 영상을 시청하며 탈것을 좋아하는 학생들의 수업 참여를 유도한다. 준호에게는 태블릿을 제공하여 클로바더빙 앱을 수업 시간 중 자신의 표현 수단으로 활용할 수 있도록 한다.

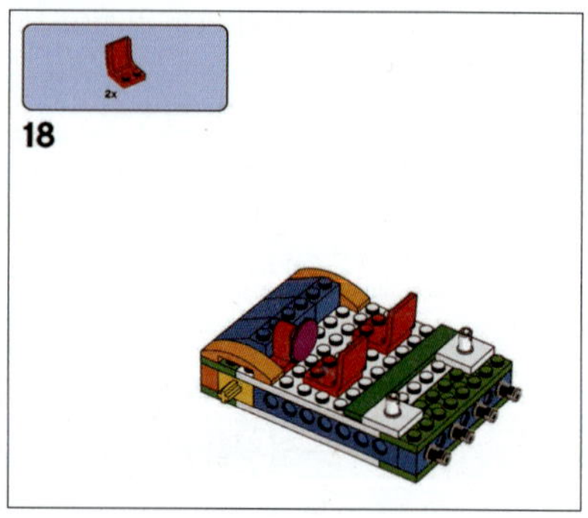

[그림 8-4] 택시 조립 과정 화면

전개의 〈활동 1〉에서는 조립 과정을 단계별로 확인하면서 택시를 조립한다. 민재처럼 스스로 조립이 가능한 학생은 하나의 택시를 만들도록 한다. 스스로 조립이 어려운 학생들은 전자칠판을 활용하여 협력하여 조립한다. 준호는 조립 과정 화면에서 왼쪽 상단에 제시된 조립해야 할 부품과 같은 부품을 찾는데 집중한다. [그림 8-4]의 왼쪽 상단을 보면 현 단계에서 빨간 의자 모양을 찾아야 하는 것을 알 수 있다. 지유는 제시된 부품과 같은 색의 부품을 가리키도록 하고 교사와 함께 조립한다. 쉽게 파손되지 않는 레고의 특성으로 소근육의 힘 조절이 어려운 학생들도 조립 활동에 즐겁게 참여할 수 있다.

〈활동 2〉에서는 자 또는 줄자를 이용하여 다음 활동에서 사용할 길을 만든다. 길의 폭은 택시보다 넓게 하고 길이는 학생의 수준에 따라 다양하게 제시한다. 짧은 길은 전지 위에 자를 사용하여 주어진 길이만큼 직선을 그리고 그 위에 마스킹테이프로 마무리한다. 길이만큼 선을 긋고 테이프를 붙이는 활동을 통해 자연스럽게 길이감을 익히도록 한다. 1m 이상의 길은 교실 바닥에 줄자와 마스킹테이프를 이용하여 출발점과 도착점을 표시하여 간단히 만들 수 있다.

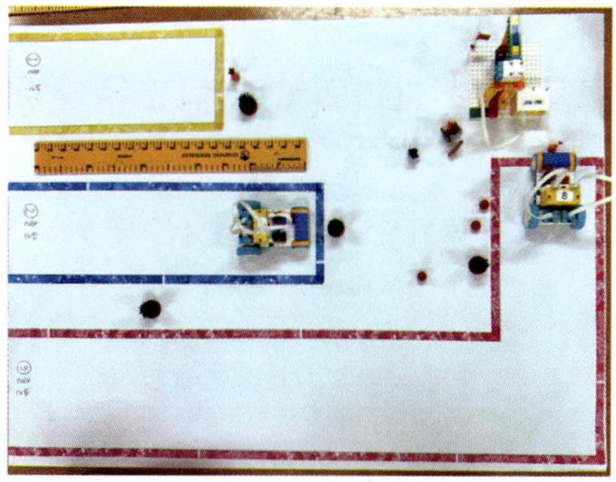

[그림 8-5] 전지에 만든 길

〈활동 3〉에서는 택시와 전자기기를 연결하고 코딩 블록에 길이를 입력하여 택시를 길에 따라 움직이게 하는 활동을 한다. 택시와 연결할 태블릿을 나눠주기 전에 민재에게 사용 규칙을 상기시킨다. 택시와 태블릿을 연결하고 주행을 확인한 뒤 학생의 수준별로 길을 선택한다. 민재는 스스로 길의 길이를 재고 코딩 블록에 해당 길이를 cm 단위로 입력한다. 도착지에 도달하지 못한 경우 도착지와의 간격을 확인하여 "~cm만큼 길다/짧다."라고 표현한 뒤 입력값을 수정한다. 준호도 스스로 길이를 입력하고 자동차의 움직임을 관찰한다. 도착지에 도달하지 못한 경우 클로바더빙 앱을 사용하여 길이의 차이를 표현하고 입력값을 수정한다. 지유는 길에 자를 대고 손가락으로 가리키며 교사와 함께 숫자를 읽는다. 읽은 숫자를 교사가 태블릿에 입력하면 지유가 직접 재생 버튼을 누르고 자동차가 잘 도착하는지 확인한다.

정리에서는 어려운 길을 통과하여 도착지에 도착하게 하는 협동 미션을 부여한다. 길이 변형되는 지점까지 길이를 재고 블록에 숫자를 입력하여 그 지점까지 택시가 움직이는지 확인한다. 의도한 대로 움직였다면 다음 지점까지 길이를 재고 입력하는 것을 반복한다. 방향 전환의 경우 바닥과의 마찰력에 따라 정확한 전환이 어려울 수 있으므로 교사가 미리 해 보고 도움을 주도록 한다. 돌아가면서 함께 길을 통과하도록 지도하며 지유가 참여하기 어려운 경우 주행할 때마다 재생 버튼을 누를 수 있게 한다. 수업이 종료되기 전에 도착지에 도착하여 미션에 성공할 수 있도록 한다.

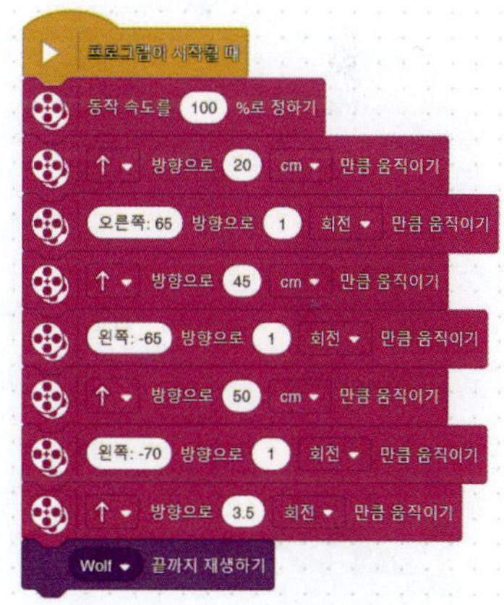

[그림 8-6] 어려운 길 코딩 화면

3. 수학 교과의 디지털교육 활용

수학에서 디지털교육을 활용할 수 있는 교육자료를 제시하면 〈표 8-6〉과 같다.

표 8-6 수학 교과의 디지털교육 활용 사례

명칭	소개	성취기준
쥬니버스쿨	수학, 논리, 코딩, 사회성에 관련된 학습 콘텐츠를 제공하는 교육용 앱	[6수학01-03] 두 자리 수의 크기를 비교한다.
Toy Theater	초등학교 학생들을 위한 무료 교육용 게임과 학습 활동을 제공하는 웹사이트	[9수학01-09] 곱셈구구의 원리를 알고 1단부터 9단까지 나타낸다.
지오지브라	기하, 대수, 미적분, 통계, 이산수학, 3차원 기하를 쉽게 다룰 수 있는 교육용 소프트웨어	[9수학02-04] 다양한 방법으로 사각형, 삼각형, 원을 만들거나 그린다.
알지오매스 키즈	기하학적 도형 탐구와 상호작용 활동을 통해 기초 수학 개념을 배우는 수학 학습 플랫폼	[9수학02-07] 입체 모양을 보고 똑같이 쌓기나무로 쌓는다.
토도수학	유아부터 초등 2학년 수준의 수학 내용을 자신의 수준에 맞게 학습할 수 있는 유료 앱	[9수학03-04] 다양한 형태의 달력을 경험하고 날짜를 '몇 월', '몇 월 며칠'로 나타낸다.
똑똑! 수학 탐험대	게임 형태의 다양한 학습 활동을 제공하는 인공지능 활용 초등수학수업 지원시스템	[6수학04-04] 여러 가지 모양과 색 등을 활용하여 규칙적인 무늬를 꾸민다.
EBS 초등 이지통계	다양한 그래프를 표현하고 조작할 수 있는 통계 교육 프로그램	[12수학05-03] 여러 가지 그래프를 경험한다.

i-Scream 툴킷	스톱워치, 타이머, 돌림판 등 학급운영과 수업에서 활용하기 좋은 도구를 모아놓은 온라인 플랫폼	[9수학05-04] 놀이로 가능성을 경험한다.

1) 쥬니버스쿨 · 키즈 코딩 수학 논리 사회성 교육

쥬니버스쿨은 쥬니어네이버가 만든 어린이 교육 앱으로 수학, 논리, 코딩, 사회성에 관련된 600여 개 학습 콘텐츠를 무료로 이용할 수 있다. 가정에서도 쉽게 활용할 수 있는 앱으로 가정과 연계하여 복습 및 반복학습을 유도할 수 있다.

오늘의 미션은 15분 분량의 미션이 122일차까지 제공되는 것으로 학생들의 단계별 성장을 유도할 수 있다. 전체보기는 원하는 미션을 선택해서 수행할 수 있는 기능으로 수학, 놀이코딩, AI 놀이, 사회성, 논리로 분류되어 있다. 워크북은 홈페이지에서 다운로드 가능하며 학습을 정리할 수 있는 학습자료가 일차별로 1개씩 제공된다. 로그인을 하지 않아도 모든 콘텐츠를 사용할 수 있지만 네이버 로그인을 활용하면 학생 개인별 진도 관리에 용이하다.

수학 수업에서 학생의 교육목표와 관련된 미션을 찾아 쥬니버스쿨을 활용할 수 있다. 예를 들어, 두 자리 수의 크기를 비교하는 수업에서는 수학-수-수크기 영역에서 '부르릉! 트럭을 찾아봐'부터 '큰 수? 작은 수?'까지 약 8개의 미션을 수업에 활용할 수 있다. 시간제한은 없으며 일정 시간이 지나면 "천천히 생각해 보자."와 같은 독려하는 말이 나오고 틀린 경우에도 다시 시도할 수 있는 기회가 주어진다. 주로 개념을 학습한 뒤 학생의 숙달을 돕기 위한 도구로 활용하며 학생들의 학습 속도에 따라 미션의 개수를 조절해 주는 것이 좋다.

'더 큰 수의 섬을 찾아보자' 실행화면

'큰 수? 작은 수?' 실행화면

2) Toy Theater

Toy Theater는 초등 수준의 무료 교육용 게임과 학습 활동을 제공하는 웹사이트다. 제공 언어는 영어지만 구글 자동번역을 사용하면 큰 어려움 없이 사이트를 이용할 수 있다. 수학뿐만 아니라 언어, 미술, 음악 등의 교육용 도구들을 제공하며 태블릿과 모바일 기기에서도 인터넷만 연결하면 쉽게 활용할 수 있다.

사이트 상단에 수학, 읽기, 예술, 음악, 퍼즐, 게임, 교사 도구를 선택하면 활용할 수 있는 기능의 목록이 그림과 함께 제공되고 수업과 관련된 게임이나 도구를 찾아 수업에 활용할 수 있다. 교사 도구(TEACHER TOOLS)에는 기본 수학 개념을 가르치고 평가하기 위한 다양한 조작 도구와 평가 도구가 있다.

Toy Theater를 활용한 곱셈구구 수업은 교사 도구에서 곱셈 플래시 카드(Multiplication Flash Card) 기능을 활용할 수 있다. 초기 설정화면 상단에서 연습하고 싶은 단수를 선택하고 곱셈식 아래에 보조 그림의 활용 여부를 선택하여 실행 버튼을 누른다. 실행 화면에서는 연속하여 문제가 출제되며 틀린 경우 틀린 보기는 없어지고 다시 시도할 수 있는 기회를 제공한다. 곱셈구구를 암기하고 숙달하는 단계에서 사용하기 적합하다.

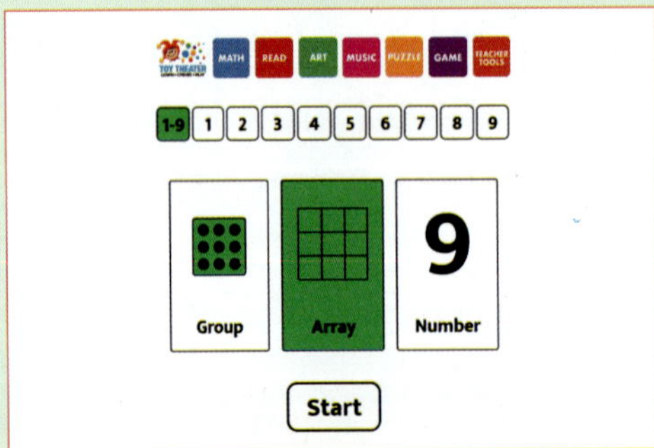

① 곱셈 플래시 카드 설정화면

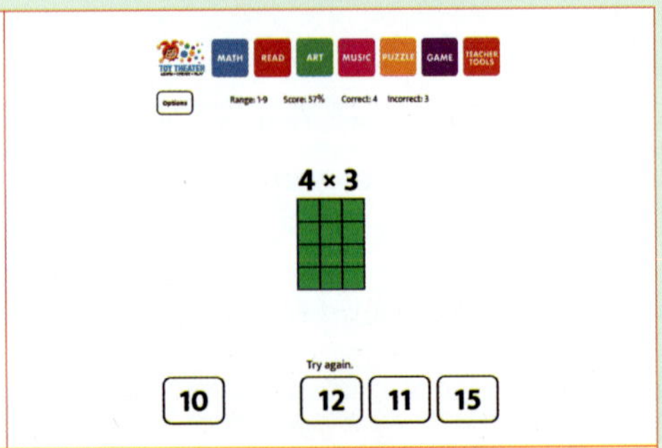

② 곱셈 플래시 카드 실행화면

3) 지오지브라

지오지브라(GeoGebra)는 수학 교육을 위한 무료 소프트웨어로 기하학, 대수학, 통계학 등 다양한 수학 영역을 시각화하고 탐구할 수 있는 도구다. 웹 기반으로 제공되어 별도의 설치 없이 브라우저에서 바로 사용할 수 있으며 다양한 플랫폼에서 이용할 수 있다.

지오지브라 메인화면에 접속하면 '계산기 시작하기'와 '커뮤니티 자료'를 선택할 수 있다. '계산기 시작하기'를 선택하면 대수, 기하 등을 탐구할 수 있는 화면으로 연결된다. 계산기 종류는 6가지가 있고 그중 수업에 필요한 계산기를 선택한다. '기하'는 평면도형, '3차원 계산기'는 입체도형을 조작할 수 있으며 기본 도구 하단에 펼치기를 누르면 더 세밀한 조정이 가능하다. 메인화면 '커뮤니티 자료'를 선택하면 전 세계에서 공유한 활동, 강의, 게임 등이 제공된다.

다양한 방법으로 평면도형을 그리는 수업에서 지오지브라를 다음과 같이 활용할 수 있다. 기하 계산기를 선택하고 화면을 설정한다. 주 격자선을 보이게 설정하고 '격자에 붙기'를 활성화하여 학생들이 더 쉽게 조작할 수 있도록 한다. 기본 도구 중 다각형과 원을 선택하여 다양한 모양을 따라 그리는 것으로 시작하여 익숙해진 후에는 자유롭게 표현할 수 있도록 한다. 지오지브라의 조작이 어려운 학생들은 앞서 소개한 Toy Theater의 '지오보드 모양'을 활용할 수 있다.

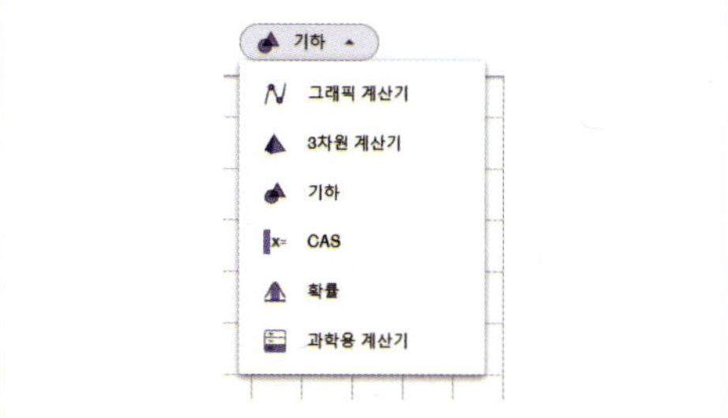

① 계산기 선택하기

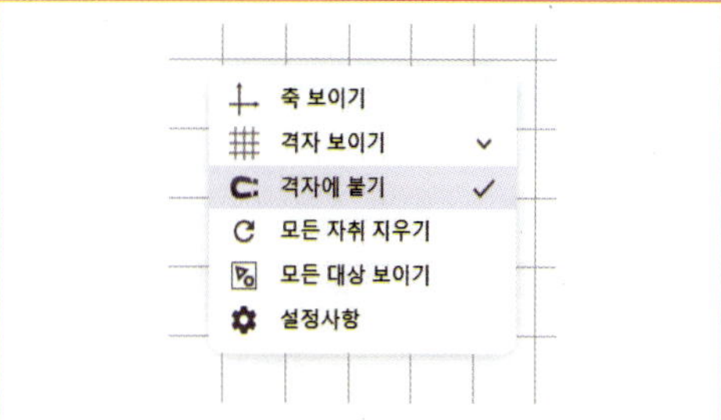

② 화면 설정하기

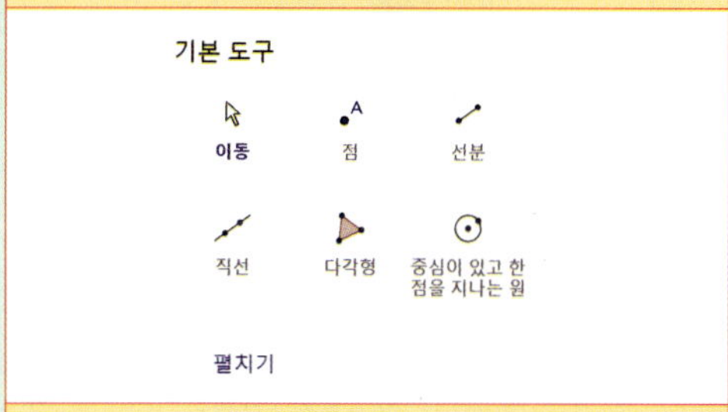

③ 기본 도구 선택하기

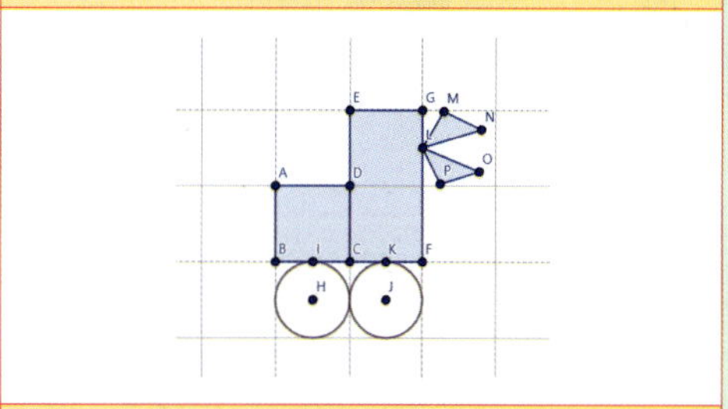

④ 교과서를 따라 모양 만들기

4) 알지오매스 키즈

알지오매스 키즈는 어린이들이 수학을 재미있고 쉽게 배울 수 있도록 설계된 교육용 프로그램으로 게임과 상호작용 활동을 통해 숫자, 연산, 도형 등 기초 수학 개념을 재미있고 쉽게 배울 수 있도록 돕는다. 시각적이고 직관적인 인터페이스로 학습 흥미를 유발하며 개인 맞춤형 학습과 성취도 추적 기능을 제공한다.

알지오매스 키즈에서 제공하는 알지오 도구는 수학 학습을 돕기 위해 설계된 디지털 도구로 창의적인 도형 실습을 진행할 수 있다. 그중 '알지오매스 키즈 2D'는 평면도형을 탐구할 수 있는 도구다. 다양한 평면도형을 직접 생성하고 밀기, 뒤집기 등의 이동기능과 길이, 각도, 넓이 등의 측정기능을 사용할 수 있다. '알지오매스 키즈 3D'는 입체도형과 쌓기나무를 탐구할 수 있는 도구다. 쌓기나무를 쌓은 뒤 시점을 옮겨가며 모양을 관찰할 수 있으며 다양한 입체도형을 탐구하고 전개도를 직접 접어가며 학습할 수 있다.

쌓기나무 수업에서 알지오 도구 중 '알지오매스 키즈 3D'를 활용할 수 있다. 왼쪽 아이콘 중 쌓기나무를 선택하고 화면을 클릭하면 클릭한 곳에 쌓기나무가 하나씩 생성된다. 빈자리를 선택하면 그 자리에 생성되고 쌓기나무가 있는 자리를 선택하면 그 쌓기나무 위에 추가 생성된다. 화면 상단에 삭제 버튼을 누르고 클릭하면 쌓기나무를 하나씩 제거할 수 있다. 화면을 확대하거나 시점을 옮겨가면서 쌓을 수 있으며 우측 아이콘 중 '1인칭 모드'와 '비행모드'로 내가 쌓은 쌓기나무를 다양한 관점에서 관찰할 수 있다.

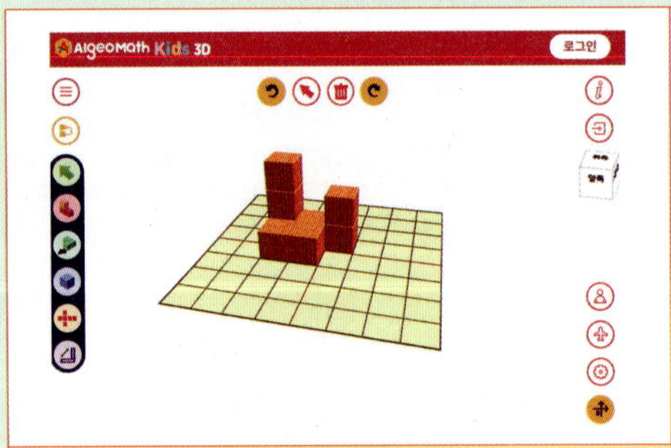

쌓기나무를 똑같이 쌓는 장면

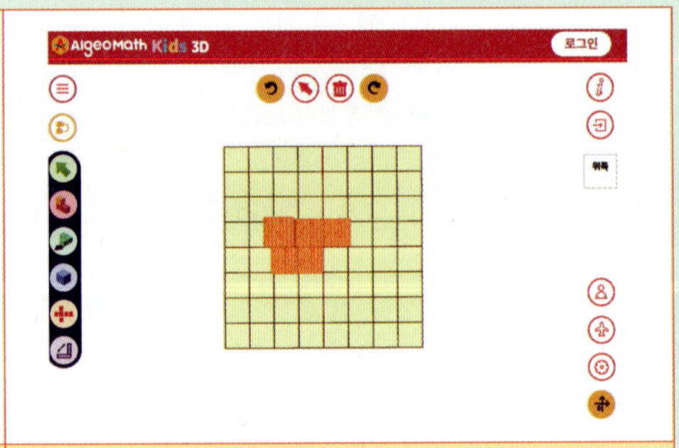

쌓기나무를 위에서 본 모습

5) 토도수학

토도수학은 유아 및 초등학생을 대상으로 한 디지털 수학 학습 앱으로 게임 기반 학습을 통해 수학 개념을 쉽고 재미있게 익힐 수 있도록 설계되었다. 시리즈로는 토도수학, 토도한글, 토도영어가 있으며 기초개념을 놀이처럼 즐기며 배울 수 있다. 유료 앱으로 학교에서 활용할 경우 계정을 학년 초에 일괄 구매한 후 기관 로그인을 통해 사용할 수 있다. 구매 전 체험을 원한다면 7일 무료체험을 이용하거나 교사용 테스트 계정을 신청할 수 있다.

오늘의 모험은 하루 학습 목표에 맞춘 일일 미션 형식의 학습 콘텐츠로 5~7개의 짧은 활동으로 구성되어 있으며 진도를 체계적으로 관리할 수 있고 꾸준한 학습 습관 형성에 도움을 준다. 자유 모드는 원하는 주제와 활동을 자유롭게 선택하여 학습할 수 있어 특정 개념에 어려움을 느끼는 학생이 반복 학습을 할 수 있다. 사고력 세상은 논리적 사고와 문제 해결 능력을 키우는 활동으로 단순 계산을 넘어선 수학적 사고력과 추론 능력을 개발할 수 있다.

토도수학은 수학 수업 중 학생들이 개별적으로 자신의 진도에 맞춰 미션을 수행하는 방식으로 활용할 수 있고 특정 단원의 수업을 진행할 때에는 자유 모드를 활용할 수 있다. 예를 들어, 달력에 관한 수업을 진행할 때에는 자유 모드에서 '달력, 시계 보기 기초' 영역의 달력 퍼즐을 활용할 수 있다. 달력 퍼즐은 한 주, 한 해, 1월부터 12월로 이루어져 있으며 미완성의 달력을 완성하는 미션이다. 숫자를 31까지 못 세는 학생들도 퍼즐의 배경 그림을 보고 달력을 완성할 수 있으며 틀리더라도 계속해서 기회를 제공한다. 반복 학습을 통해 달력의 형식에 익숙해질 수 있다.

자유 모드 화면

달력 퍼즐 실행화면

6) 똑똑! 수학 탐험대

똑똑! 수학 탐험대는 교육부와 한국교육학술정보원이 함께 개발한 인공지능 활용 초등수학수업 지원시스템으로 초등학교 교육과정과 연계한 게임 형태의 다양한 학습 활동을 제공한다. 교육과정과 연계하여 단원 및 차시별로 콘텐츠가 준비되어 있으며 학습결과 진단 및 분석, 맞춤형 AI추천 학습, 미니게임 등의 기능을 제공한다.

교과활동은 개념학습 영상, 차시별 학습 콘텐츠, 함께 학습지로 구성되어 있다. 학생이 배우는 내용을 공통 교육과정에서 찾아 바로 수업에 활용할 수 있다. 도입에서 동기유발 자료로 개념학습 영상을 시청하고 전개에서 차시별 학습 콘텐츠를 해결하며 함께 학습지를 활용하여 배운 내용을 확인할 수 있다. 교구활동에는 수업에 활용할 수 있는 다양한 교구가 제공된다. 학습하는 단원에 알맞은 교구를 선택하여 교사의 시범으로 개념이해를 돕거나 학생들이 직접 교구를 조작해 볼 수 있도록 한다. 학습 활동을 빠르게 마친 학생에게 자유활동과 AI 추천활동을 추가 학습 콘텐츠로 제공할 수 있다.

교구활동 중 '규칙'을 선택하면 다양한 방식으로 규칙을 만들 수 있는 화면이 나온다. 화면의 상단에서 평면도형, 입체도형, 물건, 글자 중 대상을 선택하고 하단에서 나열식, 표, 자유형식 중에서 나열방식을 선택한다. 처음에는 물건과 나열식을 선택하고 교사가 빈칸을 일부 채워 화면에 보여주면 학생들이 규칙을 찾아 빈칸을 채우도록 한다. 이후 학생의 수준에 따라 대상과 방식을 선택하며 학습이 빠른 학생들은 자유형식으로 규칙을 만들고 더욱 자유롭게 표현할 수 있도록 한다.

① 교구활동 화면

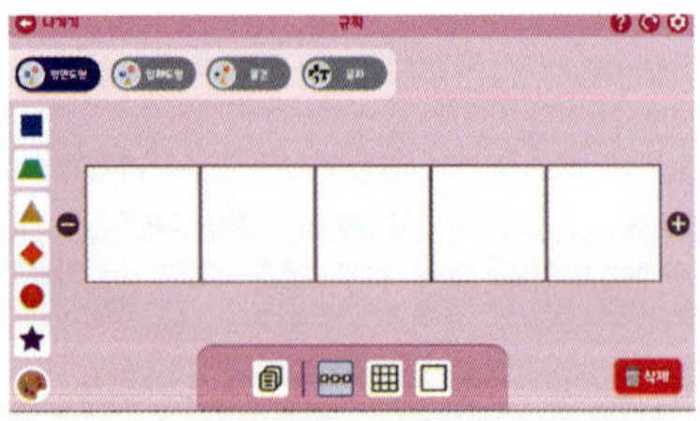

② 규칙 초기화면

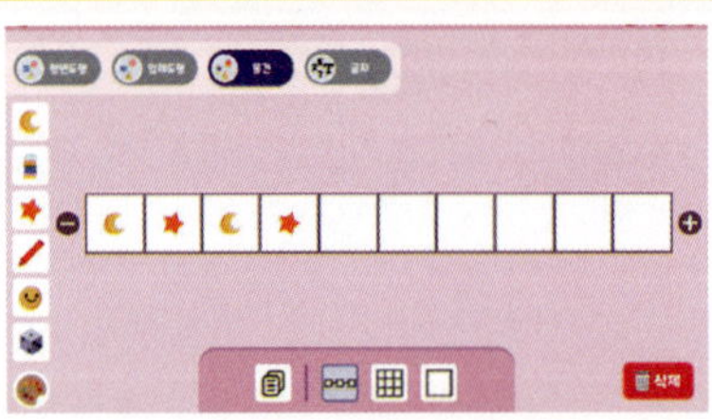

③ 규칙을 찾아 나열하기

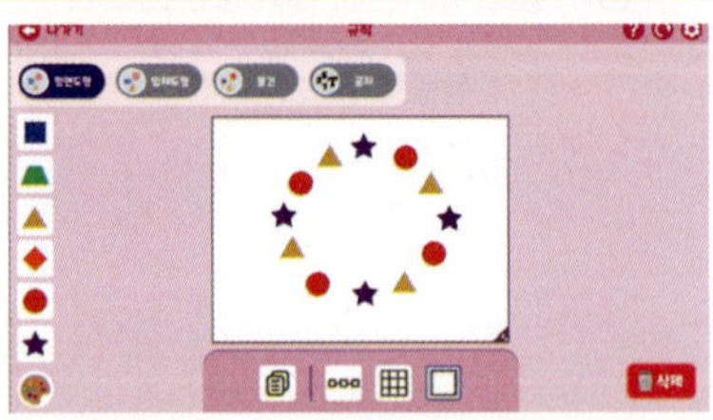

④ 자유롭게 규칙 만들기

7) EBS 수학 공학도구 · 이지통계 초등

EBS 수학 공학도구는 EBS에서 제공하는 디지털 수학 학습 도구로 학생들이 수학 개념을 보다 직관적으로 이해하고 문제 해결 능력을 키울 수 있도록 설계되었다. 그중 이지통계 초등은 초등학생을 위한 통계 교육 프로그램으로 통계를 직관적으로 이해할 수 있도록 다양한 그래프를 시각적으로 표현하고 조작할 수 있는 기능을 제공한다.

이지통계를 이용하여 그래프를 만들려면 우선 자료를 입력해야 한다. 두 가지 방식으로 자료를 입력할 수 있으며 입력 도구를 활용하여 입력과 관련된 세부 설정을 할 수 있다. 자료가 숫자로 되어 있는 경우 계산 도구를 활용하여 평균과 백분율을 구할 수 있다. 모든 자료를 입력한 뒤 원하는 그래프 버튼을 누르면 화면에 바로 그래프 이미지가 나타난다. 그래프 편집 버튼을 눌러 세부 설정을 변경하고 생성된 이미지를 저장할 수 있다. 해당 사이트가 태블릿에 최적화되어 있지 않기 때문에 개별 실습을 위해서는 컴퓨터실을 활용하는 것이 좋다.

이지통계를 활용하여 여러 가지 그래프를 만드는 수업을 진행할 수 있다. 수업의 시작에는 수준별 예시를 제시하여 학생들이 자료를 똑같이 입력하면서 프로그램에 익숙해지도록 한다. 띄어쓰기 하나만으로도 다른 자료로 인식하기 때문에 자료 입력 시 오타를 유의하여야 한다. 예시와 똑같은 그래프를 만들고 난 뒤에는 친숙한 주제를 선택하여 학생들이 자료를 직접 수집하도록 한다. 자료수집이 어려운 학생들에게는 친숙한 주제의 수집된 자료를 제시한다. 자유롭게 그래프를 생성 및 변형하고 그래프에서 가장 큰 항목과 가장 작은 항목을 가리키면서 그래프를 해석한다.

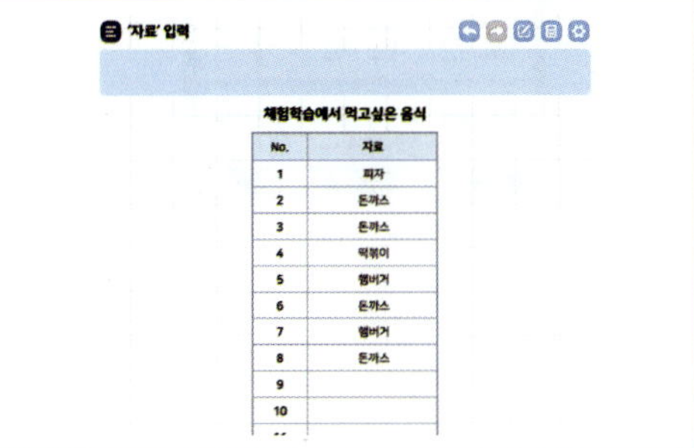

자료입력 화면

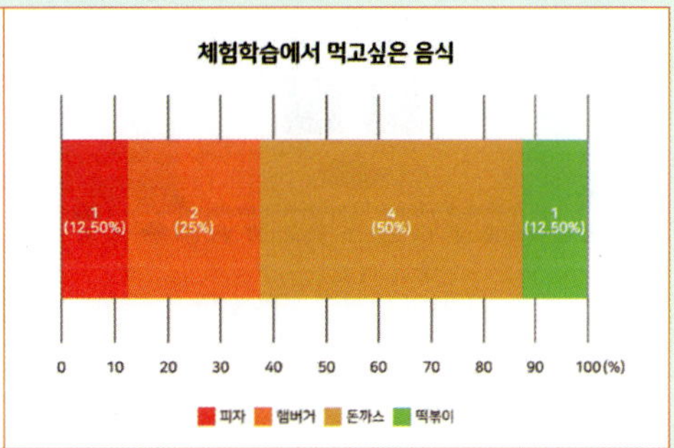

입력한 자료를 나타낸 띠그래프

8) i-Scream 툴킷

아이스크림 툴킷은 학급 운영과 수업에 활용 가능한 다양한 디지털 도구를 제공하는 교육용 플랫폼이다. 교사들의 수업 관리와 학생들의 학습 참여를 돕기 위한 여러 기능들을 한곳에 모아 교사들이 더 효과적이고 재미있는 수업을 설계하고 진행할 수 있도록 지원한다.

아이스크림 툴킷에 접속하면 메인화면 하단에 아이콘이 나열되어 있으며 원하는 기능의 아이콘을 클릭하면 작은 창이 활성화된다. 스톱워치와 타이머 기능을 통해 시간을 관리할 수 있고 뽑기 레이스, 주사위 던지기 등 무작위 선택 도구들로 당번을 정하거나 역할을 분담할 수 있다. 디지털 교구 모음 기능에는 학습에 도움이 되는 디지털 교구들이 나열되어 있으며 영상 재생과 QR 코드 기능을 통해 디지털 자료의 접근성을 향상시킬 수 있다. 그 외에도 우리 반 효과음이나 소음 측정기 기능을 통해 긍정적인 방식으로 수업 중 집중을 유도할 수 있으며 계속해서 다양한 기능이 추가되고 있다.

아이스크림 툴킷의 무작위 선택 도구들을 활용하여 놀이로 가능성을 경험하는 수업을 진행할 수 있다. 주사위 던지기와 동전 던지기 도구는 '던지기'만 누르면 결과가 나오기 때문에 소근육 활용이 어려운 학생도 쉽게 참여할 수 있다. 시행 결과를 학생들과 공유하여 기록하도록 지도하고 여러 번의 시행을 통해 가능성을 경험하도록 한다. 돌림판, 랜덤 뽑기, 뽑기 레이스 도구를 이용하여 다양한 상황에서 가능성을 경험할 수 있으며 클래스 추가 기능을 활용하면 해당 학급을 선택했을 때 자동으로 학급 학생들의 이름이 적용되어 뽑기를 빠르게 진행할 수 있다.

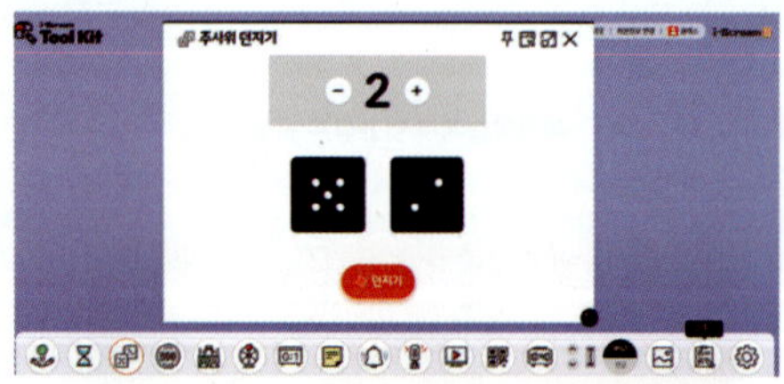

주사위 던지기 사용 화면

랜덤 뽑기 사용 화면

활동하기

1. 디지털교육 자료를 수학 수업에 활용했을 때 발생하는 이점을 교사 측면과 학생 측면으로 나누어 정리해 보세요.
2. 이 장에서 소개한 디지털교육 자료를 활용하여 1차시의 교수 · 학습과정안을 작성해 보세요.
3. 이 장에서 소개하지 않은 디지털교육 자료를 찾아 수학 수업에 적용해 보세요.

제 9 장

과학 · 실과

개요

이 장은 디지털교육을 활용한 과학과 실과 역량을 함양하기 위해 교육과정적 기초와 적용 방안을 탐색하는 데 목적이 있다. 이를 위해 이 장에서는 2022 특수교육 기본 교육과정 과학과 실과에서의 디지털교육 내용을 살펴보고 실제 적용한 사례와 활용 방법을 탐색한다. 이 장의 학습을 통하여 향후 장애 학생을 위한 과학과 실과 교육에서 디지털교육 역량을 함양하게 된다.

1. 과학 · 실과 교육의 기초
2. 과학 · 실과 교과의 디지털교육 실제
3. 과학 · 실과 교과의 디지털교육 활용

1. 과학 · 실과 교육의 기초

과학은 자연현상과 일상생활에 대한 흥미와 호기심을 바탕으로 과학적 탐구를 통해 주변의 현상을 이해하며 문제를 과학적이고 창의적으로 탐구 · 해결하면서 과학적 소양을 기르도록 하는 교과이다. 실과는 학생들이 일상을 살아가는 데 필요한 지식과 기능을 생활 및 실습 중심 접근을 통해 익혀 자립적으로 살아가는 데 필요한 기본적인 능력과 교양을 함양하는 교과이다(교육부, 2022l).

인공지능(AI)과 디지털교육은 학습 전 과정의 데이터화를 통해 학습자의 개별 특성과 수준에 맞춘 맞춤형 학습 지원을 강화시킨다. 과학에서는 위험한 실험이나 탐구 활동 중 발생할 수 있는 안전사고를 예방하며 실물로 관찰하기 어렵거나 직접적인 관찰이 힘든 경우에 보조공학 기기나 스마트 기기를 통해 이를 해결한다. 그리고 실감형 콘텐츠를 활용하여 시각, 청각 등 감각기관을 적극적으로 이용하여 관찰하므로 실제와 유사한 경험을 다감각적으로 느끼며 직접적인 경험을 하게 한다. 실과에서는 정보통신 기기의 기초 기능 및 기본적인 디지털 문해력을 함양할 수 있는 내용을 다루어 학생들이 미래의 정보화 사회에 대비할 수 있도록 한다. 정보 활용 능력과 실생활 문제를 절차적 사고를 바탕으로 해결할 수 있는 능력을 기르기 위해 정보통신 기기를 활용한다.

2022 특수교육 기본 교육과정 과학 교과에서는 디지털교육과 관련된 내용을 교수 · 학습 방법 및 평가에서 제시하고 있다. 원격수업 상황에서의 교수 · 학습의 방향과 방법, 평가의 방향이나 방법에 대한 안내를 포함하며 학생의 학습 양식을 고려한 다양한 디지털 기기 및 자료의 활용 방안을 모색하도록 하고 학습 과정을 중시하는 평가가 이루어질 수 있도록 과정 중심 평가의 적용을 제시하고 있다. 2022 특수교육 기본 교육과정 과학에서 디지털교육 관련된 내용은 〈표 9-1〉에 제시되어 있다.

표 9-1 **2022 특수교육 기본 교육과정 과학에서 디지털교육 관련 내용**

1. 교수 · 학습 방법
   (1) 교수 · 학습의 방향
      (차) 온오프라인 연계 수업을 위해 과학 탐구활동 관련 다양한 디지털 기기 및 자료를 활용하고, 과학 전용 원격수업 환경을 구축하며, 콘텐츠 활용 중심 학습 및 과제형 실험 등을 내실 있게 운용하기 위한 교수 · 학습 계획을 수립한다.
   (2) 교수 · 학습 방법
      (카) 구체적 조작 경험과 탐구활동을 제공하기 위해 학생이 선호하는 학습양식을 고려하여 모형이나 시청각 자료와 모의실험 자료, 소프트웨어, 컴퓨터나 스마트 기기, 인터넷 등의 최신 정보통신기술과 디지털 기기를 적절히 활용한다. 모형을 사용할 때는 모형과 실제 자연현상 사이에 차이가 있음을 이해하도록 지도한다.

2. 평가
   (1) 평가의 방향
      (아) 디지털 학습 환경 및 원격수업에서는 학생이 디지털 기기를 활용하여 과제를 수행하는 과정을 직접 관찰하는 등의 과정 중심의 평가가 이루어지도록 한다.
   (2) 평가 방법
      (차) 원격수업에서는 다양한 디지털 플랫폼을 활용하여 학생의 탐구활동 결과물에 대한 피드백, 활동 영상에 대한 관찰 평가 등을 제공하고, 실시간 쌍방향 화상 수업 시 학습 진도에 따른 수준별 형성평가 등 다양한 수행평가 방법과 평가 도구를 활용한다.

2022 특수교육 기본 교육과정 실과의 '기술 · 정보' 영역에서는 디지털 전환 시대를 살아가는 데 필요한 기본적인 디지털 문해력 함양을 주안점으로 두고 있다. 이에 따라 디지털교육은 교수 · 학습과 평가뿐만 아니라 내용 체계와 성취기준에도 제시되어 타 교과와의 차별적인 특징을 지닌다. 2022 특수교육 기본 교육과정 실과의 디지털교육 관련 내용은 〈표 9-2〉와 같다.

표 9-2 2022 특수교육 기본 교육과정 실과에서 디지털교육 관련 내용

1. 교수 · 학습
   (1) 교수 · 학습의 방향
      (아) 실과의 영역별 교수 · 학습 방향의 주안점은 다음과 같다.
         • '기술 · 정보' 영역은 공구를 사용하여 생활용품을 제작하는 활동을 통해 작업 기초 기능을 익히도록 하고 정보통신 기기의 기능을 습득하도록 하여 생활에서 기능성이 향상되도록 지도한다. 이때 정보통신 예절을 지켜 정보통신 기기를 활용할 수 있도록 하고 장애 정도가 심한 학생은 신체 · 운동 상태에 적합한 보조공학 기기를 지원하고 학습 자료를 수정하여 학습 활동 참여를 증진하도록 한다.
   (2) 교수 · 학습 방법
      (바) 실과 교과의 4개 영역별 교수 · 학습 지도를 위해 전체 · 개별 학습 병행, 온오프라인 수업, 이론과 실습의 병행, 교과 내 영역 간 내용 연계, 교과 간 내용 연계 등 학생과 학교 상황에 적절한 학습 지도 방법을 사용한다.
      (사) 지속적인 학습 콘텐츠 개발을 통해 원격수업 환경에서도 수업 참여에 어려움이 없도록 맞춤형 원격수업을 활성화한다.

2. 평가
   (1) 평가의 방향
      (아) 학습 상황, 학습 내용에 따라 온오프라인으로 평가가 이루어질 수 있도록 대안적 평가 방법을 계획하되, 온라인 평가의 경우 공정성과 타당성을 확보할 수 있도록 평가 계획을 수립한다.
      (자) 실과의 영역별 평가 방향의 주안점은 다음과 같다.
         • '기술 · 정보' 영역에서는 간단한 생활용품을 제작할 수 있는 기초기능을 활용하여 간단한 생활용품을 만드는 수행의 과정을 전반적으로 평가하고, 정보통신 기기의 기본적인 활용이 학생 삶의 질 향상에 기여하고 있는지를 종합적으로 평가한다.
   (2) 평가 방법
      (사) 학습 상황, 학습 내용에 따라 온라인으로 평가가 이루어질 경우 공정하고 합리적인 평가가 이루어질 수 있도록 하고, 기기를 활용한 평가 시 평가의 도구, 시간, 보조 도구 등은 학생에게 적절한 것으로 제공한다.

2. 과학 · 실과 교과의 디지털교육 실제

1) 생명 영역(과학)

(1) 교육과정 및 학습자 분석

과학과 생명 영역 중 '뼈와 근육' 단원의 '우리 몸의 다양한 뼈'에 대해 알아본다. 이와 관련된 성취기준은 특수교육 기본 교육과정에서는 [2슬생01-01], [4과학03-01], [9과학03-02], [12과학03-03]와 공통 · 선택 교육과정에서는 [6과04-01], [9과20-02], [12생과02-03]과 연계하여 교육과정을 재구성할 수 있다. 교육과정 재구성을 위한 구체적인 내용은 〈표 9-3〉에 제시하였다(교육부, 2022d).

도현이는 교사가 시범을 보인 후 과제를 제시하면 스스로 수행할 수 있으므로 교사는 먼저 수행 과정을 명확하게 시범을 보이고 도현이가 이를 따라 수행할 수 있도록 지도한다. 그리고 도현이는 사회성이 높고 말하는 것을 좋아하므로 또래 도우미 역할을 부여한다. 시우는 태블릿을 사용할 경우 특정 앱이나 기능에 집착하는 경향이 있어서 디지털 기기를 제공하기 전에 사용 약속을 명확히 안내하고 교사가 필요한 콘텐츠를 실행한 후 제공하여 목적

표 9-3 과학 교과 교육과정 및 학습자 분석

<table>
<tr><th>단원</th><th colspan="2">뼈와 근육</th><th>제재</th><th>우리 몸의 다양한 뼈</th></tr>
<tr><td rowspan="2">성취기준</td><td>기본</td><td colspan="3">[2슬생01-01] 나를 다양하게 탐색한다.
[4과학03-01] 우리 몸 각 부위의 생김새와 움직임을 관찰한다.
[9과학03-02] 우리 몸을 구성하는 뼈와 근육의 생김새와 기능을 관찰한다.
[12과학03-03] 인간의 탄생과 성장 과정에서 나타나는 신체 변화를 구분한다.</td></tr>
<tr><td>공통</td><td colspan="3">[6과04-01] 뼈와 근육의 생김새를 관찰하고 모형을 만들어 몸이 움직이는 원리를 설명할 수 있다.
[9과20-02] 뉴런과 신경계의 구조와 기능을 이해하고, 자극에서 반응이 일어나기까지의 과정을 모형으로 설명할 수 있다.
[12생과02-03] 사람 신경계의 구조와 기능을 이해하고 중추 신경계와 말초 신경계의 특징을 설명할 수 있다.</td></tr>
<tr><td>학습자 장애유형</td><td colspan="4">도현(지적장애), 시우(자폐성장애), 지유(중도중복장애: 지적 · 지체장애)</td></tr>
</table>

에 맞는 기기 사용이 이루어지도록 유도한다. 마지막으로 지유는 주의 집중 시간이 짧기 때문에 흥미를 유발할 수 있는 자료를 제공하고 즉각적인 피드백을 제공하여 학습 참여를 지속적으로 유도한다.

(2) 교수 · 학습과정안 설계 및 개발

과학과 '뼈와 근육' 단원의 '우리 몸의 다양한 뼈'에 대해 학습 단계에 따른 교수 · 학습과정안의 설계와 구체적인 자료 개발은 〈표 9-4〉와 같다.

표 9-4 우리 몸의 다양한 뼈에 대한 교수 · 학습과정안

학습단계	교수 · 학습 활동	자료
도입	• 동기유발 –두 사람씩 짝을 지어 동작 따라 하는 놀이하기 –엑스레이 사진을 보고 신체 부위 맞추기 • 학습목표 확인하기 신체 부위별 뼈의 이름과 생김새를 확인한다.	• 동작 모양이 나타난 그림이나 사진, 엑스레이 사진
전개	• 〈활동 1〉 AR 콘텐츠를 통해 뼈와 근육의 생김새 관찰하기 –뼈 생김새 관찰하기 –근육 생김새 관찰하기 • 〈활동 2〉 뼈 모형 만들기 –같은 기호끼리 뼈를 연결하기 –뼈 구조 모형을 이용하여 인체 모형 만들기	• 에듀에이블 AR 콘텐츠 • 비바샘 초등 과학 가상 실험실 • PPT 자료 • 뼈 구조 모형
정리	• 학습 내용 정리하기 –기관 명칭에 해당하는 신체 부위 가리키기 –기관과 뼈의 모양 연결하기	• 평가 자료

(3) 디지털교육 실행 및 평가

도입에서 학생들의 흥미를 유발하고 신체에 대한 이해를 높이기 위해 신체 활동을 실시한다. 두 명씩 짝을 지어 한 학생에게 동작이 나타난 그림이나 사진을 제시하고 이를 따라 하도록 한다. 짝이 된 다른 학생은 친구의 동작을 관찰한 후 동일한 동작을 따라 하게 한다. 짝인 학생이 동작을 정확하게 따라 하지 못할 경우에는 교사가 신체 명칭이나 부위를 가리키며 동작을 유도한다. 그리고 엑스레이 사진을 전자칠판이나 큰 그림으로 제시하고 교사

가 특정 부위를 가리키면 학생들은 해당 부위의 명칭을 말하거나 관련 단어 카드를 선택하거나 자신의 몸에서 동일한 부위를 가리키도록 한다.

전개의 〈활동 1〉을 시작하기 전에 교사는 PPT 자료를 활용하여 AR 콘텐츠를 실행하는 방법을 안내한다. 그리고 실행 순서를 시각적으로 이해할 수 있도록 그림 자료를 함께 제시하여 학생들도 과정을 쉽게 이해하고 스스로 수행할 수 있도록 돕는다. AR 콘텐츠는 에듀에이블 사이트를 통해 앱과 웹서비스 형태로 접근이 가능하며 AR 콘텐츠는 학습 내용을 보다 실감나고 효과적으로 전달하기 위한 도구로 활용된다. 에듀에이블은 교사가 수업에 실감형 콘텐츠를 원활히 적용할 수 있도록 활용 안내서를 제공하며, 활용 안내서는 교과 정보, 수업 활용 안내, 교수 · 학습과정안, 평가계획으로 구성되어 있다. 실제 콘텐츠 사용법에 대한 설명과 함께 화면도 포함하여 제시하고 있고 각 주제 활동 이후에는 수업에 활용할 수 있는 활동지를 제공한다(국립특수교육원, 2024).

AR 콘텐츠는 전자칠판에 PC로 보기를 실행하여 모든 학생이 함께 볼 수 있도록 하거나 QR 코드를 통해 개별적으로 접속하거나 태블릿에 앱을 다운로드하여 활용할 수도 있어 다양한 접근 방식을 제공한다. 그리고 해당 콘텐츠는 자막과 음성 안내가 함께 제공되어 사용하기에 편리하다.

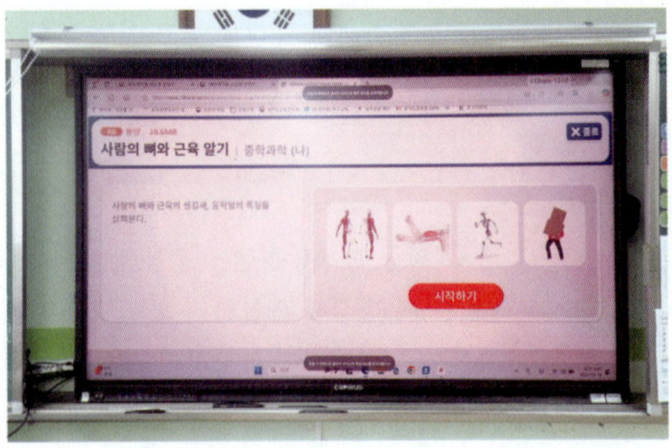

[그림 9-1] 전자칠판에서 PC로 보기 실행

AR 콘텐츠는 스마트기기의 움직임에 따라 물체를 다양한 각도에서 관찰할 수 있도록 하며 화면 속에 나타난 물체를 직접 만지고 조작할 수 있는 기능을 제공한다. 사용자가 카메라를 통해 실제 공간을 비추고 그 위에 AR 화면을 결합함으로써 높은 수준의 몰입감을 경험할 수 있다. 이러한 기능을 활용하여 뼈와

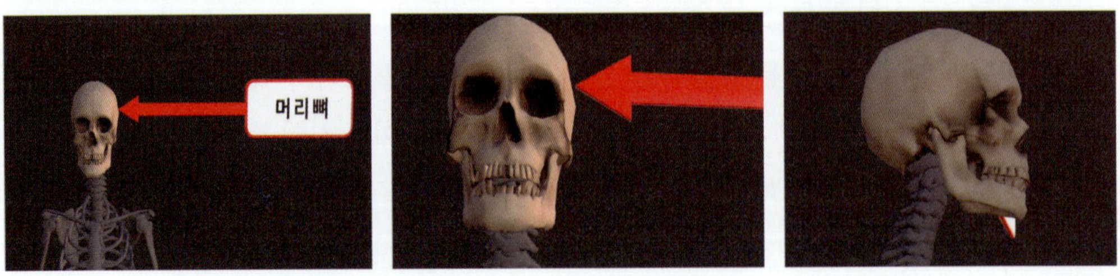

[그림 9-2] 머리뼈의 모습을 확대, 축소하거나 다양한 각도에서 관찰

근육의 생김새를 관찰하는 활동에서는 화면을 터치하여 [그림 9-2]와 같이 뼈와 근육의 모양을 확대하거나 축소하고 여러 방향에서 살펴볼 수 있다. 또한 AR 기능을 활용하여 친구의 몸 위에 뼈와 근육의 모습을 겹쳐 보이게 함으로써 우리가 학습한 내용이 실제 인체 구조와 다르지 않음을 직접 확인할 수 있다.

시우에게는 수업 시간 중 동영상 시청이 어려움을 다시 한번 상기시키고 태블릿에서 앱을 실행한 상태로 활동에 참여하도록 안내한다. 이때, 첫 화면은 [그림 9-3]과 같은 화면이 나타나도록 제시하며 필요한 경우에는 비행기 모드를 설정하거나 와이파이를 연결하지 않은 상태에서 콘텐츠를 제공한다. 그리고 전자칠판을 활용하여 수업을 진행할 경우에는 지유가 교사와 함께 앞으로 나와 시범을 보이도록 하거나 지유가 스스로 태블릿을 터치하여 활동에 참여할 때 즉각적으로 칭찬하여 수업 참여를 유도한다.

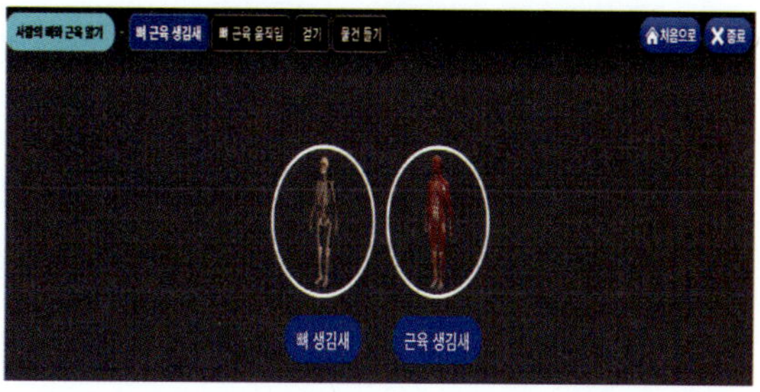

[그림 9-3] 시우에게 제시하는 화면의 모습

〈활동 1〉에서는 학생의 수행 정도를 고려하여 뼈와 근육의 생김새를 함께 다루거나 뼈의 생김새만을 중심으로 진행할 수 있다. 〈활동 2〉의 경우에도 학생의 수행 수준에 따라 내용과 진행 방법을 조절하여 적용한다. 활동을 마친 도현이는 다른 학생들의 활동을 도울 수 있도록 하여 친구 대신 태블릿을 터치하거나 친구가 터치해야 할 부분을 손으로 가리키는 등 학습 보조 역할을 수행한다. 〈활동 2〉는 비바쌤 초등 과학 가상실험실을 활용해 진행한다. 이 가상실험실은 에듀에이블 AR 콘텐츠와 유사한 기능을 제공하며 전체 화면으로 전환하거나 색연필 도구를 사용하여 표시하는 기능 등을 갖추고 있다. 또한 수업지도안과 활동지가 함께 제공되어 교사는 학생의 수준에 맞게 수업 목표와 내용을 조정하여 활용할 수 있다.

[그림 9-4]와 같이 학생들은 같은 기호를 찾아 왼쪽에 제시된 뼈를 오른쪽의 뼈에 연결하여 뼈의 전체적인 모양을 완성한다. 이 활동은 여러 차례 반복하여 뼈를 정확한 위치에 붙이는 과정을 통해 수행되며 상체 부분과 하체 부분을 맞춘 후 머리뼈와 갈비뼈

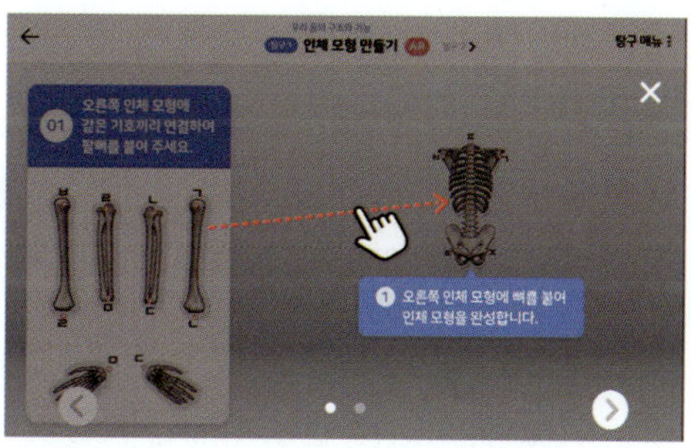

[그림 9-4] 같은 기호를 찾아 뼈 연결하기

를 연결하여 인체 골격의 구조를 완성한다.

태블릿에서 조작한 내용을 현실에 적용하는 AR 기능이 있어 이를 통해 친구의 몸 위에 뼈의 구조를 겹쳐 보이게 하여 실제 인체 구조와의 연관성을 시각적으로 확인할 수 있다. 또한 태블릿 내에서 뼈의 움직임을 조작한 후 이를 현실 공간에 반영하여 학생이 그와 같은 동작을 스스로 수행해 보며 학습 내용을 확인할 수도 있다. 서연이는 태블릿 화면을 전자칠판과 연계하여 확대하여 제시하며 교사나 친구의 신체 부위를 직접 만져보며 탐색하거나 촉각 모형을 활용하고 언어적 설명을 함께 제공하여 개념 이해를 도울 수 있다.

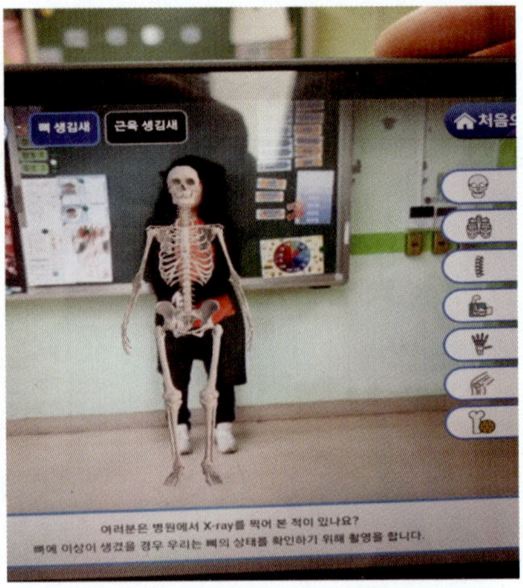

[그림 9-5] AR 기능 활용

정리에서는 학생들의 개념 이해 정도를 평가하기 위해 다양한 방법을 활용한다. 예를 들어, 각 기관의 명칭을 말하면 해당 신체 부위나 관련 글자 · 그림 카드를 가리키도록 하거나 명칭과 뼈의 모양을 연결시키는 활동 등을 통해 학습 결과를 확인하고 평가할 수 있다.

2) 기술 · 정보 영역(실과)

(1) 교육과정 및 학습자 분석

실과의 기술 · 정보 영역에서 정보통신 기기에 대해 알아본다. 이와 관련된 성취기준은 2022 특수교육 기본 교육과정에서는 [6실과02-03], [9진로03-03], [12진로03-02]와 공통 교육과정에서는 [6실05-01], [9기가03-01], [9정05-03], [12기가04-03], [12정05-02] 와 연계하여 교육과정을 재구성할 수 있다. 교육과정 재구성을 위한 구체적인 내용은 〈표 9-5〉에 제시하였다(교육부, 2022e).

민재는 태블릿을 제공받았을 때 스스로 조절하는 데 어려움이 있어 지속적으로 사용하려는 경향이 나타난다. 이에 따라 교사는 민재와 태블릿 사용에 대한 약속을 사전에 정하고 사용 시간과 방법을 명확하게 제시함으로써 자기 조절 능력을 도울 수 있도록 한다. 시우는 태블릿에서 발생하는 소리나 진동에 과도하게 반응하여 이를 반복적으로 발생시키는 행동을 보일 수 있다. 따라서 활동 시에는 태블릿의 소리 및 진동 기능을 무음으로 설정하여 학습에 집중할 수 있는 환경을 제공한다. 마지막으로 서연이가 태블릿을 효과적으로 활용할 수 있

표 9-5 실과 교과 교육과정 및 학습자 분석

단원	디지털 탐험대	제재	정보통신 기기 활용
성취기준	기본	[6실과02-03] 일상생활을 편리하게 하는 정보통신 기기의 기초적인 기능을 익혀 실생활에서 활용한다. [9진로03-03] 직군에 적합한 도구를 사용하여 작업의 효율을 높인다. [12진로03-02] 직종에 따라 필요한 올바른 작업 기술을 익힌다.	
	공통	[6실05-04] 디지털 데이터와 아날로그 데이터의 특징을 이해하고, 인공지능에 활용할 수 있는 데이터의 유형이나 형태를 탐색한다. [9기가03-01] 기술의 의미와 특성을 이해하고 기술의 발달에 따른 사회의 변화를 파악하며, 미래의 기술과 사회의 변화를 평가하고 예측함으로써 기술에 대한 가치를 인식한다. [9정05-03] 사례를 중심으로 디지털 공간에서 함께 살아가기 위해 개인 정보 및 권리와 저작권을 보호하는 실천 방법을 탐구한다. [12기가04-03] 기술, 수학, 과학, 예술 등과 융합하여 공학이 발전된 사례를 분석하여 공학의 융합적 특성과 중요성을 이해한다. [12정05-02] 보호해야 할 정보와 공유해야 할 정보를 구분하고, 올바른 정보 보호 방법을 실천한다.	
학습자 장애유형	민재(지적장애), 시우(자폐성장애), 서연(중도중복장애: 지적 · 시각장애)		

도록 고대비 모드나 큰 글씨 기능을 적용하여 시각적 정보에 대한 접근성을 높인다. 가능하다면 음성 지원 기능을 함께 제공하여 서연이가 청각을 통해 정보를 얻고 개념을 이해할 수 있도록 지원한다.

(2) 교수 · 학습과정안 설계 및 개발

실과 '디지털 탐험대' 단원의 '정보통신 기기 활용'에 대해 학습단계에 따른 교수 · 학습과정안의 설계와 구체적인 자료 개발은 〈표 9-6〉과 같다.

표 9-6 정보통신 기기 활용에 대한 교수 · 학습과정안

학습단계	교수 · 학습 활동	자료
도입	• 동기유발 –다양한 사진 감상하기 –사진 속 주인공 맞추기 • 학습목표 확인하기 사진을 찍고 꾸민다.	• 다양한 사진
전개	• 〈활동 1〉 사진 찍기 –전신 사진 찍기 –얼굴 사진 찍기 –풍경이나 사물 사진 찍기 • 〈활동 2〉 사진 꾸미기 –다양한 앱을 활용해 꾸미기	• [2018 EBS 안전캠페인] 설혁수와 함께하는 스마트폰 안전 편(3분) • 스노우 앱, AR 이모지, 포토에디터, 포토디렉터
정리	• 활동 내용 공유하기 –자신이 찍거나 꾸민 사진 자랑하기	

(3) 디지털교육 실행 및 평가

도입에서는 학생들의 홍미를 유발하고 수업 참여를 높이기 위하여 다양한 사진 자료를 제시한다. 학생들이 잘 알고 있는 캐릭터나 연예인, 친구들의 사진을 다양한 배경과 상황 속에서 촬영된 모습으로 보여 주고 이를 보고 누군지, 어디에서 촬영된 사진인지 맞히는 활동을 진행한다. 수업 참여에 어려움을 보이는 학생의 경우에는 교사가 제시한 사진 중 자신이 가장 좋아하는 사진을 스스로 선택할 수 있도록 하여 학습 동기를 높이고 수업에 자연스럽게 참여할 수 있도록 유도한다.

〈활동 1〉과 〈활동 2〉는 스마트기기를 활용하여 진행되는 수업이므로 전개의 〈활동 1〉을 시작하기 전에 스마트기기를 안전하게 사용하는 방법을 '[2018 EBS 안전캠페인] 설혁수와 함께하는 스마트폰 안전 편(3분)'을 활용해 설명한다. 안전 교육을 들은 후 학생은 사진을 찍을 친구를 선정한다. 친구 선정 방법은 자신이 원하는 친구를 직접 선택하거나 제비뽑기나 앱을 통해 정할 수 있도록 한다. 친구를 정한 후에는 반드시 사진 촬영에 대한 허락을 받은 뒤 〈활동 1〉을 시작한다.

사진 촬영을 위해 가장 먼저 해야 할 일은 인물 사진을 찍기 위한 촬영 구도를 정하는 것이다. 촬영자는 모델이 될 친구와 함께 어느 장소에서 어떤 사진을 찍을지 협의한다. 교실의

특정 위치를 정하거나 전신사진(풀 샷), 얼굴 사진(클로즈 샷)을 찍을지를 협의하고 자세(포즈)와 표정 등도 미리 함께 계획한다([그림 9-6] 참조).

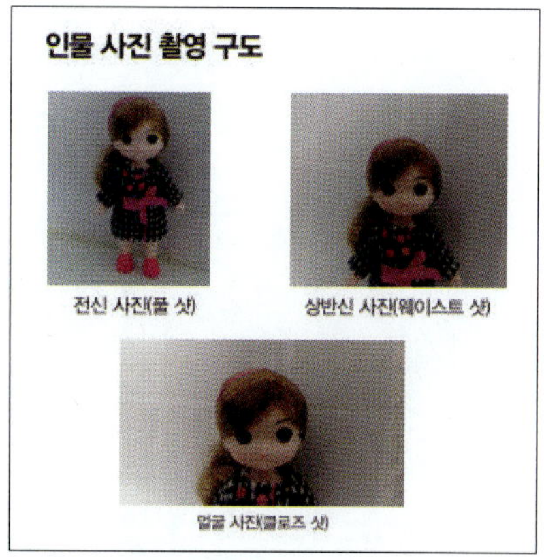

[그림 9-6] 인물 사진 촬영 구도
출처: 교육부(2019).

〈활동 1〉의 사진 촬영은 스마트기기에 기본으로 탑재된 카메라 앱을 활용하거나 별도의 앱을 설치하여 진행할 수 있다. 본 활동에서는 스노우 앱을 활용하며, 이는 구글 플레이 스토어에서 검색 후 설치할 수 있다. 스노우 앱은 일반 카메라와 동일한 방식으로 촬영이 가능하고 촬영한 사진은 갤러리에서 확인할 수 있다. 스마트기기를 사용하여 사진을 찍기 전에 카메라 렌즈를 부드러운 천이나 티슈로 닦아 지문이나 먼지가 없도록 하여 선명한 사진을 찍을 수 있도록 한다. 촬영은 밝은 조명 아래에서 진행하며 어두운 환경에서는 플래시를 사용하거나 주변의 밝은 빛을 활용한다. 빛의 방향에 따라 그림자가 생기지 않도록 주의하며 촬영한다. 또한 피사체를 화면 가운데에 배치하고 기기가 흔들리지 않도록 고정한 상태에서 촬영한다. 좋은 사진을 얻기 위해서는 다양한 각도나 조건에서 여러 장의 사진을 찍는 것이 바람직하다.

민재는 스마트기기 사용 전 사용 시간과 방법을 명확히 안내하고 타이머 기능을 활용하여 알람이 울리면 기기를 반납하는 약속을 한 후 사용하도록 한다. 시우는 촬영 중 발생하는 소리나 진동에 민감하게 반응하므로 무음 촬영이 가능한 앱(무음 카메라 앱)을 별도로 설치하여 제공한다. 서연이는 스마트기기를 보다 효과적으로 활용할 수 있도록 고대비 모드나 큰 글씨 설정을 적용하고 가능하면 음성 지원 기능도 함께 제공한다. 스마트기기 설정의 접근성 옵션을 통해 자신의 특성에 맞는 기능을 선택하여 사용할 수 있도록 하며 접근이 어려운 경우에는 보조공학기기를 함께 활용한다.

〈활동 2〉에서는 사진을 꾸미는 다양한 방법을 활용할 수 있다. 먼저, 스마트기기에 기본으로 탑재된 갤러리 앱을 열고 꾸미고자 하는 사진을 선택한 뒤 화면에 나타나는 연필 모양의 아이콘을 터치한다. 이를 통해 사진 위에 스티커를 붙이거나 글자와 그림을 직접 그릴 수 있으며 사진의 일부분을 잘라내거나 다른 사진과 합치는 편집도 가능하다([그림 9-7] 참조). 또한 별도의 앱을 활용하여 사진을 꾸밀 수도 있다. 스노우 앱을 사용하는 경우, 사진을 촬영한 직후 바로 꾸미려면 화면에 나타나는 '보정' 탭을 선택하고 이미 앨범에 저장된 사진을 꾸미고자 할 때는 앱 내에서 사진을 불러와 '보정' 탭을 눌러 편집을 진행한다. 사진 꾸미기 활동

[그림 9–7] 사진을 꾸미는 방법(흑백으로 변환, 스티커나 글씨로 꾸미기, 배경 삭제 등)

이 끝난 후에는 꼭 '저장' 버튼을 눌러 자신이 꾸민 사진을 기기에 보존할 수 있도록 한다.

학생에 따라 AR 이모지 촬영 기능을 활용하여 사진을 꾸미는 활동을 진행할 수도 있다. AR 이모지는 스마트기기의 카메라를 통해 얼굴을 촬영하여 나만의 캐릭터를 생성하는 방식으로 스마트기기에 따라 카메라에서 '더보기' 기능을 실행한 후 'AR 존'으로 들어가 'AR 이모지 카메라'를 선택하거나 문자 메시지의 이모지콘을 선택하여 시작한다. 이후 화면에 나타나는 '+' 표시를 눌러 카메라로 직접 얼굴을 촬영하거나 앨범에 저장된 사진을 불러와 이모지를 만들 수 있다. 생성된 캐릭터는 자유롭게 디자인하거나 편집할 수 있으며 완성된 캐릭터는 이모지 형태로 저장하거나 문자 메시지, 스티커로 제작하여 활용할 수 있다. 또한 '데

[그림 9–8] AR 이모지 촬영 실행 순서

코픽' 기능을 이용하면 얼굴에 다양한 꾸미기 요소를 적용하여 개성 있는 이미지를 연출할 수 있다.

정리에서는 학생들이 자신이 찍은 사진이나 꾸민 사진을 전자칠판에 보여 주며 친구들에게 소개한다. 사진을 보면서 별점이나 스티커 등을 활용하여 자신의 작품이나 친구들의 작품을 평가할 수 있다.

3. 과학 · 실과 교과의 디지털교육 활용

과학이나 실과에서 디지털교육을 활용할 수 있는 교육자료를 제시하면 〈표 9-7〉과 같다.

표 9-7 과학 · 실과 교과의 디지털교육 활용 사례

명칭	소개	성취기준
네이버 스마트렌즈 구글 렌즈	이미지로 정보를 검색하는 서비스	[9과학03-04] 다양한 환경에 서식하는 식물을 관찰하고, 식물의 생김새와 생활 방식이 환경과 관련되어 있음을 인식한다. [9과학03-05] 식물의 생장에 환경이 중요함을 알고, 실험을 통해 식물의 생장 조건을 찾는다.
스텔라리움 (stellarium)	온라인으로 별자리 및 천체를 관측할 수 있는 프로그램	[12과학04-05] 달의 특징과 별자리의 여러 모양을 알고, 밤하늘 관찰에 호기심과 즐거움을 느낀다.
지능형 과학실 ON	지능형 과학실과 연계하여 학생 중심의 실제적 과학탐구 활동을 지원하는 온라인 플랫폼	[9과학04-04] 기후변화 현상의 예를 알고, 생활 속에서 대응 방법을 조사한다.
PhET	과학 및 수학 시뮬레이션 제작 플랫폼	[9과학01-04] 수평 잡기 활동을 통해 물체의 무게를 비교하고, 여러 가지 무게 측정 방법에 흥미를 갖는다.

자바실험실	과학 수업용 시뮬레이션 웹서비스	[9과학02-04] 우리 주변에서 물의 세 가지 상태와 상태 변화의 예를 찾는다.
VlabON (브이랩온)	시뮬레이션 SW를 기반으로 만들어진 수학 · 과학 온라인 가상 실험 플랫폼	[9과학01-03] 실험을 통하여 소리의 발생과 전달 그리고 반사 현상을 관찰한다.
로도코도	코딩을 재미있고 쉽게 배울 수 있는 코딩 게임 앱	[6실과02-05] 언플러그드 놀이 활동을 통해 일상생활 속 문제를 절차적 사고로 해결하는 태도를 갖는다.
엔트리	시각적 프로그래밍 언어 및 이를 활용한 비영리 코딩 교육 플랫폼	[6실과02-05] 언플러그드 놀이 활동을 통해 일상생활 속 문제를 절차적 사고로 해결하는 태도를 갖는다.

1) 네이버 스마트렌즈(구글 렌즈)

네이버 스마트렌즈와 구글렌즈는 스마트폰이나 태블릿을 이용해 사진을 촬영하거나 기기에 저장된 이미지를 바탕으로 정보를 검색하는 서비스이다. 네이버 스마트렌즈/구글 렌즈를 수업에 활용하는 방법은 다음과 같다.

먼저, 네이버 스마트렌즈/구글렌즈를 실행하면 자동으로 카메라 화면이 활성화되고 카메라로 대상을 촬영하면 이미지 검색을 실행한다. 검색할 대상을 촬영할 때는 밝은 곳에서 흔들리지 않게 촬영하고 대상이 카메라 가운데 정면에 보이도록 촬영하는 것이 중요하다. 갤러리 앱에 저장된 사진을 활용하여 검색할 수도 있다. 구글 렌즈 앱에서 갤러리를 이용하려면 돋보기 아이콘 왼쪽에 있는 동그라미 모양의 갤러리 아이콘을 클릭하고, 네이버 앱에서도 마찬가지로 검색 버튼 왼쪽에 있는 네모난 그림 모양의 갤러리 아이콘을 활용해 갤러리에 저장된 사진으로 검색할 수 있다.

네이버 스마트렌즈를 활용한 과학 수업에서는 학생들이 알고 싶은 식물을 촬영한 후 구글 렌즈에서는 검색을 네이버 앱에서는 렌즈를 활용하여 관련 정보를 검색한다. 이 과정을 통해 식물의 이름과 관련된 기본적인 정보를 얻을 수 있고 검색된 식물 이름을 바탕으로 해당 식물의 생장 조건이나 키우는 방법에 대한 추가 정보를 검색하여 학습을 심화할 수 있다.

① 네이버 스마트렌즈로 사진 촬영	② 검색된 식물의 정보 확인
	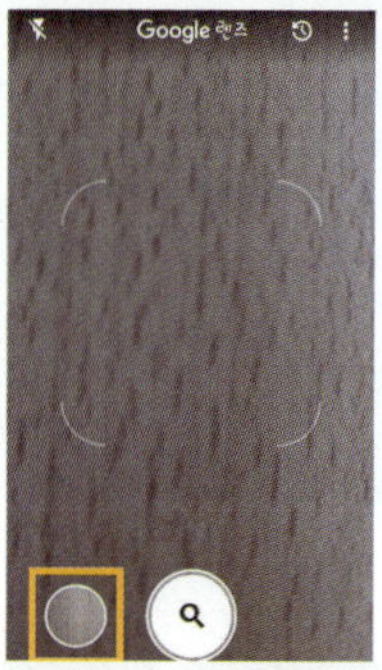
갤러리에 있는 사진을 네이버 스마트렌즈로 검색	갤러리에 있는 사진을 구글 렌즈로 검색

2) 스텔라리움

스텔라리움은 온라인으로 제공되는 별자리 및 천체 관측 프로그램으로 60만 개 이상의 항성 정보와 그래픽 자료를 포함하며 대한민국을 비롯한 20개 이상의 문화권에서 사용하는 별자리 정보를 제공한다. 사용자는 대기와 일몰, 일출 여부를 설정하고 원하는 날짜와 시간을 지정하여 해당 시점의 우주 모습을 관찰 가능하다. 또한 별똥별, 혜성 꼬리, 일식 및 월식 시뮬레이션 등 다양한 시각 효과를 통해 실제 보는 것처럼 느낄 수 있다.

스텔라리움은 망원경 없이 스마트폰을 하늘에 비추는 것만으로 현재 바라보고 있는 방향에 어떤 별자리가 있는지 쉽게 보여 준다. 원하는 날짜뿐만 아니라 시계 속도도 조절함으로써 별의 움직임과 궤적을 시각적으로 나타낸다. 화면 왼쪽에 위치한 상태바와 마우스를 이용하여 프로그램을 직관적으로 조작 가능하지만 단축키를 활용하면 보다 많은 기능을 편리하게 사용할 수 있다.

스텔라리움은 과학 수업에서 별자리 찾기와 행성 관측 활동에 활용한다. 현재의 시각과 위치에 따른 밤하늘을 실시간으로 보여주며 학생이 선택한 날짜와 시간에 나타나는 별자리 변화를 관측하고 다양한 천체 이름과 위치, 크기 등의 정보를 학습한다. 그리고 줌 기능을 활용하여 천체의 모습을 다양한 거리와 각도에서 관찰하며 시간 조절 기능을 통해 행성의 움직임을 연속적으로 관찰할 수 있고 망원경 조작 기능을 활용하면 실제 천체망원경을 사용하는 것처럼 시야 조절도 가능하다.

스텔라리움 첫 화면	원하는 시간대를 지정하여 관찰

별자리의 선, 이름, 그림 관찰	달을 확대하여 관찰

3) 지능형 과학실 ON

지능형 과학실 ON은 AR/VR 기술을 활용한 실감형 콘텐츠와 시뮬레이션을 통해 전통적인 과학탐구의 한계를 넘어설 수 있도록 돕는 플랫폼으로 실시간 사물인터넷(IoT) 센서 데이터를 기반으로 한 폭넓은 데이터 과학탐구 서비스를 제공한다. 교육과정과 연계하여 학생 중심의 과학 탐구 활동을 수행할 수 있도록 다양한 도구와 자료를 함께 제공하며 실시간 데이터 수집과 분석, 시각화를 통해 실생활과 연계된 문제를 해결하는 탐구활동을 효과적으로 수행하도록 돕는다.

지능형 과학실 ON은 처음에 지능형 과학실과 연계하여 제작된 플랫폼으로 지능형 과학실이 구축되어 있는 경우에는 더욱 유용하게 활용할 수 있다. 과학실에 설치된 센서는 오픈 API를 통해 지능형 과학실 ON으로 데이터를 전송하기에 오픈 API의 관리를 위한 점검과 유지가 필요하다. 자료가 지속해서 업데이트되므로 사용 전 최신 자료를 확인해야 하며 학생의 특성에 맞게 탐구 수업, 공동 탐구 등의 영역을 선택하여 지도할 수 있다. 다양한 콘텐츠에 대한 교수 · 학습 지도안, 활동지, 활용 방법 안내 등의 자료도 함께 제공된다.

지능형 과학실 ON은 과학의 모든 영역에서 활용이 가능하며 학생은 원하는 주제나 자료를 검색하여 탐구를 시작한다. 예를 들어, 기후변화 단원에서 해수면 상승에 대해 학습할 경우 먼저 육지의 얼음이 녹으면 해수면 높이에 어떤 변화가 생기는지를 예상해 보고 탐구 활동을 통해 실험을 진행한다. 실험 도구를 선택하여 가상 실험을 수행한 뒤 결과를 분석하고 보고서를 작성함으로써 과학적 탐구 과정을 체계적으로 경험할 수 있다.

① 키워드를 통한 원하는 자료 검색

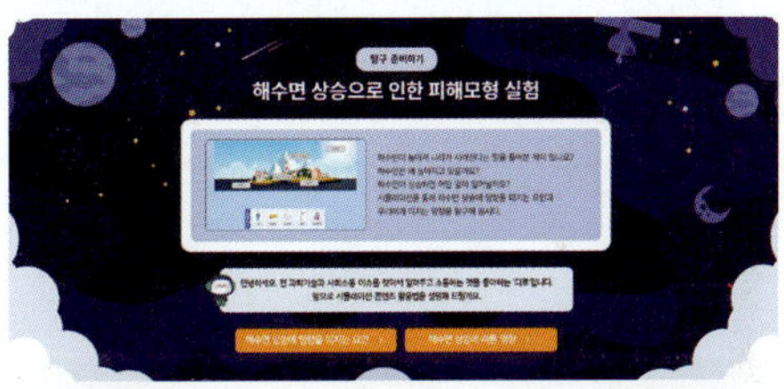

② 시뮬레이션 실행

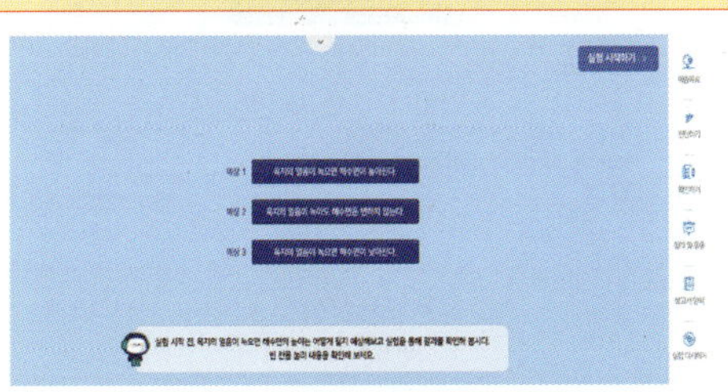

③ 실험 결과 예상

④ 실험 도구 선택

4) PhET

PhET는 물리, 화학, 생물, 지구과학 등 4교과와 함께 수학에서 활용할 수 있는 웹 기반 시뮬레이션으로 노트북이나 태블릿으로 사용 가능하며 학습자가 주도적으로 탐구하고 개념을 발견할 수 있도록 설계된 게임형 학습 환경을 제공한다.

PhET는 인터넷 연결 없이도 사용 가능하며 학습자가 선호하는 시뮬레이션을 선택하여 맞춤형 모둠을 구성할 수 있다. 시뮬레이션을 수행하는 동안 관련된 실험 영상이나 추가 시뮬레이션이 함께 제시되어 학습자에게 복습이나 심화 학습의 기회를 제공한다. 대부분의 시뮬레이션은 영어로 제공되지만 직관적인 인터페이스를 통해 쉽게 이해 가능하며 실험 변수 조절을 통해 결과를 직접 확인할 수 있는 장점이 있다. 그리고 다른 교사들이 제작한 수업지도안이나 수업자료 공유를 통해 다양한 방식으로 수업에 활용할 수 있다.

PhET는 과학과 수학의 다양한 개념을 탐구할 수 있는 시뮬레이션으로 과학의 여러 영역에서 활용이 가능하다. '균형잡기'에 대한 시뮬레이션 자료를 찾으면 학습 목표, 주제, 관련 자료를 확인한다. 시뮬레이션 '안내' 기능을 통해 실험에 필요한 영역이나 위치 등의 표시 여부를 설정하고, 교사가 먼저 시범을 보이거나 학생이 실험을 수행하는 동안 교사가 설명을 보완하며 활동을 안내한다. 이후 학생들이 직접 다양한 조건을 설정하여 실험을 수행하면서 개념을 탐구하고 게임 형식의 활동을 통해 흥미를 높이며 반복 학습을 할 수 있다.

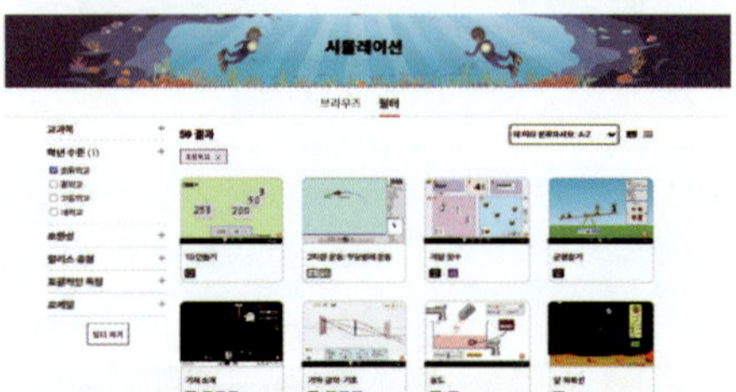

① PhET 검색 화면

② 찾은 자료의 첫 화면

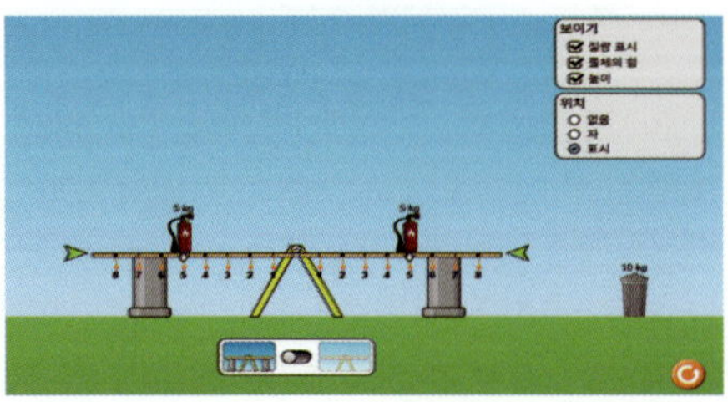

③ 실험 안내

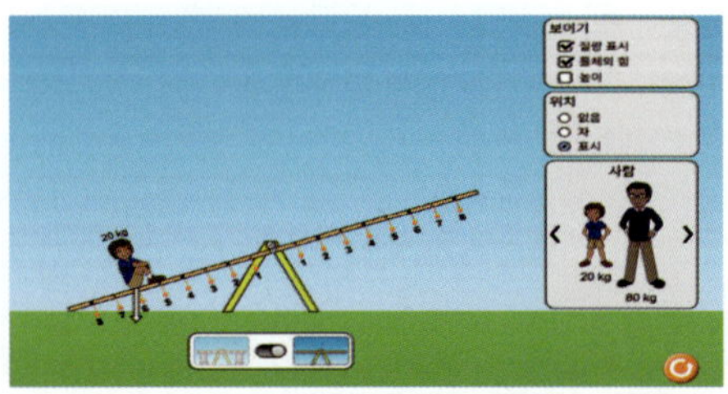

④ 실험 진행

5) 자바실험실

자바실험실은 웹브라우저를 통해 간편하게 접속하여 사용할 수 있는 과학 수업용 웹서비스이다. 별도의 프로그램이나 플러그인 설치 없이 자동으로 실행되며 물리, 화학, 지구, 천문 등 다양한 과학 분야에서 약 400여 개의 실험 실습용 시뮬레이션이 제공된다.

이 플랫폼은 실험을 통해 다양한 현상을 관찰하고 직접 관찰하기 어려운 대상이나 개념을 시각적으로 쉽게 이해할 수 있도록 돕는다. 또한 최신 이슈가 반영되어 지속적으로 업데이트되므로 활용 가능한 주제의 폭이 넓다. 기존의 실험이 변경되거나 새로운 실험이 추가되기도 하므로 수업 전에 내용을 반드시 확인하는 것이 필요하다. 자연현상을 이루는 변인(변수)에 따라 달라지는 결과를 확인할 수 있어 개념 이해에 효과적이다. 현재 수행 중인 실험과 관련된 다른 실험으로의 연결 링크가 제공되며 실험에서 사용되는 핵심 단어와 관련된 내용이 함께 제시된다. 그리고 시뮬레이션 하단에는 학습 목표와 실험 활동에 대한 구체적인 설명이 포함되어 학습자의 자기주도적 탐구를 지원한다.

자바실험실은 과학 수업을 위한 자료로 과학의 전 영역에서 활용할 수 있다. '물의 상태' 실험 자료를 선택하면 시뮬레이션이 자동으로 실행되며 마우스를 이용하여 실험을 수행한다. 온도계를 조절하여 물의 상태 변화를 관찰할 수 있고 온도 변화에 따른 물 분자의 운동 상태를 시각적으로 확인할 수 있어 물질의 상태 변화 개념을 이해하는 데 도움을 준다.

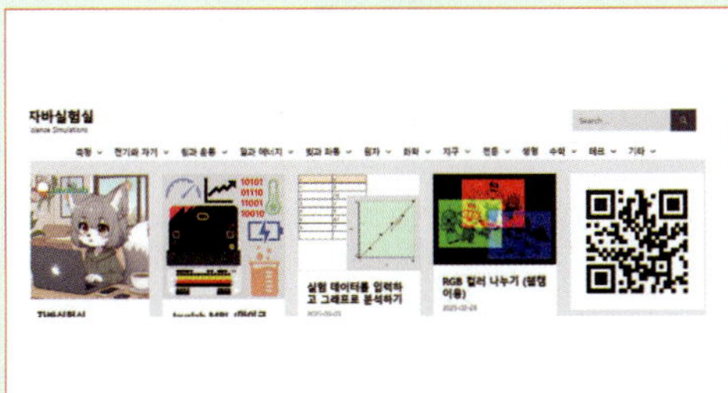

① 자바실험실 검색 화면

② 자료 찾기

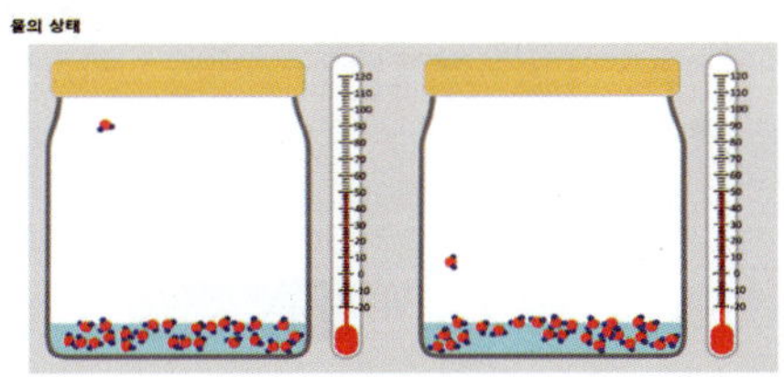

③ 실험 시작

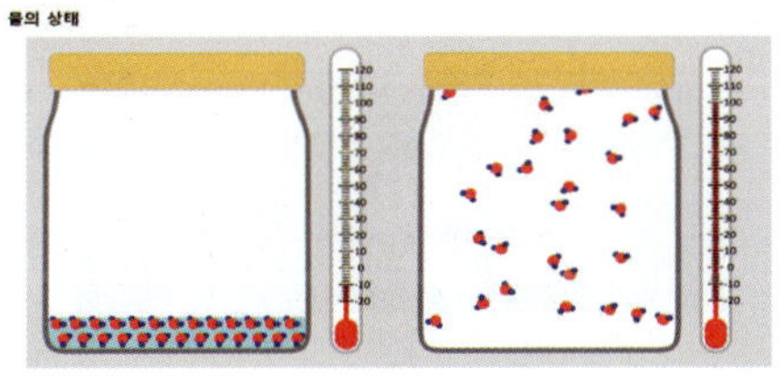

④ 실험 진행

6) VlabON(브이랩온)

VlabON은 한국과학창의재단과 한국과학기술정보연구원이 공동 개발한 온라인 수학 · 과학 실험실로서 누구나, 언제 어디서나 무료로 이용 가능하다. 이 플랫폼은 높은 수준의 다양한 수학 및 과학 실험과 탐구 활동을 온라인에서 체험할 수 있도록 지원하며 실제 실험과 유사한 3차원(3D) 모션 기반의 시뮬레이션을 제공하여 실감나는 학습 경험을 제공한다.

이론 학습과 실험 활동이 통합된 구조로 학습자는 이론을 바탕으로 실험을 수행하면서 개념을 심화할 수 있다. 별도의 프로그램 설치 없이 웹 환경에서 실험이 바로 실행되며 실험에 필요한 안내, 콘텐츠 정보, 사용 방법 등이 함께 제공된다. 또한 실험과 관련된 선수 학습용 영상 자료도 함께 제시되어 자기 주도적 학습을 효과적으로 지원한다. 실험 결과를 바탕으로 탐구 보고서를 작성할 수 있는 기능도 포함되어 있다.

VlabON은 과학의 다양한 영역에서 활용 가능하다. 소리의 발생과 전달 과정을 눈으로 보는 소리 실험실을 통해 소리의 생성 원리와 전달 과정을 직접 눈으로 보고 귀로 들으며 학습한다. 진폭과 진동수를 조절하여 소리의 크기와 높이의 변화를 시각적, 청각적으로 관찰하며 소리를 녹음하여 파형을 분석하고 소리 변화를 실험한다. 실험 활동 후에는 녹음한 자신의 목소리를 이용하여 피아노 연주나 게임에 활용함으로써, 학습한 과학 개념을 실생활에 적용해 볼 수 있다.

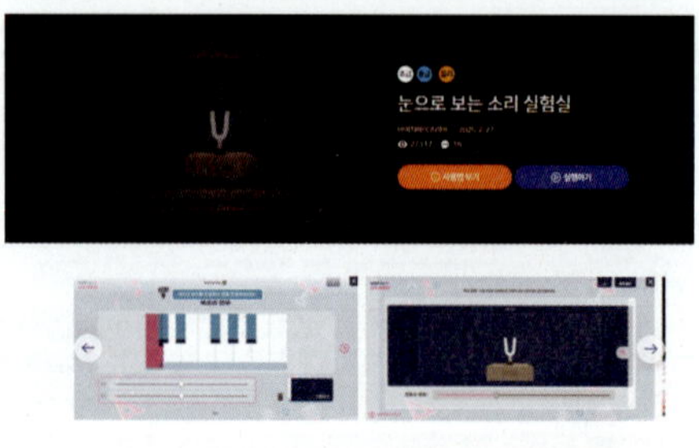

① 실험 첫 화면

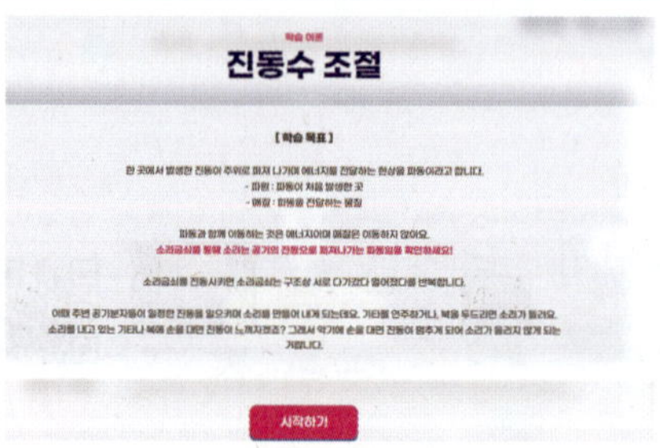

② 이론 학습

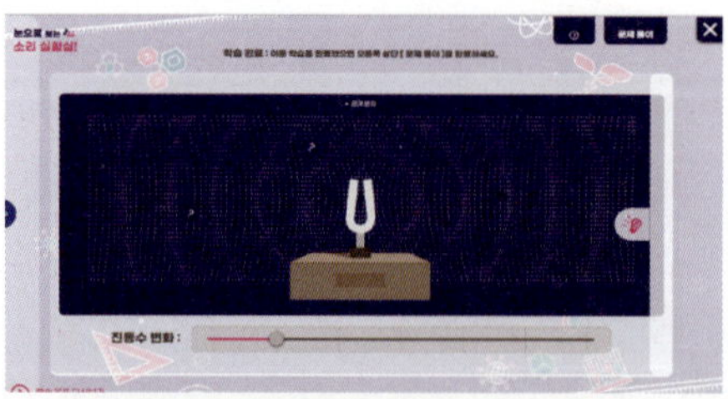

③ 이론 학습 실험

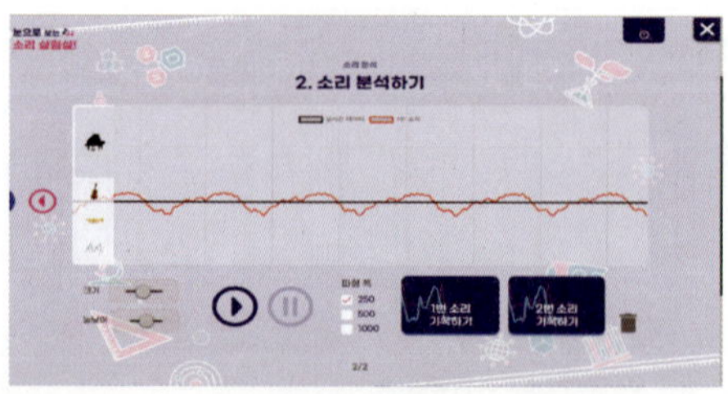

④ 소리 실험

7) 로도코도

로도코도는 순차, 반복, 조건 등 컴퓨터 프로그래밍의 기본 개념을 재미있게 익힐 수 있도록 구성된 코딩 퍼즐 게임 앱이다. 명령어를 순서대로 조합하여 문제를 해결하는 게임 형식으로 되어 있어 학습자는 자연스럽게 프로그래밍의 기초 구조를 이해하며 학습한다.

로도코도는 파트 1과 파트 2로 구성되어 있으며 처음 학습자는 파트 1부터 순서대로 진행하는 것이 효과적이다. 앱은 파란색과 분홍색 버전으로 나뉘는데, 분홍색 앱은 별도의 계정 없이 바로 실행 가능하여 학습자에게 보다 접근성이 높다.

원하는 파트를 선택한 후 '시작(start)' 버튼을 눌러 학습을 진행한다. 화면 하단에 제시된 명령 블록(이동, 회전, 점프 등)을 터치하거나 드래그하여 프로그램 영역에 배치하고 실행(재생) 버튼을 눌러 캐릭터(고양이)를 목표 지점(체크포인트)로 이동시킨다. 명령 블록을 잘못 넣었으면 해당 블록을 클릭하거나 드래그하여 삭제하거나 위치를 조정할 수 있으며 전체 명령어를 초기화하고 싶을 경우에는 휴지통 아이콘을 활용한다. 단순히 캐릭터를 목표 지점으로 보내는 것뿐만 아니라 중간 경로에 있는 동전(코인)을 수집하는 요소가 있어 게임처럼 흥미를 유발한다. 각 단계를 완료하면 다음 단계로 자동 이동되며 프로그래밍을 효율적으로 설계할 경우 별을 추가적으로 획득할 수 있다. 학습자가 획득한 별의 개수에 따라 자격증을 발급받을 수 있어 자기 주도적 학습의 동기를 높인다.

① 로도코도 첫 화면

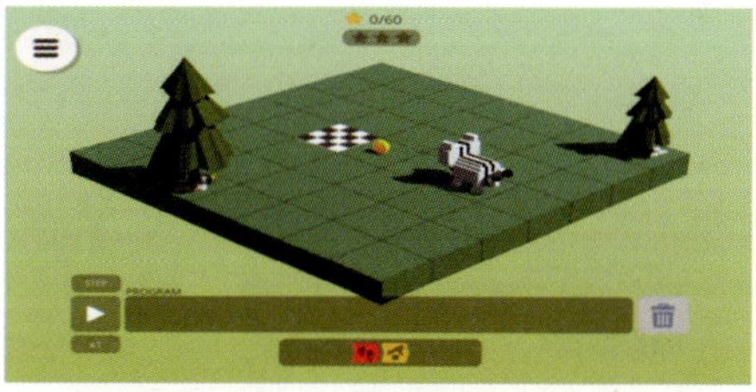
② 실행 준비

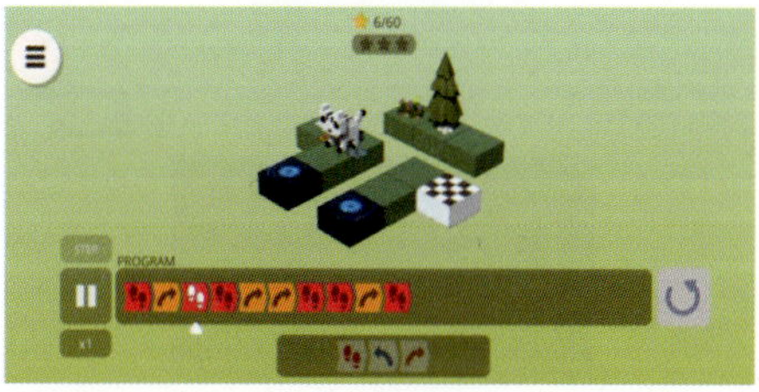
③ 프로그래밍 실행

④ 자격증 획득

8) 엔트리

엔트리는 블록 기반의 프로그래밍 교육 도구로 프로그래밍을 처음 접하는 학습자도 쉽게 사용할 수 있는 교육용 소프트웨어이다. 무료로 제공되며 별도의 프로그램 설치 없이 웹사이트에 접속하여 온라인으로 사용한다. 마우스를 이용하여 블록 형태의 명령어(이미지)를 드래그 앤 드롭 방식으로 조립하면서 코딩을 직관적으로 학습할 수 있다. 엔트리 사이트에서 다양한 예제 및 커리큘럼을 제공하고 있으며 하드웨어(아두이노, 햄스터 로봇) 등과 연동한 피지컬 컴퓨팅 활동도 가능하다.

엔트리를 사용하려면 먼저 사이트에 접속하여 회원 가입을 하고 새 프로젝트를 생성한다. 비회원 상태로 프로젝트를 실행하면 진행 상황이 저장되지 않으므로 회원 가입 후 로그인하여 사용하는 것이 권장된다. 만 14세 미만 사용자는 법정 대리인의 인증 절차가 필요하므로 학교 수업에서는 일반적으로 만 14세 이상으로 선택하여 가입 절차를 간소화한다. 또 교사는 '마이페이지-나의 학급' 기능을 활용하여 학급을 개설하고 학생 계정을 생성하거나 비밀번호 초기화 및 학급 관리를 할 수 있다.

'엔트리 학습하기' 메뉴를 통해 기본 화면 구성과 블록의 기능을 익힌 후, 자신의 수준에 맞는 콘텐츠를 선택하여 미션을 수행한다. 동작, 흐름, 소리 등 다양한 블록을 조합하여 캐릭터를 이동시키거나 소리를 재생하는 프로그램을 만들 수 있다. 기본적인 블록 코딩 방법을 익히면 간단한 게임, 애니메이션 제작도 가능하다.

① 엔트리 학습

② 블록 코딩 학습

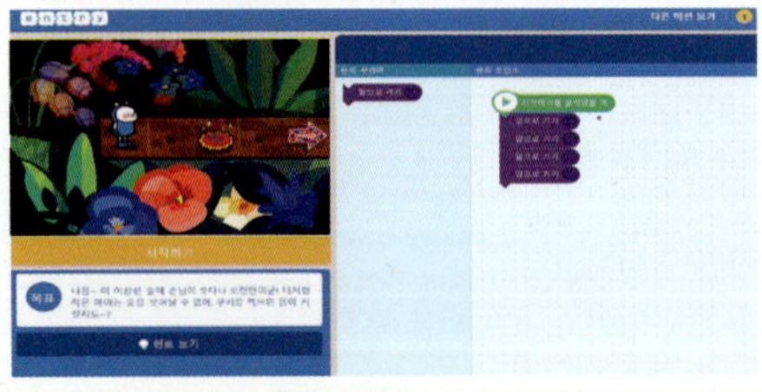
미션 수행

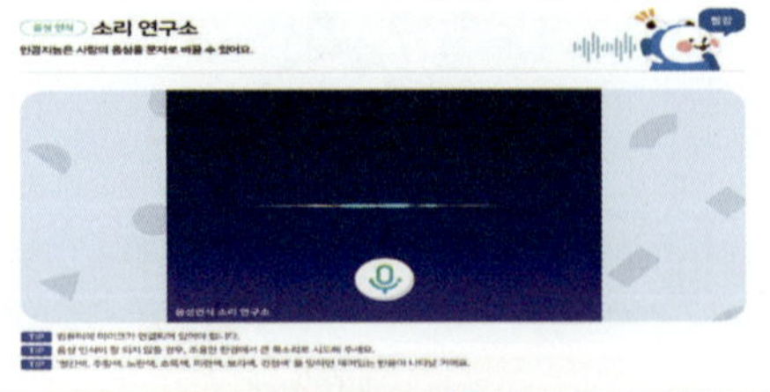

인공지능 체험

활동하기

1. 기본 교육과정 과학에서 제시된 디지털교육 관련 내용과 공통 교육과정 과학에서 제시된 디지털교육 관련 내용을 비교해 보세요.
2. 디지털교육 자료를 활용한 교수 · 학습과정안을 설계해 보세요.
3. 이 책에서 제시된 디지털교육 자료 외에 과학 · 실과 교과에서 활용할 수 있는 자료를 찾고 장단점을 이야기해 보세요.

제10장 진로와 직업

개요

이 장은 디지털교육을 활용한 진로와 직업과 역량을 함양하기 위해 교육과정적 기초와 적용 방안을 탐색하는 데 목적이 있다. 이를 위해 이 장에서는 2022 특수교육 기본 교육과정 진로와 직업에서의 디지털교육 내용을 살펴보고 실제 적용한 사례와 활용 방법을 탐색한다. 이 장의 학습을 통하여 향후 장애 학생을 위한 진로와 직업 교육에서 디지털교육 역량을 함양하게 된다.

1. 진로와 직업 교육의 기초
2. 진로와 직업 교과의 디지털교육 실제
3. 진로와 직업 교육의 디지털교육 활용

1. 진로와 직업 교육의 기초

진로와 직업과는 학생이 자신을 이해하고 진로와 직업을 탐색하여 적합한 직업을 선택하고 준비할 수 있도록 돕는 교과이다. 진로 인식, 탐색, 준비 과정을 거쳐 학교교육 이후 지역사회와 직업생활로 원활히 전환할 수 있도록 지원하며 지역사회 구성원으로서 독립적인 생활을 할 수 있는 능력을 기르는 것을 목표로 한다.

특수교육 대상 학생들의 흥미, 적성, 특성을 반영한 교육적 요구를 고려해 진로 방향을 설정하고, 4차 산업혁명 시대의 생태적 변화와 요구를 반영하여 다양한 직업 세계를 탐색하고 체험할 수 있는 직접적인 경험을 강조하였으며 이후 맞춤형 교육인 자립생활, 직업생활, 계속교육으로 이어지도록 구성하였다.

자립생활에서는 인공지능(AI) 기반의 자기 관리 학습 도구와 가상 시뮬레이션을 활용하여 학생들이 실제 자립생활에 필요한 자기 관리 기술을 가상 환경에서 반복적으로 연습함으로써 기능적 생활 중심 학습 능력을 향상시킬 수 있다. 직업생활에서는 가상현실(VR), 증강현실(AR) 기술을 활용하여 장애 학생들이 다양한 직업 환경을 실제 상황처럼 체험하고 실제 작업 환경에서 필요한 기술을 안전하게 익힐 수 있다. 계속교육에서는 AI 기반의 디지털교육을 통해 학생들이 졸업 후 고등교육이나 평생교육을 준비할 수 있도록 지원한다.

2022 특수교육 기본 교육과정 진로와 직업에서는 디지털교육에 대해 교수 · 학습 방향과 방법에서 제시하고 있다. 교수 · 학습 방향에서는 학생들이 디지털 기초소양을 함양하여 능동적으로 자신의 진로와 직업을 설계할 수 있도록 하였다. 교수 · 학습 방법에서는 장애 정도와 특성, 발달 단계, 학습 수준 등 다양한 학생 특성과 학교 여건을 고려하여 다양한 학습 자료를 적용하고 삶에 적용 가능한 활동과 원격수업 환경에서도 수업 참여에 어려움이 없도록 디지털 관련 도구를 활용하여 디지털 기초소양을 함양할 수 있도록 한다. 2022 특수교육 기본 교육과정 진로와 직업에서 디지털교육 관련 내용은 〈표 10-1〉과 같다.

표 10-1 2022 특수교육 기본 교육과정 진로와 직업에서 디지털교육 관련 내용

1. 교수 · 학습
   (1) 교수 · 학습의 방향
      (마) 미래 사회 및 산업 구조가 변화하는 상황에서 진로와 직업 관련 디지털 기초소양을 함양할 수 있도록 하고 나아가 능동적이고 주도적으로 자신의 진로와 직업을 설계하고 준비할 수 있도록 계획한다.
   (2) 교수 · 학습 방법
      (라) 장애 정도와 특성, 발달 단계, 학습 수준, 관심, 필요, 흥미 등의 학생 특성과 학교의 여건을 고려하여 실물이나 모형, 인터넷 자료, 사진 및 동영상 자료, 멀티미디어 자료 등 다양한 학습 자료를 적용하여 작업을 수행해 봄으로써 졸업 후 학생의 독립적인 삶을 위해 실제적으로 적용이 가능한 교수 · 학습 활동을 제공한다.
      (바) 교내의 특별실, 직업 훈련실, 실습실, 기타 시설이나 장비를 활용하여 교수 · 학습 과정에서 실제적인 활동과 경험을 통해 장차 학생이 개인의 진로 및 직업을 설계하고 준비할 수 있도록 한다.
      (자) 원격수업 환경에서도 수업 참여에 어려움이 없도록 맞춤형 원격수업을 활성화하고 원격수업이나 스마트 기기, 애플리케이션 등을 활용하여 진로와 직업 분야 디지털 기초소양을 함양할 수 있도록 한다.

2. 진로와 직업 교과의 디지털교육 실제

1) 직업의 세계 영역(고등학교)

(1) 교육과정 및 학습자 분석

진로와 직업과 직업의 세계 영역 중 '나의 미래생활' 단원의 '미래의 지역사회 생활'에 대해 알아본다. 이와 관련된 성취 기준은 2022 특수교육 기본 교육과정에서는 [12진로01-05], [12진로02-03], [12진로02-04]와 공통 교육과정에서는 [9진로01-01], [9진로02-04], [9진로03-04], [12진로02-05]과 연계하여 교육과정을 재구성할 수 있다. 교육과정 재구성을 위한 구체적인 내용은 〈표 10-2〉와 같다.

표 10-2 미래의 지역사회 생활 교육과정 및 학습자 분석

단원	나의 미래생활	제재	미래의 지역사회 생활
성취기준	기본	[12진로01-05] 졸업 후 삶의 모습을 구체적으로 구상하며 미래에 대한 긍정적인 태도를 기른다. [12진로02-03] 학교 및 지역사회의 직종을 탐색하여 각 직종에 대한 정보를 수집한다. [12진로02-04] 직종 체험을 통해 흥미나 관심이 있는 직종을 찾는다.	
	공통	[9진로01-01] 진로와 직업의 의미를 이해하고 다양한 직업인의 진로 특성과 삶의 모습을 탐색한다. [9진로02-04] 다양한 경험과 진로 활동을 자신의 진로와 연계하며 주도적인 진로 탐색 태도를 함양한다. [9진로03-04] 졸업 이후의 진로 계획을 수립하고 자기 관리 및 진로 준비 방법을 알아보고 실천한다. [12진로02-05] 지속 가능한 진로 개발을 위해 다양한 진로 경로를 탐색하고 평생 학습의 중요성을 이해한다.	
학습자 장애유형	도현(지적장애), 준호(중도중복장애: 지적 · 청각장애), 서연(중도중복장애: 지적 · 시각장애)		

도현이는 사회성이 좋고 자신의 의견이나 생각을 말로 표현하는 것을 좋아하는 지적장애 학생으로 도현이에게는 먼저 구체적인 시범을 보여 주고, 학습한 내용을 주변 친구들에게

설명하도록 하면 과제에 대한 학습 참여도를 높일 수 있을 것이다. 준호는 보청기를 착용한 청각장애 학생으로 수업이나 활동을 시작하기 전에 보청기의 착용상태, 청취상태 등을 점검해야 한다. 또한 준호의 자리배치가 교사를 잘 볼 수 있는 위치인지 확인하고, 칠판에 주요 단어를 제시하여 청각적으로 놓칠 수 있는 부분을 시각적으로 보완하도록 한다. 다양한 키오스크에 대한 시각적 자료를 제공하는 것 또한 준호의 학습참여를 향상시킬 수 있다. 서연이는 확대된 자료가 필요한 시각장애 학생으로 키오스크를 사용할 때 확대하여 사용할 수 있도록 도구를 수정하거나 화면 해설 서비스를 제공하여 시각적 요소를 청각적 요소로 변환하여 수업에 참여하도록 한다.

(2) 교수 · 학습과정안 설계 및 개발

진로와 직업의 '나의 미래생활' 단원의 '미래의 지역사회 생활'에 대해 학습 단계에 따른 교수 · 학습과정안의 설계와 구체적인 자료 개발은 〈표 10-3〉과 같다.

표 10-3 미래의 지역사회 생활에 대한 교수 · 학습과정안

학습단계	교수 · 학습 활동	자료
도입	• 동기유발 –생활에서 직접 키오스크 사용한 경험 이야기하기 • 학습목표 확인하기 키오스크 앱을 이용하여 음식을 주문한다.	• 키오스크, 무인 판매점 관련 사진 제공
전개	• 〈활동 1〉 메뉴를 보고 주문서 완성하기 –메뉴 확인하기 –주문서 완성하기 • 〈활동 2〉 키오스크 앱으로 주문하기 –주문서에 작성한 메뉴를 확인하고 장바구니에 담기 –메뉴 결제하기	• PPT • 메뉴판 • 국립특수교육원 무인정보단말기 앱(요식업)
정리	• 학습 내용 정리하기 –평가모드 활동 –성취수준 확인하기	• 국립특수교육원 무인정보단말기 앱 (요식업)

(3) 디지털교육 실행 및 평가

수업에서 활용하는 국립특수교육원 장애 학생 무인정보단말기 교육콘텐츠(요식업 · 교통)

는 국립특수교육원-에듀에이블-무인정보단말기 교육에서 콘텐츠(안드로이드 버전, PC 버전)를 미리 설치하여 수업을 준비한다.

도입에서는 학생들의 동기 유발을 위하여 일상생활에서 키오스크를 활용했던 장소나 키오스크 사진, 메뉴 등 관련된 정보를 이용하여 경험을 묻는다. 이때 학생들이 좋아하는 음식을 제시하여 학습 동기를 이끌고 메뉴판 그림과 사진을 함께 활용하여 자신이 키오스크를 사용하여 구매했던 경험을 이야기할 수 있도록 한다. 추가적인 방법으로는 음식 사진을 확대하여 퀴즈를 내는 등 다양한 방식으로 호기심과 학습 동기를 유발하여 진행해도 된다.

전개의 〈활동 1〉을 시작하기 전에 오늘 활동에 대한 내용을 칠판에 핵심단어로 정리한다. 준호뿐만 아니라 모든 학생이 키오스크 앱 활용 과정을 명시적으로 확인할 수 있도록 한다. 〈활동 1〉에서는 음식의 메뉴를 확인하고 자신이 주문하고 싶은 음식을 결정하여 주문서를 완성한다. 이때 학생들이 음식의 종류를 확인하고 주문서 작성에 용이하도록 주문서에 메뉴와 관련된 음식 사진을 첨부하는 것이 좋다. 학습지를 제작할 때 학생의 수행 수준 또는 장애 특성을 고려하여 메뉴와 가격을 빈칸으로 설정하거나 따라 쓰기 또는 베껴 쓰기가 가능하도록 수정하기, 단어 카드 또는 그림 카드를 붙일 수 있도록 과제 난이도를 수정하여 모든 학생이 학습에 참여하도록 한다.

〈활동 2〉를 시작하기 전에 전자칠판을 이용하여 교육 영상을 시청한다. 교탁근처에 태블릿 거치대를 설치하여 사회성이 좋은 도현이와 [그림 10-1]과 같이 교육 모드를 활성화하여 함께 키오스크 사용방법을 시범 보인다. 이때, 전자칠판과 미러링 기능을 활용하여 시범을

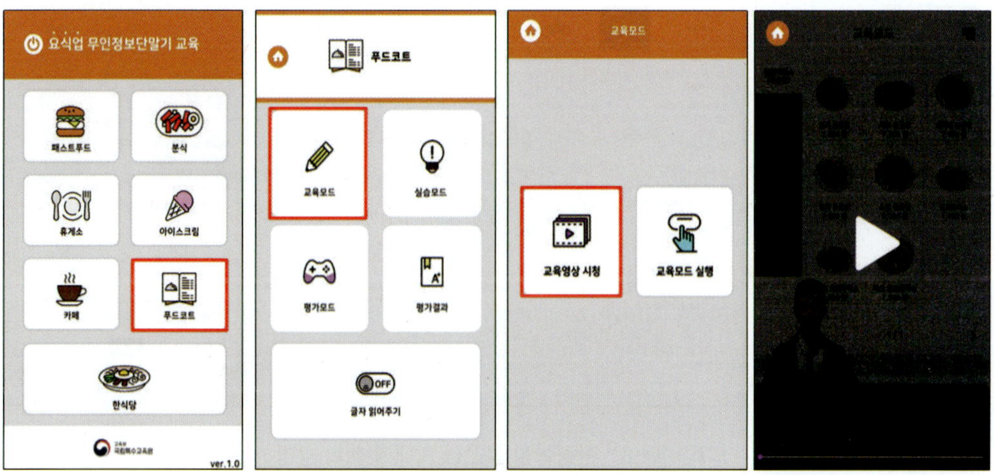

[그림 10-1] 교육모드 활성 방법

보일 때 다른 학생들이 관찰하도록 한다. 이후 각자에게 제공된 태블릿으로 교육 모드를 실행하여 키오스크 무인단말기 앱을 미리 탐색한다.

이때 서연이는 [그림 10-2]와 같이 글자 읽어주기 모드를 활성화하여 서연이가 앱의 화면을 누르면 글자를 읽어 시각적 요소를 청각적 요소로 변환하여 활동에 적극적으로 참여하도록 지도하거나 [그림 10-3]와 같이 태블릿 환경설정 접근성 기능을 활용하여 화면의 부분을 확대하여 앱을 사용할 수 있도록 한다.

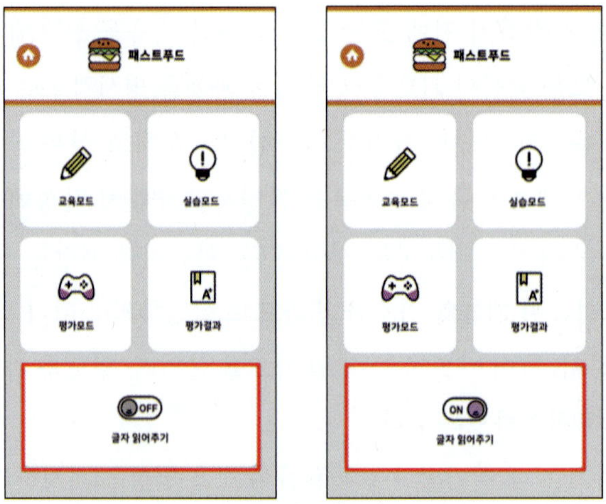

[그림 10-2] 글자 읽어주기 모드 활성화 방법

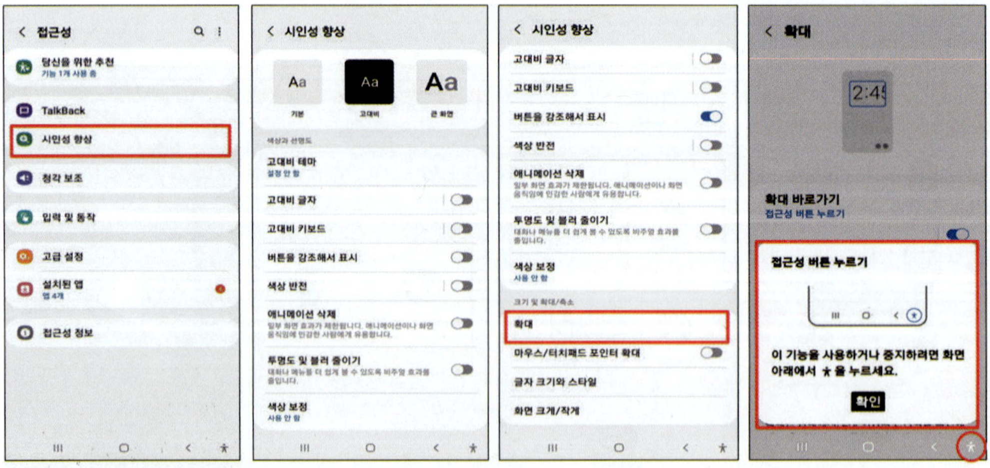

[그림 10-3] 환경설정 접근성 확대 활성화 방법

설정 후 [그림 10-4]처럼 오른쪽 아래 하단에 사람 모양을 누르면 확대 기능이 활성화가 된다. 서연이가 확대된 자료를 통해 활동에 적극적으로 참여할 수 있도록 학습 환경을 구성해 준다.

[그림 10-4] 환경설정 크기 및 확대/축소 기능 활성화

준호에게는 환경설정 청각 보조 기능 중 [그림 10-5]와 같이 음성 자막 변화 기능을 활성화한다. 태블릿에 집중하는 준호가 교사의 입 모양과 소리를 놓치는 경우를 대비하여 교사의 지시가 음성 자막으로 변환되어 교사의 지시나 수업내용을 놓치지 않도록 한다. 또는 관

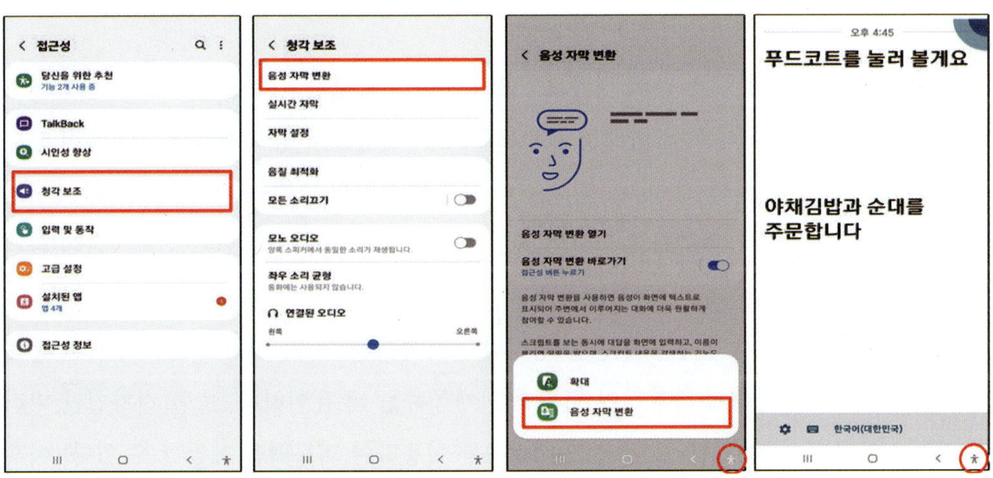

[그림 10-5] 환경설정 청각 보조 기능 음성 자막 변화 활성화

련된 주요 단어와 그림카드를 제시하여 청각적 요소와 시각적 요소를 함께 활용하여 학습에 적극적으로 참여하도록 한다.

〈활동 2〉를 시작하기 전에 이때 전자칠판 미러링 기능을 이용하거나 태블릿 거치대를 활용하여 실제 환경과 유사하게 구성하는 것이 좋다. 〈활동 1〉에서 자신이 작성한 메뉴와 키오스크 앱을 확인하여 자신이 작성한 메뉴를 구매한다. 도현이가 과제를 먼저 해결한 경우 준호, 서연이 외 다른 학생들의 또래 도우미의 역할로 함께 과제를 수행할 수 있도록 한다. 또한 학생들의 수준이 다양하고 과제 해결 속도가 빠르다면 수업 내 과제를 변형하여 과제를 수행하도록 하고 반복적인 연습을 통해 키오스크 앱 활용 능력이 숙달되도록 한다.

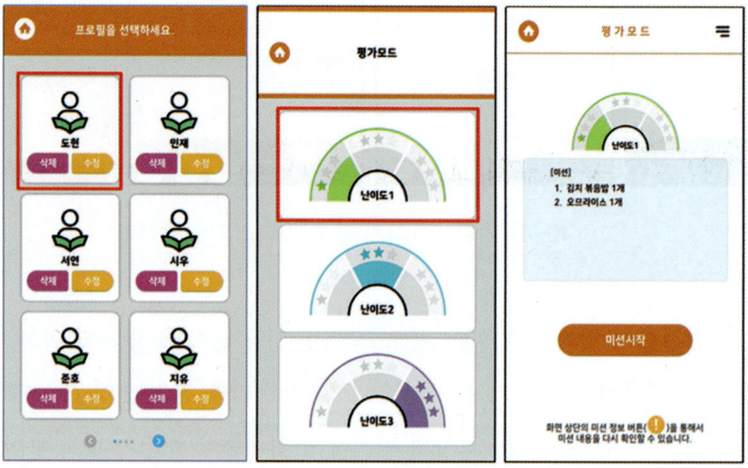

[그림 10-6] 평가모드 활용방법

정리에서는 [그림 10-6]과 같이 평가모드를 활용하여 학생들의 수행 수준에 맞는 난이도의 과제를 제시한다. 이때 학급 학생별 프로필을 미리 설정하여 평가 활동에 어려움이 없도록 한다. 평가모드 수행 시 [그림 10-7]과 같이 오른쪽 상단의 느낌표 기호를 누르면 제시된 과제가 무엇인지 확인 가능하므로 교사의 촉진보다는 스스로 중간에 힌트를 확인하여 과제를 완료하고 성공 경험을 느낄 수 있도록 한다.

평가결과를 통해 학생의 수행 수준을 명시적으로 확인할 수 있으며, 교사는 결과를 통해 오류를 확인하여 학생에게 즉각적인 피드백을 제공하는 데 용이하다. 또한 전자칠판 미러링 기능을 활용하여 평가하였을 경우 또래교수를 이용하여 피드백을 제공할 수 있다. 이후 키오스크 앱에 있는 다양한 기능을 소개하고 다음 차시를 안내하며 마무리한다.

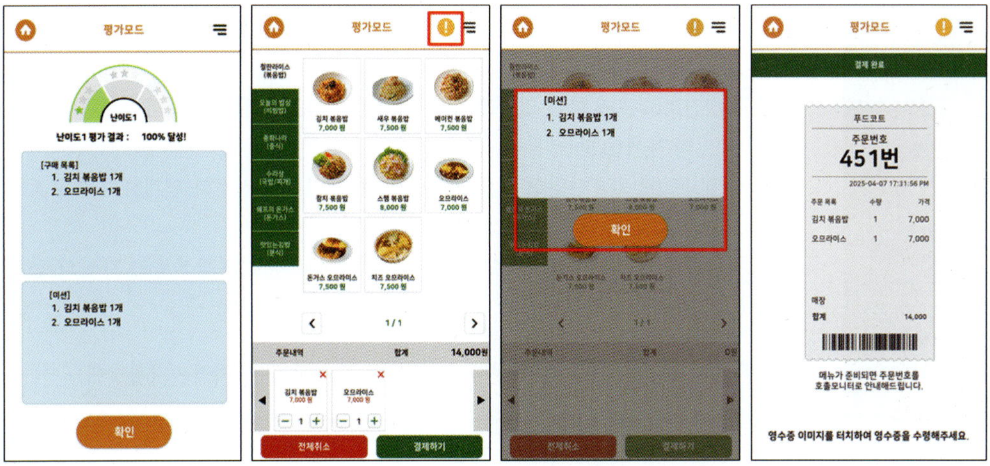

[그림 10-7] 평가모드 과제 힌트 활성화

2) 작업 기초 능력 영역(중학교)

(1) 교육과정 및 학습자 분석

진로와 직업과 작업 기초 능력 영역에서 '음식 직군의 탐색과 체험' 단원의 '바리스타 체험'에 대해 알아보고자 한다. 이와 관련된 자세한 성취기준은 2022 특수교육 기본 교육과정에서는 [9진로02-04], [9진로03-01], [9진로03-02], [9진로03-03], [9진로03-04]와 공통 교육과정에서는 [9진로01-02], [9진로01-03], [9진로02-04], [9진로03-02]과 연계하여 교육과정을 재구성할 수 있다. 교육과정 재구성을 위한 구체적인 내용은 〈표 10-4〉와 같다.

민재는 단어수준의 간단한 의사표현이 가능하나 학습된 무기력을 가진 학생으로 과제를 순서에 맞게 단어를 말하며 과제를 수행하도록 난이도 및 시간 조절을 하거나 민재 특성에

표 10-4 바리스타 체험 교육과정 및 학습자 분석

단원	음식 직군의 탐색과 체험	제재	바리스타 체험
성취기준	기본	[9진로02-04] 직군 체험을 통해 자신의 직업적 흥미나 관심이 있는 직군을 찾는다. [9진로03-01] 직군별 작업 과정의 순서를 익힌다. [9진로03-02] 직군에 따라 올바른 방법으로 작업에 참여한다. [9진로03-03] 직군에 적합한 도구를 사용하여 작업의 효율을 높인다. [9진로03-04] 직군별 작업 과정에서 안전에 유의한다.	

	공통	[9진로01-02] 다양한 방법으로 자신의 진로 특성을 파악하고 긍정적 자아 개념을 갖는다. [9진로01-03] 함께 일하고 싶은 직업인의 특성을 알아보고 바람직한 직업인의 자세를 갖는다. [9진로02-04] 다양한 경험과 진로 활동을 자신의 진로와 연계하며 주도적인 진로 탐색 태도를 함양한다. [9진로03-02] 관심 진로 분야의 다양한 진로 경로를 탐색하고 자신의 진로 경로를 설정한다.
학습자 장애유형	민재(지적장애), 시우(자폐성장애), 지유(중도중복장애: 지적 · 지체장애)	

맞는 강화를 제공하여 학습의 흥미와 성공 경험을 가질 수 있도록 한다. 시우는 한 가지에 집착하는 성향이 있으며 자신이 하고 싶은 인터넷 검색 또는 사진 탐색 등 수업과 관련 없는 다른 태블릿 활동을 하려고 한다. 이 경우 태블릿을 제공하기 전에 태블릿 규칙을 상기시키고 과제를 완료한 후 자신이 좋아하는 활동에 참여할 수 있도록 안내하여 과제에 적극적으로 참여하도록 한다. 마지막으로 지유는 휠체어에 앉아 소근육 활동에만 참여가 가능하다. 태블릿을 제공할 때 앱을 직접 눌러볼 수 있는 기회를 제공하거나 과제 분석을 통해 부분적으로 참여할 수 있도록 과제를 제시한다. 실물 자료를 활용하기 어려운 학생들은 태블릿을 통해 수업에 직접 참여하여 자기효능감을 높일 수 있도록 수업을 구성하여야 한다.

(2) 교수 · 학습과정안 설계 및 개발

진로와 직업과 '음식 직군의 탐색과 체험' 단원의 '바리스타 체험'에 대해 학습 단계에 따른 교수 · 학습과정안의 설계와 구체적인 자료 개발은 〈표 10-5〉와 같다.

표 10-5 바리스타 체험에 대한 교수 · 학습과정안

학습단계	교수 · 학습 활동	자료
도입	• 동기유발 –카페에 간 경험 이야기하기 –선배 바리스타 관련 영상 시청하기 • 학습목표 확인하기 바리스타 직업을 살펴보고 콘텐츠를 이용하여 카페 조리도구의 명칭과 실습 순서를 체험한다.	• 카페, 음료 사진

전개	• 〈활동 1〉 카페 조리 도구의 명칭과 쓰임새 확인하기 –도구 명칭과 쓰임새 익히기 –에스프레소 머신의 구조와 명칭 익히기 • 〈활동 2〉 콘텐츠를 이용하여 에스프레소 추출 체험하기 –에스프레소 추출 영상 시청하기 –국립특수교육원 직무 체험 콘텐츠(바리스타)를 이용하여 에스프레소 추출하기	• 카페 조리 도구, 음료 사진 • PPT • 활동지 • 국립특수교육원 바리스타 직무 체험
정리	• 학습 내용 정리하기 –도구 명칭 확인하기 –순서 확인하기	• 도구 명칭 사진 • 실습 순서 사진

(3) 디지털교육 실행 및 평가

수업에서 활용하는 국립특수교육원 직무 체험 콘텐츠(바리스타)는 .apk 앱을 지원하지 않으므로 실습을 위해서는 컴퓨터실을 이용하거나 노트북을 전자칠판에 연결하여 사전에 준비하여 수업을 진행하는 것이 좋다.

도입에서 학생들이 좋아하는 음료나 카페를 갔던 경험을 이야기하며 학습 동기를 유발시킨다. 또한 바리스타로 취업한 선배들의 영상을 집중하여 시청하고 카페에서 하는 일, 월급 관리, 도구, 힘든 일, 좋아하는 일 등에 대해 자신의 생각을 대답한다. 이때 좋아하는 음료나 카페에 갔던 경험을 이야기하면서 다음 차시에 음료 만들기 활동을 통해 실습을 예고하고 앞으로 사용할 활동 강화제를 제시한다.

[그림 10-8] 발달장애인 바리스타 영상

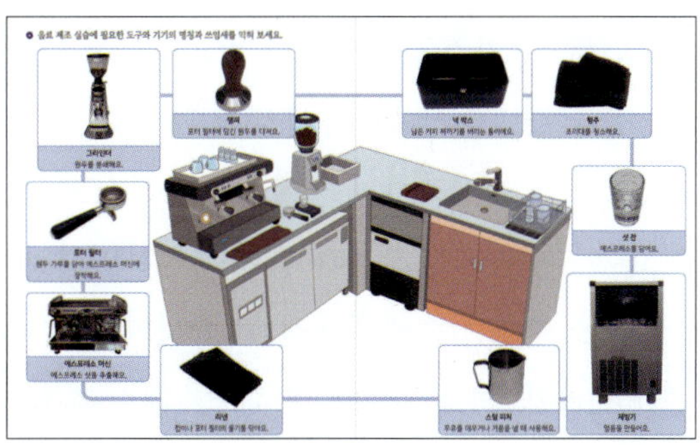

[그림 10-9] 진로와 직업 교과서 바리스타 조리 도구 명칭 및 사용법

전개의 〈활동 1〉 카페 조리 도구의 명칭과 사용방법을 익히기 위하여 2022 특수교육 기본 교육과정 진로와 직업 고등

학교 교과서를 통해 바리스타가 사용하는 도구를 확인한다.

이때 커리어 북에서 제공하는 전자교과서를 활용하여 지유가 직접 태블릿을 눌러보며 바리스타 사용 도구를 확대하거나 페이지를 넘기는 등 학습에 참여할 수 있도록 구성한다. 도구 명칭과 사용 방법에 관련된 수업을 할 때에는 중심 단어에 굵은 글씨나 색을 변경하는 등 난이도 조절을 통해 민재를 포함한 모든 학생이 이해하기 쉽도록 하여 학습에 적극적으로 참여하도록 한다. 이후 모든 학생에게 태블릿을 제공하여 수업을 준비하며 태블릿을 제공할 때에는 태블릿과 관련된 수업 규칙을 상기시킨다. 이때 적용할 태블릿 수업 규칙은 학생들과 함께 작성하는 것이 좋다. 시우는 한 가지에 집착하는 성향과 수업과 관련 없는 다른 태블릿 활동을 할 수 있기 때문에 미리 수업 규칙을 상기시키고 수업 후 쉬는 시간에 다른 활동을 할 수 있도록 활동 강화제를 제시한다.

[그림 10-10] 재료와 도구 알아보기

교사는 국립특수교육원 직무 체험 콘텐츠(바리스타)([그림 10-10] 참조)를 전자칠판에 띄워 바리스타가 사용하는 도구를 사진으로 설명한다. 학생들은 태블릿를 이용하여 전자교과서의 그림과 전자칠판의 사진을 비교하도록 한다. 이때 실물 자료 추가로 준비하면 그림-사진-실물 자료를 구체화하여 비교 확인하는 과정을 통해 수업의 이해도를 높일 수 있다.

〈활동 2〉를 시작하기 전에 에스프레소 추출 영상을 시청하여 영상에서 나온 순서를 확인하고 전자칠판에 학생들과 함께 정리하면서 국립특수교육원 직무 체험 콘텐츠(바리스타) 에스프레소 추출 실습에 참여한다. 학생의 수준 및 이해 정도에 따라 국립특수교육원 직무 체험 콘텐츠(바리스타)를 실습하며 에스프레소 추출 순서를 기록장에 적거나 문장, 그림카드를 이용하여 순서를 완성하도록 한다. 또는 화면과 비교하여 그림을 가리키는 등 수준에 맞는 과제를 제시하여 학생들이 에스프레소 추출 순서를 학습할 수 있도록 한다. 민재가 과제 수행이 어려워 학습된 무기력이 나타난 경우 전자칠판에 나와 있는 힌트를 제시하거나 비교하여 붙일 수 있도록 과제를 수정하여 성공 경험을 제시한다. 또한 지유는 소근육 활동이 가능하므로 노트북을 이용하여 바리스타 에스프레소 추출 과정에 직접 참여하도록 한다. 교사는 모든 학생이 학습 활동에 참여할 수 있도록 각자의 학습 수행 수준을 고려하여 과제 난이도를 조절하는 것이 필요하다.

정리 활동에서 개별적으로 컴퓨터나 노트북을 활용하여 수업한다면 [그림 10-11]과 같이 학생별 진도 확인을 통해 학습 진도를 확인할 수 있다. 전자칠판에 도구의 사진과 순서를 보여주고 명칭과 순서를 확인하는 형성평가와 각자 작성한 기록장을 확인하여 도구의 명칭과 순서에 대해 이해했는지 비교, 확인할 수 있다. 모든 학생이 학습에 참여하도록 하고 다양한 난이도를 통해 모든 학생이 성취기준에 도달하여 성공 경험을 느낄 수 있도록 평가 요소를 구성한다.

[그림 10-11] 진도 확인

3. 진로와 직업 교과의 디지털교육 활용

진로와 직업에서 디지털교육을 활용할 수 있는 교육자료를 제시하면 〈표 10-6〉과 같다.

표 10-6 진로와 직업 교과의 디지털교육 활용 사례

명칭	소개	성취기준
네이버 지도	장소를 직접 찾아보고 다양한 이동경로를 확인하는 프로그램	[9진로04-03] 집에서 학교까지 통학수단을 활용하여 이동한다. [12진로04-03] 집에서 직장까지 교통 수단을 활용하여 이동한다.
FNJ 키오스크	카페, 식당, 패스트푸드점, 영화관, 기차, 버스 등 실생활에 필요한 키오스크 체험 앱	[9진로04-04] 간단한 지시에 따라 과제를 수행한다. [12진로05-04] 지역사회에 적응하고 독립적으로 살아갈 수 있도록 자립생활 계획에 참여한다.

부지런	과제 수행 및 미션에 따라 용돈을 받고 관리하는 앱	[9진로04-01] 용모, 복장, 위생, 금전 등에 대한 기본적인 자기 관리 능력을 기른다. [12진로04-01] 호칭, 역할, 책임, 급여 등에 대한 직업적인 자기 관리 능력을 기른다.
SNOW	다양한 필터와 효과를 제공하는 사진 및 동영상 촬영 앱	[9진로04-01] 용모, 복장, 위생, 금전 등에 대한 기본적인 자기 관리 능력을 기른다. [12진로04-05] 상대와 상황에 따라 적절한 소통을 하고 직장 예절을 지켜 원만한 대인관계를 유지한다.
다모아 플랫폼	직업훈련, 생활정보, 건강, 취미 등 여러 분야에서의 학습자료를 제공하는 플랫폼	[9진로05-01] 자신의 흥미 · 적성, 작업 기능, 전환 능력 등의 직업적 잠재력을 파악한다. [12진로05-02] 자립생활, 직업생활, 계속교육 등 졸업 후 진로 정보를 수집한다.
에듀넷	VR 온라인 체험학습을 통하여 다양한 여가활동의 경험을 제공하는 플랫폼	[9진로06-04] 진로 관련 교내 체험 및 지역사회 기관 탐방 등에 능동적인 자세로 참여한다. [12진로05-04] 지역사회에 적응하고 독립적으로 살아갈 수 있도록 자립생활 계획에 참여한다.
커리어북	다양한 진로 및 직업교육을 위한 정보와 수업자료, 특수교육 동향을 제공하여 진로와 직업 교육을 지원하는 플랫폼	[9진로02-03] 학교 및 지역사회의 직군을 탐색하여 각 직군의 정보를 수집한다. [12진로02-02] 미래 사회에 적합한 새로운 직종의 정보를 수집하고 관심을 갖는 태도를 기른다.
주니어 커리어넷	저학년부터 고학년까지 학생들의 진로를 탐색하는 플랫폼	[9진로01-04] 자신의 특성과 관련있는 진로와 직업 성향을 탐색한다. [12진로01-05] 졸업 후 삶의 모습을 구체적으로 구상하여 미래에 대한 긍정적 태도를 기른다.

1) 네이버 지도(Naver Map)

네이버 지도는 실시간 지도 서비스로, 길찾기, 대중교통 정보, 주변 장소 검색 등의 기능을 제공하는 서비스이다. 이를 활용하면 진로와 직업에서 다양한 수업방법으로 활용하여 실감 나는 학습 경험을 제공할 수 있다.

수업을 시작하기 전에 네이버 지도를 활용한 진로와 직업 수업에서는 학생들에게 앱 사용법을 충분히 안내하고 지도를 보고 정보를 분석하는 능력을 기를 수 있도록 사전에 지도하여야 한다.

수업에서 활용하는 방법으로는 길 찾기 기능을 통해 학생들이 네이버 지도를 활용하여 특정 목적지까지 가는 경로를 직접 계획해 볼 수 있다. 네이버 지도에 출발지(집, 학교 등)와 목적지(학교, 회사, 여가활동 공간 등)를 자유롭게 적고 검색을 실행한다. 이를 통해 출발지에서 목적지에 도달하는 경로와 비용을 계획할 수 있다. 두 번째로는 주변 장소 탐색 및 분석을 통해 학생들이 네이버 지도를 활용하여 주변 상권과 공공시설, 여가시설을 검색할 수 있다. 진로와 직업과 타 교과(사회, 수학, 창체 등)를 연계하여 지역사회를 탐방하는 기회를 가질 수 있다.

버스, 자차 이용 시 걸리는 시간

대중교통 이용방법

2) FNJ 키오스크

FNJ 앱은 키오스크(무인 단말기) 사용을 가상으로 체험하고 학습할 수 있는 교육용 플랫폼이다. 학생들이 실제 키오스크 사용에 익숙해지도록 도와줌으로써 진로와 직업에서 직업 자립 능력을 기르고 직업 세계를 간접적으로 경험할 수 있도록 지원한다.

수업을 시작하기 전에 전시 학습으로 식당, 카페, 병원, atm, 영화예매, 버스 및 기차예매, 행정복지센터, 음식점, 무인가게 등 장소와 관련된 수업을 진행하여 상황에 대한 이해도를 높여 키오스크 앱을 활용하는 것이 필요하다. 또한 학생 개별 특성과 이해도를 고려하여 학습 속도를 조정하고, 필요한 경우 추가적인 교사의 지도가 필요하다.

수업에서 활용하는 방법으로는 첫 번째, 지역사회 모의교수 수업으로 키오스크 사용 훈련이 있다. 학생들은 교실에서 FNJ 앱을 활용하여 음료 주문, 결제, 티켓 발권 등 다양한 키오스크 기능을 체험하며, 실제 사용하는 지역사회 환경에 대비하고 이후 여가활동 및 지역사회 적응에 유용하다. 두 번째, 직업 연계 활동을 통해 키오스크가 활용되는 직무(매장 관리, 판매 서비스 등)를 이해하고, 앱을 사용해 해당 직무에서의 업무 절차를 체험할 수 있다. 세 번째, 문제 해결 능력 학습을 통해 학생들은 키오스크 사용 중 발생할 수 있는 문제 상황(메뉴 선택 실수, 결제 오류 등)을 모의 연습하고 해결 방법을 연습할 수 있다.

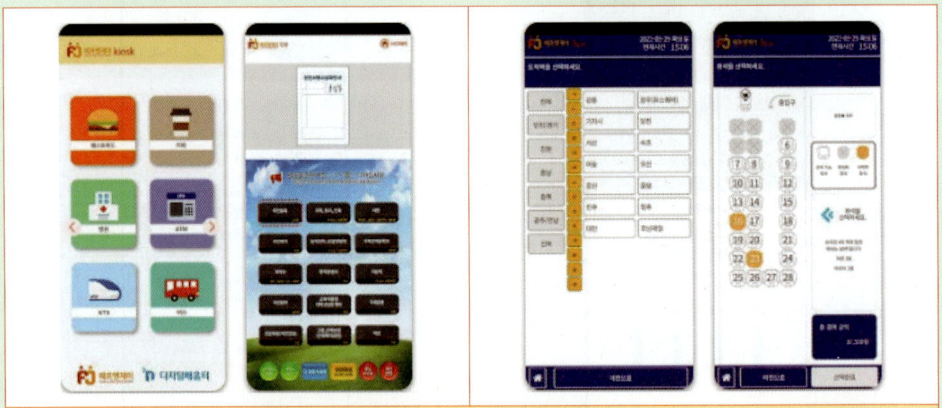

패스트푸드, 카페, 약국, 병원, 기차, 버스
다양한 수준과 환경의 프로그램

3) 부지런

부지런 앱은 학생들이 자기 주도 학습 습관을 기르고 금전 개념 · 관리 등에 대한 기본적인 자기 관리 개념을 익히도록 도울 수 있는 도구이다. 교사는 미션을 부여하고 학생들이 이를 수행하면 용돈을 지급하는 방식으로 동기부여를 할 수 있으며 용돈을 통해 금전 개념을 학습한다.

수업을 시작하기 전에 학생들의 수, 화폐, 교환 개념을 알고 있는지 사전지식을 파악하는 것이 좋다. 학생들의 수학과 관련된 학습 수준과 이해도를 고려하여 용돈의 개념을 조절하고 필요한 경우 유사한 보상으로 제시하여 학급 운영을 원활하게 유지하는 것이 중요하다.

수업에서 활용하는 방법으로는 첫 번째, 미션수행이 있다. 교사는 학생들에게 학급 규칙 준수, 활동 과제 완료 등을 미션으로 부여하고 학생들은 이를 완료한 후 인증을 통해 승인받는다. 두 번째, 학급 경제시스템 운영을 통해 학생들은 가상의 용돈을 모으고 활용하는 금전 경험을 할 수 있다. 미션을 수행하면 용돈을 받으며 이를 학급 내에서 활용할 수 있다. 이를 통해 학생들은 저축과 소비, 금전 교환의 개념을 배우고, 용돈 사용 습관을 기를 수 있다. 마지막으로 캘린더와 차트를 활용하여 학급 내 가장 활발하게 참여한 학생을 시상하는 등의 동기부여 요소도 추가하여 학생들의 학습을 촉진한다.

교사		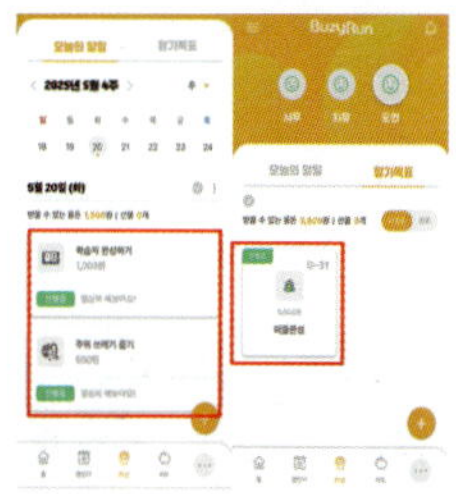	
	교사 관리명단	장/단기 미션설정	미션 확인 후 승인
학생	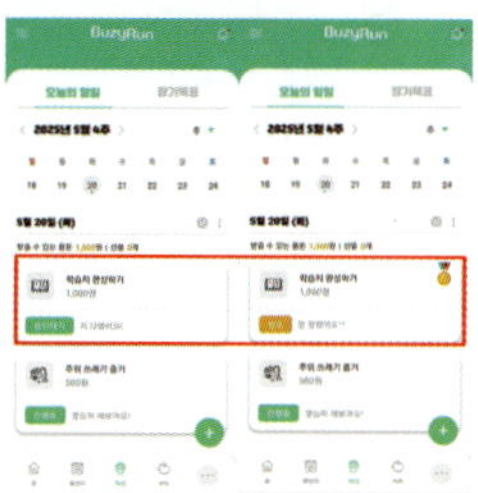		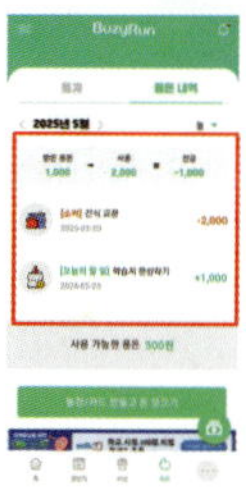
	징/단기 미션 승인 신청	미션 일정 확인	용돈 사용 내역확인

4) SNOW

SNOW는 다양한 필터와 효과를 제공하는 사진 및 동영상 촬영 앱으로, 실시간 얼굴 인식 기술을 활용해 재미있고 감각적인 사진을 쉽게 촬영할 수 있도록 돕는다.

수업을 시작하기 전에 사진 · 영상 촬영을 위한 기기(스마트폰, 태블릿)가 필요하며, 일부 필터 및 기능은 유료로 제공되므로 수업 활용 시 학생들에게 사전에 앱 사용 방법과 학습 목표를 명확히 안내하고, 학습과 무관한 기능 사용을 제한하는 것이 중요하다.

수업에서 활용하는 방법으로는 첫 번째, 메이크업과 헤어 스타일 연출 기능을 활용하여 자기 관리 및 용모, 단정한 모습 및 복장을 촬영하여 자신의 모습 가꾸는 자기 관리 활동이 가능하다. 두 번째, 감정 표현 및 역할극 수업에서 활용할 수 있다. 예를 들어, 학생들은 다양한 얼굴 필터를 사용하여 감정을 표현하고, 이를 통해 특정 상황에 적합한 표정과 몸짓, 대화 방법을 익히는 연습을 하거나, 연극 활동에서 SNOW를 활용해 다양한 캐릭터를 표현하는 연습을 진행할 수 있다. 세 번째, 단정한 용모와 복장을 갖춘 사진을 통하여 취업에 필요한 이력서 작성하기 활동을 통해 진학 및 진로 계획에 참여할 수 있다. 마지막으로 친구들의 사진을 공유하여 동료평가를 통해 용모 및 복장을 점검하거나, 친구들의 얼굴을 보며 감정을 설명하는 활동으로 학생들의 수행을 점검한다.

메이크업 체험하기	헤어스타일 연출하기	증명사진 촬영하기

5) 다모아 플랫폼

다모아(Damoa) 플랫폼은 발달장애인을 위한 다양한 콘텐츠를 제공하는 전문 플랫폼으로, 직업 훈련, 생활 정보, 건강, 취미 등 여러 분야의 학습 자료를 지원한다. 특히, 진로와 직업 관련 콘텐츠를 통해 학생들이 다양한 직업을 탐색하고, 자립적인 생활을 위한 교육을 받을 수 있도록 돕는다. 또한 직업 정보 제공뿐만 아니라 관련된 직업 시뮬레이션과 기술 훈련을 통해 실생활과 직업 훈련을 연계할 수 있는 특징이 있다.

수업을 시작하기 전에 학생들이 콘텐츠를 충분히 이해하고 활용할 수 있도록 초기 지도와 간단한 설명이 필요하며, 콘텐츠가 너무 많을 경우 학생들이 지치지 않도록 단계적이고 체계적인 학습이 이루어질 수 있도록 계획하는 것이 중요하다.

수업에서 활용하는 방법으로는 첫 번째, 직업 탐색 활동이 있다. 학생들은 다양한 직업에 대해 배우고, 각 직업에 필요한 기술과 역할을 이해할 수 있다. 두 번째, 직업 관련 실습을 통해 각 직업에 필요한 기술을 훈련할 수 있다. 플랫폼에서 제공하는 콘텐츠를 활용하여 학생들은 직무를 가상으로 체험 및 시청하며 필요한 기술을 배울 수 있다. 세 번째, 자립생활 기술을 익히는 데 활용할 수 있다. 다모아 플랫폼은 직업훈련뿐만 아니라 자립적인 생활을 위한 기술도 제공한다. 학생들은 금전 관리, 대중교통 이용, 집안일 수행 등 다양한 생활 기술을 배울 수 있으며, 예를 들어 쇼핑이나 공공장소 이용에 대한 교육을 통해 실생활에서 자립할 수 있도록 지원한다.

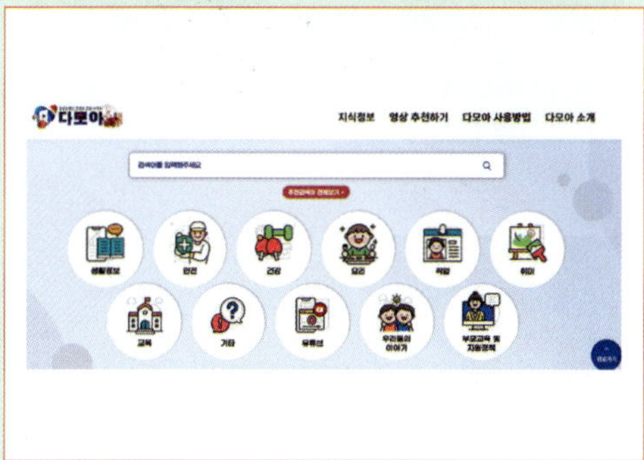	
다모아 플랫폼	직업 관련 콘텐츠 제공

6) 에듀넷(온라인 체험학습)

에듀넷 온라인 체험학습은 다양한 직업 관련 전시관 및 여가체험 자료를 온라인으로 제공하여 학생들이 직접 방문하지 않고도 직업 세계와 다양한 지역의 전시회, 박물관, 체험관 등을 탐색할 수 있도록 돕는다.

수업을 시작하기 전에 일부 콘텐츠는 심층적인 실습이 어려울 수 있으므로 장애 특성을 고려한 개별 맞춤형 지도가 필요하다. 또한 일부 학생은 VR 사용 시 멀미 등 신체적 불편을 느낄 수 있다는 점이 있다. 따라서 체험 전 안전 교육과 VR 사용 방법을 충분히 안내해야 한다.

수업에서 활용 방법으로는 첫 번째, 직업 탐색 활동을 통해 학생들이 여러 직업의 특징과 역할을 이해하고 관심 분야를 찾도록 지도한다. 두 번째, 학생들이 가상 환경에서 여가활동을 간접 체험할 수 있도록 유도한다. 장애 학생들이 물리적 이동 없이 직업 탐색 및 여가 체험을 할 수 있으며, 맞춤형 학습을 통해 흥미와 관심을 유도할 수 있다. 이를 통해 학생들은 실생활과 연계된 여가활동을 체험할 수 있으며, 학생들이 시공간 제약 없이 다양한 직업과 장소를 체험할 수 있고 자신이 관심 있는 분야에 대해 알아볼 수 있는 기회를 제공한다.

에듀넷
온라인 체험학습

VR 활용

7) 커리어북

커리어북은 진로와 직업에 대한 다양한 자료를 제공하는 교육 플랫폼으로, 2022 특수교육 기본 교육과정의 진로와 직업 디지털 교과서와 지도서, 진로 탐색 자료, 직업 변천사 등의 콘텐츠를 제공한다.

수업을 시작하기 전에 디지털 콘텐츠를 활용해야 하므로 인터넷 환경과 디지털 기기 사용환경을 구성해야 한다. 또한 직업 변화 및 미래 직업 트렌드를 반영하여 최신 정보와 함께 수업을 구성하는 것이 좋다.

수업에서 활용 방법으로는 첫 번째, 직업 탐색 활동을 통해 학생들이 직업 흥미 검사 및 진로 자료를 조사하여 자신의 관심 분야를 분석하고 적합한 직업을 탐색하는 활동을 진행할 수 있다. 두 번째, 직업에 대한 정보를 제공하는 콘텐츠를 통해 학생들이 미래 직업 세계를 이해하고 다양한 특수교육 미래 동향을 고려하여 장애 학생들의 직업 역할과 필요 역량을 분석할 수 있다. 셋째, 디지털 교과서를 체계적으로 수업에 활용한다. 중학교 및 고등학교 진로와 직업 디지털 교과서와 지도서를 활용하여 온라인 학습을 진행하고, 학생들이 진로 설계를 할 수 있도록 유도한다.

2022 특수교육 기본 교육과정 디지털 교과서	수업자료-교과서 도입 애니메이션

8) 주니어 커리어넷(Junior CareerNet)

주니어 커리어넷은 한국직업능력연구원이 제공하는 진로 탐색 및 직업 정보 플랫폼으로, 학생들이 자신의 흥미와 적성을 기반으로 적합한 진로와 직업을 탐구하며 체계적인 진로 설계를 할 수 있도록 돕는다.

수업을 시작하기 전에 학생들이 구체적이고 체계적으로 진로를 설계할 수 있도록 검사 결과를 올바르게 해석하고 활용하기 위한 교사의 추가적인 설명이 필요할 수 있다. 검사 결과는 학생이 참고하는 자료일 뿐, 이를 진로를 결정짓는 요소로 활용하지 않도록 지도해야 하며, 학생들이 특정 직업에 대해 선입견을 가지지 않도록 균형 잡힌 설명을 제공하는 것이 중요하다.

수업 활용 방법으로는 첫 번째, 적성 및 흥미 검사를 활용할 수 있다. 수업 중 주니어 커리어넷의 적성 및 흥미 검사를 진행하고, 검사 결과를 바탕으로 학생 개개인의 강점과 적합한 직업군을 탐색하도록 지도한다. 두 번째, 직업 정보 탐구 프로젝트를 진행할 수 있다. 학생들은 관심 있는 직업을 선택한 후, 주니어 커리어넷에서 제공하는 정보를 바탕으로 해당 직업의 역할, 필요 역량, 미래 직업정보, 미래 사회 직업의 전망 등을 조사하게 된다. 세 번째, 진로 로드맵을 작성하도록 지도할 수 있다. 학생들이 원하는 진로에 도달하기 위해 직업별, 진로별, 진학별, 학습 · 적응별 고민을 해보고 필요한 학업 계획과 경험을 설계하도록 하며, 희망 직업을 위해 요구되는 자격증, 학력, 경험 등을 로드맵 형태로 정리할 수 있다.

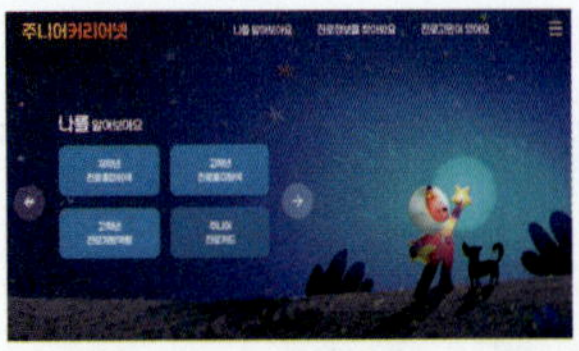	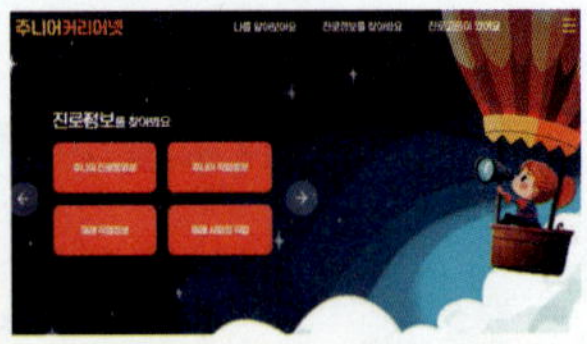	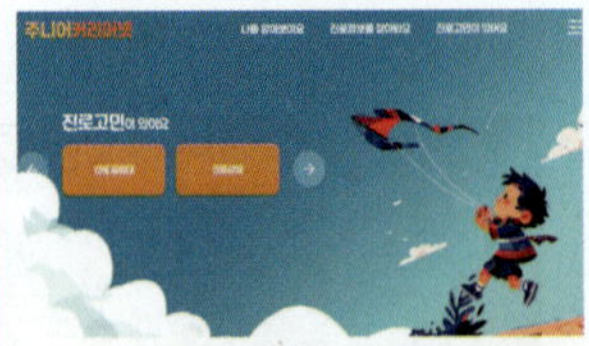
나를 알아보아요	진로정보를 찾아봐요	진로고민이 있어요

활동하기

1. 진로와 직업 생애주기별 단계에 맞추어 어떠한 수업 목표와 활동을 할 것인지 나열해 보세요.
2. 이 책에 제시된 디지털교육 자료 외에 감각장애(시각, 청각장애 등) 학생들이 활용할 수 있는 디지털교육 자료에 대해 이야기해 보세요.
3. 디지털교육 자료를 이용하여 수업을 진행할 때의 장단점과 주의할 점에 대하여 토론해 보세요.

제11장 체육

개요

이 장은 디지털교육을 활용한 체육과 역량을 함양하기 위해 교육과정적 기초와 적용 방안을 탐색하는 데 목적이 있다. 이를 위해 이 장에서는 2022 특수교육 기본 교육과정 체육에서의 디지털교육 내용을 살펴보고 실제 적용한 사례와 활용 방법을 탐색한다. 이 장의 학습을 통하여 향후 장애 학생을 위한 체육 교육에서 디지털교육 역량을 함양하게 된다.

1. 체육 교육의 기초

체육과는 건강 생활, 체력 운동, 놀이, 게임 및 스포츠, 야외활동, 무용 등과 같은 신체활동을 통해 인간의 신체적, 정신적, 사회적 성장과 발달을 돕는 교과이다. 이러한 신체활동의 학습을 통해 건강하고 주도적인 삶, 활동적이며 창의적인 삶, 신체활동 문화를 향유하며 사회 속에서 바람직하고 더불어 사는 삶의 자질을 길러주고 체계적인 신체활동을 통하여 학생으로 하여금 움직임 욕구를 충족하고 기본 생활 능력과 체력 및 건강을 증진하도록 돕는다.

AI와 디지털교육은 체육 교과의 교수·학습 과정에서 개인별 맞춤형 학습 지원을 강화하며 디지털 기술을 활용한 흥미롭고 실감 나는 교수·학습 자료를 제공하여 학습의 효과를 극대화한다. 증강현실(AR)과 가상현실(VR) 기술은 실내에서도 다양한 스포츠 환경을 체험하게 하고, 학생들이 직접 경험하기 어려운 상황에서도 실제와 유사한 학습 경험을 제공한다. 체육 교과에서 디지털 기술의 활용은 특히 위험 요소가 있는 체육 활동이나 실시간 피드백이 필요한 운동 학습에서 효과적으로 적용된다. 이처럼 스마트 기술을 체육에 접목하면 학생들은 반복적인 관찰과 체험을 통해 운동 개념에 대한 이해를 높이고 학습에 대한 흥미와 몰입을 지속할 수 있다. 그리고 학생들이 운동을 더욱 효과적으로 학습할 수 있도록 지원하며, 개인별 피드백과 개선 방법을 제시해 체육 수업의 질을 향상시키는 데 기여한다.

2022 특수교육 기본 교육과정 체육 교과에서는 디지털 기술의 활용을 교육과정 전반에 통합하여 체계적으로 제시하고 학생들에게 의미 있는 학습 경험을 제공하며 체육 교육의 목표를 더욱 실질적으로 달성할 수 있는 기반을 마련하고 있다. 2022 특수교육 기본 교육과정 체육에서 디지털교육 관련 내용은 〈표 11-1〉과 같다.

표 11-1 2022 특수교육 기본 교육과정 체육과에서 디지털교육 관련 내용

1. 교수 · 학습 방법
   (1) 교수 · 학습의 방향
      (사) 온오프라인 연계 수업에서 다양한 디지털 기기와 기존에 개발된 콘텐츠나 교사가 개발한 자료를 활용한다.
   (2) 교수 · 학습 방법
      (가) 효과적인 체육과 교수 · 학습 지도를 위해서는 다양하고 적절한 학습 지도 방법을 사용한다. 교육과정 적용 시점의 사회적, 기술적 특성을 반영하여 온오프 융합형 체육 수업, 스마트폰 활용 체육 수업, 가상현실(VR), 증강현실(AR), e-스포츠 등 정보통신기술 활용 체육 수업을 계획하고 실행하도록 한다.

2. 평가
   (1) 평가의 방향
      (카) 학습 상황, 학습 내용에 따라 온라인으로 평가할 경우 공정하고 합리적인 평가가 이루어질 수 있도록 하고, 기기를 이용한 평가 시 학생과 학부모에게 평가의 도구, 시간, 보조 도구 활용 방법 등을 적절히 제공한다.

2. 체육 교과의 디지털교육 실제

1) 운동 영역

(1) 교육과정 및 학습자 분석

체육의 운동 영역에서 '건강 체력 기르기' 단원의 '건강 체력 요소별 체력 기르기'에 대해 알아본다. 이와 관련된 성취기준은 2022 특수교육 기본 교육과정 [4체육01-01], [9체육01-01], [12체육01-01], [12체육01-02], 공통 교육과정 [9체01-02], [9체01-03], [9체01-04]와 연계하여 교육과정을 재구성할 수 있다. 교육과정 재구성을 위한 구체적인 내용은 〈표 11-2〉에 제시하였다.

도현이는 사회성이 높고 말하는 것을 좋아하므로 다른 학생들 앞에서 먼저 시범을 보일 수 있도록 한다. 서연이는 시각적 자료를 확대해 주거나 교사가 신체적 촉진을 제공하여 학습 활동 참여를 이끈다. 지유는 휠체어를 이용하는 학생으로 앉아서 할 수 있는 동작이나 소근육을 활용한 운동을 미리 준비하여 수업에 참여할 수 있도록 유도해야 한다.

표 11-2 건강 체력 요소별 체력 기르기 교육과정 및 학습자 분석

단원	건강 체력 기르기		제재	건강 체력 요소별 체력 기르기
성취기준	기본	[4체육01-01] 체력 운동을 경험하고 운동에 관심을 기울인다. [9체육01-01] 체력 운동 방법을 알고 건강 체력과 운동 체력을 익힌다. [12체육01-01] 체력 운동을 생활화하고 스스로 자신의 건강을 관리하는 습관을 기른다. [12체육01-02] 건강한 생활 습관을 형성하고 유지한다.		
	공통	[9체01-02] 자신의 체력 수준에 맞는 체력 증진 운동을 실천한다. [9체01-03] 체력 관리의 의미를 이해하고 원리를 분석한다. [9체01-04] 자신의 체력을 진단하고 적합한 체력 관리 방법을 실천한다. [9체01-06] 자신의 신체 조건이나 체력에 맞게 운동 처방 계획을 수립하고 안전하게 실천한다.		
학습자 장애유형	도현(지적장애), 서연(중도중복장애: 지적 · 시각장애), 지유(중도중복장애: 지적 · 지체장애)			

(2) 교수 · 학습과정안 설계 및 개발

체육의 운동 단원의 체력 증진 운동에 대해 학습단계에 따른 교수 · 학습과정안의 설계와 구체적인 자료 개발은 〈표 11-3〉과 같다.

표 11-3 건강 체력 요소별 체력 기르기에 대한 교수 · 학습과정안

학습단계	교수 · 학습 활동	자료
도입	• 동기유발 –체력 증진 운동을 하지 않았을 때의 상황 사진이나 영상(면역력이 약해짐, 비만, 성인병 유발 등)을 보고 이야기하기 • 학습목표 확인하기 자신의 신체 조건을 진단하고 자신의 체력 수준에 맞는 체력 증진 운동을 실천한다.	• 체력 증진 운동을 하지 않았을 때의 상황 사진 • 수업 자료의 PPT
전개	• 〈활동 1〉 자신의 신체 조건 진단하기 –인바디 기계 사용 순서 알기 –인바디 기계를 이용하여 자신의 신체 조건 진단하기 –체력 증진을 위해 필요한 운동 찾기 • 〈활동 2〉 체력 증진 운동 선택하고 계획하기 –매일 운동 앱 사용하기 –자신에게 필요한 부위별 운동 선택하기 • 〈활동 3〉 체력 증진 운동하기 –영상을 보고 따라서 운동하기	• 인바디 기계와 앱 • 매일 운동 앱 • 수업 자료의 PPT
정리	• 학습 내용 정리하기	• 자기점검 앱(인아웃, 라이즈, 플릭 등)

(3) 디지털교육 실행 및 평가

체육 교과 수업에서 인바디 기기를 활용하면 학생들이 자신의 신체 상태를 시각적으로 확인하고, 건강한 신체 유지의 필요성을 인식하는 데 도움이 된다.

〈활동 1〉에 앞서 교사는 수업 자료(PPT)를 통해 인바디 기계의 사용 방법을 학생 눈높이에 맞춰 설명하고, 측정 순서를 그림 자료나 순서도로 제시하여 학생들이 스스로 과정을 이해하고 스스로 수행할 수 있도록 안내한다. 이 과정에서 인바디 기기의 측정 방식, 측정 전 준비사항(양말 벗기, 자세 유지 등), 결과 해석 방법 등에 대해 시각 자료를 중심으로 안내하는 것이 효과적이다. 서연이의 경우, 교실 내 전자칠판과 연동된 태블릿 화면을 활용하여 인바디 결과를 확대해 보여줄 수 있으며, 운동이 필요한 신체 부위는 교사가 직접 촉진을 통해 안내함으로써 학생이 촉각적으로 인식하고 자신의 몸을 이해할 수 있도록 도울 수 있다. 이때 교사는 과도한 자극 없이 부드럽고 명확한 터치로 신체 부위를 안내하고, 학생이 본인의 움직임을 인식할 수 있도록 충분한 시간을 제공해야 한다. 지유의 경우, 인바디 측정이 신체 협응이나 자세 유지의 어려움으로 인해 일반적인 방식으로 진행되기 어려울 수 있다. 이럴 경우 지원 인력이 함께 측정에 참여하여, 학생의 자세를 안정적으로 유지할 수 있도록 지원하는 방식으로 적용할 수 있다. 만약 스스로 서 있는 것이 어려운 경우, 앉은 자세에서 가능한 대체 측정 방식(예: 손과 발의 접촉을 이용한 간이 측정)이나 유사한 건강 평가 도구를 사용할 수 있다. 또한 기계 측정이 어려운 상황에서는 신체 부위 둘레 측정이나 피부주름 두께 측정 등의 간이 방법을 통해 건강 상태를 파악하는 방식으로 수업을 구성할 수 있다.

측정 이후 수업에서는 인바디 결과를 바탕으로 자신에게 필요한 운동 부위를 확인하고, 각자의 운동 목표를 설정하는 활동으로 이어질 수 있다. 예를 들어, 근육량이 부족한 학생은 근력 운동 중심의 루틴을 계획해 보거나, 체지방이 높은 학생은 유산소 운동을 포함한 루틴을 스스로 선택하도록 지도할 수 있다. 이 과정에서 교사는 각 결과 항목에 대한 의미를 쉽게 풀이해 주고, 학생이 선택한 운동이 왜 필요한지를 이해할 수 있도록 설명해 주는 것이 중요하다. 또한 그림자료, 간단한 도표, 색깔 구분 등 시각적 지원 도구를 병행하면 학생들의 이해를 도울 수 있다. 사회성이 높고 말하는 것을 좋아하는 도현이에게는 학생들 앞에

		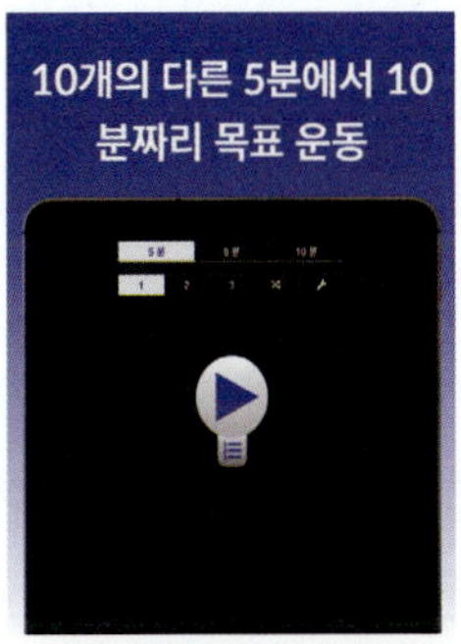
앱 시작화면의 운동부위 목록	운동하는 방법을 알려주는 비디오 영상	목표 운동 시간 설정

[그림 11-1] 매일운동 앱 사용 방법

서 인바디의 부위별 분석 중 근육 표준 이하, 지방 표준 이상인 부분을 집중적으로 운동하는 시범을 보일 수 있도록 하고 사회적 강화(칭찬, 박수 등)를 제공한다. 지유에게는 각 운동 부위의 명칭을 듣고 해당하는 부위를 가리키거나 학생이 할 수 있는 운동 및 동작을 제공할 수 있다. 상체, 하체, 복근 등 부위별로 선택할 수 있는 운동 루틴이 있어 목표에 맞는 신체 단련이 가능하고 짧은 시간 내 운동을 효율적으로 할 수 있다.

〈활동 2〉에서는 '매일운동' 앱을 활용하여 학생 스스로 자신에게 필요한 부위별 운동을 선택하고, 어떤 운동을 수행할 것인지 운동 루틴을 계획하는 활동으로 구성할 수 있다. '매일운동' 앱은 전신, 복부, 다리, 팔 등 부위별로 다양한 홈트레이닝 영상을 제공하며, 초급부터 고급까지 단계별 운동 루틴이 제시되어 사용자가 자신의 신체 조건과 목표에 맞게 선택할 수 있는 운동 플랫폼이다. 운동 시간, 횟수, 동작 간 휴식 시간 등을 설정할 수 있어 맞춤형 루틴 구성이 가능한 점이 장점이다. 이 활동에서는 학생 개별 특성을 고려해 운동 강도 및 범위를 조절하는 것이 중요하다. 특히 장애가 있는 학생이나 체력이 약한 학생의 경우, 앱에서 제공하는 기본 운동 강도가 부담스러울 수 있으므로 교사가 사전에 해당 운동을 미리 검토하고 시범해 본 후, 각 학생의 체력과 신체 조건에 맞게 운동 시간을 단축하거나 동작을 간소화하는 방식으로 조정할 수 있다. 예를 들어, 팔굽혀펴기 동작이 어려운 학생에게는 벽에 기대서 할 수 있는 동작으로 대체하거나, 점프 동작이 포함된 운동은 스텝 동작으로 변경하여 적용할 수 있다.

운동 루틴은 개별 학생의 필요와 흥미를 반영하여 함께 계획하도록 지도함으로써 자율성과 참여도를 높일 수 있다. 예를 들어, 시각장애가 있는 학생의 경우에는 화면을 보며 운동을 따라 하기 어렵기 때문에 교사가 운동 이름과 동작을 음성으로 안내하거나, 이어폰 등을 활용하여 음성 지시 기능을 중심으로 구성된 운동 루틴을 제공하는 방식이 적합하다. 또한 앱을 활용하는 대신 교사가 해당 운동의 주요 동작을 직접 시범 보이거나, 촉각적 피드백을 통해 동작을 익히도록 도울 수 있다. 반면, 준호의 경우에는 영상 속 음성 설명을 이해하기 어려울 수 있으므로 운동 동작이 시각적으로 잘 보이는 영상을 선택하거나 운동 순서를 아이콘이나 사진 자료로 제공하는 보완 전략을 활용할 수 있다. 필요한 경우 자막이 지원되는 영상을 선택하거나 교사가 주요 동작을 직접 시범 보이며 시각 자료와 함께 안내하면 효과적으로 활동에 참여할 수 있다.

〈활동 3〉에서는 자신이 선택한 부위별 운동 영상을 따라서 운동하고 교사는 정확한 자세로 운동할 수 있도록 신체적 촉진을 제공한다. 앱 사용 시 학생 주의력 분산을 최소화하기 위하여 앱을 활용한 활동은 5~10분 단위로 진행하며 이후에는 교사의 직접적인 동작 지도

운동 부위 선택하기

운동 영상 실행하기

[그림 11-2] 매일운동 실행 방법

로 활동을 이어 나간다. 학생이 운동 동작을 따라 할 때 즉각적인 피드백이 제공되지 않으면 운동 자세가 잘못될 수 있으므로 교사는 앱을 활용하여 동작을 제시한 뒤, 학생들이 따라 하는 모습을 관찰하고 올바른 자세를 취할 수 있도록 구두 피드백 및 신체적 촉진을 사용한다.

정리에서 운동한 후 신체에 어떤 변화가 생겼는지 이야기하기, 운동을 하면 내 몸이 어떻게 변할지 상상해 보기, 다음 시간에 오늘 배운 내용으로 목표를 세우고 운동 계획표를 만들 것이라 예고하기 등의 활동을 할 수 있다. 학생의 수행 정도에 따라 체계적으로 운동을 실천하고 기록하고 싶은 학생들에게는 '라이즈'나 '플릭'과 같은 운동 기록 앱을 소개하고 스마트워치가 있는 학생은 오늘 소모된 칼로리 확인하고 '인아웃'과 같은 자기점검 앱을 활용하여 기록하여 꾸준히 할 수 있도록 독려한다. 앱에서 제공하는 다양한 동작을 활용하여 학생들이 올바른 동작을 수행했을 때 점수를 획득하는 게임 형식의 활동을 설계할 수 있다. 예를 들어, "몸으로 말해요" 활동을 앱과 연계하여 동작을 따라 하고 점수를 획득하거나, "댄스 따라 하기" 형식으로 앱의 동작을 모방하며 협동하는 수업을 진행할 수 있다.

2) 스포츠 영역

(1) 교육과정 및 학습자 분석

체육의 스포츠 영역에서 '표현형 스포츠' 단원의 '대상 표현하기, 주제 표현하기'에 대해 알아본다. 이와 관련된 성취기준은 2022 특수교육 기본 교육과정에서는 [4체육02-06], [6체육02-06], [9체육02-06], 공통 교육과정에서는 [4체03-04], [4체03-04], [4체03-05], [6체03-

표 11-4 대상 표현하기, 주제 표현하기의 교육과정 및 학습자 분석

단원	표현형 스포츠		제재	대상 표현하기 주제 표현하기
성취기준	기본	[4체육02-06] 움직임 표현의 기본 움직임을 익히고 움직임을 즐기는 태도를 기른다. [6체육02-06] 표현 움직임 모방하기 기능을 익히고 관찰하여 모방하는 태도를 기른다. [9체육02-06] 주제 표현하기 기능을 익히고 창의성을 기른다.		
	공통	[4체03-02] 움직임 요소에 따른 기본 움직임 기술의 표현 방법을 파악하고 시도한다. [4체03-04] 기본 움직임 기술을 활용하여 느낌이나 생각을 표현한다. [4체03-05] 기본 움직임 기술을 리듬에 맞춰 표현한다. [6체03-01] 표현 활동의 의미와 유형을 파악한다. [6체03-07] 현대 표현의 기본 동작을 다양하게 구성하여 발표하고 감상한다. [9체03-08] 현대 표현의 원리를 적용하여 동작을 심미적으로 표현한다.		
학습자 장애유형	민재(지적장애), 시우(자폐성장애), 지유(중도중복장애: 지적 · 지체장애)			

01], [6체03-07], [9체03-08]와 연계하여 교육과정을 재구성할 수 있다. 교육과정 재구성을 위한 구체적인 내용은 〈표 11-4〉에 제시하였다.

민재는 학습된 무기력으로 수업에 참여할 가능성이 낮다. 그렇지만 간단한 의사표현이 가능하므로 난이도가 낮은 퀴즈의 답을 맞출 수 있도록 하는 등의 성공 경험을 주어 학습의 참여율을 높이고 학생이 좋아하는 강화물로 제공한다. 시우는 한 가지에 집착하는 성향이 있으므로 수업 시작 전에 다른 학생과 돌아가면서 원하는 춤을 선택할 수 있다는 규칙을 정하고 수업 시간 중 규칙을 상기시킬 수 있도록 한다. 지유는 휠체어를 이용하는 학생으로 휠체어에 앉아서 상반신이나 소근육을 움직여서 할 수 있는 춤 목록을 미리 준비하여 수업에 참여할 수 있도록 유도해야 한다.

(2) 교수 · 학습과정안 설계 및 개발

체육의 표현 활동 단원의 대상 표현하기, 주제 표현하기에 대해 학습 단계에 따른 교수 · 학습과정안의 설계와 구체적인 자료 개발은 〈표 11-5〉와 같다.

표 11-5 대상 표현하기, 주제 표현하기에 대한 교수 · 학습과정안

학습단계	교수 · 학습 활동	자료
도입	• 동기유발 –다양한 장르(발레, 무용, 비보잉, 방송댄스 등)의 춤 동영상 보기 • 학습목표 확인하기 다양한 춤 표현 활동을 경험하고 자신만의 춤을 만들어서 표현한다.	• 다양한 장르의 춤 동영상 • 수업 자료의 PPT
전개	• 〈활동 1〉 다양한 춤 동작을 따라 하기 –저스트 댄스 나우(Just Dance Now) 앱을 활용하기 –다양한 춤을 따라서 표현하기 • 〈활동 2〉 자신만의 춤 창작하기 –스크루블리(Scroobly) 프로그램을 활용하기 –자신만의 춤을 만들기 –자신만의 캐릭터 춤 영상 제작하기	• 스마트 기기(스마트폰, 컴퓨터, 노트북 등) • 저스트 댄스 나우 앱 • 스크루블리 프로그램 • 수업 자료의 PPT
정리	• 학습 내용 정리하기 –자신이 만든 춤을 발표하기 –자신이 만든 영상을 함께 보며 서로 이야기하기	• 학생들이 만든 영상 • 체크리스트, 일지, 감상문, 창작보고서 등 자기평가 및 동료 평가

(3) 디지털교육 실행 및 평가

〈활동 1〉을 시작하기 전에 수업 자료의 PPT를 활용하여 저스트 댄스 나우 앱과 스크루블리 프로그램을 실행하는 방법을 제시한다. 그리고 순서도를 그림 자료로 제시하여 학생이 스스로 할 수 있도록 안내한다. 저스트 댄스 나우는 직관적인 화면과 함께 춤 동작을 따라 할 수 있는 동영상이 제공된다. 시각적 가이드를 통해 춤을 따라 할 수 있도록 설계되어 있어서 서연이도 사용할 수 있으며 복잡하지 않은 인터페이스 덕분에 누구나 쉽게 접근할 수 있다.

〈활동 1〉에서는 '저스트 댄스 나우' 앱을 활용하여 학생들이 다양한 음악과 리듬에 맞춰 신체를 움직이고, 모방과 표현 활동을 통해 즐겁게 참여할 수 있는 시간으로 구성할 수 있다. 이 앱은 화면 속 댄서의 동작을 따라 하며 춤을 추는 리듬 게임 형태로 진행되며, 카메라나 스마트폰 컨트롤러를 통해 플레이어의 움직임을 인식하고 점수를 매긴다. 학생들은 팝, 힙합, 클래식 등 다양한 장르의 음악 중에서 좋아하는 곡을 선택하고, 게임 화면의 춤 동작을 보며 자신의 몸으로 표현하게 된다. 이러한 활동은 단순한 신체 움직임을 넘어서 리듬감, 협응력, 표현력 향상에 도움을 줄 수 있으며, 자연스럽게 신체활동에 참여하도록 유도할 수 있다.

지유에게는 전신을 활용한 춤 동작을 모두 따라 하기보다는, 노래 한 곡을 선정한 뒤 해당 곡에 나오는 동작 중 3~5가지 정도의 간단한 동작만 추려서 연습하는 방식으로 접근할 수 있다. 예를 들어, 팔을 올리고 흔드는 동작, 양팔을 벌렸다가 모으는 동작 등 신체적으로 무리가 가지 않는 범위 내에서 따라 할 수 있도록 구성하며, 교사나 교사가 곁에서 동작을 함께 시범 보이고 신체적 지지를 통해 참여를 유도하는 것이 효과적이다. 민재의 경우, 빠른 화면 전환이나 복잡한 동작이 혼란을 줄 수 있으므로, 단순한 반복 동작이 많은 음악을 선택하고, 동작의 순서를 간단한 카드(동작 그림)로 시각화하여 사전에 연습할 수 있도록 돕는 것이 좋다. 민재가 이해하고 기억할 수 있도록 각 동작에 이름이나 색깔을 부여하여 "파란색은 팔 들기" "노란색은 뛰기"와 같이 시각적-언어적 연결을 해주는 전략도 함께 활용할 수 있다. 시우는 예측 가능한 구조와 반복이 있는 활동에 안정감을 느끼는 경우가 많으므로, 수업 시간마다 동일한 시작 음악이나 반복되는 루틴을 설정하는 것이 도움이 된다. 시우가 선호하는 음악을 먼저 선택하고, 처음에는 교사와 1:1로 간단한 동작을 모방하는 활동부터 시작하여 점차적으로 동작의 수나 난이도를 늘려가는 점진적 접근이 효과적이다. 이때, 영상의 동작이 시작되기 전에 동작 카드를 보여주거나 "이제 손 흔들기야!"처럼 예고를 제공하면 참여 집중도를 높일 수 있다.

저스트 댄스 나우는 점수 제도의 활용이 가능하다. 춤 동작이 정확할수록 높은 점수를 받

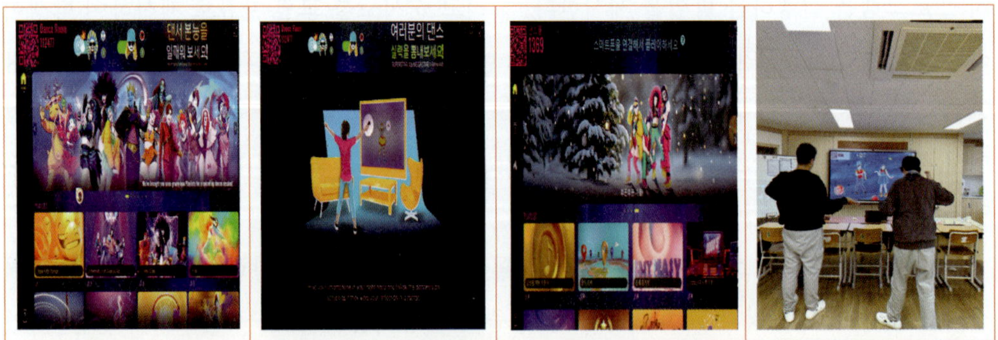

프로그램 시작 화면	춤을 따라 하는 방법을 설명하는 화면	노래 및 춤 목록 선택 화면	춤 따라 하는 장면

[그림 11-3] 저스트 댄스 나우 앱 실행 방법

을 수 있다. 그리고 다중 플레이어가 함께 할 수 있다는 장점이 있어서 다른 학생과 함께 플레이하는 멀티플레이어 기능을 지원한다.

〈활동 2〉에서 활용하는 스크루블리는 사용자의 얼굴이나 몸의 움직임을 인식하여 애니메이션 캐릭터에 실시간으로 반영하는 플랫폼으로, 체육 수업이나 표현 활동 수업에 흥미롭고 창의적으로 활용할 수 있다. 특히 복잡한 조작이나 코딩 없이도 웹캠 앞에서 단순한 동작만으로 캐릭터를 움직일 수 있기 때문에, 조작 능력이 제한된 학생이나 시각적 자극에 반응이 높은 학생들에게도 적합하게 적용할 수 있다. 예를 들어, 수업 시간에 학생들이 직접 고른 캐릭터를 움직이기 위해 손을 흔들거나 고개를 끄덕이는 등의 간단한 동작을 따라 하게 하면, 그에 따라 애니메이션이 반응하며 즉각적인 피드백을 제공할 수 있다. 이는 학생들에게 '내가 움직이면 캐릭터도 움직인다.'는 인과 관계를 인식하게 해주고, 자발적인 신체 움직임을 유도하는 데 도움이 된다. 특히 수업 내용이 반복적인 동작 학습이나 기본자세 익히기 등으로 구성될 경우, 스크루블리를 통해 놀이와 학습을 결합한 활동으로 확장할 수 있다. 또한 학생들이 직접 만든 그림을 활용하여 캐릭터를 구성하고 움직임을 입히는 활동은 자기표현 능력 향상에도 기여할 수 있다. 간단한 그리기 활동 후, 자신의 그림이 화면 속에서 생동감 있게 움직이는 경험은 학생들에게 큰 동기를 부여할 수 있다. 수업 후에는 녹화 기능을 활용해 학생들의 활동을 저장하고, 이를 학부모와 공유하거나 학생 스스로 자신의 성취를 확인할 수 있는 자료로 활용하는 것도 가능하다.

스크루블리는 운동 동작 학습 및 피드백을 제공한다. 사용자의 신체 움직임을 실시간으로 추적하여 애니메이션 캐릭터에 반영한다. 이를 통해 학생들이 자신의 동작을 바로 시각적으로 확인할 수 있어, 신체활동의 정확성을 높이고 즉각적인 피드백을 제공할 수 있다. 스크루블리의 애니메이션 기능은 놀이 요소를 추가하여 학생들이 더 즐겁게 신체활동에 참여

앱 시작 화면	자신만의 캐릭터를 만드는 화면	캐릭터의 움직임을 녹화하는 화면

[그림 11-4] 스크루블리 앱 실행 방법

하도록 도와주며 학생 참여도 및 동기부여에 용이하다. 자신의 움직임이 애니메이션 캐릭터로 표현되면서 자신만의 캐릭터와 상호작용할 수 있어 흥미를 유발할 수 있으며, 이는 특히 집중력이 낮거나 신체활동에 대한 부담을 느끼는 학생들에게 긍정적인 영향을 줄 수 있다. 창의적 표현과 운동을 결합하여 자신만의 캐릭터를 디자인하고 이를 통해 움직임을 시각적으로 표현할 수 있다. 이는 신체활동을 단순한 운동으로만 접근하는 대신, 예술적 표현과 결합하여 창의적으로 운동을 할 수 있게 만들어준다. 이 과정에서 학생들은 스스로 만든 캐릭터와 함께 상호작용하며 더 높은 수준의 참여도를 보일 수 있다.

스크루블리 사이트에 접속할 때 카메라 '허용'으로 설정해야 한다. 학생들이 그리기와 춤 창작 활동 모두에 몰입할 수 있도록, 지나치게 복잡한 주제나 많은 동작을 요구하지 않도록 유의한다. 활동을 어려워하는 학생들을 위해 학년별 수준에 맞춰 간단한 3~5개의 동작으로 구성된 짧은 예시를 제시한다. 학생들이 창작한 춤 동작이 무리한 점프나 관절에 부담을 줄 수 있는 동작으로 구성되지 않도록 유도하고 충분한 활동 공간을 확보하고, 주변 장애물이 없도록 환경을 점검한다.

팀별로 돌아가며 한 사람씩 스크루블리에서 동작을 그리고, 이를 이어 붙여 팀의 춤 루틴을 완성하는 협동 활동이나 학생들이 그린 춤 동작을 다른 학생들이 맞춘 뒤, 그 동작을 따라 하는 게임 활동을 통해 재미를 더한다. 점수제를 도입하거나 제한 시간 내 가장 창의적인 동작을 그리는 미션을 추가해 수업의 흥미를 높인다. 각 학생의 춤 동작 중 일부를 선정해 전체 수업 시간에 사용할 단체 춤 루틴을 구성하거나 음악에 맞춰 연습하며 수업을 마무리하면 성취감을 높일 수 있다. 또한 학생의 수행 정도에 따라 춤 동작을 세분화하여 학생이 할 수 있는 동작을 연습하도록 할 수 있다.

〈활동 1〉, 〈활동 2〉가 끝난 후 수업 정리 시 체크리스트, 일지, 감상문, 창작보고서 등 자기평가 및 동료평가 형식으로 진행할 수 있다. 학생들이 쉽고 즐겁게 따라 할 수 있는 간단한 동작 위주의 곡을 선택하며, 팀별로 경쟁하거나 협동하는 활동을 추가해 흥미를 높인다. 학생들에게 특정 동작을 강조하거나, 동작을 정확히 따라 할 경우 추가 점수를 부여하여 게임처럼 진행할 수 있다.

3. 체육 교과의 디지털교육 활용

체육에서 디지털교육을 활용할 수 있는 교육자료를 제시하면 〈표 11-6〉과 같다.

표 11-6 **체육 교과의 디지털교육 활용 사례**

명칭	소개	성취기준
나이키 트레이닝 클럽	전문가가 설계한 다양한 운동 루틴과 목표 기반 맞춤형 트레이닝 프로그램	[4체육01-01] 체력 운동을 경험하고 운동에 관심을 기울인다. [9체육01-01] 체력 운동 방법을 알고 건강 체력과 운동 체력을 익힌다.
발란스 잇	게임 형식으로 설계된 균형 잡기 활동을 통해 재미있게 신체 균형감과 협응 능력을 기를 수 있는 프로그램	[6체육01-01] 건강 체력과 운동 체력의 운동 자세를 모방하고 주의 집중력을 기른다.
브리스, 띵크, 두 윗 시세미	감정 조절 및 스트레스 관리를 돕는 앱으로, 학생들이 체육 시간에도 자기 조절 능력을 기를 수 있도록 도와주는 프로그램	[9체육01-03] 운동을 하는 과정에서 상해를 예방하고 대처하는 방법을 알고 실행한다. [12체육01-03] 안전하게 생활하는 방법을 실천하고 생활 속 안전 수칙을 준수한다.
스트레치: 스트레칭 앤 모빌리티	아동용 요가 앱으로 간단한 요가 자세와 호흡법을 가르치며 장애 학생들도 쉽게 따라할 수 있도록 설계된 프로그램	[6체육01-01] 건강 체력과 운동 체력의 운동 자세를 모방하고 주의 집중력을 기른다. [6체육02-06] 표현 움직임 모방하기 기능을 익히고 관찰하여 모방하는 태도를 기른다.
메타스포츠 SCHOOL -온라인체육교실	시험과 실기 중심의 온 · 오프라인 체육교육 활성화 기반을 마련하고, 디지털 기반 교수 · 학습 혁신을 촉진하여 학습자의 흥미 및 참여를 유도할 수 있는 앱 콘텐츠	[6체육02-01] 기초 달리기와 물에서 이동하기의 특성을 이해하고 기능을 익힌다. [6체육02-02] 멀리뛰기와 물체 멀리 던지기의 특성을 이해하고 기능을 익힌다. [9체육01-01] 체력 운동 방법을 알고 건강 체력과 운동 체력을 익힌다. [12체육02-03] 동작 도전 간이 게임 규칙과 방법을 이해하고 기능을 익힌다. [12체육02-04] 표적 도전 간이 게임 규칙과 방법을 이해하고 기능을 익힌다.
닌텐도 스위치 스포츠	게임과 운동을 결합한 콘솔 게임으로 다양한 운동 프로그램을 제공하며 다양한 신체 능력을 가진 학생들이 다양한 운동 게임을 통해 균형 감각 및 운동 능력을 기르고 즐겁게 운동할 수 있도록 도와주는 프로그램	[6체육02-07] 공 주고받기 기능을 익히고 동료와 협동하는 태도를 기른다. [6체육02-08] 라켓으로 쳐서 넘기기 방법을 이해하고 기능을 익힌다. [6체육02-09] 배트로 멀리 치기 방법을 이해하고 기능을 익힌다.

플릭	운동 루틴을 쉽게 설정할 수 있어서 꾸준하게 운동할 수 있도록 도와주며 운동 일기를 기록할 수 있는 프로그램	[12체육01-01] 체력 운동을 생활화하고 스스로 자신의 건강을 관리하는 습관을 기른다.
인아웃	간편하게 식단, 운동, 체중, 단식 기록을 할 수 있는 프로그램	[6체육01-02] 질병 예방하기를 실천하고 건강에 관심을 기울인다. [9체육01-02] 건강한 식습관을 형성하고 바른 식습관을 실천하는 태도를 기른다. [12체육01-02] 건강한 생활 습관을 형성하고 유지한다.

1) 나이키 트레이닝 클럽(Nike Training Club)

나이키 트레이닝 클럽은 개인 맞춤형 운동 프로그램과 다양한 피트니스 영상을 제공하는 운동 앱으로, 체육 수업에서 학생들에게 전문적인 트레이닝 경험을 제공할 수 있다. 이 앱을 활용하면 학생들은 다양한 트레이닝 영상을 참고하여 스트레칭, 근력 운동, 유산소 운동 등 체육 활동을 진행할 수 있으며 교사는 이를 기반으로 수업을 구성할 수 있다. 또한 학생들이 수업 후에도 지속적으로 운동할 수 있도록 앱에서 제공하는 목표 기반 프로그램을 활용하여 개인 운동 계획을 세우도록 지도할 수 있다.

학생들은 전문가처럼 운동하는 느낌을 받아 흥미를 느낄 수 있으며 교사는 학생들에게 맞춤형 운동 방법을 제시하는 데 유용하게 활용할 수 있다. 또한 다양한 운동 종류와 난이도 덕분에 학생 개개인의 수준에 맞추어 운동을 진행하기 쉬운 장점이 있다. 일부 고급 기능이 유료로 된다는 점은 고려해야 하며, 무엇보다 학생들이 무리하지 않도록 난이도를 적절히 조정하는 것이 중요하다.

체육 수업에서 나이키 트레이닝 앱을 활용하면 학생들이 다양한 운동 동작을 따라 하며 유산소 운동과 근력 운동을 균형 있게 경험할 기회를 제공할 수 있다. 운동에 익숙하지 않은 학생의 경우를 고려하여 동작이 반복적이고 천천히 진행되는 영상을 중심으로 선택하며 시각 자료(동작 카드)나 보조 교사의 지원을 병행하면 학습 참여도를 높일 수 있다. 또한 교사가 동작을 먼저 시범 보이고 각 학생의 수준에 맞게 동작을 조정하는 방식으로 개별화된 지도가 가능하다. 운동 활동 이후에는 간단한 마무리 스트레칭과 함께 학생들이 운동 후의 기분이나 인상 깊었던 동작을 표현해 보는 시간을 포함시킴으로써 신체활동과 정서적 표현을 연계할 수 있다. 더불어 수업

이후에는 가정에서도 꾸준히 운동할 수 있도록 간단한 동작 그림 자료나 영상 링크를 제공함으로써 가정 연계 학습도 가능하다.

① 원하는 운동을 선택해서 다운로드하기

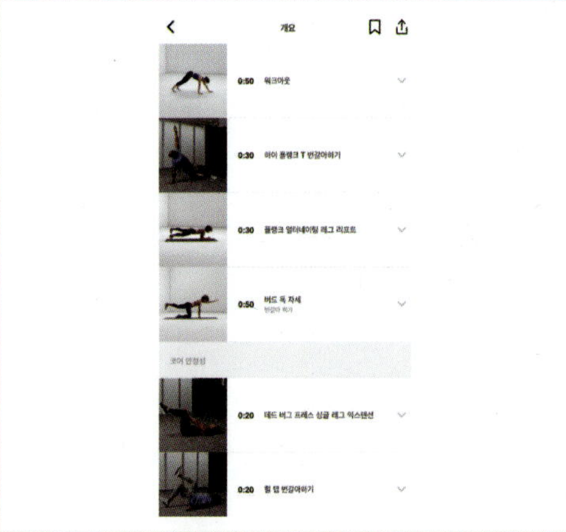

② 앱에서 추천한 운동 루틴 따라 하기

2) 발란스 잇(Balance It)

발란스 잇은 학생들의 균형 감각과 협동 능력을 키우는 데 도움을 주는 교육 앱으로, 다양한 균형 동작을 단계별로 제시하며 게임 형태로 진행할 수 있다.

발란스 잇의 가장 큰 장점은 간단하고 직관적인 구성으로 협동 활동을 촉진하는 데 유용하다는 점이다. 다만, 앱 내에서 제공하는 동작이 제한적일 수 있어 교사가 창의적으로 변형하여 활용할 필요가 있다. 또한 학생들이 균형 동작을 수행하는 과정에서 안전사고가 발생하지 않도록 충분한 공간을 확보하고, 매트를 준비하는 등의 안전 조치를 반드시 고려해야 한다.

이 앱을 활용하면 학생들은 주어진 동작을 따라 하면서 자연스럽게 팀워크를 기르고 균형 감각을 익힐 수 있으며, 교사는 이를 통해 균형 활동을 체계적으로 지도할 수 있다. 또한 앱에서 제공하는 동작을 활용해 팀 대항전을 진행하거나 창의적으로 변형하여 새로운 체육 게임을 설계하는 등 다양한 방식으로 수업을 구성할 수 있다. 수업에 적용할 때 학생들은 도전 과제를 해결하며 흥미와 성취감을 느낄 수 있고, 교사는 학생들의 신체 균형 능력과 협력 태도를 평가하는 데 효과적으로 활용할 수 있다.

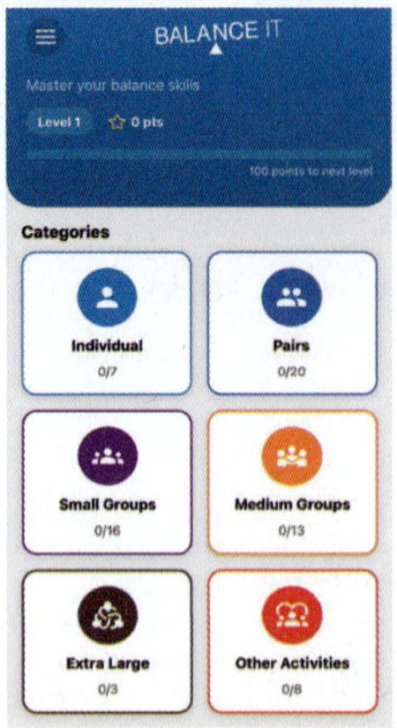	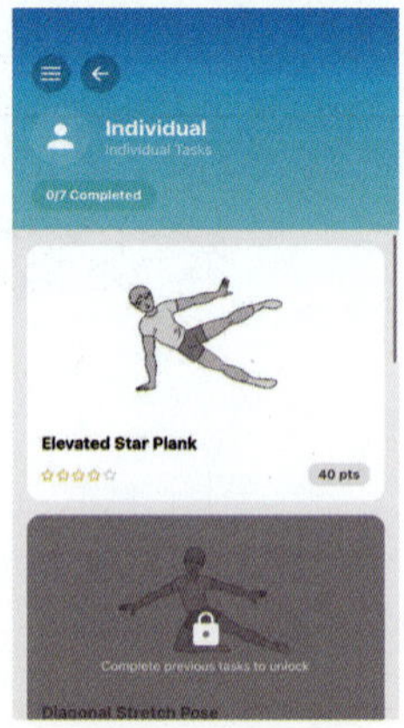	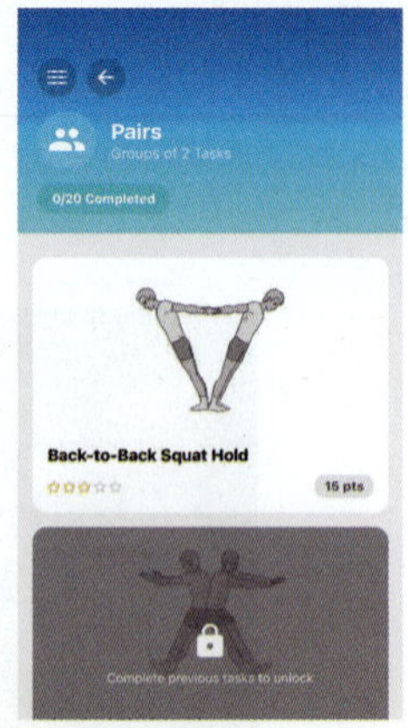
① 다양한 신체 동작 유형 카테고리	② 개인별 신체 동작을 보고 균형 잡기	③ 짝 신체 동작을 보고 균형 잡기

3) 브리스, 띵크, 두 윗 시세미(Breathe, Think, Do with Sesame)

브리스, 띵크, 두 윗 시세미는 학생들이 운동 중 스트레스 관리와 감정 조절 능력을 배우도록 돕는 프로그램으로, 심호흡과 간단한 명상 활동을 통해 안정된 수업 환경을 조성하는 데 활용할 수 있다.

이 앱을 활용할 때 학생들은 감정을 다스리고 차분해지는 효과를 직접 체험할 수 있으며, 교사는 이를 통해 안정적인 분위기를 조성하여 수업의 질을 향상시킬 수 있다. 특히, 학생들의 정서적 안정을 돕고 스트레스 관리를 지원한다는 점에서 긍정적인 효과를 기대할 수 있다. 다만, 수업 분위기와 시간 관리에 신경 써야 하며, 학생들이 흥미를 느낄 수 있도록 처음에는 간단한 활동부터 시작하는 것이 중요하다.

① 몬스터와 함께 심호흡하기	② 정서적 조절 능력을 기르는 팁

수업에서는 체육 활동을 시작하기 전에 간단한 심호흡과 명상을 진행하여 학생들이 긴장을 해소하고 차분한 상태에서 수업에 참여하도록 유도할 수 있다. 또한 갈등 해결 훈련을 통해 다양한 시나리오를 제시하고 감정 조절 및 협력 방법을 학습하도록 지도하면, 학생들은 더욱 원활한 관계를 형성할 수 있다.

4) 스트레치: 스트레칭 앤 모빌리티(Stretch: Stretching & Mobility)

스트레치: 스트레칭 앤 모빌리티는 학생들이 요가 동작을 배우고 유연성과 집중력을 높이는 데 도움을 주는 앱으로, 신체 조화와 균형을 효과적으로 향상시킬 수 있다. 요가는 단순한 스트레칭을 넘어 근육 이완과 정서적 안정을 함께 제공하는 활동이므로 학생들이 더욱 체계적으로 유연성을 기를 수 있다.

이 앱을 활용할 때, 요가를 처음 접하는 학생들도 쉽게 따라 할 수 있어 만족도가 높으며, 교사는 학생들의 신체 균형과 유연성을 세심하게 관찰하고 지도할 수 있다. 또한 신체적 이완과 정서적 안정 효과를 동시에 제공하는 것이 큰 장점이다. 다만, 일부 학생들은 특정 동작을 어렵게 느낄 수 있으므로 쉬운 동작부터 시작하고 학생 개개인의 신체 상태를 고려하여 지도하는 것이 중요하다.

수업에서는 요가 동작을 포함한 유연성 강화 활동을 진행하여 학생들이 자연스럽게 신체 균형을 익히도록 할 수 있다. 또한 운동 후 스트레칭 활동으로 활용하면 근육 피로를 해소하고 부상을 예방하는 데 도움이 된다.

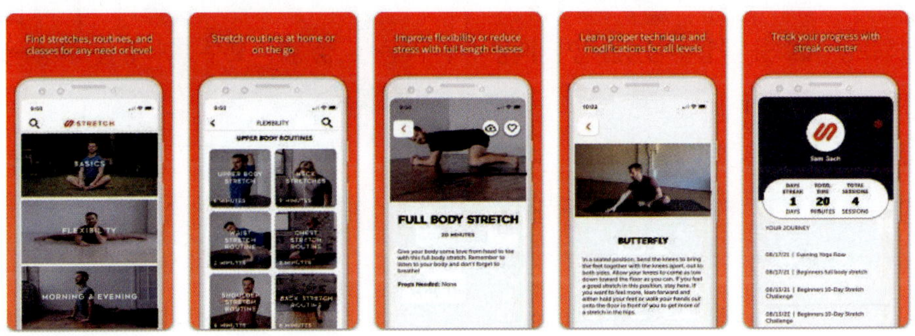

다양한 요가 동작을 보고 자세 모방하기

5) 메타스포츠 SCHOOL–온라인체육교실

메타스포츠 SCHOOL–온라인체육교실은 디지털 환경에서 체육 활동을 지원하는 온라인 플랫폼으로, 다양한 스포츠 콘텐츠와 수업자료를 제공하여 학생들이 몰입할 수 있는 체육 활동을 가능하게 한다. 이 플랫폼을 활용하면 학생들은 개별 수준에 맞는 운동 영상을 통해 스트레칭, 기본 체조, 스포츠 스킬 연습 등 다양한 체육 활동을 경험할 수 있으며, 교사는 보다 체계적으로 수업을 운영할 수 있다.

학생들은 디지털 콘텐츠를 활용한 체육 활동에서 신선함과 재미를 느끼며 적극적으로 참여할 수 있으며, 교사는 학습센터 메뉴를 통해 학생 개개인에게 맞춤형 자료를 제공하고 성취 결과를 모니터링할 수 있다. 이 플랫폼의 장점은 다양한 스포츠와 운동 자료를 통해 폭넓은 체육 수업을 설계할 수 있으며, 온라인 환경에서도 학생 참여를 극대화할 수 있다는 점이다. 다만, 인터넷 연결 문제나 디바이스 활용 능력 차이로 인해 일부 학생들이 참여에 어려움을 겪을 수 있으므로 수업을 준비할 때 적절한 콘텐츠를 선택하고 사전 테스트를 진행하는 것이 중요하다. 또한 학생들의 신체적 수준과 관심사를 고려한 콘텐츠를 선정하고, 기술 사용이 어려운 학생들을 위한 추가 지원 방안을 마련하는 것이 필요하다.

수업에서는 운동 콘텐츠를 활용하여 학생들에게 적절한 영상을 제공하고, 화상 플랫폼과 연계해 실시간 피드백 수업을 진행할 수 있다. 이를 통해 교사는 학생들의 운동 자세를 관찰하고 교정하며, 개별적인 피드백을 강화할 수 있다. 또한 스포츠 기술을 연습하는 미니게임이나 도전 과제를 활용해 학생들의 흥미를 높이는 것도 가능하다.

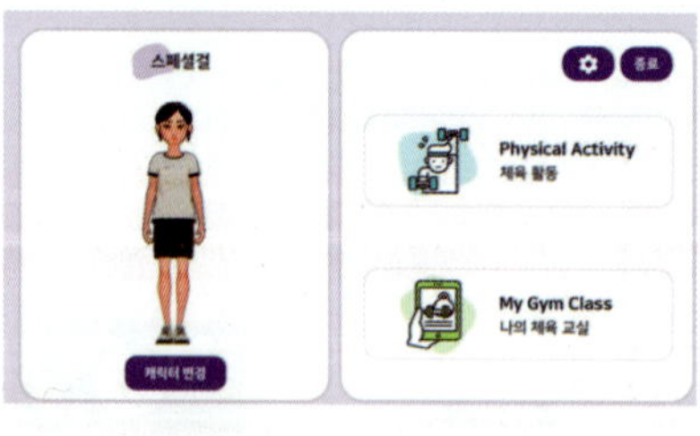

① 체육 활동과 나의 체육 교실 설정하기

② 운동 가이드 영상 보기

6) 닌텐도 스위치 스포츠(Nintendo Switch Sports)

닌텐도 스위치 스포츠는 가상 운동 게임 플랫폼으로 다양한 스포츠 활동을 시뮬레이션할 수 있도록 도와준다. 이 플랫폼을 활용하면 학생들은 게임을 통해 재미있게 운동하며 신체 건강을 향상시킬 수 있으며, 몰입도 높은 체육 수업을 경험할 수 있다.

학생들은 게임을 활용한 체육 활동에 높은 흥미를 보이며, 경쟁심과 협동심을 함께 기를 수 있다. 교사는 놀이 기반 수업 방식을 통해 학생들의 참여도를 높이고, 각자의 운동 성과를 확인하며 피드백을 제공할 수 있다. 이 플랫폼의 가장 큰 장점은 다양한 운동과 스포츠 활동을 가상으로 체험할 수 있어 공간적 제약 없이 활동할 수 있다는 점이다. 그러나 닌텐도 스위치 기기와 소프트웨어를 준비하는 데 비용이 발생할 수 있으므로, 수업 운영 계획 시 고려해야 한다. 또한 학생들이 기기를 안전하게 사용할 수 있도록 사전에 충분한 안내를 제공하고, 부상의 위험이 없도록 주의하는 것이 중요하다.

수업에서는 닌텐도 스위치 스포츠의 다양한 스포츠 게임을 활용하여 체육 활동을 구성할 수 있다. 예를 들어, 학생들이 가상 환경에서 테니스, 볼링, 배드민턴 등의 스포츠를 체험하며 자연스럽게 운동할 수 있도록 지도할 수 있다. 또한 개인별 혹은 팀별 도전 과제를 설정하여 점수와 기록을 통해 성취감을 느낄 수 있도록 유도하면 더욱 효과적인 수업 운영이 가능하다.

① 닌텐도 스위치 스포츠 입장하기

② 다양한 구기 종목 체험하기

7) 플릭(Fleek)

플릭은 운동 루틴 설정과 꾸준한 운동 일지 작성을 돕는 모바일 앱으로 사용자가 자신의 운동 목표를 정하고 체계적으로 관리할 수 있도록 지원한다. 특히 학생들에게 플릭을 활용하면 개별 맞춤형 운동 계획을 수립하고, 지속적인 신체 활동을 유도할 수 있어 유용하다.

플릭의 주요 장점은 간편한 사용법과 시각적인 피드백 시스템이다. 운동을 수행할 때마다 앱이 진행 상황을 그래프로 표시해 주며, 목표 달성을 위한 동기부여 요소(배지, 레벨업 등)가 포함되어 있어 학생들이 꾸준히 참여하도록 유도한다. 또한 교사는 플릭을 활용하여 학생들의 운동 데이터를 확인하고 개별 맞춤 피드백을 제공할 수 있다. 그러나 플릭을 활용한 수업을 운영할 때 몇 가지 유의해야 할 점이 있다. 먼저, 모든 학생이 스마트 기기를 사용할 수 있는 환경이 조성되어야 하며, 사용법에 대한 충분한 안내가 필요하다. 또한 학생들의 신체 능력과 개별 차이를 고려하여 운동 루틴을 설정할 수 있도록 세심한 조정이 필요하다. 학생들이 무리하지 않도록 지도하며, 과도한 운동이 되지 않도록 적절한 휴식 시간도 함께 계획해야 한다.

수업에서는 플릭을 활용하여 학생들에게 자신만의 운동 루틴을 설정하는 방법을 지도할 수 있다. 이후, 정해진 운동을 수행한 후 앱에 기록함으로써 자신의 진행 상황을 한눈에 확인할 수 있다. 이러한 방식은 학생들이 운동 습관을 기르고 성취감을 느낄 수 있도록 도움을 준다.

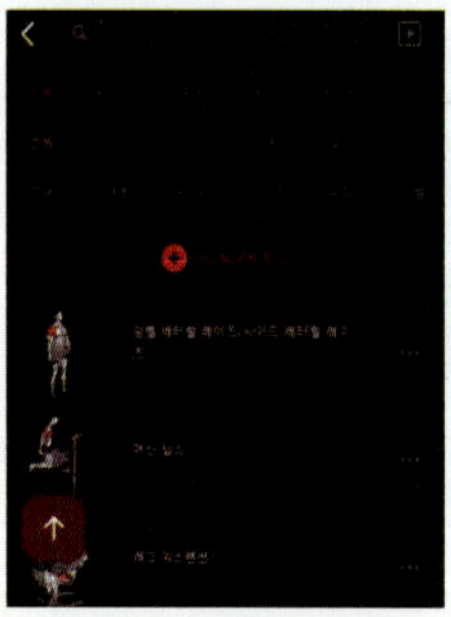		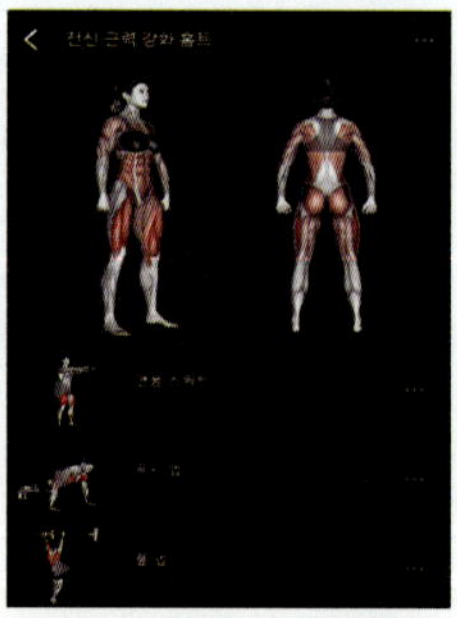
① 다양한 운동을 선택하여 루틴 만들기	② 내 운동 루틴 선택하기	③ 선택한 운동 루틴의 세부 운동

8) 인아웃(InOut)

인아웃은 실내외 활동을 기록하고 분석할 수 있도록 도와주는 모바일 앱으로 사용자가 자신의 활동 패턴을 파악하고 균형 잡힌 생활을 할 수 있도록 지원한다.

인아웃의 주요 장점은 직관적인 인터페이스와 시각적 피드백 시스템이다. 학생들은 자신의 실내외 활동 시간을 그래프로 확인할 수 있으며, 목표 달성을 위한 동기부여 요소(배지, 레벨업 등)가 포함되어 있어 꾸준한 참여를 유도할 수 있다. 또한 교사는 학생들의 활동 데이터를 분석하여 개별 맞춤형 피드백을 제공할 수 있다. 인아웃을 활용한 수업을 운영할 때 고려해야 할 점도 있다. 먼저, 학생들이 활동 기록을 정확히 입력할 수 있도록 사용법을 충분히 안내해야 한다. 또한 학생들의 개별적인 신체 능력과 환경을 고려하여 활동 목표를 설정하고, 실외 활동이 어려운 학생들을 위해 실내에서도 대체할 수 있는 활동을 제공하는 것이 필요하다. 학생들이 부담 없이 참여할 수 있도록 적절한 목표를 설정하고, 활동의 즐거움을 느낄 수 있도록 지도해야 한다.

수업에서는 인아웃을 활용하여 학생들에게 자신의 활동 유형을 인식하고, 균형 있는 일과를 계획하는 방법을 지도할 수 있다. 실외 활동을 한 후 앱에 기록함으로써 자신의 생활패턴을 시각적으로 확인하고 조정할 수 있다. 이러한 방식은 학생들이 스스로 건강한 생활 습관을 기를 수 있도록 도와준다.

① 운동 시간 및 칼로리 소모량 확인하기

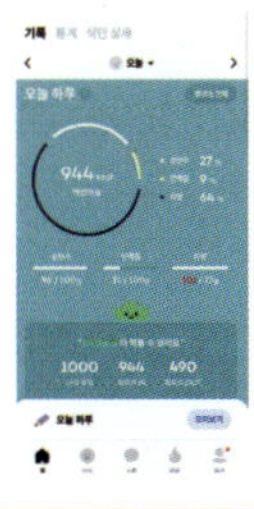

② 식단 영양소 입력하고 분석하기

활동하기

1. 기본 교육과정 체육에서 제시된 디지털교육 관련 내용과 공통 교육과정 체육에서 제시된 디지털교육 관련 내용을 비교하세요.
2. 디지털교육 자료를 활용한 교수 · 학습과정안을 설계해 보세요.
3. 이 책에서 제시된 디지털교육 자료 외에 체육 교과에서 활용할 수 있는 자료를 찾고 장 · 단점을 이야기해 보세요.

제 12 장 음악

개요

이 장은 디지털교육을 활용한 음악과 역량을 함양하기 위해 교육과정적 기초와 적용 방안을 탐색하는 데 목적이 있다. 이를 위해 이 장에서는 2022 특수교육 기본 교육과정 음악에서의 디지털교육 내용을 살펴보고 실제 적용한 사례와 활용 방법을 탐색한다. 이 장의 학습을 통하여 향후 장애 학생을 위한 음악 교육에서 디지털교육 역량을 함양하게 된다.

1. 음악 교육의 기초
2. 음악 교과의 디지털교육 실제
3. 음악 교과의 디지털교육 활용

1. 음악 교육의 기초

음악과는 인간의 다양한 감정과 생각을 소리로 나타내고 시대의 흐름을 반영하는 기본적인 예술 형태를 다루는 교과이다. 음악 교육은 학습자의 음악적 경험을 바탕으로 음악을 아름답게 표현하고 자신의 생각과 감정을 창의적으로 전달하도록 도우며 원만한 인간관계를 형성하고 음악적 가치를 인식하며 삶의 즐거움을 찾도록 도와준다.

디지털과 인공지능(AI) 기술의 발달은 음악 표현 방식의 다양화를 이끌고 음악의 가치와 영향력을 확대시켰다. 디지털 기술을 활용한 음악 교육은 학생 개개인의 특성과 수준에 맞춘 맞춤형 수업을 가능하게 하며 온 · 오프라인 환경 모두에서 내실 있는 교수 · 학습과 평가를 이끌어내는 핵심 전략이 되고 있다. 음악 교육에서는 여러 종류의 미디어를 접목하여 연주, 창작, 감상의 활동을 할 수 있다. 연주 영역에서는 매체를 통해 음악 표현이 협력적으로 이루어지도록 하며 음악으로 함께하는 공동체 경험을 제공한다. 창작 영역에서는 혼자 또

표 12-1 2022 특수교육 기본 교육과정 음악에서 디지털교육 관련 내용

1. 교수 · 학습
   (1) 교수 · 학습의 방향
      (마) 학생의 디지털 학습 환경과 가정의 지원 등을 고려하며, 경우에 따라 보호자를 포함하여 학생의 디지털 활용 능력에 도움을 줄 수 있는 사전 교육을 제공한다.
   (2) 교수 · 학습 방법
      (마) 다양한 원격수업 방법 및 디지털 기기를 활용하여 수업한다.
         • 온오프라인 혼합수업이나 콘텐츠 활용 수업 등 다양한 원격수업 유형에 적합한 수업 방식을 활용하거나 자료를 제작함으로써 실질적인 음악 학습을 지원하도록 한다.
         • 실제 악기뿐만 아니라 디지털 기기를 활용한 가상악기도 체험할 수 있는 기회를 제공한다.
         • 작곡 애플리케이션을 활용하여 창작 및 편곡의 기회를 제공한다.
         • 실감형 미디어 콘텐츠를 활용하여 음악 감상 시 심미적 체험 범위가 더욱 확대될 수 있도록 지도한다.
         • 실시간 쌍방향 수업, 콘텐츠 활용 수업, 메타버스나 모바일 환경을 활용한 수업 등 다양한 원격수업 환경에서 음악 감상 활동을 진행할 경우 제재곡이 학생들에게 원활하게 송출되고 있는지 유의하며 수시로 점검한다.
         • 다양한 원격수업 방법을 활용하되 장애 정도가 심한 학생의 참여가 원활할 수 있도록 보호자의 도움, 학생의 디지털 환경 및 악기 활용 방안 등을 고려하여 계획한다.

2. 평가
   (1) 평가의 방향
      (사) 원격수업에 적합한 평가가 이루어질 수 있도록 필요한 사항을 종합적으로 고려하여 평가 계획을 수립한다.
   (2) 평가 방법
      (마) 평가는 '표현', '창작', '감상' 영역을 서로 연계하여 통합적으로 평가한다.
         • '표현' 및 '감상' 영역에서는 실감형 미디어를 활용한 평가를 실시할 수 있다.
      (카) 원격수업의 특성에 맞는 적합한 평가 도구를 선택하여 평가한다. 또한 온오프라인 혼합수업에서의 평가는 음악 교과 역량과 내용 영역이 균형 있게 반영될 수 있도록 하며, 대면 평가와 비대면 평가의 연계도 고려한다.
         • 원격수업의 경우 원활한 평가를 위하여 학생의 보호자에게 협조를 의뢰할 수 있다.
         • 원격 평가에서도 평가의 투명성과 신뢰성이 확보되도록 제출된 음악 과제의 수행 주체와 과정을 직접 확인하여야 한다.
         • 원격 접속 환경 등으로 인해 음악 평가에 어려움이 있을 경우 사전에 대체 방안을 수립하고 학생들에게 미리 안내한다.

는 여럿이 음악 요소를 선택하고 구조화하여 음악을 만드는 과정을 경험하게 하며 디지털 소양을 함양시키고 그 결과를 공유하여 음악적으로 소통하며 성장시킨다. 감상 영역에서는 매체를 활용하여 생활 속 음악을 들으며 다양한 정서를 경험하고 공유하여 음악에 대한 서로 다른 감성과 가치를 인식하고 존중하는 태도를 기른다.

2022 특수교육 기본 교육과정 음악에서는 디지털교육에 대해 교수 · 학습과 평가에서 제시하고 있다. 교수 · 학습에서는 원격수업 방법 및 디지털 기기 활용 수업에 중점을 두어 실질적인 음악 학습을 계획하도록 하였다. 평가에서는 원격수업의 특성에 맞는 적합한 평가 도구를 선택하도록 하였고 온 · 오프라인 수업에서의 평가가 내실 있게 운영되며 대면평가와 비대면 평가의 연계도 고려하였다. 2022 특수교육 기본 교육과정 음악에서 디지털교육 관련 내용은 〈표 12-1〉과 같다.

2. 음악 교과의 디지털교육 실제

1) 창작 영역

(1) 교육과정 및 학습자 분석

음악의 창작 영역에서 '소리의 표현과 느낌' 단원을 다루며 '가족을 주제로 노래 만들기'에 대해 알아본다. 이와 관련된 성취기준은 2022 특수교육 기본 교육과정에서는 [6음악02-02], [9음악02-02], [12음악03-01]과 공통 교육과정에서는 [6음03-03], [9음03-01], [12음02-04]와 연계하여 교육과정을 재구성할 수 있다. 교육과정 재구성을 위한 구체적인 내용은 〈표 12-2〉에 제시하였다.

도현이는 사회성이 높고 말하는 것을 좋아하므로 노래에 대한 느낌을 이야기하고 가족과 함께한 추억을 말하도록 유도한다. 민재는 학습된 무기력이 있으므로 노래 창작에 대한 학습동기를 유발하기 어렵다. 따라서 민재가 좋아하는 학교 일상을 주제로 한 노래를 들려주며 민재와 관련된 노래를 만들 수 있음을 도입 단계에서 설명하여 흥미를 유발한다. 준호는 청각장애로 인하여 말로 표현하는 것이 어렵기 때문에 완성된 노래는 SUNO에서 불러준다는 것을 미리 안내한다.

표 12-2 가족을 주제로 노래 만들기의 교육과정 및 학습자 분석

단원	소리의 표현과 느낌	제재	가족을 주제로 노래 만들기
성취기준	기본	[6음악02-02] 일상생활 속 장면이나 상황에 대한 느낌을 간단한 음악으로 만든다. [9음악02-02] 줄거리를 생각하며 이야기의 일부를 음악으로 만든다. [12음악03-01] 음악을 듣고 배경이나 줄거리를 서로 이야기한다.	
	공통	[6음03-03] 음악의 요소를 활용하여 간단한 음악을 만든다. [9음03-01] 음악적 의도나 아이디어를 여러 매체나 방법에 적용하여 자기 주도적으로 창작한다. [12음02-04] 생활 속에서 음악을 들으며 감성, 정체성, 가치를 내면화하고 향유한다.	
학습자 장애유형	도현(지적장애), 민재(지적장애), 준호(중도중복장애: 지적 · 청각장애)		

(2) 교수 · 학습과정안 설계 및 개발

음악의 '소리의 표현과 느낌' 단원에서 '가족을 주제로 노래 만들기'에 대한 교수 · 학습과정안의 설계와 구체적인 자료 개발은 〈표 12-3〉과 같다.

표 12-3 가족을 주제로 노래 만들기에 대한 교수 · 학습과정안

학습단계	교수 · 학습 활동	자료
도입	• 동기유발 –가족과 관련된 노래 감상하기 –노래에 대한 느낌 이야기하기 • 학습목표 확인하기 가족을 주제로 노래를 만들고 감상한다.	• 가족과 관련된 노래의 뮤직비디오 영상 • 수업 자료
전개	• 〈활동 1〉 가족에 대한 가사 작성하기 –가족과 함께한 추억 떠올리기 –가족에 대한 추억 또는 마음을 나타내는 가사를 스스로 작성하거나 ChatGPT를 활용하여 작성하기 • 〈활동 2〉 가족에 대한 가사를 담은 노래 만들기 –SUNO 기능 파악하기 –SUNO에 작사한 내용 입력하기	• SUNO • ChatGPT • 태블릿 • 수업 자료의 PPT

전개	–SUNO가 생성한 노래 확인하기 –가사를 수정하거나 음악 스타일을 변경하여 내가 원하는 노래 만들기 • 〈활동 3〉 노래를 감상하고 느낀 점 이야기하기 –SUNO를 사용하여 만든 노래 발표하기 –노래에 대한 느낀 점 이야기하기	
정리	• 학습 내용 정리하기 –나와 친구들이 만든 노래에 대한 느낌과 생각 공유하기 –가장 감동적인 노래 인기투표하기	• SUNO를 사용하여 만든 노래 • 태블릿 • 네이버 폼, 네이버 QR 코드 만들기 프로그램

(3) 디지털교육 실행 및 평가

도입에서 가족을 주제로 만든 노래를 감상하며 노래에 대한 느낌을 나눈다. 특히 말하기를 좋아하는 도현이의 경우에는 가족과 함께한 추억을 이야기하도록 유도한다. 학습목표를 확인한 후에 민재가 학습에 대한 자신감을 가질 수 있도록 누구나 SUNO를 활용하여 곡을 만들 수 있음을 설명한다. 완성된 노래는 SUNO에서 불러줄 것임을 준호에게 안내한다.

전개의 〈활동 1〉에서 학생들은 가족과 함께한 추억을 떠올린다. 학생들은 학습 수준과 특성에 따라 가사를 다르게 작성한다. [그림 12–1]과 같이 학습지에 마인드맵 형식으로 핵심 단어를 활용하여 가사를 작성한다. 가사 작성을 스스로 하기 어려운 경우에는 [그림 12–2]와 같이 ChatGPT를 활용하여 가사를 생성한다.

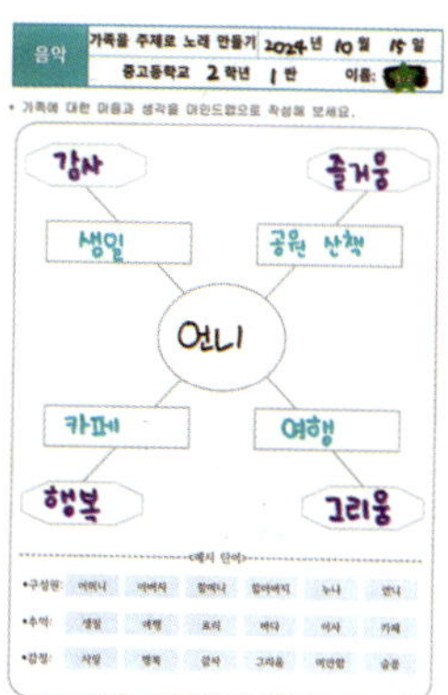

[그림 12–1] 마인드맵 형식으로 가사 작성하기

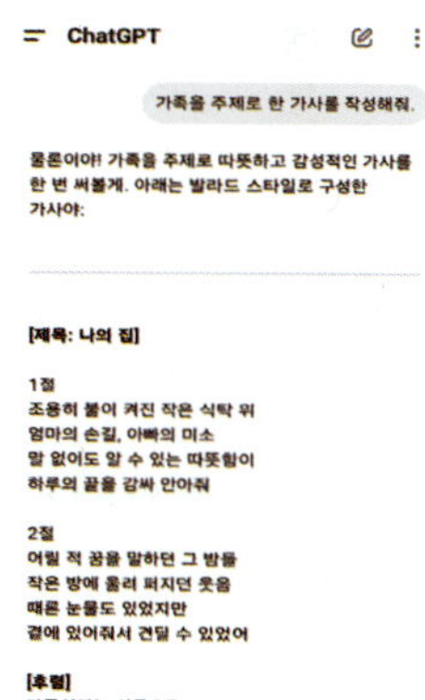

[그림 12–2] ChatGPT를 활용하여 가사 작성하기

〈활동 2〉에서는 가족을 주제로 노래를 만들기 위해 SUNO를 사용한다. SUNO의 기능을 파악하기 위해 SUNO에 접속한다. '창조하다'에 들어가서 가사를 입력하고 음악 스타일을 고른다. 약 20~30초 후에 [그림 12–3]과 같이 두 가지 버전으로 노래가 제시된다. 생성된 노래를 재생하여 감상한다. 만약 두 가지 버전의 노래가 마음에 들지 않으면 가사를 구체적으로 재입력하거나 음악 스타일을

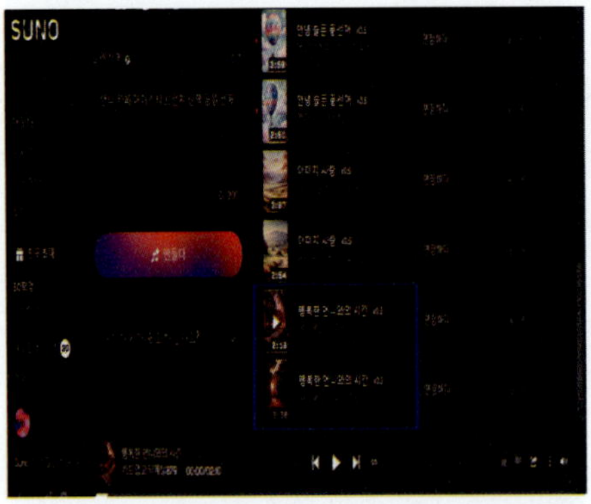

[그림 12-3] 생성된 노래 두 가지 버전 확인하기

변경하여 노래를 다시 생성한다.

〈활동 3〉에서는 SUNO로 만든 노래를 발표하고 공유하며 느낌을 이야기한다. 도현이는 가사의 의미를 말하고 노래를 따라 부른다. 민재와 준호는 [그림 12-4]와 같이 재생 버튼을 누르고 노래를 들려주며 발표한다.

정리에서 SUNO로 생성한 노래에 대한 느낌과 생각을 공유하고 가장 감동적인 노래를 투표로 정한다. [그림 12-5]와 같이 네이버 폼을 활용하여 가장 감동적인 노래를 투표할 수 있도록 질문을 만들고 투표 URL을 생성한다. 네이버 QR코드 만들기를 활용하여 URL에 바로 접속할 수 있는 QR코드를 만든다. 학생들은 태블릿의 카메라 기능을 활성화하여 QR코드를 통해 투표에 참여한다. 투표 결과를 즉시 확인하여 가장 감동적인 노래를 선정한다.

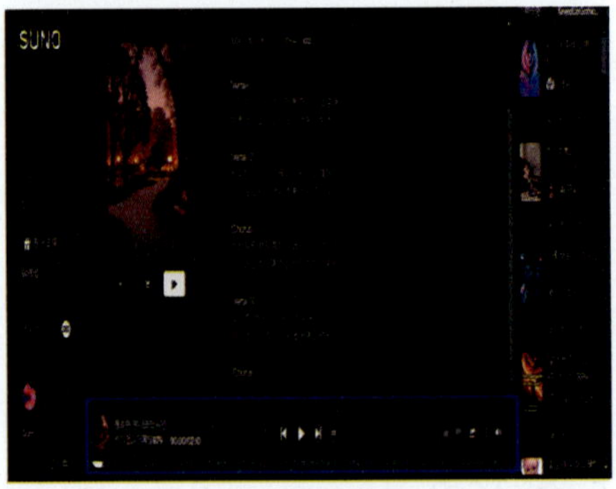

[그림 12-4] 노래 재생하기

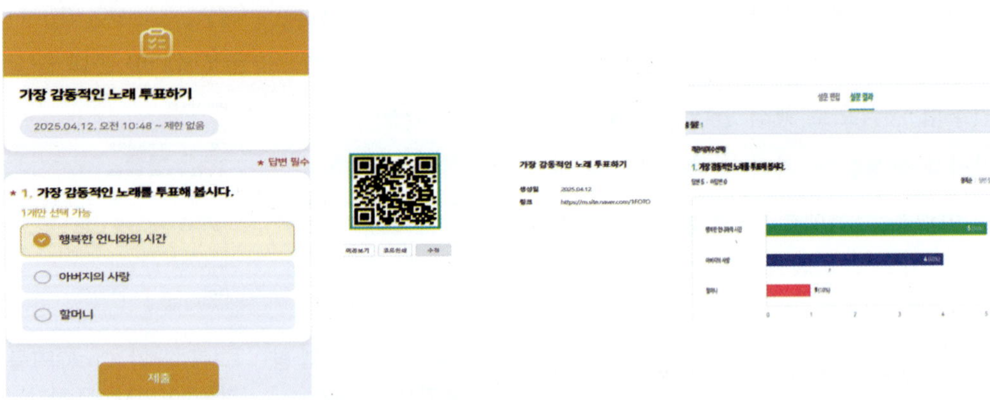

[그림 12-5] 가장 감동적인 노래 투표하기

2) 표현 영역

(1) 교육과정 및 학습자 분석

음악의 표현 영역에서 '함께하는 생활 음악' 단원을 다루며 '찾아가는 음악회'에 대해 알아본다. 이와 관련된 성취기준은 2022 특수교육 기본 교육과정에서는 [6음악01-06], [9음악01-06], [12음악01-02]와 공통 교육과정에서는 [4음01-02], [9음01-01], [12음01-02]와 연계하여 교육과정을 재구성할 수 있다. 교육과정 재구성을 위한 구체적인 내용은 〈표 12-4〉에 제시하였다.

시우에게는 학습 특성을 고려하여 반복된 리듬을 제시하며 학습의 흥미를 유지하고 학습 활동 참여를 이끈다. 서연이가 시각적 자료에 쉽게 접근할 수 있도록 확대된 학습지를 제공한다. 지유는 소근육 운동이 가능하므로 스스로 송메이커를 조작할 수 있도록 휠체어 책상 위에 태블릿을 위치시킨다.

표 12-4 찾아가는 음악회의 교육과정 및 학습자 분석

단원	함께하는 생활 음악	제재	찾아가는 음악회
성취기준	기본	[6음악01-06] 노래나 악기 연주로 주변의 행사에 참여함으로써 표현을 통한 자신감을 갖는다. [9음악01-06] 생활 속에서 노래나 악기 연주를 발표하는 활동을 통해 노력과 성취감을 경험한다. [12음악01-02] 다양한 장단의 느낌을 살려 노래를 부르거나 악기로 연주한다.	
	공통	[4음01-02] 기초적인 음악 요소를 살려 노래 부르거나 악기로 연주하고 느낌을 이야기한다. [9음01-01] 다양한 주법과 표현 기법을 향상시켜 노래나 악기로 개성 있게 연주한다. [12음01-02] 음악 요소와 음악적 특징의 변화를 살려 노래나 악기로 발표하고 비평한다.	
학습자 장애유형	시우(자폐성장애), 서연(중도중복장애: 지적 · 시각장애), 지유(중도중복장애: 지적 · 지체장애)		

(2) 교수 · 학습과정안 설계 및 개발

'함께하는 생활 음악' 단원에서 '찾아가는 음악회'에 대한 교수 · 학습과정안의 설계와 구체적인 자료 개발은 〈표 12-5〉와 같다.

표 12-5 찾아가는 음악회에 대한 교수 · 학습과정안

학습단계	교수 · 학습 활동	자료
도입	• 동기유발 –송메이커로 연주되는 노래 제시하기 –송메이커로 연주되는 노래 제목 맞추기 • 학습목표 확인하기 크롬뮤직랩의 송메이커를 사용하여 개성있는 자작곡을 만든다.	• 송메이커 연주 노래 영상 • 수업 자료
전개	• 〈활동 1〉 송메이커 기능 알기 –송메이커 기능 파악하기 –음정과 리듬 입력 방법 알기 –송메이커 기본설정 변환시키기 • 〈활동 2〉 송메이커 기능 익히기 –대중가요 송메이커 작품이 담겨 있는 활동지를 보고 따라 입력하기 –입력된 소리 확인하기 • 〈활동 3〉 자작곡 만들기 –연주하여 표현하고 싶은 자작곡 느낌 말하기 –송메이커에 음정과 리듬 입력하기 –자작곡 감상하기	• 태블릿 • 송메이커 • 수업 자료의 PPT • 활동지
정리	• 학습 내용 정리하기 –자작곡 저장하기 –자작곡 발표하기 –송메이커를 활용하여 자작곡을 만든 소감 나누기	• 송메이커를 활용하여 만든 자작곡

(3) 디지털교육 실행 및 평가

도입에서는 송메이커로 연주되는 노래를 제시하고 노래 제목을 추측하며 학습동기를 유발한다. 제시된 수업 자료를 활용하거나 유튜브에 '송메이커'를 검색하면 송메이커를 활용한 음악 영상 자료가 많으므로 학생들의 선호도를 고려하여 다양하게 제시할 수 있다. 시우

는 패턴이 있는 리듬에 반응하며 관심을 보이는 성향이 있으므로 반복적인 패턴의 음악을 제시한다. 서연이와 지유는 평소에 좋아하는 대중가요를 제시하여 흥미를 높이고 주의를 집중시킨다.

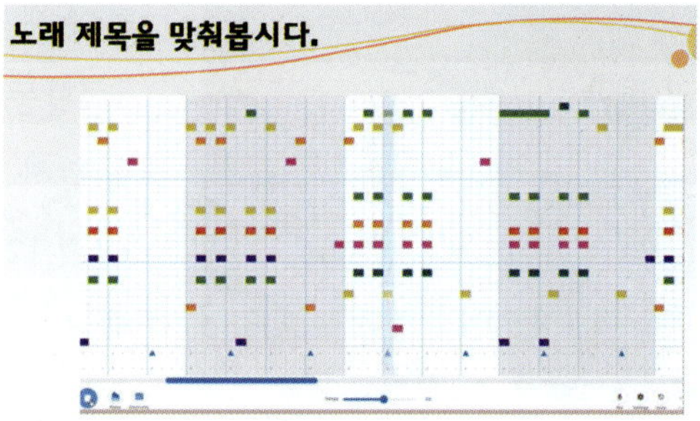

[그림 12-6] 송메이커로 연주되는 노래 제목 맞추기

전개에서는 송메이커의 기능을 익히며 조작하는 방법을 안내하고 개인별 태블릿을 제공하여 자작곡을 만드는 데 중점을 둔다. 〈활동 1〉에서는 [그림 12-7]과 같이 학습자료를 제시하며 송메이커의 기능을 파악하고 음정과 리듬 입력 방법을 살펴보며 송메이커의 기본설정을 변환시킨다. 송메이커는 선율악기(피아노, 현악기, 목관악기, 신스, 마림바)와 리듬악기(전자음, 블록, 드럼키트, 콩가) 소리를 활용하며 섬세하게 음악을 만든다. 또한 송메이커는 음에 따라 색깔이 구분되므로 서연이도 함께 사용하기에 용이하다. [그림 12-8]과 같이 송메이커 화면에서 톱니바퀴 모양을 누르면 마디, 음계, 박자, 시작음 조절, 박을 나누는 단위, 옥타브 조절이 가능하므로 기본 설정을 변환할 수 있다.

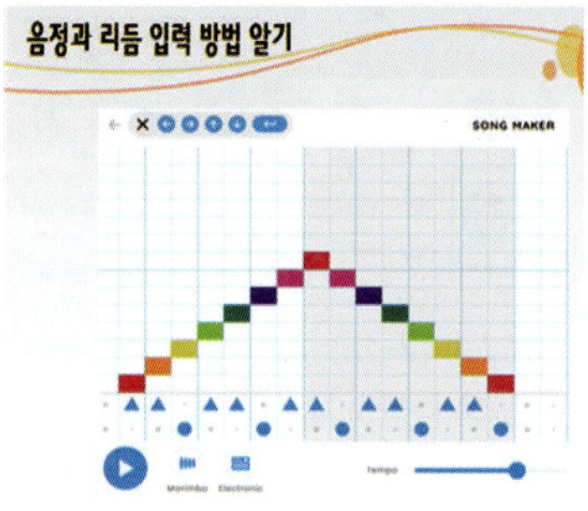

[그림 12-7] 송메이커 기능 파악하기

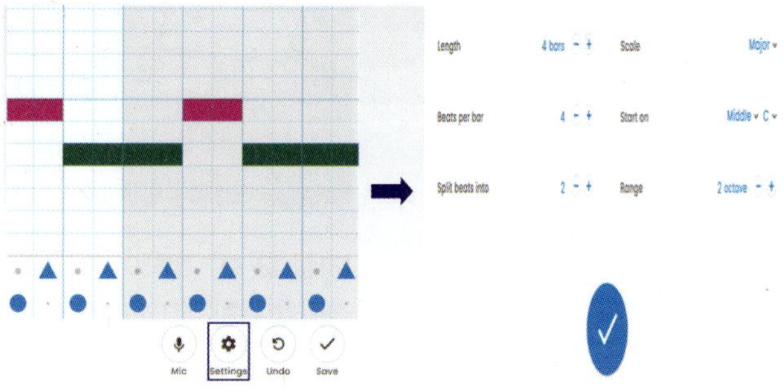

[그림 12-8] 송메이커 기본 설정 변환시키기

〈활동 2〉에서는 [그림 12-9]와 같이 송메이커의 작품을 학습지로 제시하여 학생들이 태블릿에 음정과 리듬을 따라 입력하며 송메이커의 기능을 익힌다. 이때 서연이가 시각적 자료를 편안하게 볼 수 있도록 확대된 학습지를 제공한다. 음의 높낮이가 색깔로 구분되므로 서연이가 송메이커의 기능을 습득하기 쉽다. 잘못 입력한 경우에는 해당 음을 한 번 더 누르면 사라진다. 전체적으로 삭제하고 처음부터 다시 작업하기 위해서는 Restart 버튼을 클릭

[그림 12-9] 송메이커에 음정과 리듬 입력하기

하여 새 페이지를 형성하면 된다.

〈활동 3〉에서는 연주하여 표현하고 싶은 자작곡 느낌을 말하고 송메이커에 음정과 리듬을 입력한다. 시우는 [그림 12-10]과 같이 송메이커로 반복적인 리듬을 표현하며 자작곡 만들기 활동에 접근하도록 촉진한다. 지유는 [그림 12-11]과 같이 휠체어 책상 위에 태블릿을 올려두고 자작곡 만들기 작업을 하도록 한다. 서연이는 색깔을 확인하며 음을 구분하여 자작곡을 만든다. 자작곡이 완성되면 [그림 12-12]와 같이 왼쪽 아래에 있는 재생 버튼을 누르고 자작곡을 감상한다.

정리에서 학생들은 자신이 만든 자작곡을 저장하고 발표한다. [그림 12-13]과 같이 오른쪽 아래에 있는 Save 버튼을 누르면 앞서 완성한 음악을 저장할 수 있는 링크가 생성되고 링크를 복사하여 저장 및 공유가 가능하다.

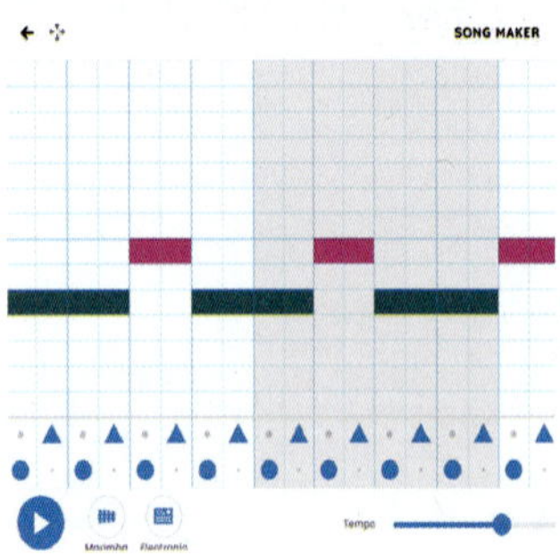

[그림 12-10] 반복적인 리듬 패턴을 적용한 자작곡 만들기

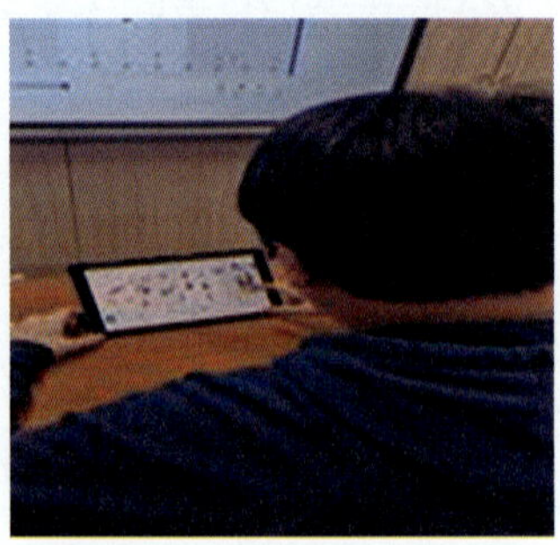

[그림 12-11] 휠체어 책상 위에 태블릿을 위치시키고 자작곡 만들기

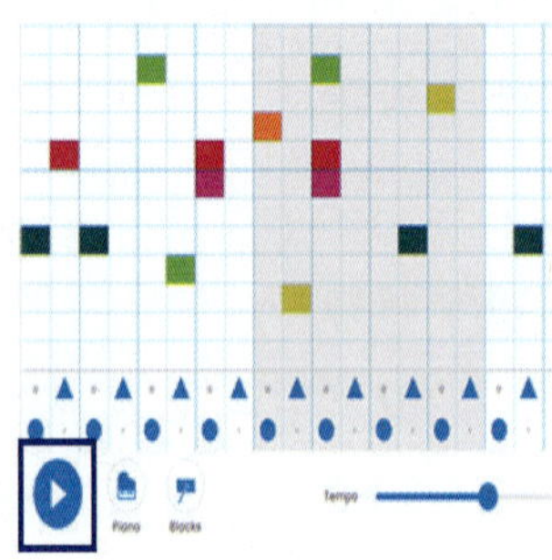

[그림 12-12] 재생 버튼을 활성화하여 감상하기

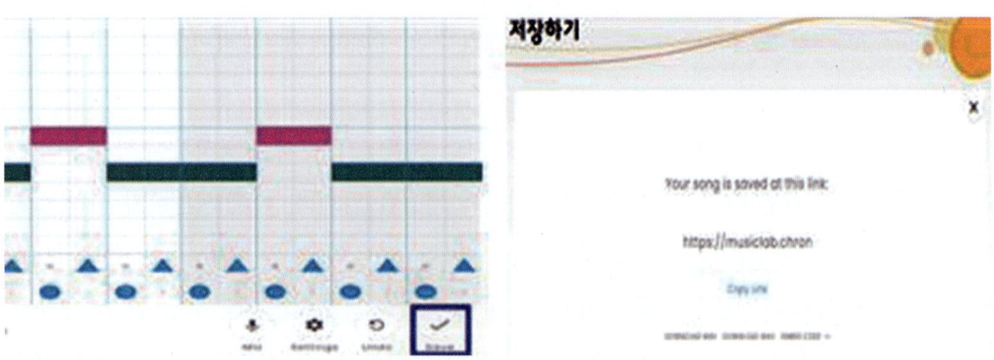

[그림 12-13] 자작곡 저장하기

3. 음악 교과의 디지털교육 활용

음악에서 디지털교육을 활용할 수 있는 교육자료를 제시하면 〈표 12-6〉과 같다.

표 12-6 음악 교과의 디지털교육 활용 사례

명칭	소개	성취기준
 블롭 오페라	4개의 블롭이 테너, 베이스, 메조 소프라노, 소프라노 소리를 내며 오페라를 만드는 인공지능 서비스	[9음악03-04] 사회에서 다양하게 활용되는 음악을 들으며 우리나라와 세계의 음악을 즐긴다. [12음악03-04] 여러 매체에서 활용된 음악을 듣고 다양한 음악의 가치를 인식한다.
 두들 바흐 (Doodle bach)	사용자가 오선지 악보에 음표를 입력하면 인공지능이 악보를 분석하여 화음을 넣어서 바흐 스타일의 멜로디로 들려주는 프로그램	[4음악01-02] 박에 맞추어 노래를 듣고 따라 부르거나 악기로 연주한다. [9음악02-01] 음악 요소를 활용하여 간단한 리듬으로 이루어진 음악을 만든다.
 알파미니 로봇	인공지능을 활용하여 대화가 가능하고 요구사항을 말하면 대답해주거나 행동을 보여주는 로봇	[4음악03-04] 내가 좋아하는 음악을 듣고 우리 음악에 흥미를 갖는다. [6음악03-04] 일상생활 속 음악을 듣고 다양한 우리 음악에 친숙함을 느낀다.
 Body Synth	신체 움직임을 컴퓨터에 내장된 카메라로 인식하여 악기 소리로 변환시켜 들려주는 인공지능 서비스	[6음악02-02] 일상생활 속 장면이나 상황에 대한 느낌을 간단한 음악으로 만든다. [6음악02-03] 자신의 상상을 음악으로 나타내며 창작에 흥미를 갖는다.
 악기 소리 그림카드	40가지 악기들의 모습과 명칭을 알려주고 악기 연주 소리를 들려주는 앱	[4음악01-05] 신체나 물체, 여러 가지 타악기의 소리를 탐색하며 주변의 소리에 관심을 갖는다. [6음악01-05] 선율 및 무선율 타악기의 종류와 소리를 탐색하며 악기 연주에 흥미를 갖는다.

A.I. Duet	인공지능이 사람이 연주한 음악을 듣고 반응하여 듀엣 연주를 해주는 도구	[9음악01-05] 친구들과 가락악기를 연주하며 음악으로 함께하는 태도를 갖는다. [12음악01-05] 다양한 악기 소리의 어울림을 느끼며 다른 사람과 조화를 이루어 연주하는 태도를 갖는다.
Bongo Cat	고양이 캐릭터가 여러 가지 악기와 사물을 두드려서 소리를 들을 수 있도록 해주는 앱	[4음악02-02] 주변에서 경험한 다양한 소리를 모방하여 간단한 음악으로 만든다. [4음악02-03] 자신의 느낌을 음악으로 나타내며 주변 소리에 호기심을 갖는다.
Professional Xylophone	화면에 실로폰이 나타나며 사용자가 실로폰을 연주하고 연주한 것을 저장하여 감상할 수 있는 앱	[4음악01-04] 소리의 셈과 여림, 빠름과 느림을 신체나 물체, 악기로 표현한다. [4음악03-02] 박, 가락, 셈여림, 빠르기 등의 기초적인 음악 요소를 탐색하며 듣는다.

1) 블롭 오페라(blob opera)

블롭 오페라(blob opera)는 테너, 베이스, 메조소프라노, 소프라노 오페라 가수가 16시간 분량의 노래를 녹음하여 오페라 소리를 낸다. 블롭을 위아래로 움직이면 음의 높낮이가 변하고 블롭을 좌우로 움직이면 모음(아, 에, 이, 오, 우)을 바꾸어 소리낸다. 사용자는 블롭을 조절하여 오페라 노래를 창작하고 감상한다.

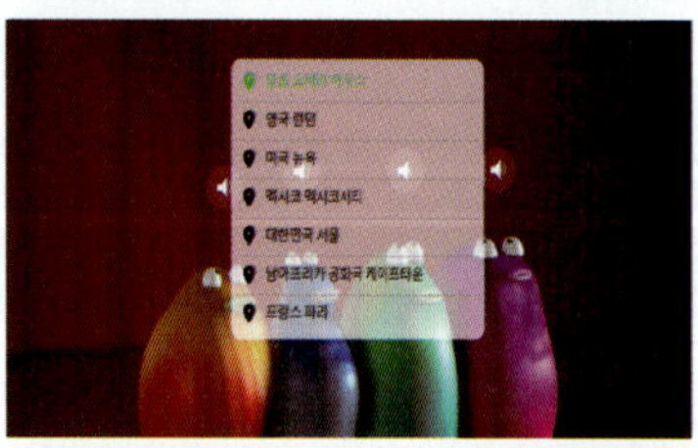	
오페라 형식으로 나라별 민요 감상하기	블롭을 조절하여 오페라 만들기

전체 학습이 아닌 개별 학습 활동 상황에서는 사용자의 블롭 소리에 집중할 수 있도록 개별 헤드셋을 착용하는 것이 좋다. 여러 기기에서 동시에 블롭의 소리를 내면 개별 사용자가 내는 블롭

소리를 집중하여 들을 수 없기 때문이다. 그리고 학생이 만든 오페라 노래는 공유를 통해 전자칠판에서 재생할 수 있다. 전자칠판을 활용하여 자신이 만든 오페라 노래를 발표하면 큰 화면으로 함께 감상하는 장점이 있다.

우리나라와 세계의 음악을 다양한 매체를 통해 감상하는 수업에서 블롭 오페라를 활용할 수 있다. 서울, 뉴욕, 런던 등 세계 여러 도시의 대표 민요와 클래식을 오페라 형식으로 감상한다. 그리고 창작 영역 수업에서 오페라 노래를 생성하는 활동으로 사용할 수 있다. 블롭을 위, 아래, 왼쪽, 오른쪽으로 움직이며 소리를 변형시키면서 오페라를 창의적으로 만드는 것이다. 4개의 블롭을 함께 소리내거나 하나의 블롭만 소리내며 다양한 분위기의 오페라를 만들 수 있다.

2) 두들 바흐(Doodle Bach)

두들 바흐(Doodle Bach)는 사용자가 오선지 악보에 음표를 입력하면 인공지능(AI)이 악보를 분석하여 작곡가 바흐가 만든 곡처럼 화음을 넣어서 멜로디를 완성하는 프로그램이다. 사용자가 입력한 음표는 소프라노가 되고 소프라노를 제외한 나머지 3성부(알토, 테너, 베이스)는 인공지능이 만든다. 두들 바흐는 회원가입을 하지 않아도 접속할 수 있으므로 편리하게 사용할 수 있다.

두들 바흐는 박에 맞추어 노래를 듣고 악기로 연주하거나 음악 요소를 활용하여 간단한 리듬으로 이루어진 음악을 만드는 수업에 효과적인 도구로 박자를 이해하는 데 도움이 된다. 음표와 음표 사이의 간격은 음의 길이를 조절하는 것이므로 음표 간 거리를 가까이하면 8분음표가 되고 음표 간 거리를 멀게 하면 4분음표가 된다.

① 악보에 음표 입력하기	② 바흐 스타일로 탄생한 연주 감상하기

두들 바흐는 멜로디 만들기 협동학습을 하는 상황에서 유용하다. 예를 들어, 동요(곰 세 마리

등)악보를 제시하여 두 마디씩 나눈다. 학생 1명당 두 마디씩 맡아서 두들 바흐(Doodle Bach) 오선지에 음표를 입력하고 화음 넣기를 실행하여 멜로디를 만든다. 모든 학생이 멜로디 만들기를 마치면 순서대로 멜로디를 재생하여 바흐 스타일로 전체 동요를 감상한다.

3) 알파미니 로봇

알파미니 로봇은 인공지능(AI)을 바탕으로 대화가 가능하며 지시에 따라 움직이고 음악을 재생시키는 등의 다양한 기능이 있다. 알파미니 로봇을 활용하기 위해 구글 플레이/앱 스토어, 알파미니 로봇을 검색하여 'AlphaMini Robot' 앱을 설치한다. 스마트폰의 블루투스, Wi-Fi, GPS를 켜고 전원버튼을 눌러 알파미니 로봇을 작동시킨다. 알파미니 앱 메인화면 상단에 로봇연동 버튼을 클릭하면 알파미니 로봇이 활성화된다.

알파미니 로봇은 눈, 머리, 본체로 구성되어 있다. 눈은 사람과 사물을 인식하고 카메라를 이용하여 사진을 찍는다. 머리는 명령을 듣고 사람의 손길을 감지하고 본체는 동작을 취한다. 한편 알파미니 로봇은 코딩 프로그램을 통해 움직임과 소리를 구현하고 와이파이 접속 시 간단한 인터넷 검색이 가능하다. 배터리를 충전하여 사용하는 방식이기 때문에 수업을 시작하기 전에 미리 알파미니 로봇을 충전시켜두어야 한다. 아울러 학생들을 대상으로 알파미니 로봇을 안전하게 다루도록 미리 안내하여 던지거나 파손이 발생하지 않도록 예방하는 것이 좋다.

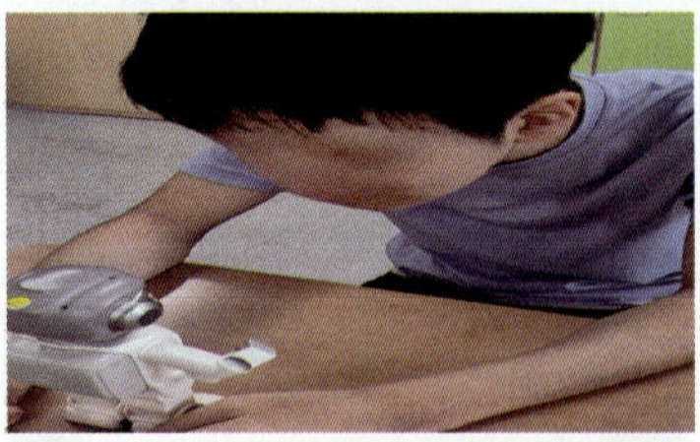	
① 알파미니 로봇에게 "OOO 노래를 들려줘."라고 노래 제목을 말하기	② 알파미니 로봇이 들려주는 노래 감상하기

알파미니 로봇은 내가 좋아하는 음악을 듣거나 일상생활 속 음악을 듣는 수업 에 유용하게 활용된다. 교사 또는 학생이 노래 제목을 말하면 알파미니 로봇이 해당 노래를 들려준다. 노래를

전체적으로 감상하고 한 소절씩 따라 부르며 곡을 배운다. 단순히 인터넷에서 음악을 재생시키는 것보다 알파미니 로봇이 노래를 들려주면 학생들의 주의집중력이 높아진다. 한편 발음 교정이 필요한 학생에게 발음교정 도구로서 알파미니 로봇을 활용할 수 있다. 학생이 작은 소리로 말하거나 불분명한 발음으로 말하면 알파미니 로봇이 학생의 말소리를 인식하지 못하여 이해하지 못했다고 말하거나 다시 말해달라고 요청한다. 이에 따라 학생은 발음을 분명하게 하고 크게 말하여야 한다. 발음 교정이 필요한 학생이 알파미니 로봇에게 노래 제목을 말하도록 하여 자연스럽게 발음 연습을 할 수 있다.

4) Body Synth

Body Synth는 컴퓨터에 내장된 카메라로 신체 움직임을 실시간으로 인식하고 움직임에 따라 악기 소리를 내어 연주하는 인공지능(AI) 서비스이다. 신체의 각 부분은 서로 다른 음이나 소리를 내고 크거나 작은 움직임을 구분하여 감도를 조정한다. 기타, 신디사이저, 현악기, 드럼 소리를 비교하여 연주할 수 있으며 기타, 신디사이저, 현악기는 C, D, E, F, G, A, B 코드로 다양하게 연주할 수 있다.

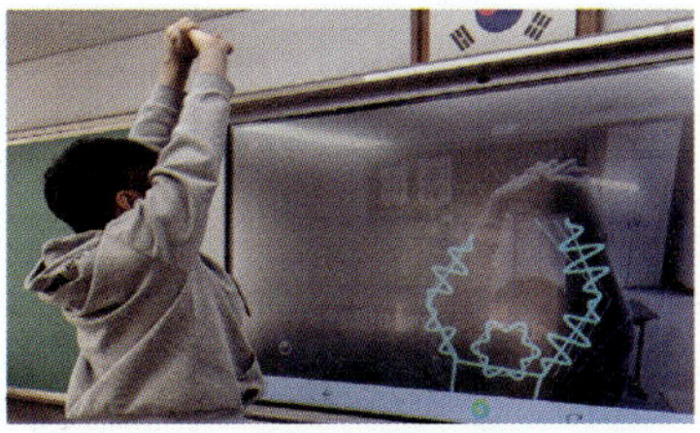	
자신을 표현하기 위해 활기찬 동작을 하며 경쾌한 멜로디 만들기	신나는 기분을 동작으로 표현하여 멜로디로 나타내기

Body Synth는 몸을 움직이는 것만으로도 악기 연주를 할 수 있는 것이 가장 큰 장점이다. 하지만 사용하는 전자기기의 기능에 따라 카메라가 신체 움직임을 인식하는 정도가 달라지는 점을 고려해야 한다. 그리고 전자칠판을 활용하여 Body Synth를 사용할 때에는 사용자가 아닌 다른 사람들이 카메라에 인식되지 않도록 주의해야 한다. 카메라에 사용자와 미사용자가 동시에

인식되면 사용자와 미사용자가 모두 인식되거나 사용자의 신체 움직임이 인식되지 않고 미사용자의 신체 움직임이 인식될 수 있기 때문이다.

Body Synth는 자신의 기분이나 느낌을 음악으로 나타내거나 상상을 음악으로 창작하는 수업에 활용될 수 있다. 예를 들어, 자기 표현 활동 수업에 Body Synth를 사용하여 자신의 성격과 어울리는 신체 동작을 하고 멜로디를 만들며 정체성을 인식하여 자신을 나타내는 표현을 할 수 있다.

5) 악기 소리 그림카드

악기 소리 그림카드는 약 40가지 악기 사진과 명칭을 알려주고 악기 연주 소리를 들려주는 앱이다. 악기 소리 그림카드 앱은 배우다, 퀴즈, 게임 세 가지 범주로 구성되어 있다. 사용자는 악기의 모습을 사진으로 살펴보며 악기의 명칭을 배우고 악기 소리를 감상한다. 또한 앱에 제시된 퀴즈와 게임을 통해 악기의 모습과 명칭을 재미있게 복습하고 평가할 수 있다.

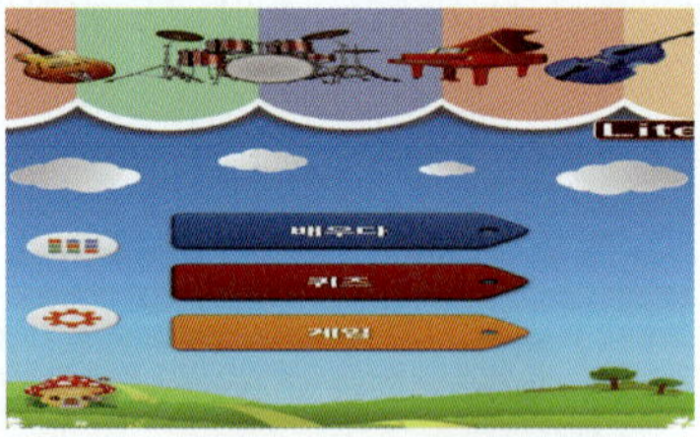	
배우다, 퀴즈, 게임의 구성을 확인하기	'퀴즈'탭에서 악기 명칭을 듣고 네 가지 그림카드 중 해당 악기 그림 맞추기

악기 소리 그림카드는 무료로 다운받아 사용할 수 있는 장점이 있다. 그리고 한국어, 영어, 중국어, 일본어, 스페인어 등 다양한 언어로 악기 명칭을 들을 수 있도록 설정되어 있다. 이에 다문화가정 배경의 학생이 있다면 언어를 변경하여 활용할 수 있다. 시각장애 학생이 있다면 악기 모습에 대해 구체적으로 설명해 주거나 확대경을 사용하여 앱을 활용하는 것이 좋다.

악기 소리 그림카드는 악기의 소리를 탐색하고 악기 연주에 흥미를 높이는 수업에 유용하게 사용할 수 있다. 예를 들어, '배우다'탭에서는 악기의 모습을 관찰하고 소리를 감상한다. '퀴즈'탭에서는 악기 명칭을 듣고 여러 가지 악기 그림에서 해당하는 악기를 고른다. 정답을 많이 맞힌 학생 또는 팀이 승리한다. '게임'탭에서는 똑같은 악기 그림을 맞추는 게임을 한다. 정답을 많이 맞힌 학생 또는 팀이 승리한다. 개인별 휴대폰 또는 태블릿이 제공된다면 어려운 부분은 개별적으로 반복학습이 가능하다.

6) A.I. Duet

A.I. Duet은 사람이 연주한 음악을 인공지능(AI)이 듣고 반응하여 듀엣 연주를 하는 도구이다. 모바일과 PC에서 모두 실행할 수 있고 회원가입을 하지 않아도 사용할 수 있다. PLAY 버튼을 누르면 피아노 건반 화면이 나타나고 사람이 클릭한 것은 하늘색 네모 블록으로 표시된다. 이때 인공지능이 어울리는 연주를 하는데 인공지능의 연주는 주황색 네모 블록으로 표시된다. 사용자는 피아노 건반을 각각 클릭해도 되고 드래그해서 빠르게 연주하거나 한 건반을 오랫동안 길게 눌러도 된다. 사용자의 연주에 따라 인공지능이 적절히 반응하여 함께 연주한다.

A.I. Duet은 머신러닝의 원리를 기반으로 제작되었기 때문에 머신러닝을 이해하는 수업에서도 효과적인 수업 도구가 된다. 인공지능이 수많은 연주 데이터를 학습하여 어울리는 듀엣 연주를 스스로 만들어 표현하는 것을 보며 머신러닝을 보다 쉽게 이해할 수 있기 때문이다.

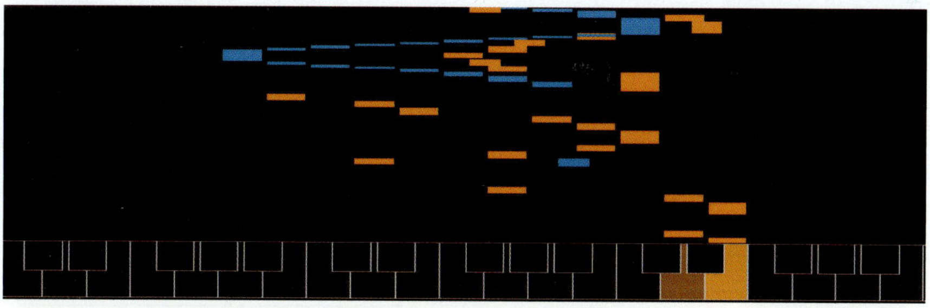

사용자가 누른 건반은 파란색 네모 블록이고 인공지능이 누른 건반은 주황색 네모 블록으로 나타난다.

그리고 A.I. Duet은 다른 사람들과 조화를 이루며 가락악기를 연주하고 음악으로 함께하는 태도를 지니는 데 중점을 둔 수업에서 활용하기 좋다. 특히 피아노 연주에 어려움을 겪는 학생들도 A.I. Duet을 통해 듀엣 연주를 할 수 있기 때문에 학습 동기를 높인다. 그리고 가락을 변경하는 수업 활동에 A.I. Duet을 활용할 수 있다. 학생이 곡에 어울리는 듀엣 연주를 직접 창작한 것과

A.I. Duet이 반응하여 연주하는 것을 비교하여 공통점과 차이점을 살펴본다면 더욱 풍성한 수업이 될 것이다.

7) Bongo Cat

Bongo Cat은 고양이 캐릭터가 악기 또는 사물을 두드리며 소리를 들려주는 앱이다. 화면의 하단에 피아노 건반, 기타, 북과 같은 악기와 자동차, 호루라기, 물총과 같은 우리 주변에서 자주 볼 수 있는 사물 그림을 제시하고 있다. 악기 또는 사물 그림을 활성화하면 해당 악기 또는 사물의 소리를 들을 수 있다. Bongo Cat 앱은 누구나 무료로 설치하여 사용할 수 있다.

Bongo Cat을 사용할 때 유의해야 할 점으로 Bongo Cat 앱에서 제시하는 소리가 학생들에게 불쾌 자극으로 전달될 수 있는 점을 고려해야 한다. 예를 들어, 자동차 유리가 깨지는 그림을 선택하면 매우 날카로운 소리가 난다. 소리에 예민한 학생이 있다면 볼륨을 줄여서 듣거나 자동차 유리가 깨지는 그림이 아닌 다른 그림을 선택하여 소리를 듣도록 한다.

Bongo Cat은 주변에서 경험하는 다양한 소리에 호기심을 가지고 소리를 모방하며 자신의 느낌에 따라 간단한 음악을 만드는 수업에서 유용하게 활용할 수 있다. 실생활에서 주변 소리에 귀를 기울이며 호기심을 가지고 소리를 탐색하여 자신의 느낌과 감정을 말하거나 자유롭게 신체 동작으로 표현하고 소리를 활용하여 즉흥적으로 음악 만들기를 할 수 있다. 이와 같은 활동을 통해 학생들은 주변 소리에 귀를 기울이며 음악을 친숙하게 느끼고 다가가게 된다.

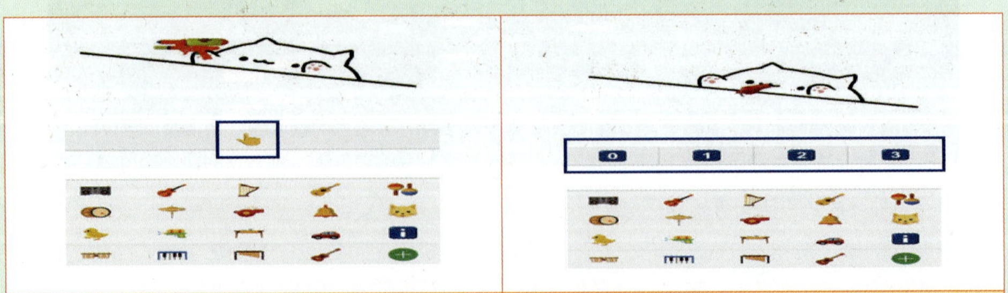

손 모양을 눌러서 물총 쏘는 소리 듣기	숫자를 눌러서 여러 가지 호루라기 소리 듣기

8) Professional Xylophone

Professional Xylophone은 화면에 실로폰이 나타나고 사용자가 손가락으로 실로폰을 터치하여 곡을 연주할 수 있다. 사용자가 연주를 저장하기 위해서는 화면 위에 제시된 ◘을 누르고 연주한다. 연주를 마친 후에 화면 위에 제시된 □를 누르면 연주가 저장된다. 연주한 것을 듣기 위해 화면 위에 있는 목록 탭을 활성화하여 저장된 연주를 재생하여 감상한다. 화면 오른쪽 위에 있는 ●을 누르면 음이름을 표시하거나 미표시할 수 있도록 설정할 수 있다.

Professional Xylophone은 설치하기만 하면 누구나 무료로 사용할 수 있다. 교실에 실로폰이 없거나 일시적으로 실로폰 사용이 필요한 경우 앱을 다운로드하여 활용하면 매우 유용하지만 셈과 여림 조절이 어려운 한계가 있다.

Professional Xylophone은 소리의 빠름과 느림과 같은 기초적인 음악 요소를 탐색하고 이를 악기로 표현하는 수업에 활용할 수 있다. 실로폰을 빠르게 치거나 느리게 연주하여 소리의 빠름과 느림을 비교한다. 실로폰 연주 빠르기를 다르게 감상하여 빠름과 느림에 따라 어떤 느낌인지 말하며 곡의 분위기를 재해석한다. 이야기를 들려주고 실로폰 연주를 빠르게 할 것인지 느리게 하는 것이 어울릴 것인지 토의하며 기초적인 음악 요소를 파악한다. 뿐만 아니라 맑게 들리는 실로폰 소리는 학생들의 주의를 집중시키고 학습에 대한 흥미를 높이는데 효과적이므로 학습의 도입 단계에 활용하기 좋다.

음이름이 표시된 화면 확인하기

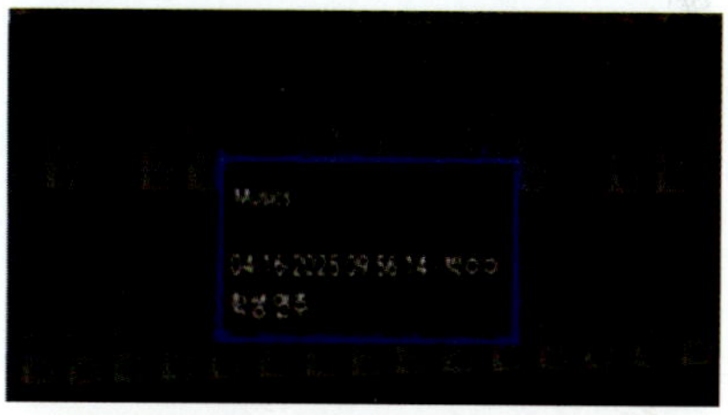

연주한 것을 저장하고 재생하여 듣기

활동하기

1. 기본 교육과정 음악에서 제시된 디지털교육 관련 내용과 공통 교육과정 음악에서 제시된 디지털교육 관련 내용을 비교하세요.
2. 디지털교육 자료를 활용한 교수 · 학습과정안을 설계해 보세요.
3. 이 책에서 제시된 디지털교육 자료 외에 음악 교과에서 활용할 수 있는 자료를 찾고 장단점을 이야기해 보세요.

제 13 장 미술

개요

이 장은 디지털교육을 활용한 미술과 역량을 함양하기 위해 교육과정적 기초와 적용 방안을 탐색하는 데 목적이 있다. 이를 위해 이 장에서는 2022 특수교육 기본 교육과정 미술에서의 디지털교육 내용을 살펴보고 실제 적용한 사례와 활용 방법을 탐색한다. 이 장의 학습을 통하여 향후 장애 학생을 위한 미술 교육에서 디지털교육 역량을 함양하게 된다.

1. 미술 교육의 기초
2. 미술 교과의 디지털교육 실제
3. 미술 교과의 디지털교육 활용

1. 미술 교육의 기초

미술 교과는 학생들의 전인적 성장을 이끌고 정체성과 공동체성을 확립하게 하여 심미적 감성을 함양시키며 창의 · 융합적 사고력과 시각적 소통 능력을 길러준다. 또한 다른 사람의 고유성을 존중하여 더불어 살아가고 협력하는 문화를 형성하는 힘을 길러 인류의 정신적 · 물질적 유산인 미술 문화를 존중하고 공동의 문제를 해결하며 문화 발전에 기여하는 교과이다.

디지털 기술은 미술 표현 방식을 확대하였다. 디지털 드로잉, 영상 편집 등 다양한 디지털 매체는 새로운 표현 도구를 제공함으로써 전통적인 재료로는 구현하기 어려운 표현을 가능하게 하여 창의적 사고와 다양한 표현을 실행하였다. 그리고 디지털 미디어를 활용해 시대와 공간을 초월한 다양한 예술 작품을 손쉽게 감상할 수 있으며 VR/AR 기술을 통해 몰입도 높은 경험을 가능하게 하였다. 디지털 전환 시대를 맞이하면서 미술의 영역은 현실 세계를 넘어 가상공간까지 확장되고 있다. 2022 개정 교육과정 미술 교과의 교수 · 학습 과정에서도 디지털 매체 활용을 통해 미적 경험과 상상력 및 표현의 가능성을 확장하고 학습 효과가 극대화되도록 메타버스, ZEP 등의 가상공간에서의 경험을 구성할 것을 제시하였다. 학교에서의 미술교육은 올바른 디지털 리터러시 역량 함양, 시 · 공간을 초월한 미술작품 감상, 상상 속 미술작품의 실제적 구현 등을 실현하는 데 중점을 두고 있다.

2022 특수교육 기본 교육과정 미술 교과에서는 디지털교육과 관련된 내용을 교수 · 학습과 평가에서 제시하고 있다. 교수 · 학습에서는 에듀테크에 중점을 두어 디지털 매체를 활용하고 온오프라인 연계 수업을 계획하였다. 원격수업 상황에서도 학습 상황 및 장애 특성 및 정도를 고려하여 적절한 지원을 제공하도록 하였다. 평가에서는 디지털 환경 및 원격수업을 고려한 평가계획을 구안하고 실행하는 데 중점을 두었다. 2022 특수교육 기본 교육과정 미술에서 디지털교육 관련 내용은 〈표 13-1〉과 같다.

표 13-1 2022 특수교육 기본 교육과정 미술에서 디지털교육 관련 내용

1. 교수 · 학습
  (1) 교수 · 학습의 방향
    (사) 디지털 환경의 변화와 미술의 변화를 고려하여 교수 · 학습 과정에서 다양한 디지털 매체를 활용하고 온오프라인 연계 수업이 가능한 교수 · 학습을 계획하고 실행한다.
  (2) 교수 · 학습 방법
    (바) 디지털교육 환경에 적합한 온오프라인 연계 수업 및 교육 기술(에듀테크)에 중점을 둔 교수 · 학습 방법을 활용한다.
      • 디지털 매체를 활용한 활동을 통해 미적 경험과 상상력, 표현의 가능성을 확장하고 디지털 소양을 기를 수 있는 교수 · 학습을 계획하고 실행한다.
      • 상황에 맞는 다양한 교육 기술(에듀테크)을 활용한 온오프라인 연계 수업을 고려한다. 온오프라인 연계 수업 시에는 디지털 학습 환경과 가정 등에서의 지원을 고려하며 실시간 온라인 협업을 통하여 작품 및 결과물 공유, 전시, 피드백 등 학습 이력 관리를 할 수 있다. 경우에 따라 보호자를 포함하여 학생의 디지털 활용 능력에 도움을 줄 수 있는 사전 교육을 제공한다.
      • 실감형 콘텐츠 활용 학습 방법, 메타버스, 인공지능 활용, 소프트웨어 활용 교육, 3D 프린터, 홀로그램, 외벽 영상 등의 첨단 기술과 다양한 스마트 기기 및 미디어 매체와 교수 · 학습 방법 등을 활용한 새로운 지각 경험을 통해 '체험', '표현', '감상'의 영역을 확장할 수 있으며, 미술 문화에 홍미를 가지도록 한다.

- 온라인 미술 자료와 문화 공간과 시설, 메타버스를 활용한 가상 전시 공간 전시회 열기 등을 적극적으로 활용하여 다양한 지역 및 문화의 미술 작품에 대한 접근성을 확장하여 미술에 대한 이해와 관심을 높일 수 있도록 한다.
- 학생 수준에 적합한 디지털 문해력 교육 및 디지털 매체의 경험을 적극적으로 제공하여 변화하는 미래 시각 문화 환경에 대응할 수 있는 능력을 기르도록 한다.

(사) 원격수업을 실시할 경우에는 학습 상황 및 학생의 장애 특성 및 정도를 고려하여 적절한 지원을 제공한다.

- 원격수업의 참여도를 높이기 위해 미술 활동 관련 다양한 디지털 기기나 학습 자료 등을 제공하거나 활용하며 디지털 기기 활용에 대한 사전 교육을 포함한 원격수업 교수·학습 계획을 수립한다.
- 원격수업 중에는 디지털 미술관, 인공지능 애플리케이션, 디지털 플랫폼, 온라인 협업 도구 등 다양한 방법을 활용하여 수업 참여도를 높이도록 한다.

2. 평가

(1) 평가의 방향

(라) 디지털 환경 및 원격수업을 고려한 평가 계획을 구안하고 실행한다.

(2) 평가 방법

(마) 원격수업과 온오프라인 연계 수업의 경우 디지털 환경 및 관련된 사항을 고려하여 평가 방법을 구안하고 실행한다.

- 원격수업 평가에서는 다양한 디지털 플랫폼을 활용하여 학생의 결과물에 대한 관찰 평가 및 피드백을 제공하고, 평가의 공정성을 확보하기 위하여 과제의 수행 주체와 과정을 기록한 사진 및 동영상을 활용하여 교사가 직접 관찰·확인할 수 있도록 한다.
- 스마트폰, 애플리케이션, 다양한 활동 결과물, 인공지능 그리기 프로그램 결과물 파일, 학습 과정의 사진 등 다양한 학습 플랫폼과 디지털 도구를 활용하여 활동 특성에 맞는 평가를 실시하도록 한다.

2. 미술 교과의 디지털교육 실제

1) 표현 영역

(1) 교육과정 및 학습자 분석

미술의 표현 영역에서 '새로운 눈' 단원의 '주제를 새롭게 표현하기'에 대해 알아본다. 이와 관련된 성취기준은 2022 특수교육 기본 교육과정에서는 [9미술01-02], [12국어01-01], [9사회01-02], [4과학02-01], 공통 교육과정에서는 [4미01-01], [4미01-03], [2국06-01], [9환01-04]와 연계하여 교육과정을 재구성할 수 있다. 교육과정 재구성에 대한 내용은 〈표 13-2〉에 제시하였다.

도현이는 말하는 것을 좋아하는 학생이므로 동기유발과 전개에서 그림의 사물을 맞추거나 원하는 사물을 찾도록 적극적으로 상호작용하며 수업에 흥미를 가지도록 유도한다. 학생들이 좋아하는 관심사나 물건을 제시어로 제공하거나 미리 그림으로 그려 준비하는 방법으로 제한된 관심을 보이는 학생들도 흥미를 가지도록 수업을 구상한다. 다만, 제한된 관심을 보이는 학생들은 좋아하는 물건이 나오지 않을 때 수업에 집중하기 어렵거나 좋아하는 물건에 집착을 보일 수 있으므로 개별 특성에 맞게 제시 자료를 조절하는 과정이 필요하다. 적절한 크기의 효과음을 사용하여 청각 단서를 제공하는 것 또한 동기유발과 집중에 좋은 방법이 될 것이다. 지유는 대·소근육 운동의 어려움이 있으므로 주어진 활동을 혼자 수행하는데 어려움이 있을 수 있다. 수업 전 지유의 특성에 맞게 추가 도구를 제공하거나 또래교수, 협동학습 등을 활용하여 다른 학생들과 함께 수업에 참여하도록 수업자료나 활동의 재구성이 필요하다.

표 13-2 주제를 새롭게 표현하기 교육과정 및 학습자 분석

단원	새로운 눈	제재	주제를 새롭게 표현하기
성취기준	기본	[9미술01-02] 대상과 현상을 관찰하고 시각적 특징을 찾는다. [12국어01-01] 정보를 전달하는 말을 듣고 자신에게 필요한 내용을 파악한다. [9사회01-02] 일상에서 여러 가지를 선택하고 결정하여 자기 결정력을 기른다. [4과학02-01] 여러 가지 물질로 이루어진 물체를 감각기관을 통해 관찰한다.	
	공통	[4미01-01] 자연물과 인공물을 탐색하는 데 다양한 감각을 활용할 수 있다. [4미01-03] 미적 탐색에 호기심을 갖고 참여하며 자신의 감각으로 대상의 특징을 이해할 수 있다. [2국06-01] 일상의 다양한 매체와 매체 자료에 흥미와 관심을 가진다. [9환01-04] 학교나 지역 환경 탐사를 통해 지역과 나의 관계를 이해하고, 탐사 결과를 다양한 매체와 방법으로 제시한다.	
학습자 장애유형	도현(지적장애), 시우(자폐성장애), 지유(중도중복장애: 지적·지체장애)		

(2) 교수 · 학습과정안 설계 및 개발

미술 교과에서 '주제를 새롭게 표현하기'와 관련된 교수 · 학습과정안의 설계와 구체적인 자료 개발은 〈표 13-3〉과 같다.

표 13-3 주제를 새롭게 표현하기 교수 · 학습과정안

학습단계	교수 · 학습 활동	자료 및 유의사항
도입	◇동기유발 • 그림 맞추기 –교사가 그린 그림 맞추기 –다른 학생이 그린 그림 맞추기 –그림과 실제 사물/인물/동물 사진 비교하기 • 퀵드로우(quickdraw) 사용 시범 보이기 ◇학습목표 확인하기 특징을 찾아 그림으로 표현한다.	• 교사, 학생이 그린 그림 • 퀵드로우 사이트 • 태블릿 pc, 전자칠판 등 • 그림을 맞출 때 그림에 표현된 특징을 학생과 함께 찾거나 교사가 설명한다
전개	◇〈활동 1〉 그리고 싶은 주제, 제재의 특징 찾기 • 그리고 싶은 주제, 제재 정하기 –교실에서 좋아하는 사물 찾기 –좋아하는 캐릭터/인물/동물 선택하기 • 선택한 주제, 제재의 특징 찾고 그리기 –모양/색깔 등 특징 찾기 –특징을 살려 그림 그리기 ◇〈활동 2〉 제시어에 맞게 그림 그리기 • 제시어 확인하기 –모르는 단어일 경우 검색하거나 다른 제시어로 넘어가기 • 제시어의 특징을 살려 그림 그리기 –제시어의 특징을 파악하여 말하거나 빈 공간에 그림 연습하기 –시간 안에 그림 그리기 –다른 사람의 그림과 내 그림 비교하기	• 퀵드로우 사이트 • 태블릿, 전자칠판, 화이트보드, A4용지 등 그림 그릴 수 있는 자료 • 실제 사물 • 그림 그리는 것을 어려워할 때 실제 사물이나 사진을 제공하여 따라 그리도록 한다.
정리	◇학습 내용 정리하기 –학생들이 그린 그림과 그림에 표현된 특징 발표하기 –다른 사람/퀵드로우가 그림을 맞췄을 때의 느낌이나 기분 발표하기	• 그림으로 표현하는 것의 즐거움을 경험할 수 있도록 한다.

(3) 디지털교육 실행 및 평가

도입에서 학생들의 동기유발을 위해 평소 좋아하는 캐릭터, 사물, 사람 등을 활용하여 그림을 준비한다. 미리 준비하기 어려운 상황이라면 퀵드로우 사이트에 접속하여 그림 그리는 장면을 보여 주면서 수업에 사용할 프로그램, 사이트 등을 설명하는 것으로 대체할 수 있다. 여러 반에서 동일한 수업을 할 경우나 그림 그리기를 좋아하는 학생이 있어 준비된 그림 자료가 있다면 다른 학생들이 그린 그림으로 자료를 제작할 수 있으며, [그림13-1]처럼 교사가 퀵드로우에서 그린 그림을 학생들과 함께 맞추며 동기유발 자료로 활용할 수 있다.

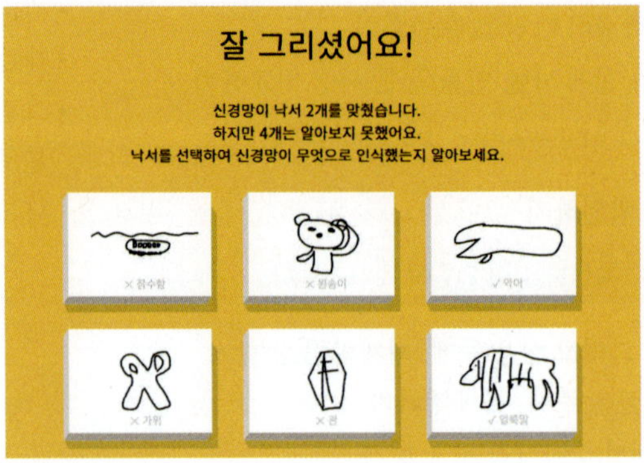

[그림 13-1] 퀵드로우를 사용한 동기유발자료

전개의 〈활동 1〉은 학생들이 그림 그리기에 앞서 그리고 싶은 사물을 스스로 선택하고 사물의 특징을 찾는 것에 더 집중하여 활동을 진행한다. 학생들이 선호하는 다양한 분야의 자료, 그림 등을 교실에 미리 비치한다면 학생들에게 다양한 선택 기회를 제공할 수 있을 것이다. 교실을 돌아다니기 힘들거나 의사표현에 어려움이 있는 지유는 학생들에게 추천을 받아 몇 가지의 후보 중 눈 깜빡임, 고개 끄덕임 등의 몸짓으로 선택할 수 있다. 이후 학생 한 명씩 선택한 사물을 다른 학생에게 보여 주거나 소개할 기회를 제공하며 사물의 특징을 함께 찾도록 한다. 예를 들어, 교실에 있는 시계를 선택한 학생이 있다면 동그라미, 네모 모양 등으로 특징을 표현하거나 전자시계의 경우 숫자, 색상 등의 특징을 찾을 수 있을 것이다.

[그림 13-2]와 같이 퀵드로우는 인공지능(AI) 기반의 온라인 드로잉 게임으로 사용자가 제한된 시간 내에 주어진 주제를 그림으로 표현하면 AI가 이를 추측하는 방식으로 작동한다. 그림을 그리는 과정에서 학생들의 창의력, 문제 해결 능력, 협업 능력을 키울 수 있을 뿐만 아니라, AI 기술에 대한 이해를 높이는 데 활용할 수 있다.

[그림 13-2] 퀵드로우 활용 화면(그림을 분석하여 AI가 답을 맞힘)

퀵드로우를 수업에서 사용한다면 주어진 짧은 시간 동안 그려야하므로 대부분의 학생이 어려움을 겪을 수 있다. 추상적인 자료의 제시나 화면에서 단어를 보고 그리기에 앞서 특징을 같이 이야기하고 그림 그리기 화면으로 들어가기 전 충분한 시간을 제공하여 그리도록 지원한다. [그림 13-3]처럼 제시된 단어 옆 빈 공간에 학생들이 생각한 특징을 그림으로 그려 연습할 기회를 제공한다면 주어진 시간 내에 빈 화면에서 그림을 그릴 때 도움이 될 것이다. 이동이 어려운 학생은 미리 준비해 둔 종이나 태블릿 등에 그리거나 교사, 또래와 같이 활동을 진행하며 그림을 그리기를 경험하도록 지원한다.

말로 잘 표현하는 학생이라도 특징을 그림으로 옮기는 데 어려움이 있을 수 있다. 이러한 경우 상상한 내용을 그리기보다 [그림 13-4]처럼 눈에 보이는 구체물을 활용하여 실제 사물을 그릴 기회를 제공하거나 제시된 단어를 넘겨 학생이 충분히 그릴 수 있는 단어로 난이도를 조절한다.

6개의 그림을 모두 그리고 마지막 화면에서 제시어를 누르면 [그림 13-5]처럼 다른 사람

[그림 13-3] 제시어를 보고 빈 화면에 미리 연습하기

[그림 13-4] 실제 사물을 보고 그리기

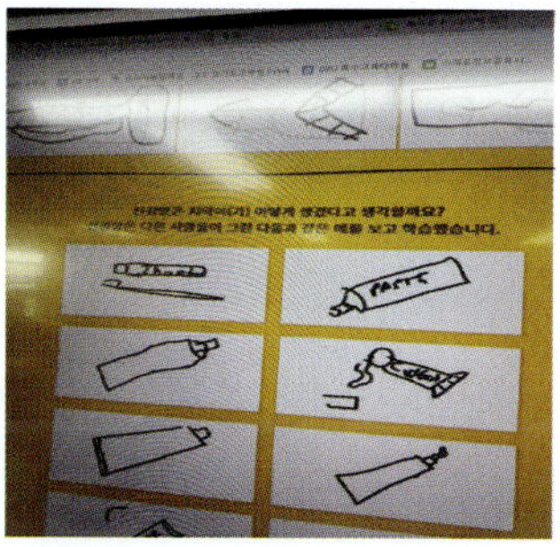

[그림 13-5] 제시어를 눌러 다른 사람이 그린 그림 확인하기

이 그린 그림을 확인할 수 있다. 예시의 사진에서 제시된 단어는 치약이다. 학생이 치약을 그린 이후 다른 사람이 그린 다양한 치약 모양을 확인하고 자기 그림과 비교하여 다른 점, 비슷한 점을 찾아 동그라미 치거나 말한다면 비교하기 활동까지 연계할 수 있다. 정밀한 조작이 어려운 학생은 다른 사람이 그린 그림 중 단순한 그림을 따라 그리도록 활동을 조정하여 수업 참여 기회를 제공한다.

수업에서 학생들이 그린 그림은 다양하게 활용할 수 있다. 사진으로 찍은 후 그림 그리기 앱으로 선을 따라 그려 배경이 투명한 png 파일로 저장한다면 다른 자료를 제작할 때 학생들의 그림을 활용하여 동기유발 자료로 활용할 수 있으며, 학생들이 그린 그림을 모아 온라인 전시회 열기, 학생의 사진과 그림 합성하기 등 다른 교과나 활동과도 연계할 수 있다.

2) 감상 영역

(1) 교육과정 및 학습자 분석

미술의 감상 영역에서 '사람과 풍경' 단원의 '인물과 풍경 새롭게 보기'에 대해 알아본다. 이와 관련된 성취기준은 2022 특수교육 기본 교육과정에서는 [9미술01-01], [9미술03-01], [9사회01-02], [12정통01-03], 공통 교육과정에서는 [6미01-01], [6미02-02], [9미02-03], [12미02-04], [6실05-04]와 연계하여 교육과정을 재구성할 수 있다. 교육과정 재구성에 대한 내용은 〈표 13-4〉에 제시하였다.

민재는 디지털기기에 관심이 적고 정밀한 조작에 어려움이 있는 학생이다. 이번 수업에서 활용되는 앱은 정밀한 조작이 필요하지 않기 때문에 민재가 스스로 디지털기기를 활용할 기회를 제공하고 그에 수반하여 강화를 제공한다면 민재의 디지털기기 사용에 대한 인식도 긍정적으로 변할 수 있을 것으로 기대할 수 있다. 준호는 어음명료도가 떨어지는 학생이다. 이러한 특성으로 인해 언어 외의 표현 방법만 활용하는 것보다 선택 기회를 제공할 때 언어로 표현할 기회를 제공하여 구어 기반 의사소통의 성공을 함께 경험하도록 하는 것이 중요하다. 지유는 소근육 운동에 어려움이 있는 학생이므로 사진 찍기와 관련된 카메라 앱을 사용할 때 태블릿을 직접 눌러 사진을 찍는 것보다 태블릿과 리모컨을 연결하여 리모컨 버튼을 눌러 사진을 촬영할 수 있다면 보다 능동적으로 수업에 참여할 수 있을 것이다.

표 13-4 인물과 풍경 새롭게 보기 교육과정 및 학습자 분석

단원	사람과 풍경	제재	인물과 풍경 새롭게 보기
성취기준	기본	[9미술01-01] 다양한 감각과 매체를 활용하여 대상과 현상을 탐색할 수 있다. [9미술03-01] 미술가들의 작품을 감상하고 미술 감상에 흥미와 관심을 갖는다. [9사회01-02] 일상에서 여러 가지를 선택하고 결정하여 자기 결정력을 기른다. [12정통01-03] 정보통신 기기의 응용 프로그램을 선택하여 상황에 맞게 활용한다.	
	공통	[6미01-01] 다양한 감각과 매체를 활용하여 자신과 대상을 탐색할 수 있다. [6미02-02] 디지털 매체 등 다양한 표현 재료와 용구를 탐색하여 작품 제작에 활용할 수 있다. [9미02-03] 조형 요소와 원리, 표현 재료와 방법, 디지털 매체를 포함한 다양한 매체를 활용하여 주제를 효과적으로 표현할 수 있다. [12미02-04] 주제를 확장하기 위한 미술 활동에 관심을 가지고 참여할 수 있다. [6실05-04] 디지털 데이터와 아날로그 데이터의 특징을 이해하고, 인공지능에 활용할 수 있는 데이터의 유형이나 형태를 탐색한다.	
학습자 장애유형	민재(지적장애), 준호(중도중복장애: 지적 · 청각장애), 지유(중도중복장애: 지적 · 지체장애)		

(2) 교수 · 학습과정안 설계 및 개발

'사람과 풍경' 단원에서 사진을 찍고 AI 앱을 통하여 다양한 방법으로 인물과 풍경 감상하기 관련한 교수 · 학습과정안의 설계와 구체적인 자료 개발은 〈표 13-5〉와 같다.

표 13-5 인물과 풍경 새롭게 보기 교수 · 학습과정안

학습단계	교수 · 학습 활동	자료
도입	◇동기유발 • 다양한 방법으로 변환된 사진 감상하기 –각 사진별 느낌 표현하기 –사진 비교하며 마음에 드는 효과 선택하기 • 사진 속 인물이나 장소 맞추기 ◇학습목표 확인하기 사진을 여러 가지 스타일로 바꾸고 감상한다.	• 태블릿PC • 다양한 방법으로 변환된 사진 • 학생들에게 익숙한 장소나 인물을 활용하여 수업에 흥미를 가지도록 유도한다. • 우스꽝스러운 효과나 좋아하는 캐릭터 등의 효과가 있다면 함께 활용한다.

전개	◇〈활동 1〉 사진 촬영하기 • 나와 친구 얼굴 사진 촬영하기 –사진 촬영에 필요한 기본 기능 익히기 –전면 카메라와 후면 카메라 전환하며 사진 촬영하기 • 서로의 사진 감상하기 –자유롭게 감상 느낌 표현하기 ◇〈활동 2〉 사진 변환하기 • 다양한 효과 활용하기 –마음에 드는 효과 선택하여 적용하기 –변환된 사진 저장하며 기능 익히기 ◇〈활동 3〉 사진 감상하기 • 사진첩에서 변환된 사진 감상하기 • 변환된 사진 중 마음에 드는 사진 선택하기	• 태블릿PC • 각 활동을 통해 카메라와 사진첩 등 촬영과 감상에 필요한 기본 기능을 익히고 사용하도록 한다. • 활동에 필요한 시간을 적절하게 분배하고 활동 시간을 미리 제시한다.
정리	◇활동 정리하기 • 자신이 선택한 사진 보여주며 활동 소감 발표하기 • 자신이 선택한 사진 프린트하기	• 포토프린터 또는 프린트 • 프린트된 사진은 포트폴리오에 넣거나 전시하여 원할 때 감상할 수 있도록 한다.

(3) 디지털교육 실행 및 평가

도입에서 학생들의 사진, 학교 풍경, 좋아하는 캐릭터나 사물, 단체사진 등을 미리 다양한 방법으로 바꾸어 제시한다. 변환한 사진을 제시한 후 학생들이 직접 누구인지, 어떤 장소인지, 원본 사진이 무엇인지 예측하며 수업 참여를 유도할 수 있다. 이후 원본과 변환한 사진을 같이 제시하며 이번 시간에 할 수업에 대한 안내를 시각적으로 제공한다. 더불어 동기유발 단계에서 변환한 사진 중 마음에 드는 사진을 학생들이 선택하며 어떠한 방법으로 변환할지 미리 생각하는 시간을 제공할 수 있다.

전개의 〈활동 1〉과 〈활동 2〉는 태블릿PC 또는 개별 스마트폰을 활용하여 수업을 진행한다. 개별 수업이 어려운 경우 하나의 태블릿PC를 미러링을 통해 전자칠판이나 학급 내 TV로 연결한 후 학생들과 같이 과정을 지켜보며 모델링을 제공할 수 있다. 〈활동 1〉에서는 사진 촬영을 진행한다. 기본으로 설치되어 있는 기본 카메라 앱이나 학생들이 선호하는 사진 촬영 앱을 활용하여 스스로를 찍거나 학급 친구의 사진을 촬영한다. 사진은 전면이나 후면, 전신사진이나 상반신 사진 등을 제한하지는 않지만 이후 활동을 원활하게 진행하기 위하여

[그림 13-6] 제공되는 다양한 효과

[그림 13-7] 효과적용 사진 미리보기

얼굴의 이목구비가 모두 담기고 흔들리지 않게 촬영하도록 한다. 사진은 여러 장을 촬영하여 마음에 드는 사진을 선택할 수 있도록 한다. 이러한 과정을 통해 민재와 같은 학습된 무기력을 경험한 학생들에게 직접 선택하고 선택한 것을 활용하여 이후 수업을 진행함으로써 자기의 선택이 존중받고 수업의 주체가 되는 경험을 제공할 수 있다. 지유나 민재같이 소근육 사용이 어렵거나 정밀한 조작이 어려운 학생들에게는 앞서 언급했듯 카메라를 직접 눌러 촬영하는 방법과 더불어 블루투스 리모컨을 사용하여 카메라 촬영을 할 수 있는 기회를 제공한다면 적은 노력으로도 활동에 참여할 수 있을 것이다.

〈활동 2〉에서는 효과를 적용할 수 있는 앱을 활용하여 학생들이 찍은 사진을 다양한 방법으로 변환하도록 한다. 제시된 미리보기 이미지를 보며 학생들이 직접 원하는 효과를 선택하도록 한다. 한 개의 사진이 있는 것은 하나의 사진으로만 결과물이 나타나며, 우측 하단에 +N이라고 적혀 있는 효과들은 한 개의 사진으로 여러 개의 결과물을 제공한다. 비슷한 앱도 마찬가지지만 일부 효과는 유료 결제를 해야 제공되며 무료 효과 중에 고를 수 있도록 학생들에게 충분한 설명을 제공하는 과정이 선행되어야 한다. 하나의 효과를 선택하면 원본 사진과 효과를 적용한 사진을 확인할 수 있다. 사진을 비교하며 원본 사진에 비해 효과를 적용한 사진은 어떤 느낌인지, 어떤 것이 변한 것 같은지 등의 개방형 질문을 제공하여 학생들이 단순히 효과만 고르는 것에서 그치는 것이 아니라 스스로 생각할 수 있는 기회를 제공한다. 효과를 적용할 때 이전에 찍었던 사진에서 불러올 수 있으며 마음에 드는 사진이 없거나 추가 사진이 더 필요할 시 앱 내에서 다시 인물사진을 촬영할 수 있다. 지유와 같이 스마트기기를 직접 조작하거나 소근육 운동의 어려움이 있는 학생의 경우 교사나 또래가 위아래로 스크롤을 움직여 효과를 확인할 수 있도록 한 후 학생이 원하는 것을 지적하거나 다른 사람이 지적한 효과에 대하여 대답하는 방법으로 선택권을 제공한다.

[그림 13-8] 서로 다른 효과를 적용한 사진

활동 시간을 충분히 제공하되, 스마트 기기 사용에 집착하거나 더 많은 시간 동안 사용하고 싶은 학생들이 있을 경우를 대비하여 활동 시간을 정확하게 제공하는 것이 필요하다. 예를 들어, 〈활동 2〉는 10분 동안 진행한다고 시간을 제시하며 타이머를 함께 제공하거나 5개의 효과를 적용해 보자고 정확한 숫자를 제시하고 학생들에게 동의를 얻는다면 전환이 어려운 학생들도 보다 수월하게 전환이 이루어질 것이다.

〈활동 3〉은 〈활동 2〉의 결과물을 활용하여 학생들이 직접 마음에 드는 활동을 선택하도록 진행한다. 명료도가 떨어지더라도 말을 할 수 있는 준호와 같은 학생에게는 말로 표현할 기회를 우선적으로 제공한다. 청자가 말을 알아듣지 못하는 경험이 누적될 경우 말로 하는 것보다 몸짓 등을 활용하여 의사표현을 하려는 경우가 있는데 그럼에도 불구하고 말로 표현하는 기회를 매시간 제공하는 것이 중요하다.

정리 단계는 다양한 방법으로 진행할 수 있다. 학생들이 선택한 결과물을 보여 주며 어떤 점에서 마음에 들었는지 발표하게 할 수 있고, 혹은 또래에게 질문하여 어떤 점이 마음에 드는지 어떤 점이 실물과 비슷하고 어떤 점이 다른지를 질문하여 의견을 교환할 수 있다. 포토 프린터가 구비되어 있다면 학생들이 마음에 들어하는 사진을 프린트하여 학급에 게시하는 것도 활동을 정리하는 좋은 방법이 될 것이다.

3. 미술 교과의 디지털교육 활용

미술 교육에서 디지털교육을 활용할 수 있는 교육자료를 제시하면 〈표 13-6〉과 같다.

표 13-6 미술 교과의 디지털교육 활용 사례

명칭	소개	성취기준
오토드로우	간단한 스케치를 하면 이를 인공지능망이 인식하고 완성된 그림을 몇 가지 제안	[9미술01-02] 대상과 현상을 관찰하고 시각적 특징을 찾는다.
구글 아트 앤 컬쳐	전 세계의 박물관이나 미술관의 작품을 인터넷상에서 감상할 수 있는 플랫폼	[9미술03-01] 미술가들의 작품을 감상하고 미술 감상에 흥미와 관심을 가진다. [9미술03-03] 여러 가지 방법으로 미술 작품을 비교하고 미술의 다양성을 수용하는 태도를 지닌다.
딥드림 제너레이터	딥러닝의 심층 신경망을 활용해 이미지의 패턴과 세부 요소를 증폭하여 독특하고 초현실적인 이미지를 만들어내는 프로그램	[9미술01-01] 다양한 감각과 매체를 활용하여 대상과 현상을 탐색할 수 있다.
투닝	원하는 캐릭터를 골라 얼굴을 꾸미고 배경과 소품 등을 선택하여 상황에 맞는 캐릭터 모습과 장면을 연출하는 플랫폼	[9미술01-01] 다양한 감각과 매체를 활용하여 대상과 현상을 탐색할 수 있다.
Fotor	사진을 유명 화가나 만화가의 화풍으로 바꿔 주는 AI 앱, 웹사이트	[9미술02-03] 조형 요소의 어울림을 통해 조형 원리에 흥미를 가지고 표현 활동을 한다.
픽슬러	온라인 포토샵이라고 불리며 별도의 설치 없이 사이트에 접속하여 사진 편집, 그림 그리기, 사진 보정 등 포토샵의 기능을 대부분 활용	[9미술01-01] 다양한 감각과 매체를 활용하여 대상과 현상을 탐색할 수 있다. [9미술02-01] 자신이 표현하고 싶은 주제가 잘 드러나는 소재를 찾아 즐겁게 표현한다.
포토스케이프 X	하나의 도안 또는 사진을 여러 조각으로 분할한 후 협동화에 활용할 수 있는 프로그램	[9미술01-02] 대상과 현상을 관찰하고 시각적 특징을 찾는다. [9미술02-02] 다양한 표현 재료와 방법의 특징을 살려 자신감 있게 작품을 제작한다.

1) 오토드로우(Autodraw)

오토드로우는 인공지능 기반 드로잉 도구로 머신러닝 기술이 적용되어 간단한 스케치만 그리면 이를 인식하고 완성된 그림을 몇 가지 제안 및 제공한다. 빈 화면에 그림을 그리면 상단에 그린 그림과 유사한 특징을 가진 그림이 추천된다. 누구나 쉽게 창작을 경험할 수 있도록 도와주며 수업의 도입, 활동, 정리 어느 곳에서나 활용할 수 있다.

컴퓨터로 오토드로우를 사용한다면 마우스를 사용하여 그리게 되므로 펜을 사용하는 것보다 조작이 어려우므로 태블릿으로 접속하는 것을 권장한다. 개인의 소근육 활용 능력, 인지 능력 등에 차이가 있으므로 개인의 특성에 맞게 활용할 수 있는 방안이나 활동을 제공하는 것이 중요하다. 복잡한 이미지를 그리기 전에 기초적인 그리기 연습을 제공한 후 사물을 그리는 순서로 진행하는 것이 좋다. 보조 기기나 다양한 도구를 활용하여 프로그램을 활용할 수 있다.

오토드로우 사이트에 들어가면 흰 화면에 원하는 그림을 그릴 수 있다. 흰 도화지처럼 빈공간에 원하는 사물, 캐릭터, 사람 등을 그리며 그림으로 표현하는 능력을 기른다. 간단한 스케치를 그리고, AI가 제안하는 다양한 완성형 이미지를 탐구하며 시각적 아이디어를 확장시킨다. 또한 추상적인 개념을 시각적으로 표현하며 창의력을 발휘하도록 돕는다. 본인이 그린 그림과 오토드로우로 수정된 그림, 실제 사물과 오토드로우로 수정된 그림 등을 확인하며 사물의 특징 등을 찾아 비교할 수 있다.

① 빈 화면에 원하는 그림 그리기

② 상단에 추천된 그림 중 원하는 그림 선택하기

텍스트나 색칠 도구를 써서 수업 교재교구로 활용

완성된 이미지를 따라 그리기

2) 구글 아트 앤 컬쳐

전 세계의 미술관, 자연사/과학/역사박물관을 화면을 통해 둘러볼 수 있는 플랫폼이다. 한국에서는 국립중앙박물관, 백남준 아트센터 등의 가상 서비스를 제공하고 있다. 건물의 외관부터 시작하여 내부의 공간에서 작품을 감상하며, 확대/축소 등의 기능을 활용하여 작품의 소개글을 읽을 수 있다.

실제로 방문하기 어려운 미술관, 박물관 등의 내부 공간까지 확인할 수 있어 작품, 미술관, 박물관의 이미지를 찾아보는 것보다 더 많은 정보를 확인할 수 있다. 태블릿을 활용하여 학생 개개인이 흥미 있는 곳을 둘러볼 수 있도록 수업을 구성한다면 더욱 흥미 있게 수업에 참여할 수 있을 것이다. 다만 학생들의 흥미와 집중력이 오랜 시간 유지되지 않을 수 있으므로 다른 활동과 접목시키거나 별도의 활동지나 학습자료를 추가 제공하여 수업을 구성하는 방향을 생각해 보아야 한다.

① 아트 앤 컬쳐 홈페이지에 접속하여 원하는 분야를 선택하기

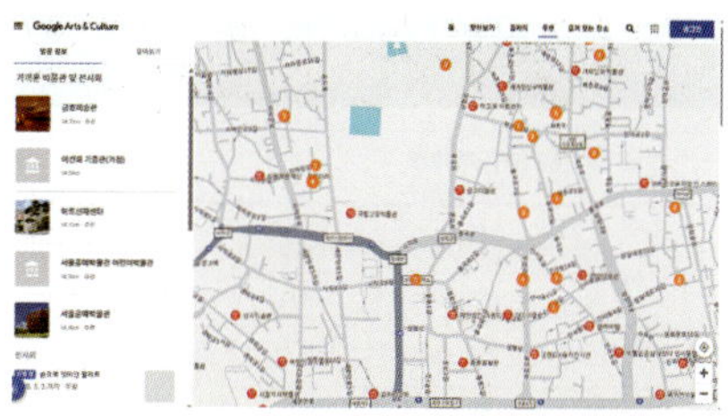

② 주변을 클릭하면 지도상으로 박물관이나 미술관 등의 위치를 확인하기

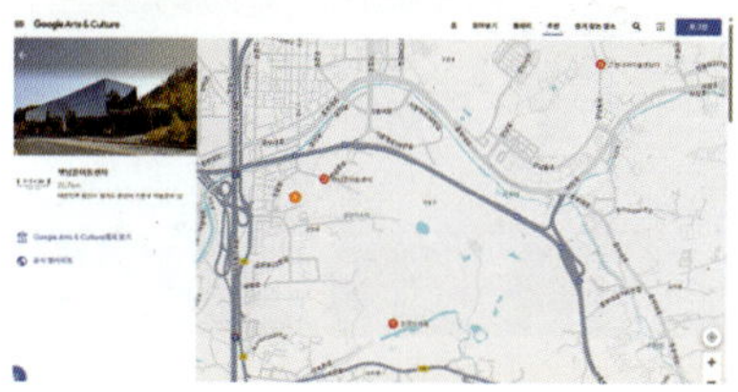

③ 아트 앤 컬쳐를 통해 확인할 수 있는 곳은 '아트 앤 컬쳐에서 보기' 버튼이 활성화되므로 해당 문구 클릭하기

④ 원하는 전시를 아트 앤 컬쳐로 관람하기

3) 딥드림 제너레이터(Deepdream)

딥드림 제너레이터는 구글에서 개발한 신경망 기반 이미지 처리 알고리즘으로 기존의 사진이나 이미지를 인공지능이 과장하고 환각적인 효과를 만들어내는 AI 이미지 생성 프로그램이다.

기존 명화나 학생이 그린 이미지 등을 새로운 스타일로 변환하여 원본과 변형된 이미지를 비교하는 데 활용할 수 있다. 같은 이미지를 여러 번 변형하면 패턴이 점점 강해지는데, 이를 통해 변화되는 과정을 관찰할 수 있으며 전통적 이미지에서 볼 수 있는 패턴과 AI가 만든 패턴을 비교하여 패턴 따라 그리기, 직접 패턴 제작하기 등의 활동까지 확장할 수 있다.

그린 그림, 촬영한 사진, 기존 이미지 등을 다운받아 저장한 후 딥드림 제너레이터를 통해 변환할 수 있다. 한국어로 명령어를 적어도 입력된 내용으로 이미지가 생성되지만 영어로 명령어를 적으면 더 정교한 이미지를 생성할 수 있다. 필요한 경우 추가로 번역기를 함께 활용할 수 있다.

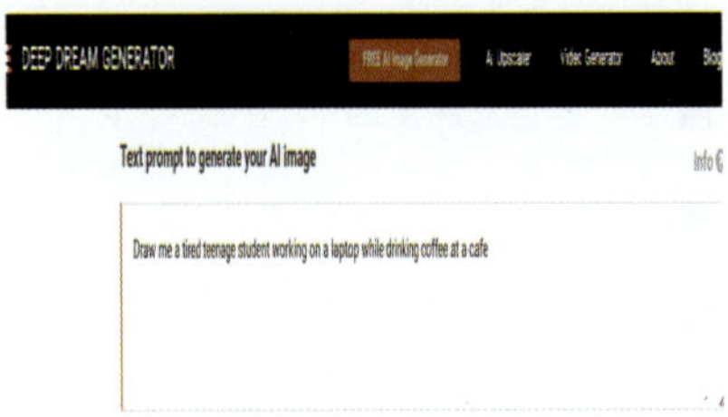

① 홈 화면에서 원하는 이미지를 구체적으로 서술하기

② 이미지 확인하기

③ Try again, Add modifiers를 눌러 원하는 옵션 추가하기

④ 수정된 이미지 확인하기

4) 투닝(tooning)

투닝은 인공지능(AI) 기반의 웹툰 제작 플랫폼으로 사용자들이 손쉽게 웹툰을 창작하고 학습 도구로 활용할 수 있도록 설계되었다.

투닝은 AI 기술을 활용하여 원하는 이미지 생성, 배경과 캐릭터를 결합하여 웹툰 형식으로 원하는 스토리를 생성할 수 있다. 교육용으로 활용할 시 수업 내용에 맞게 웹툰을 제작하여 학생들의 동기유발 자료로 활용할 수 있으며 학습 내용을 재미있게 접근할 수 있는 기회를 제공한다. 투닝은 현재 유, 초, 중, 고등학교 교사들에게 교육용 PRO를 평생 무료로 제공하고 있으며 공무원증 또는 재직증명서로 교사 인증을 할 수 있다. 또한 웹 기반 프로그램으로 크롬 브라우저 사용이 권장된다. AI를 활용하여 만든 이미지나 직접 만든 그림 등을 활용하는 것은 괜찮지만, 외부의 그림이나 이미지를 활용할 경우 저작권 교육이 함께 필요하다.

그림에 관심이 있으나 직접 그리기를 어려워하는 학생에게 웹툰 형식의 만화를 쉽게 그릴 수 있는 기회를 제공한다. 검색어에 맞는 배경, 캐릭터 등이 제공되고 있으며 캐릭터를 선택하면 얼굴 표정과 위치, 크기를 변경할 수 있고, 말풍선과 텍스트를 활용하여 원하는 말을 표현할 수 있다.

① 투닝에디터에서 원하는 배경, 캐릭터, 요소, 말풍선 등을 활용하여 제작하기

② 완성된 이미지 활용하기

5) Fotor

Fotor는 AI를 활용하여 사진을 명화나 팝 아트 등 다양한 화풍의 아트 효과를 적용하여 사진을 변경할 수 있다. 사진을 업로드하고 원하는 예술가의 스타일을 선택하면 그 스타일을 기반으로 그림을 생성한다.

홈페이지에 접속하여 이미지를 업로드한다. 왼쪽에 적용할 수 있는 효과들이 정렬되어 있어 미리보기 이미지나 효과 이름을 보고 원하는 효과를 선택하여 적용한다. 회원가입 없이도 사용은 가능하나 고화질 다운로드나 일부 효과는 유료로 제한되어 있다. 사용하는 이미지가 인물 사진일 경우 초상권과 관련하여 동의를 받는 것이 필요하다. 비교하기 버튼을 통하여 원본 이미지와 효과를 적용한 이미지를 비교할 수 있다.

사진에 다양한 효과를 적용할 수 있는 앱과 웹사이트는 다양하게 있지만 Fotor의 차별화된 부분은 명화풍으로 이미지 변경이 가능하다는 점이다. 그렇기 때문에 수업에서 활용할 때 다양한 화가를 미리 학습하는 것이 좋다. 또한 화가의 작품을 살펴보며 화가의 그림 특징을 비교하는 등의 학습이 선행된다면 효과적으로 활용할 수 있다. 사진을 화가풍으로 바꾼 후 실제 화가의 작품과 비교하며 실제 작품과 화가풍 이미지로 변환한 것이 비슷한지 비교하는 활동을 할 수 있다. 또한 미술의 역사와 시대적 배경에 대해 학습하며 고전 예술 학습과 연계할 수 있다.

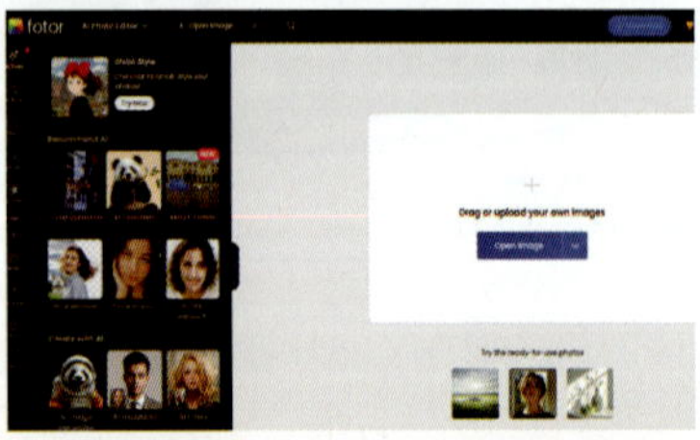	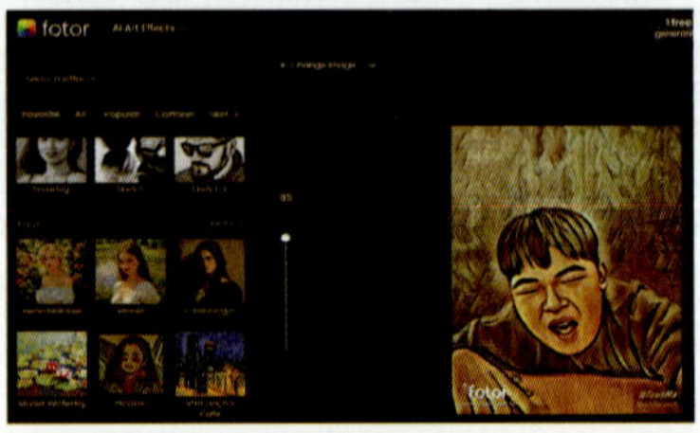
① 홈 화면에서 이미지 업로드하고 좌측에서 화풍 선택하기	② 바뀐 이미지 확인하기

6) 픽슬러(PIXLR)

픽슬러(Pixlr)는 브라우저 기반의 무료 이미지 편집 도구로, 누구나 쉽게 사용할 수 있는 온라인 포토샵 프로그램이다. 디자인, 사진 편집, 간단한 그래픽 작업을 웹에서 바로 할 수 있다는 점과 대부분의 기능이 무료라는 점에서 포토샵보다 접근성과 활용도가 높다.

픽슬러는 초보자용(간단한 편집, 자르기, 필터, 텍스트 추가 등)인 Pixlr X와 전문가용(레이어, 마스크, 브러시, 고급 편집 기능 등)인 Pixlr E로 나누어진다. 각 페이지에 들어가면 유튜브 썸네일, SNS 포스터, 포스터, 카드 등의 자주 사용하는 템플릿이 무료로 제공되어 원하는 용도에 맞게 이미지를 쉽고 간편하게 편집할 수 있다. AI 배경 제거 기능의 페이지도 있으나 무료로 사용하는 데에는 제한이 있으며 AI 이미지 생성을 지원하는 베타 기능도 있다.

픽슬러 프로그램 자체는 교사의 수업 준비나 학교 행사에 필요한 포스터 제작 등에 더 유용하게 사용할 수 있다. 픽슬러를 수업에 활용할 수 있는 방법으로는 포토샵이나 스케치 앱 등의 수업 활용 방법과 유사하다. 레이어와 선 긋기 등의 기능이 포함된 픽슬러는 창의적인 작품을 제작하거나 미술의 기초를 다지는 데 활용할 수 있다. 픽슬러에는 다양한 선 긋기 툴(연필, 붓펜, 붓 등)이 있으며 굵기 조절, 색 변경이 용이하다. 또한 일정한 힘을 주어 명암을 표현해야 하는 전통적 스케치 방법과 달리 투명도를 조정하거나 채도 낮추기, 색 변경 등을 통해 명암이나 기법을 쉽게 재현할 수 있다. 손 떨림 보정 기능을 활용한다면 소근육 활용이 어려운 학생이나 떨림이 심한 학생들도 안정적으로 선을 그릴 수 있다. 이 프로그램을 활용하기 위하여는 스마트펜을 일정 시간 잡을 수 있도록 연습이 선행되어야 한다.

픽슬러 홈페이지에서 제공되는 기능

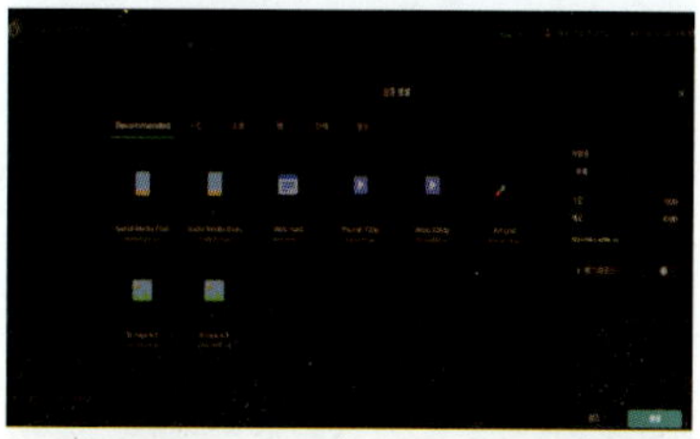

전문가용 페이지에서는 위와 같은
이미지 템플릿이 무료로 제공

7) 포토스케이프X

포토스케이프X는 이미지를 픽셀화하여 포스터 스타일로 변환하는 프로그램이다. 디지털 아트를 배우고 다양한 색을 사용하여 표현할 수 있으며 픽셀화한 후 조각을 나누어 각자 픽셀을 색칠한 후 합친다면 합동화 만들기 수업으로도 확장할 수 있다.

학생들이 좋아하는 캐릭터, 본인 사진 등을 선택하여 픽셀화하여 변경한다. 픽셀화된 그림을 전자칠판이나 출력하여 실제 사진과 비교하며 어떤 것이 다른지 생각을 나눌 수 있다. 이를 위하여 A4용지 크기나 태블릿PC를 활용하기보다는 플로터로 크게 출력하거나 큰 화면으로 실제 사진과 비교할 수 있는 기회를 제공하는 것이 좋다.

픽셀화된 사진은 학생들이 원하는 색칠 도구나 클레이 등 다양한 재료를 사용하여 다시 재구성할 수 있다. 학급 단체 사진을 활용하여 수업을 진행하게 된다면 학생 수만큼 픽셀화된 사진을 등분하여 출력하고(혹은 큰 사이즈로 출력한 후 등분하고) 학생들에게 각 부분을 색칠하도록 한다. 이후 색칠된 각 부분을 합치면 다시 단체 사진이 완성되고 협동화 형식이 아닌 사진 분할을 통해 퍼즐 맞추기 등의 방법으로 사용하고자 한다면 ②, ③ 단계를 건너뛰고 바로 분할하여 수업에 활용하면 된다.

① 프로그램을 다운로드하기

② 사진편집-효과-임계값 선택하기
(사진이 흑백으로 변환됨)

③ 임계값의 허용치를 최대로 적용하여
색칠할 수 있도록 조정한 후 저장하기

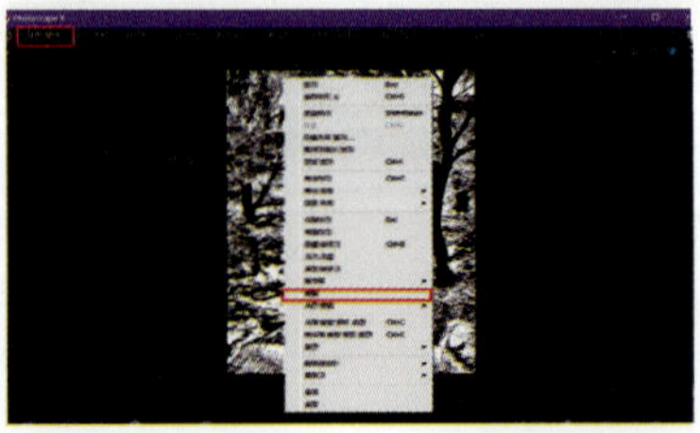

④ 사진 뷰어 탭에서 저장한 사진을 불러온 후
마우스 우클릭하여 학생 수대로 분할하기

활동하기

1. 디지털교육 활용에 앞서 학생들에게 제공하고 지켜야 할 윤리 문제는 어떤 것이 있을지 정리해 보세요.
2. 이 책에서 제시된 앱을 사용하여 자료를 제작하고 실제 수업에 활용해 보세요.
3. 이 책에서 제시된 미술 교과 관련 디지털교육 자료와 유사하거나 비슷한 자료를 찾고 어떤 기능이 다른지 비교해 보세요.

Part 03

디지털교육을 활용한 학교 활동의 실제

제 14 장 창의적 체험활동

개요

이 장은 창의적 체험활동 교육과정을 바탕으로 디지털교육 적용 방안을 탐색하는 데 목적이 있다. 이를 위해 이 장에서는 2022 특수교육 기본 교육과정 창의적 체험활동에서의 디지털교육 관련 내용을 살펴보고 실제 수업에서의 적용 사례 및 활용 방법을 알아본다. 이 장의 학습을 통하여 향후 장애 학생을 위한 창의적 체험활동에서의 디지털교육 활용 역량을 함양하게 된다.

1. 창의적 체험활동 교육의 기초
2. 창의적 체험활동의 디지털교육 실제
3. 창의적 체험활동의 디지털교육 활용

1. 창의적 체험활동 교육의 기초

창의적 체험활동은 교과와 상호보완적 관계를 가진 체험활동 중심의 비교과 교육과정이다. 창의적 체험활동에서는 다양한 체험 중심 교육을 통해 사고의 폭을 넓히고 학교 적응 및 자아 성장을 도모하며 주도적 태도를 기를 수 있게 한다.

2022 특수교육 기본 교육과정에서는 2015 교육과정과는 다르게 창의적 체험활동 영역에서 봉사활동을 제외하고 자율·자치, 동아리, 진로의 3개 영역으로 구성하였으며, 영역별 2~4가지의 활동을 단원으로 설정하였다. 학교에서는 자율성을 발휘하여 학생의 수준과 특성에 따라 영역별 활동 내용을 선택·통합하여 편성·운영하고 교과 교육과정과의 연계 및 주제 간 통합이 가능한 학습 경험을 지원한다.

2022 특수교육 기본 교육과정의 창의적 체험활동은 변화하는 미래 사회에 대처할 수 있는 사회구성원으로서의 역량을 함양하기 위하여 인공지능(AI)·코딩 교육의 중요성을 강조

하고 있다. 특히 별도로 '정보통신기술 활동' 단원을 편성하여 초등에서는 스마트 앱 · 가상 체험 · 소프트웨어 · 인공지능을, 중등에서는 앱 활용 · 정보통신 윤리 · 소프트웨어 · 인공지능 · 드론 활동을 제재로 제시하였다. 이 외에도 단원의 하위 제재나 활동 내용으로 실생활 디지털 · 인공지능(AI) 기술 체험, 디지털 환경에서 예절 실천하기, e스포츠 하기, 가상현실(VR) 직업 체험하기, 인공지능 앱을 활용한 진로 체험하기 등을 제시하여 다양한 디지털 기술을 접목한 교육이 이루어지도록 유도하고 있다.

자율 · 자치 영역의 수업에서는 학생의 개성을 살리고 자기 결정력을 기를 수 있도록 다양한 인공지능을 활용한 의사 표현 활동 및 디지털 시스템을 활용한 선택과 조정 활동을 구안할 수 있다. 동아리 영역의 수업에서는 메타버스 체험, e스포츠 체험, 다양한 정보통신기술 활동 체험 등 학생의 요구와 필요를 반영한 수업을 계획하여 소질과 적성을 계발하고 발전시킬 수 있다. 진로 영역 수업에서도 성인 생활 탐색 · 진학 · 진로 준비를 위해 인터넷을 활용한 정보수집, 전자 설문이나 표준화 검사 데이터 분석을 통한 자기 이해, 가상현실을 통한 직업 체험 및 직업 훈련, 인공지능을 활용한 모의 면접 등 디지털교육을 폭넓게 활용할 수 있을 것이다.

창의적 체험활동은 교과 학습과 연계성을 지니고 있으므로 각각의 교과목별 학습에 사용되는 디지털교육 관련 기술들을 폭넓게 적용할 수 있기에 다양한 기술들을 효과적으로 선택하여 활용하는 창의적 재구성 역량이 교사에게 요구된다. 2022 특수교육 기본 교육과정의 창의적 체험활동에서 제시하고 있는 디지털교육 관련 내용은 〈표 14-1〉과 같다.

표 14-1 2022 특수교육 기본 교육과정 창의적 체험활동에서 디지털교육 관련 내용

1. 성격 및 목표

가. 성격

학생의 교육적 요구에 따라 생활연령과 발달 수준을 고려하고 학년군을 통합하여 필요한 기본 생활 습관에 대한 기능 중심 활동에서부터 미래 사회에 필요한 인공지능 · 코딩 교육과 기후 · 생태계 환경의 지속 가능한 발전과제에 대한 인식과 공동체적 가치를 함양하는 데 중점을 두었다.

나. 목표

또한, 공동체 의식 함양을 통한 사회 통합과 급변하는 미래 사회에 대처하기 위해 디지털 소양 능력을 키우고, 창의적인 삶의 태도를 기르는 데 주안점을 두고 있다.

2. 영역 및 활동

가. 영역

(2) 동아리 영역의 활동은 예술 · 문화 · 스포츠 활동, 생활실습 활동, 단체 · 봉사 활동, 정보통신기술 활동으로 구성한다.

나. 활동

〈표 8〉 자율 · 자치 영역의 활동 목표와 활동 내용 예시

활동	활동 목표	활동 내용 및 예시
자율 활동	• 개개인의 관심과 흥미에 따른 선호하는 활동을 탐색하고 체험하여 자신의 삶을 주체적으로 형성한다.	• 재능과 자신감 증진 활동 예) 체력 증진 활동, 자연 활용 창의 활동, 절기 놀이, 그림책 놀이, 클레이 놀이, 목공 놀이, 샌드 아트 놀이 등 • 주제 선택 활동 예) 절기별 전통문화 체험, 생활 금융 프로그램, 인공지능과 로봇(로봇 서빙, 청소, 위치 안내, 사물 인터넷 활용, 드론, 인터렉티브 콘텐츠) 등

〈표 9〉 동아리 영역의 활동 목표와 활동 내용 예시

활동	활동 목표	활동 내용 및 예시
예술 · 문화 · 스포츠 활동	• 예술 활동을 통해 다양한 표현력을 키우고 이를 생활 속에서 활용하여 심미적 감성 역량을 함양한다. • 세계 각국의 문화 체험을 통해 타 문화에 대한 이해를 함양한다. • 스포츠 활동 참여를 통해 건강한 신체 유지, 상호 협력 및 소통 역량을 함양한다.	• 체육 활동 예) 생활체육(인라인스케이트, 볼링, 탁구, 배드민턴, 게이트볼, 점핑 등), 뉴스포츠(티볼, 플라잉디스크 등), e-스포츠 댄스 등 • 놀이 활동 예) 보드게임, 공동체 놀이, 전통 놀이, 인터넷 게임 등
정보통신 기술 활동	• 급변하는 사회에 적응하기 위한 다양한 정보통신기술을 익히고 이를 일상생활에 실천함으로써 사회 적응 능력을 함양한다.	• 디지털 소양 교육 활동 예) 사이버 지킴이(예: 사이버 폭력, 인터넷 윤리), 파워포인트, 워드프로세서, 로봇 코딩 및 제작, 블록 언어 등 • 정보통신기술 활용 활동 예) 스마트폰 및 태블릿, 증강현실(AR) 및 가상현실(VR) 체험, 3D 펜과 입체물, 무인 단말기, 인공지능, 스마트 앱(Smart App), 드론 등

〈표 10〉 진로 영역의 활동 목표와 활동 내용 예시

활동	활동 목표	활동 내용 및 예시
진로 인식 및 탐색 활동	• 다양한 직업의 특성을 이해하여 자신의 진로와 관련된 긍정적인 직업 가치관을 확립한다.	• 직업 인식 및 탐색 활동 예) 가족과 친척의 직업 알아보기, 지역사회 사람들의 직업 조사, 관심 있는 직업 찾기, 다양한 직업군 조사, 가상현실(VR) 직업 선택 등 • 진로 및 여가생활 탐색 활동 예) 직업 관련 검사 참여, 온라인 진로 검사 참여, 지역사회 내 여가활동 유형 조사, 여가생활 경험 나누기, 여가생활 규칙 준수, 지속가능한 생태 보전 활동 참여 등
진로 체험 및 계획 활동	• 다양한 진로 활동에 참여하여 여가 생활을 계획하고 성인 생활을 위한 직업기술을 함양한다. • 자신의 진로와 연관된 여가와 직업을 체험하여 희망하는 진로를 설계하고 실천한다.	• 나의 미래 활동 예) 인공지능과 미래 다양한 직업 조사, 미래의 나의 직업 선택하여 역할극 및 발표, 미래 자신의 이력서 및 명함제작 등 • 직업 체험 활동 예) 가상현실(VR)직업 체험, 교내 직무체험 실습, 학교 기업 작업 체험, 교내 행정 보조 도우미 체험, 직장 내 여가 체험 등 • 직업 계획 활동 예) 미래 유망 직종 조사, 미래 직업을 위한 준비 기술 조사, 인공지능 로봇이 하는 일 조사, 생애 주기별(청년기, 중년기, 노년기) 가사, 직업, 여가, 지역사회 생활 청사진 구안 등

2. 창의적 체험활동의 디지털교육 실제

1) 자율 · 자치 영역

(1) 교육과정 및 학습자 분석

창의적 체험활동 자율 · 자치 영역 중 자율 활동 단원의 실생활 디지털 · 인공지능(AI) 기술 체험 제재 수업을 위해 '생활 속 디지털 기기와 인공지능(AI) 프로그램 활용하기' 활동을 계획하였다. 창의적 체험활동은 편제상 교과에 해당하지 않으므로 성취기준은 제시되지 않았으나 참여도, 협력도, 자발성 및 선호도, 완성도 등이 반영되도록 평가 기준을 작성하여 활용하도록 한다. 교육과정 재구성을 위한 구체적인 내용은 〈표 14-2〉에서 제시하였다.

표 14-2 자율 · 자치 영역 교육과정 및 학습자 분석

영역	자율 · 자치	단원	자율 활동
활동 주제	주제 선택 활동	제재	실생활 디지털 · 인공지능(AI) 기술 체험
활동 내용	생활 속 디지털 기기와 인공지능(AI) 프로그램 활용하기		
학습자 장애유형	민재(지적장애), 시우(자폐성장애), 지유(중도중복장애: 지적 · 지체장애)		

학습자 민재는 학습된 무기력으로 적극성이 부족한 편이므로 실시간으로 지도를 보며 목적지를 찾아가는 과정에서 활동 참여와 협력 의지를 다질 수 있도록 다양한 강화제를 사용하여 지도한다. 시우는 중도의 자폐성장애를 지니고 있어 스스로 길을 찾아가기에는 어려움이 있을 수 있으나 한 번 학습한 것은 잘 잊어버리지 않는 특성을 활용하여 이동 경로를 기억해 친구들에게 알려주는 역할을 부여한다. 지유는 휠체어를 사용하여 이동하기 때문에 최소 도보 경로를 검색하여 이동하거나 엘리베이터 등의 편의 시설이 마련되어 있는 지하철 등으로 이동할 수 있도록 유도하면 두 번째 학습 목표와 자연스럽게 연계하여 수업이 가능하다.

(2) 교수 · 학습과정안 설계 및 개발

'자율 · 자치' 영역 중 '자율 활동' 단원의 생활 속 디지털 기기와 인공지능(AI) 프로그램 활용하기에 대한 교수 · 학습과정안 설계와 구체적인 자료 개발은 〈표 14-3〉과 같다.

표 14-3 생활 속 디지털 기기와 인공지능(AI) 프로그램 활용하기 교수 · 학습과정안

학습단계	교수 · 학습 활동	자료
도입	• 동기유발 –걷거나 대중교통으로 이동해야 하는 상황 이야기 나누기 –네이버 지도 앱을 사용하여 목적지를 찾아가는 영상 시청하기 • 학습목표 확인하기 1. 인공지능(AI)을 활용하여 목적지까지 이동하는 방법을 찾는다. 2. 나에게 적합한 이동 경로와 방법을 선택하여 대중교통을 이용한다.	• 동영상 자료 • 전자칠판(스마트 TV)
전개	• 〈활동 1〉 네이버 지도 앱을 이용하여 목적지까지 이동하는 방법 찾기 –스마트폰이나 태블릿 PC에 네이버 지도 앱을 설치하기 –출발지를 학교로 하여 도서관, 공연장, 공원 등 목적지(도착지) 정하기 • 〈활동 2〉 나에게 적합한 경로와 방법을 선택하여 대중교통 이용하기 –버스와 지하철 중 선호하는 교통수단 고려하여 선택하기 –이동에 소요되는 시간과 비용을 비교하여 선택하기 –나에게 가장 적합한 이동 경로와 방법 선택하기 –선택한 경로와 방법으로 직접 목적지까지 이동하기	• 스마트폰, 태블릿 PC • 네이버 지도 • 전자칠판(스마트 TV) • PPT 자료
정리	• 인공지능(AI)을 생활에 활용해 본 소감 나누기 –네이버 지도 앱을 활용하여 목적지까지 이동하는 방법을 알아볼 때 편리한 점, 불편한 점 발표하기 –이동 경로나 이동 방법을 선택할 때 우선적으로 고려했던 사항과 실제로 이동할 때 도움이 되었는지 이야기 나누기	• 활동 평가지

(3) 디지털교육 실행 및 평가

도입 단계에서 학생들에게 가고 싶은 곳이나 대중교통을 이용하여 이동해야 하는 상황에 대한 이야기를 나누고, 네이버 지도 앱을 활용하여 목적지까지 이동하는 영상을 보여 주며 수업 참여 동기를 유발한다.

전개 단계에서는 전자칠판과 교사용 태블릿(스마트폰)을 연동하여 네이버 지도 앱을 설치하는 방법을 보여 준다. 앱 설치 시 학부모 동의가 필요한 경우도 있으므로 사전에 학부모에게 동의를 받아두거나 가정에서 앱을 설치하여 오도록 하는 방법도 있다. 앱 설치가 용이하

지 않은 경우에는 웹 버전을 이용하면 앱 설치 과정을 생략할 수 있다.

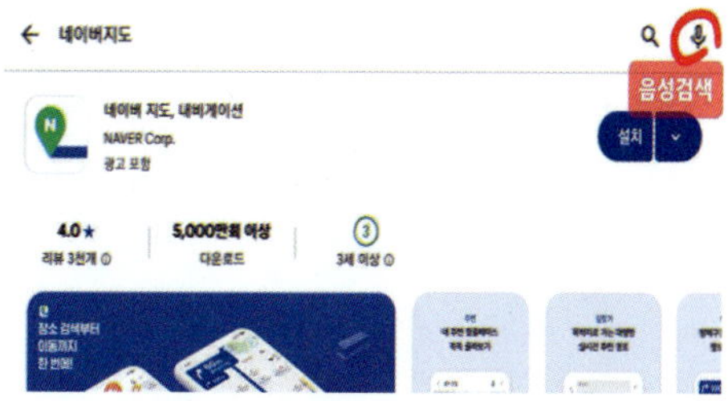

[그림 14-1] 네이버 지도 앱 설치하기

안드로이드 운영 체제 사용자는 구글 플레이스토어 혹은 원스토어에서, iOS 운영 체제 사용자는 앱스토어에서 네이버 지도 앱을 검색하여 설치할 수 있다. 구글 플레이 스토어나 앱스토어 모두 검색창 오른편의 마이크를 가볍게 터치한 후 말을 하면 음성으로 문자를 입력할 수 있다.

[그림 14-2] 검색창에서 음성으로 출발지와 도착지 입력하기

민재에게 검색창에서 '세종문화회관 입구'를 검색해서 도착지로 설정하는 역할을 부여하고 수행에 대해 강화하여 자기효능감을 느낄 수 있도록 지도한다. 검색창 오른쪽 마이크 모양을 눌러 음성으로 출발지와 도착지를 입력하면 편리하다. 시우는 목적지와 이동 과정을 반복하여 인지시킨 후, "왕십리역에서 5호선으로 갈아타."와 같이 친구들에게 수시로 이동 과정을 상기시키고 안내할 수 있도록 한다.

지유에게는 버스와 지하철 중 더 편리한 이동 수단이 무엇인지 생각해 보게 하고 자신에게 보다 적합한 이동 수단을 선택하여 체험해 보는 기회를 제공한다. 이를 위하여 '최소 도보' '최소 환승' 등의 의미를 예시와 함께 설명하여 이해를 돕는다.

화면을 확대하더라도 지도나 노선도를 보는 것이 불편한 학생들은 음성 안내 기능을 활용하도록 한다. 검색창 왼편의 '메뉴 ⇨ 설정 ⇨ 대중교통 길안내' 순으로 터치하여 음성 안

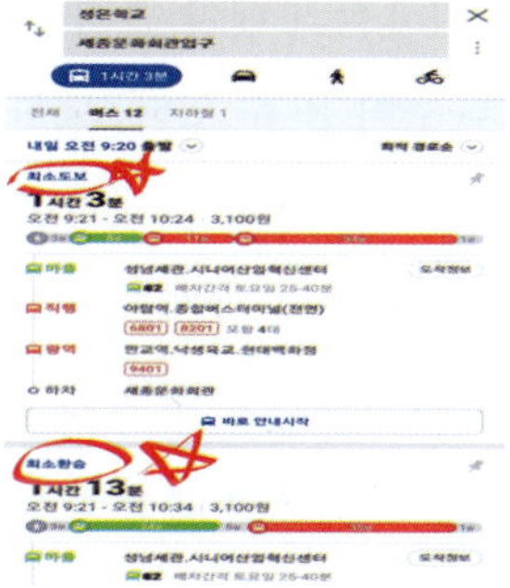

[그림 14-3] 조건에 따라 적절한 경로 선택하기

[그림 14-4] 선호하는 교통수단에 따른 이동 방법 알아보기

① 메뉴 버튼 누르기 ② 설정 버튼 누르기 ③ '대중교통 길안내' 선택하기 ④ 음성 안내 옵션 선택하기

[그림 14-5] 음성 안내 기능 설정 방법

내 기능을 'ON'으로 하면 대중교통 이용을 위한 도보 이동 구간과 승하차 안내가 기본으로 제공된다.

실제로 체험학습 장소를 찾아갈 때는 Wi-Fi 사용이 힘든 경우가 대부분이므로 스마트폰이 있는 학생들은 스마트폰을 사용하는 것이 좋고, 태블릿을 사용하는 경우 핫스팟 기능을 활용하도록 한다. 버스 정류장이나 버스 안, 지하철 등에서 무료로 사용이 가능한 공공 Wi-Fi 서비스가 확대되고 있으므로 이를 이용하는 것도 좋은 방법이다. 이 외에도 인공지능은 교통상황 등이 실시간으로 반영된 데이터를 제공하기 때문에 실제 이동시간이나 추천 경로는 수시로 변할 수 있음을 학생에게 설명해 주고, 버스나 지하철의 배차 간격을 미리 확인한 후 출발하였을 때 얻을 수 있는 이점에 대해 이야기를 나누어 볼 수 있다. 또한 목적지로 떠날 때와 다시 학교로 돌아올 때 각기 다른 경로와 방법을 선택하거나 두 개의 조로 나뉘어 이동하며 도착 시간을 비교해 보는 등 학생의 수준이나 경험에 따라 과제를 조정하여 부여할 수 있다.

정리 단계에서는 인공지능 기술을 직접 체험한 소감을 나누어 보며 생활에 도움이 되도록 다양한 기술들을 활용하는 방법에 대해 생각해 보게 한다. 본 수업의 학생 평가 방법으로는 참여도, 협력도, 자발성 및 선호도 등이 반영된 체크리스트를 활용하는 방법이나, 자기점검 및 급우 평가 방법, 일화기록법 등이 적용될 수 있다.

2) 동아리 영역

(1) 교육과정 및 학습자 분석

창의적 체험활동 '동아리' 영역 중 '예술 · 문화 · 스포츠 활동' 단원의 '다문화' 제재(중등) 학습을 위해 인공지능과 다양한 디지털교육 방법을 복합적으로 적용이 가능한 수업을 계획하였다. 본 차시의 활동 목표가 세계 각국의 문화 체험을 통해 타 문화에 대한 이해를 함양하는 것이므로 이를 반영한 활동이 이루어지도록 한다. 다문화 제재의 교육과정 재구성을 위한 구체적인 내용은 〈표 14-4〉와 같다.

표 14-4 동아리 영역 교육과정 및 학습자 분석

영역	동아리	단원	예술 · 문화 · 스포츠 활동
활동 주제	미술 · 음악 · 문화체험 · 놀이 활동(활동 통합 재구성)	제재	다문화
활동 내용	세계 여러 나라의 건축 문화 유산과 민요 알아보기		
학습자 장애유형	도현(지적장애), 시우(자폐성장애), 서연(중도중복장애: 지적 · 시각장애)		

학습자 도현이는 사회성이 높아 다양한 장소에서 여러 사람을 만나는 것을 좋아한다. 세계 여행을 가는 상황을 설정하고 어느 나라를 가 보고 싶은지, 그곳에서 무엇을 볼 수 있는지 확산적 발문을 통해 동기를 유발하면 좋다. 시우는 한 번 들은 멜로디를 잘 기억하는 특성이 있으므로 특정 나라의 민요를 들려주고 어느 나라의 민요인지 알아보는 활동에 흥미를 보이며 참여할 것이다. 지적장애와 시각(저시력)장애를 동시에 지니고 있는 서연이는 세계 여러 건축물의 모형을 준비하여 촉감을 이용한 탐색 기회를 제공함으로써 부족한 감각적 경험을 보완할 수 있도록 한다.

(2) 교수 · 학습과정안 설계 및 개발

'동아리' 영역 중 '예술 · 문화 · 스포츠 활동' 단원의 세계 여러 나라의 건축 문화 유산과 민요 알아보기에 대한 교수 · 학습과정안의 설계와 구체적인 자료 개발은 〈표 14-5〉와 같다.

표 14-5 세계 여러 나라의 건축 문화 유산과 민요 알아보기에 대한 교수 · 학습과정안

학습단계	교수 · 학습 활동	자료
도입	• 동기유발 –여행 관련 유튜브 채널이나 방송 프로그램의 장면을 제시하고 어느 나라의 무엇인지 이야기하기 • 학습목표 확인하기 1. 세계 여러 나라의 건축 문화 유산을 AI를 활용하여 그린다. 2. 세계 여러 나라의 민요를 검색하여 감상한다.	• 전자칠판(스마트 TV) • 교사용 컴퓨터 • 동영상 자료 • PPT 자료
전개	• 〈활동 1〉 국가를 대표하는 문화유산 그리기 –리크래프트 AI를 활용하여 국가별 문화유산 이미지 파일 생성하기 • 〈활동 2〉 국가별 민요 감상하기 –저작권 프리 사이트에서 국가별 민요를 검색한 다음 음원을 내려받아 감상하기 –유튜브에서 음성으로 국가별 민요 검색하여 감상하기	• PPT 자료 • 리크래프트 AI • 사운드 클라우드 • 유튜브 • 전자칠판(스마트 TV) • 건축물 모형 • 돋보기
정리	• 국가별 문화유산 퀴즈 게임 하기 –전자칠판의 쓰기 기능을 활용하여 국가와 문화유산 연결하기 –엔트리 프로그램을 이용하여 국가별 문화유산을 바르게 찾으면 해당 국가의 민요가 재생되는 게임 체험하기	• 전자칠판(학습지) • 엔트리 게임 파일

(3) 디지털교육 실행 및 평가

도입 단계에서는 여행 관련 유튜브 채널이나 방송 프로그램의 장면을 제시하며 영상 속의 건축물이 어느 나라의 무엇인지 알아맞혀 보게 하면서 동기를 유발한다. 세계 여러 나라의 랜드마크에 대한 퀴즈 등을 활용하여 동기를 유발해도 좋다.

전개 단계인 〈활동 1〉에서는 리크래프트 AI를 활용하여 세계 여러 나라를 대표하는 문화유산을 그려보게 한다. 웹 버전을 이용할 경우 별도의 앱을 설치하지 않아도 되어 편리하다. 무료 버전 사용을 위해서는 이메일 · 구글 · 디스코드 · 애플 계정으로 로그인을 해야 하므로 수업 전에 학생들의 관련 계정을 미리 파악해 두거나 교사 계정을 활용하여 로그인 상태로 만들어 놓아야 불필요한 시간 소비를 막을 수 있다. 로그인 후 이미지를 생성하려면 작업 선택 화면에서 'Image'를 선택한 후 원하는 이미지에 대한 설명을 문자로 입력한다.

리크래프트 AI로 이미지를 생성하기 위해서는 문자 입력 과정을 거쳐야 하는데 한글을 잘

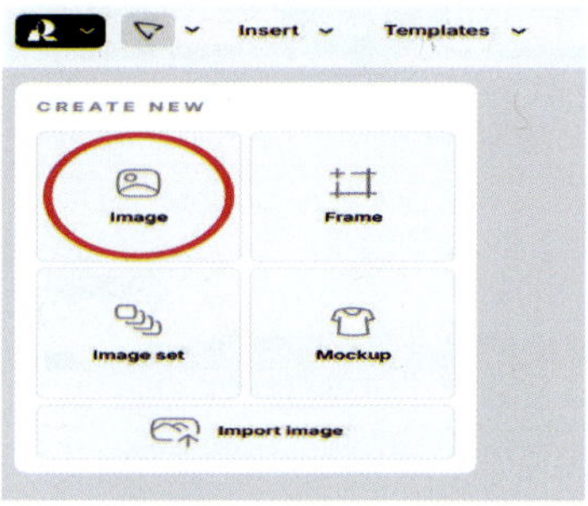

[그림 14-6] 이미지 생성 선택

[그림 14-7] 건축 문화 유산 이미지 생성하기

모르는 학생들은 마우스의 오른쪽 버튼을 클릭하면 나타나는 선택 창에서 '음성 입력' 기능을 선택하여 활용한다. 마이크 버튼을 누른 후 말하면 문자로 입력되며, 마이크 버튼을 한 번 더 누르면 입력이 종료된다.

① 음성입력 선택하기	② 음성으로 문자 입력하기

[그림 14-8] 음성으로 문자 입력하는 방법

말하는 것을 좋아하는 도현이에게는 다양한 묘사를 곁들여서 건축 문화 유산의 이미지를 생성해 볼 수 있도록 지도한다. 문자를 직접 입력하거나 음성으로 입력하는 것이 힘든 학생들은 교사나 지원인력이 이미지 생성 명령을 입력하는 모습을 보여 주고 리크래프트 AI가 생성한 두 개의 이미지 중에서 마음에 드는 것을 선택하는 것으로 수업활동을 조정할 수 있다.

〈활동 2〉에서는 저작권 프리 사이트인 사운드 클라우드에서 국가별 민요를 검색해 보고 음원을 내려받아 감상해 본다. 찾고자 하는 음원을 검색한 후 '더 보기' 메뉴에서 파일 다운로드를 선택한다. 파일 다운로드가 불가능한 경우에는 해당 옵션이 나타나지 않는다. 원하는 국가의 민요가 검색되지 않는 경우에는 유튜브나 포털 사이트에서 검색한 다음에 음원을 재생하여 감상하도록 한다.

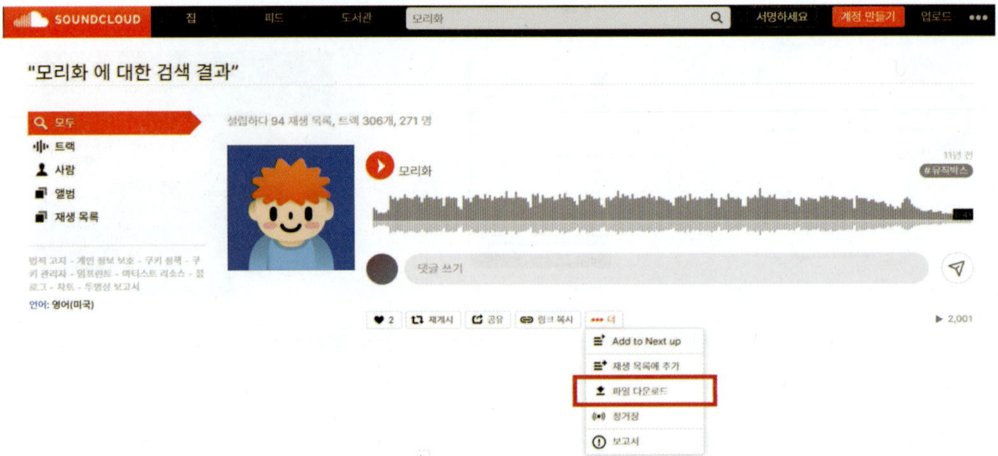

[그림 14-9] 음원 파일 다운로드하기

상동행동이 심한 시우에게는 〈활동 2〉에서 검색한 여러 나라 민요의 리듬에 맞추어 작은 타악기를 두드려보는 등 양립할 수 없는 과제를 제시한 후, 수행에 대해 강화함으로서 상동행동 감소 효과를 기대할 수 있다. 서연이는 지적장애와 시각(저시력)장애를 동시에 지니고 있으므로 청각을 활용한 민요 감상 활동에 중점을 두고 활동하며, 건축 문화 유산 모형을 손으로 만져보거나 돋보기를 이용하여 자세히 살펴보는 방법으로 시각적 제한성을 보완해 주도록 한다. 태블릿 화면을 전자칠판이나 스마트 TV와 연동하여 크게 볼 수 있도록 해 주는 것도 저시력 학생에게 도움이 된다. 문화유산 이미지 파일을 형성하거나 민요를 감상할 때 학생별로 역할을 분담하면 활동 시간을 단축하고 협력의 기회를 제공하는 효과를 볼 수 있다. 국가별 민요 감상이 어려운 학생들에게는 국가별 민요에 맞추어 춤을 추는 영상을 보여주며 민요의 리듬이나 분위기를 시각적으로 느껴보게 하거나 번안된 민요 가사를 통해 해당 국가 국민들의 정서를 살펴보게 하는 등의 방식으로 세계 여러 나라의 문화와 예술에 대한 이해를 높이도록 한다.

정리 단계에서는 국가별 문화유산 퀴즈 게임을 통해 학습한 내용에 대하여 점검하는 시간을 가진다. 전자칠판이 설치된 교실에서는 전자칠판의 쓰기 기능을 활용하여 국가와 문화유산을 학생이 직접 선으로 이어보게 할 수 있다. 교사가 엔트리 프로그램을 이용하여 퀴즈 게임을 직접 제작하여 활용해 보는 것도 좋을 것이다. 국가와 건축물을 바르게 연결하면 해당 국가의 민요가 흘러나오는 등 학생들이 흥미를 가질 수 있는 방식으로 교사의 창의성을 발휘하도록 한다.

3. 창의적 체험활동의 디지털교육 활용

창의적 체험활동에서 활용할 수 있는 디지털교육 자료를 제시하면 〈표 14-6〉과 같다.

표 14-6 디지털교육을 활용한 창의적 체험활동 교육자료

자료명	소개	활용 영역
모두를 위한 설문조사 (Poll For All)	온라인으로 투표 및 설문을 생성하고 공유 · 관리할 수 있는 앱	자율 · 자치 영역 및 의사결정이 필요한 모든 상황에서 폭넓게 활용 가능
용돈 생각	기초적인 경제 활동 계획을 수립하고 그 결과를 평가하는 용도로 활용이 가능한 용돈 관리용 앱	자율 · 자치 영역 중 자율 활동 단원의 실생활 중심 주체적 문제 해결 제재 등
포켓 터틀	언플러그드 코딩 로봇의 한 종류로 카드 코딩 · 라인 코딩 · 음악 코딩 및 자율행동(AI) 모드를 활용한 놀이 가능	동아리 영역 정보통신기술 활동 단원의 로봇 코딩 놀이 등
국악놀이터	국립국악원에서 개발한 앱으로 가락만들기, 장단배우기, 합주, 국악사전 등의 메뉴로 구성	동아리 영역 음악 활동의 국악 제재에서 활용
인천사이버 진로교육원	인천교육청에서 운영하는 진로교육 플랫폼으로 메타버스 공간에서 다양한 진로 체험 가능	진로 영역의 자기 이해 활동, 진로 인식 및 탐색 활동 등에 유용
인공지능(AI) 활용 장애학생 진로탐색 학습 콘텐츠	대전특수교육원 개발 앱으로 직업군별 미니게임 등을 통해서 직업에 대해 학습하면 AI 분석을 통해서 선호 직업군을 추천받을 수 있으며 관련 학습지도 유용함	진로 영역 진로 인식 및 탐색 활동 단원에서 활용도가 높음

1) 모두를 위한 설문조사(Poll For All)

투표 및 설문을 생성하여 공유하고 그 결과를 관리할 수 있는 앱으로, 무료 버전으로도 무제한 투표와 설문 답변 등 수업에 필요한 기능들을 대부분 사용할 수 있다. 두 가지 중 한 가지를 선택하는 가장 단순한 형태의 투표부터 별점 투표, 다중 설문 등 폭넓은 형태의 조사가 가능하여 수업 활용도가 매우 높다. 구글 계정이나 이메일 등으로 계정을 생성하여 로그인할 수 있지만 별도의 계정을 개설하지 않고도 약관에 동의하면 무료 버전을 바로 사용할 수 있어 매우 편리하다.

창의적 체험활동 전반에 걸쳐 활용이 가능하며 특히 자율·자치 영역 수업에서 가장 활용도가 높다. 관심사 및 취미 찾기 활동에서 그림이나 글로 제시된 보기 중 해당하는 것을 학생들이 직접 터치하여 선택하고 결과를 전송하게 하거나, 민주적 의사결정 관련 제재를 학습할 때 투표 내용을 직접 생성하여 공유한 후 결과를 확인하고 관리하는 데에 유용하다.

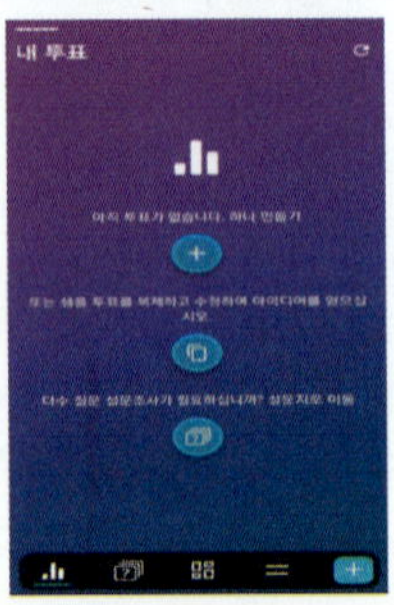		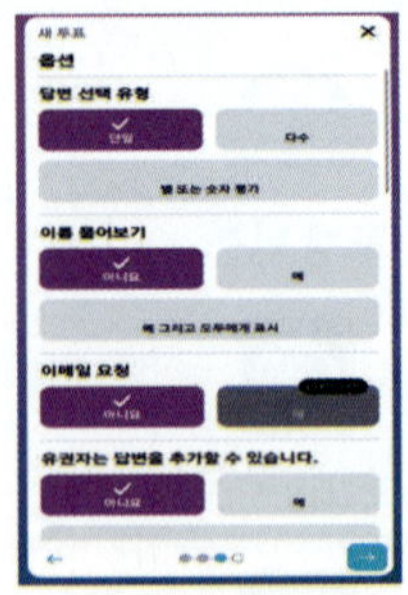
투표 생성, 샘플 투표 복제, 설문지 제작 중 선택하기	질문 입력하기	투표 세부 옵션 선택하기
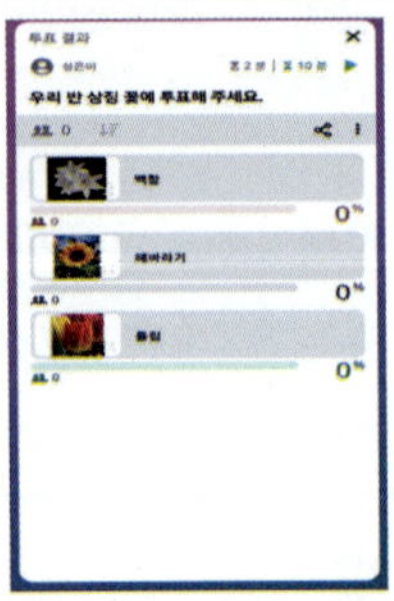	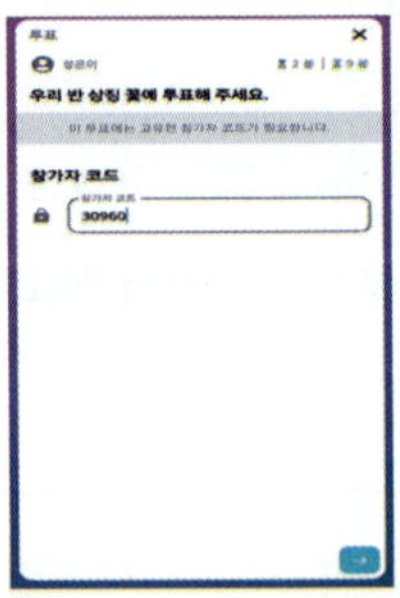	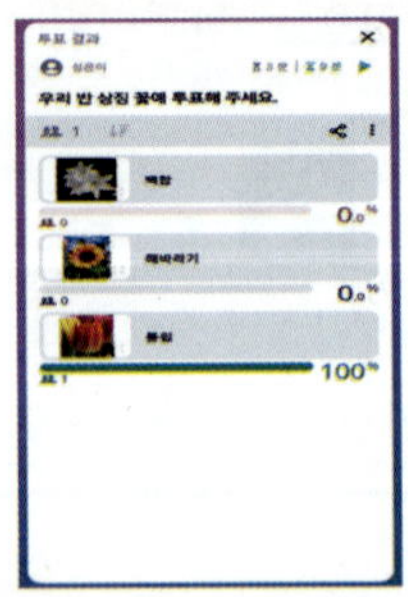
이미지 활용 투표 생성 예시	중복 참여 방지용 코드 입력	투표 결과 실시간 확인

질문과 답변에 대한 보기를 생성할 때 픽사베이에서 검색하여 이미지를 첨부할 수 있는 기능을 이용하면 글자를 읽을 수 없는 학생들도 이미지를 보고 투표에 참여할 수 있다. 또한 투표 코

드 및 투표 링크 생성 기능이 있어 온라인 선거를 통해 임원을 선출하는 등의 경우 한 학생이 여러 번 투표하는 것을 방지할 수 있다. 생성된 투표 코드 및 투표 링크는 파일의 형태로 내려받을 수 있고, 투표를 생성한 사람은 투표에 참여한 인원과 투표 결과를 실시간으로 확인할 수 있다.

디자인이 단순하고 사용 방법도 어렵지 않은 편이나, 문자 미해득 학생이나 시각장애를 지닌 학생들이 직접 설문을 생성하거나 참여하기 위해서는 약간의 도움이 필요하다. 삼성 디바이스 사용자의 경우의 경우 설정 → 접근성 → TalkBack 순으로 이동하여 음성 안내 지원을 받을 수 있다. 문자 미해득 학생은 이미지를 직접 찍어서 첨부하거나 사진첩에서 선택한 파일을 첨부하는 방법을 반복하여 연습함으로써 보다 직관적 형태의 설문을 생성할 수 있다. 비교적 정확한 발음으로 말할 수 있는 학생이라면 문자 입력 창 터치 후 나타나는 마이크 버튼을 누른 후 사용 권한 관련 질문에 동의하면 음성 입력 기능을 사용할 수 있다.

2) 용돈 생각

용돈을 관리할 수 있는 전자 가계부 용도의 앱이다. 스마트 기기에 앱을 설치한 후에는 인터넷을 사용하지 않고도 내용을 입력하고 저장할 수 있어 수업 중 학생들이 광고에 노출되지 않는 장점이 있다. 반복적인 수입과 지출 내역을 자동으로 입력하거나 일회성 수입과 지출을 입력하는 등의 방식으로 용돈을 관리한다. 수입과 지출 내역의 확인이 용이하며, 수입 · 지출 · 저축의 통계를 한눈에 보여 주기 때문에 학생들이 자신의 경제 활동을 평가하고 반성할 수 있다. 디자인이 귀엽고 사용 방법이 간단하여 학생들의 관심과 참여를 끌어내기에 좋다.

창의적 체험활동의 자율 · 자치 영역 중 자율 활동 단원의 실생활 중심 주체적 문제해결 제재 학습 시에 기초적인 경제 활동 계획을 수립하여 실행한 후 그 결과를 평가하는 용도로 활용할 수 있다.

수 개념이 아직 형성되지 않은 학생이라 하더라도 어린이집이나 유치원을 다닌 경험이 있는 학생이라면 교육과정에 의해 화폐와 상점 이용에 대한 학습 경험이 있기 때문에 이러한 경험을 배경지식으로 활용하여 수업을 계획하도록 한다. 예를 들어, 상점을 이용했던 경험을 바탕으로 옷 · 음식 · 학용품 등의 지출 카테고리를 형성해 보거나 물건을 사러 갈 때 이용했던 교통수단을 떠올리며 교통비 카테고리를 추가해 본다. 다시 말해 수 개념이 없는 학생들도 생활 속에서 돈이 사용되는 경우는 언제인지, 돈을 어떻게 사용하면 좋은지 생각해 보면서 경제 활동에 대한 개념을 형성할 수 있다.

조금씩의 꾸준한 활동으로 장기간의 목표를 달성하는 쌓기 교육과정의 일환으로서 정기적인 수입 · 지출의 기록이 이루어진다면 절약하는 생활 습관을 형성하고 독립 생활의 기반을 형성하는 효과를 기대할 수 있을 것이다.

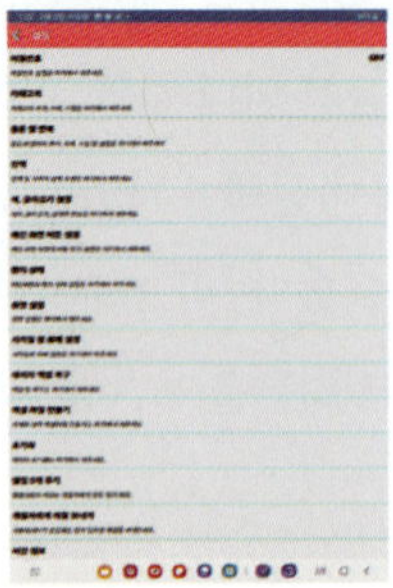		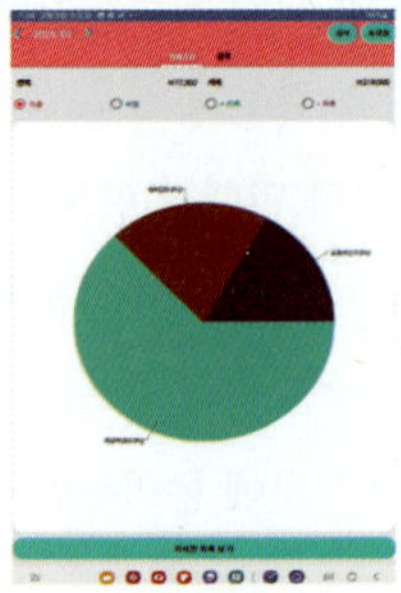
설정 메뉴에서 비밀번호 등록 및 디자인 · 카테고리 등을 변경	고정 수입 · 지출 및 일회성 수입과 지출 입력	통계 분석을 통한 경제활동 평가 및 반성

3) 포켓 터틀(Pocket Turtle)

창의적 체험활동 동아리 영역 중 정보통신기술 단원의 로봇 코딩 놀이 등에 활용이 가능한 언플러그드 코딩 로봇의 한 종류이다. 언플러그드 코딩이란 직접적으로 컴퓨터 프로그램을 사용하지 않고 배울 수 있는 소프트웨어 교육 활동을 말한다. 터틀 로봇과 이름과 모양이 비슷하지만 포켓 터틀이 조금 더 가벼우며, 카드 코딩이나 라인 코딩 외에도 음악 코딩 · 앱 코딩 · 자율행동(AI) 모드 등의 기능을 더 가지고 있다. 포켓 터틀의 경우 워크북이 개발되어 있으므로 언플러그드 코딩 로봇을 활용한 수업을 계획할 때 참고 자료로 활용할 수 있다.

언플러그드 코딩 로봇의 대표적인 코딩 방법인 카드 코딩 기능을 이용하여 기본적인 로봇의 이동을 코딩할 수 있다. 포켓 터틀 머리 아래의 센서에 컬러 카드를 순차적으로 입력하여 코드를 작성하여 동작을 구현하는 방식이다. 사회과 교과와 연계하여 우리 마을에서 특정 장소를 찾아서 이동하기 수업을 하거나 창체 동아리 활동의 놀이 활동 시 보드게임 등의 방법으로 활용하면 좋다.

라인코딩은 포켓 터틀이 이동하는 검정 선의 오른편에 색깔을 칠하거나 스티커를 붙여 로봇을 조작하는 방법이다. 포켓 터틀 음악 코딩은 전용 색상 마카를 이용하여 포켓 터틀 악보에 채색을 하면 포켓 터틀이 그 위를 지나가며 음악을 연주하는 코딩 방법이다. 음악 시간에 배운 노래를 코딩하여 연주하는 활동으로 창의적 체험활동 동아리 영역 등에서 다룰 수 있다.

빛이 너무 강한 곳에서는 색깔을 인식하는 센서가 영향을 받아 색을 인식하지 못할 수 있으므로 유의해야 한다. 로봇의 센서가 정보를 인식하는 규칙에 맞추어 코딩을 해야 하므로 검정 선의 오른편에 붙여서 1cm 정도의 크기로 색을 칠하는 등 코딩을 위해 정해진 규칙들을 학생들이 인식할 수 있도록 지도한다.

라인 코딩에 사용되는 이동 명령과 색상

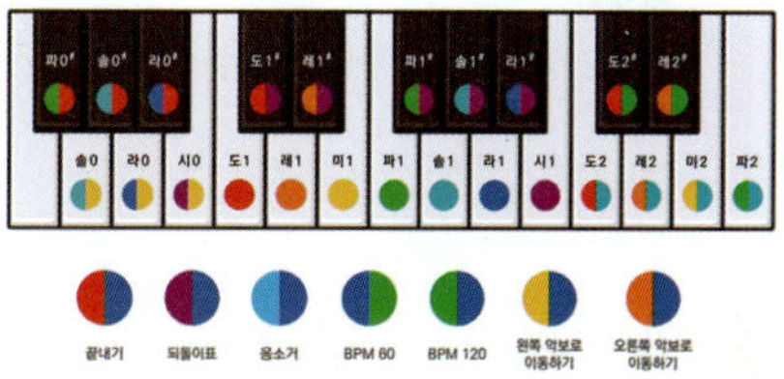

음악 코딩에 사용되는 음계 색상 및 기타 명령어 색상

이미지 출처: 로보메이션 누리집(https://robomation.net)

4) 국악놀이터

동아리 영역 음악활동의 국악 제재에서 유용한 앱으로 국립국악원에서 초등학교 국악교육 활성화를 위하여 개발 · 배포하였다. 가락만들기, 장단배우기, 합주, 나의 창작음원 목록, 국악사전 등으로 메뉴가 구성되어 있으며, 로그인을 하지 않아도 주요 기능을 사용할 수 있다. 화면 구성이 단순하여 학생들이 원하는 활동을 찾기 쉽게 구성되어 있으며, 디지털 기기들을 활용하여 국악기를 연주하고 가락을 만들어보는 등의 활동에 유용하다.

가락만들기 메뉴에서는 음표를 끌어서 가락을 만들고 악기를 선택하면 선택한 악기의 소리로 직접 만든 가락을 연주하며, 연주를 반복하여 재생하거나 저장할 수 있다. 장단배우기 메뉴에서는 악기와 장단을 선택한 후 기본장단과 변형장단을 연주하거나 들어보고, 장단게임을 통해 재미있게 학습할 수 있다. 친구와 함께 각기 다른 악기를 선택하여 합주를 할 수 있으며 내가 창작한 음원을 관리하는 것도 가능하다. 국악사전의 경우 검색어 관련 설명 · 사진 · 영상 등 복합적인 자료를 한 자리에서 찾아볼 수 있어 학생 주도적 학습에 도움을 준다.

나의 창작음원목록 메뉴를 활용하기 위해서는 국립국악원 회원가입 등의 절차가 필요하기 때문에 관련 활동을 위해서는 사전 준비를 해야 한다. 장단 게임을 할 때는 가락을 좀 더 편하게 인식하고 연주하기 위해서 화면이 큰 태블릿이 유용하다. 창의적 체험활동 외에 음악 교과 수업에서도 국악 관련 제재 학습 시에 다양하게 활용할 수 있다.

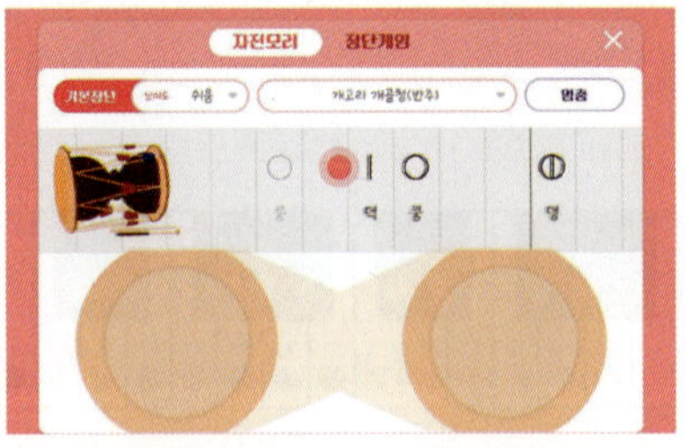

장단배우기 게임 화면

국악사전에서 '장구'를 검색하면 나오는 관련 영상과 설명

5) 인천사이버진로교육원

인천교육청에서 운영하는 사이버 진로교육 플랫폼으로 진로 AI 적성검사, 메타버스 · 진로체험, 화상멘토링, 진로 · 진학 정보 등을 제공한다. 메타버스 · 진로체험 메뉴에서 가상의 아바타가 다양한 직업과 하는 일을 간접적으로 체험할 수 있어 유용하다. 체험 전에 인터넷 에티켓이나 사이버 범죄 예방과 관련된 퀴즈에 답변하는 방식의 교육이 이루어진다. 일반적으로 널리 알려진 직업이 아닌 미래 산업 관련 직업군을 주로 다루고 있으므로 교육적 효과를 얻기 위해서는 고등학생 이상의 연령대가 적당하다.

맵에서 원하는 직업군을 선택하여 이동

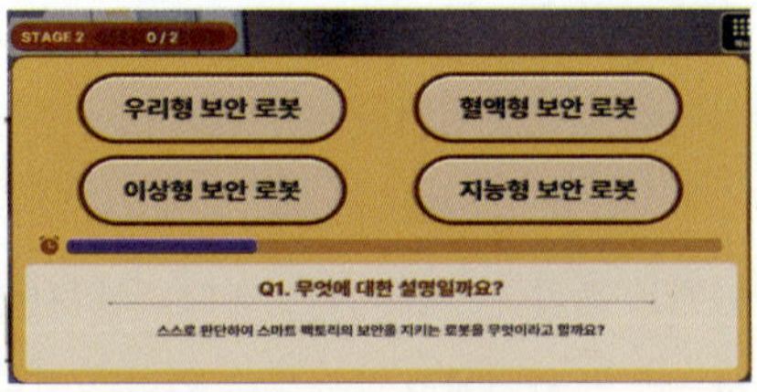

퀴즈를 통해 선택한 직업에 대해 학습

로그인 후 아바타를 선택하고 맵에서 원하는 직업군을 클릭하여 이동한다. 해당 직업군별로 5가지 정도의 직업이 제시되는데 그중 체험하고 싶은 직업을 선택한다. 싱글 모드를 선택하여 혼자서 체험하는 방법과 멀티 모드를 선택하여 3명이 각자 직무를 수행하며 협업을 체험하는 방법이 있으므로 학생의 특성과 수업 환경에 맞게 선택하도록 한다.

특정 직업을 선택하고 퀴즈를 풀어보며 관련 정보를 습득한 다음 실무 체험을 할 수 있다. 고객을 응대하는 직업이라면 시뮬레이션형 과제가 주어지고, 물건을 생산하는 직업이라면 고객과의 인터뷰를 통해 원하는 물건을 제작하는 등의 방식이다. 학습 자료의 난이도를 선택할 수 있고 직업 체험 결과물의 완성도에 따라 차등적으로 포인트가 제공되며, 직업 체험 완료 후 수료증도 발급받을 수 있다.

미니게임 및 창업 보드게임 선택 메뉴

고객의 요구를 응대하는 시뮬레이션

메타버스 직업 체험 서비스를 이용하기 위해서는 회원가입을 하고 2~3GB 정도의 파일을 내려받아 설치하는 등의 사전 작업에 장시간이 소요된다. 수업 전에 학생들이 계정을 생성하고 태블릿 혹은 PC에 관련 파일을 내려받을 수 있도록 지도하는 과정이 필요하다.

서버를 분산하여 대용량 파일을 쾌적한 환경에서 사용할 수 있도록 배려한 점이 돋보이기는 하지만 처음 찾아간 곳에서 길을 헤매는 것처럼 메타버스 공간에서도 한참을 두리번거려야 원하는 목적지를 찾아갈 수 있는 상황이 발생한다. 교사가 미리 메타버스 공간을 잘 파악하여 학생들을 안내할 수 있어야 하며, 이동을 위한 화면 제어 방식을 처음 접하는 학생들은 원하는 곳까지 이동하는 것에도 어려움을 겪을 수 있으므로 충분한 연습 기회가 주어져야 한다. 그럼에도 불구하고 4차 산업 관련 다양한 직종들을 체계적으로 체험할 수 있다는 장점이 있으므로 직업 탐색에 관심이 많은 학생들에게는 큰 도움이 될 것이다.

6) 인공지능(AI) 활용 장애학생 직업탐색 학습 콘텐츠

대전특수교육원에서 장애학생들의 특기와 적성 및 요구수준에 적합한 직업탐색을 목적으로 개발한 콘텐츠이다. 학생이 다양한 직업군의 직업탐색 영상을 보고 미니게임을 수행하면 인공지능이 학생의 활동을 분석하여 가장 좋아하는 직업과 가장 성취도가 높은 직업군을 제시하여 준다.

창의적 체험활동 진로영역 중 진로인식 및 탐색활동 단원 수업 시 유용한 콘텐츠이다. 이 콘텐츠를 이용하려면 QR코드나 하이퍼링크를 통해 인터넷 주소로 접속하는 방법밖에 없으므로 다음의 QR코드를 스캔하여 약 2GB가량의 설치파일을 내려받고, 1~2분 정도가 소요되는 간단한 계정 생성 과정을 거치도록 한다.

인공지능(AI) 활용 장애학생 진로탐색 학습 콘텐츠 앱 설치 파일	인공지능(AI) 활용 장애학생 진로탐색 학습 콘텐츠 활용서 및 학습자료

직업군을 선택하여 소개 영상을 보거나 직업 관련 미니게임(틀린그림찾기)을 수행하면서 다양한 직업에 대해 탐색한 후에 '현재 성취결과 보기' 메뉴로 들어가면 영상 시청 및 게임에서 얻은 점수에 기반한 직업을 추천받을 수 있다.

직업 관련 틀린그림찾기 미니 게임

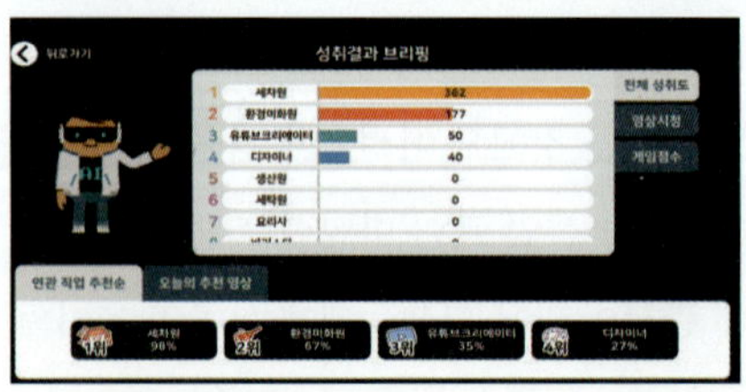

현재 성취결과 보기 화면

특수교육 대상 학생들이 수행할 수 있는 직업군과 하위 직업에 대해 영상에서 상세히 설명하고 있어 학생들이 직업을 이해하는 데 도움이 된다. 그러나 미니게임이 틀린그림찾기에 국한되어 있으며, 단계가 높아질수록 게임이 많이 어려워지는 단점이 있다. 또한 적합한 직업 분석 및 추천 방식도 영상 및 게임에서 얻은 점수의 합산으로 순위를 매기는 정도에 불과하여 인공지능의 분석이라고 하기에는 다소 아쉬운 점이 있다.

그럼에도 불구하고 앞서 소개한 바와 같이 다양한 직업 소개 영상들이 학생들의 눈높이에 맞추어 이해하기 쉽게 제작되어 있고 관련 학습지 등이 함께 제공되고 있기 때문에 진로 영역의 직업 인식 및 탐색 활동 자료로 매우 유용하다.

활동하기

1. 창의적 체험활동의 영역 간 활동 통합 방식을 적용하여 디지털교육을 활용한 교수 · 학습과정안을 작성해 보세요.
2. 포켓 터틀의 음악 코딩 명령어와 음계 색상을 참고하여 학생들의 주의를 집중시킬 수 있는 가락을 코딩해 보세요.
3. '모두를 위한 설문조사' 앱의 중복 참여 방지 기능을 활용하여 학급 임원을 선출하는 투표를 생성하고 가상으로 선거를 진행해 보세요.

제 15 장

일상생활 활동

개요

이 장은 디지털교육을 활용한 일상생활 활동 교수 역량을 함양하기 위해 교육과정적 기초와 적용 방안을 탐색하는 데 목적이 있다. 이를 위해 이 장에서는 2022 특수교육 기본 교육과정 일상생활 활동에서의 디지털교육 내용을 살펴보고 실제 적용한 사례와 활용 방법을 탐색한다. 이 장의 학습을 통하여 향후 장애 학생을 위한 일상생활 활동 교육에서 디지털교육 역량을 함양하게 된다.

1. 일상생활 활동 교육의 기초
2. 일상생활 활동의 디지털교육 실제
3. 일상생활 활동의 디지털교육 활용

1. 일상생활 활동 교육의 기초

2022 개정 특수교육 교육과정에는 학생의 독립적인 삶에 기반이 되는 생활적응 능력을 신장하기 위해 '일상생활 활동'이 신설되었다. 일상생활 활동 교육과정은 장애 정도가 심한 학생을 대상으로 하며 2022 특수교육 기본 교육과정을 적용하는 특수학교에 편성된다. 일반 학급 및 특수학급에 배치된 특수교육 대상 학생에게는 초·중등학교 교육과정의 교과(군) 내용과 특수교육 기본 교육과정의 일상생활 활동을 연계하는 방법으로 초·중등학교 교육과정을 재구성하여 적용할 수 있다.

일상생활 활동은 의사소통, 자립생활, 신체활동, 여가활동, 생활적응(시각중복, 청각중복, 지체중복) 영역으로 이루어져 있다. 또한 일상생활 활동은 '모듈형' 교육과정으로 교과, 창의적 체험활동과의 상호 보완적 관계 속에서 운영한다. 일상생활 활동의 영역과 내용 요소는 반드시 따라야 하는 교육적 순서를 의미하지 않으며, 제시된 교육과정을 활용하여 학생에게 적합한 영역을 선택하거나 새로운 교육과정으로 설계하고 운영할 수 있다. 운영할 수 있는 형태로는 모듈 1(일상생활 활동의 영역 내 선택형), 모듈 2(일상생활 활동의 영역 간 통합형), 모듈

표 15-1 2022 특수교육 기본 교육과정 일상생활 활동에서 디지털교육 관련 내용

3. 설계 및 운영

나. 운영의 주안점

(9) 학생의 기능적 요구와 미래 역량 필요성에 따라 정보 통신 매체, 인공지능, 증강현실(AR), 가상현실(VR), 혼합현실(MR), 확장현실(XR), 사물 인터넷(IoT), 디지털 기기 등의 공학 기술을 활용한다.

다. 활동의 주안점과 예시

(1) 의사소통

–활동 예시 '스마트 기기로 의사소통하기'('보완대체 의사소통의 탐색과 선택' 내용 요소 내 '실물 · 상징으로 의사소통하기' 활동)

(2) 자립생활

–활동 시 유의사항

• '안전한 생활'에서는 안전 수칙과 예방 행동을 생활 속에서 실천하도록 하는 것이 중요하므로 디지털 매체를 활용하거나 지역사회 시설 등의 실제 상황에서 체험하는 활동으로 구성한다.

(3) 신체활동

–활동 시 유의사항

• 음악 및 애니메이션 등 다양한 매체, 인공지능, 디지털 기기 등을 적극적으로 활용하여 움직임의 즐거움을 경험하도록 한다.

(4) 여가활동

–활동 예시 '디지털 매체를 이용해 친교 나누기'('공동체 여가활동' 내용 요소 내 '함께 친교 활동하기' 활동)

(5) 생활적응(시각중복)

–활동 시 유의사항

• '의사소통 방법의 선택과 적용'에서는 의사소통 동기를 향상하는 환경을 구성한다. 다양한 촉각 상징뿐만 아니라 디지털 및 인공지능 기술(예: 음성 인식, 단어 예측) 등을 활용하여 의사소통하도록 지도한다.

(6) 생활적응(지체중복)

–활동 시 유의사항

• '의사소통 기초 기술'에서는 다양한 디지털 매체를 이용하여 흥미로운 의사소통 상황과 경험, 반복적인 학습 기회를 제공하여 지도한다.

3(일상생활 활동 · 교과 · 창의적 체험활동 연계형), 모듈 4(기타 학교 자체 개발형)가 있다(교육부, 2024b).

일상생활 활동 교육의 목표는 학생이 자신과 주변 환경을 이해하고 현재와 미래의 삶에 필요한 생활 적응 능력을 함양하여 지역사회 속에서 능동적인 사회 구성원으로 더불어 살아갈 수 있도록 하는 것이다(교육부, 2024b). 학생 주변의 환경, 지역사회는 점차 정보화되어 가고 AI 및 디지털 기기의 활용 범위가 넓어질 것이기 때문에 일상생활 활동의 교육 내용 측면에서 디지털교육을 빼놓을 수 없다. 2022 특수교육 기본 교육과정 일상생활 활동에서 AI · 디지털 관련 내용은 〈표 15-1〉과 같다. 운영의 주안점에서는 다양한 실감미디어를 활용한 일상생활 활동 교육을 강조하고 있다. 증강현실(AR), 가상현실(VR), 혼합현실(MR), 확장현실(XR)을 포함하는 개념인 실감미디어는 장면에 대한 이해를 도와 맥락을 형성하고 직감적인 조작을 도우며 실재감을 형성하여 학습에 도움을 준다. 일상생활 활동 학습에 실감미디어를 활용한다면 학습자의 간접경험을 확대하고 학습자에게 사실적인 조작 경험을 제공하여 보다 상황중심적으로 상호작용하며 기술을 습득하도록 할 수 있다.

2. 일상생활 활동의 디지털교육 실제

1) 자립생활 영역(모듈 1-일상생활 활동의 영역 내 선택형)

(1) 교육과정 및 학습자 분석

일상생활 활동 자립생활 영역에서 청소도구 사용 기술을 모듈 1 교육과정 내에서 교수하기로 했다. 모듈 1 교육과정은 일상생활 활동의 영역 내 선택형으로, 일상생활 활동의 타 영역이나 교과, 창의적 체험활동과의 연계 없이 자립생활 영역 내에서 내용 요소를 한 개 이상 선택해서 운영한다. 본 차시에서는 '자기 관리' 내용 요소를 선택했다. 교육과정 재구성을 위한 구체적인 내용은 〈표 15-2〉에 제시하였다.

민재는 학습된 무기력이 있으므로 긍정적인 자기평가를 할 수 있도록 과제를 구성한다. 과제를 세분화하여 각각의 절차에서 성취감을 느낄 수 있도록 하고 교사의 도움이 아닌 과제 내의 촉진을 통해 스스로 과제를 해결하도록 한다. 시우는 어려운 과제에 마주쳤을 때 회피를 위해 상동행동을 하는 경우가 종종 있지만 유튜브 영상 시청을 좋아한다는 특성이 있다. 따라서 과제 내에 다양한 촉진을 마련하고 과제 속에 유튜브 영상 시청을 포함하여 시우

표 15-2 청소도구 사용하기 교육과정 및 학습자 분석

대활동	건강한 생활 습관	제재	청소도구 사용하기
영역 -내용 요소 -활동	(영역)-(내용 요소)-(활동) 자립생활-자기 관리-건강한 생활 습관 기르기		
학습자 장애유형	민재(지적장애), 시우(자폐성장애), 지유(중도중복장애: 지적 · 지체장애)		

가 과제를 회피하지 않고 과제에 집중할 수 있도록 지원한다. 지유는 상지 근육 사용이 가능하지만 가동 범위와 안정성이 부족하므로 휠체어 보드에 태블릿 거치대를 설치해 지유의 가동 범위 내에 거치된 태블릿을 조작하여 활동에 참여할 수 있도록 제시한다.

(2) 교수 · 학습 과정안 설계 및 개발

일상생활 활동 '자립생활' 영역의 '청소도구 사용하기' 주제에 대한 학습 단계에 따른 교수 · 학습 활동의 설계와 구체적인 자료 개발은 〈표 15-3〉과 같다.

표 15-3 청소도구 사용하기에 대한 교수 · 학습과정안

학습단계	교수 · 학습 활동	자료
도입	• 동기유발 –여러 가지 청소도구를 이용해 청소하는 영상 시청하고 이야기 나누기 • 학습목표 확인하기 청소할 곳의 특징에 맞는 청소도구를 선택해 적절한 방법으로 청소한다.	• 청소 영상
전개	• 〈활동 1〉 거실(방바닥)용 청소도구, 주방용 청소도구, 화장실용 청소도구 알아보기 –전자칠판을 통해 PPT 화면에서 청소할 곳의 특징에 따라 적절한 청소도구를 선택하기 • 〈활동 2〉 더러워진 곳을 보고 알맞은 청소도구를 찾기 –HALO AR 앱에 청소가 필요한 공간을 비춰 AR로 나타나는 알맞은 청소도구를 확인하고 찾기	• 전자칠판, PPT(청소할 곳에 적절한 청소도구 선택하기) • 스마트 기기(HALO AR앱), 청소도구

전개	• 〈활동 3〉 청소도구를 사용해 청소하기 –HALO AR 앱에 청소도구를 비춰 AR로 나타나는 사용 방법 영상을 시청하고 청소도구를 사용해 청소하기	
정리	• 학습 내용 정리하기 –청소할 곳의 특징에 맞는 청소도구 선택하기 –청소도구를 활용해 청소하는 방법을 발표하기	• 청소도구

(3) 디지털교육 실행 및 평가

도입에서는 여러 가지 청소도구를 이용해 청소하는 영상을 시청하며 이야기를 나눈다. 청소할 곳의 특징에 맞는 청소도구를 선택해 적절한 방법으로 청소하는 것이 학습 목표이므로 영상 시작 전 영상에 등장하는 장소와 그곳에서 이용되는 청소도구에 집중해서 영상을 시청할 것을 안내하고 영상 시청 후 해당 내용에 대해 질문한다. 영상에서 본 청소도구를 실제로 사용해 본 경험을 물을 수도 있다. 이러한 발문들을 통해 학습 목표에 대한 학습 동기를 유발할 수 있다.

〈활동 1〉에서는 더러운 장소 사진을 보고 여러 청소도구 중 해당 장소에 적절한 청소도구를 선택해서 클릭하면 해당 장소가 깨끗해진 사진으로 화면이 전환되도록 제작된 PPT를 전자칠판에 띄워 활용한다. 교사가 먼저 PPT 화면에서 청소도구를 선택하는 시범을 보이고 적절하지 않은 청소도구를 선택했을 때와 적절한 청소도구를 선택했을 때의 결과를 학생들이 여러 번 경험하고 비교할 수 있도록 발문한다. 이후 학생에게 선택해 보도록 하고 학생이 적절하지 않은 청소도구를 선택했을 때에는 더러운 환경이 변하지 않았음을 강조하며 그 이유를 생각해 보고 다른 선택지를 선택해 볼 수 있도록 발문한다. 전자칠판을 활용하는 활동에서 지유는 휠체어에서 전자칠판과 미러링되는 스마트기기를 조작하도록 한다.

〈활동 2〉, 〈활동 3〉에서는 HALO AR 앱을 활용한다. HALO AR은 학생이 주변 환경이나 학습자료를 스캔했을 때 나타날 증강현실(Augmented Reality: AR)을 직접 제작할 수 있는 앱이다. 평평한 물체의 사진을 촬영한 후, 그 위에 오버레이 되어 나타날 증강현실 요소(텍스트, 사진, 비디오, youtube 비디오, 3D 모델 등)를 선택하여 증강현실을 직접 제작할 수 있다. 학생들에게 링크나 QR 코드를 공유하여 제작한 증강현실 모음(Collection)을 실행 또는 팔로우하도록 하면 학생은 AR 마커를 스캔하며 증강현실 기능을 사용할 수 있다. AR 마커를 학생이 접하는 환경에 붙여둔다면, 일과 중 어느 때에도 학생이 스스로 스캔하여 증강현실을 볼 수 있기 때문에 학습한 기술의 유지를 위해 활용할 수도 있다.

표 15-4 HALO AR 앱의 AR 효과(이미지 트리거) 설정, 공유 방법

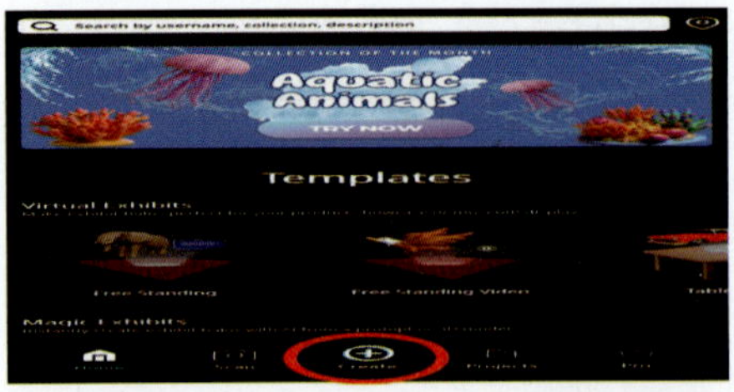	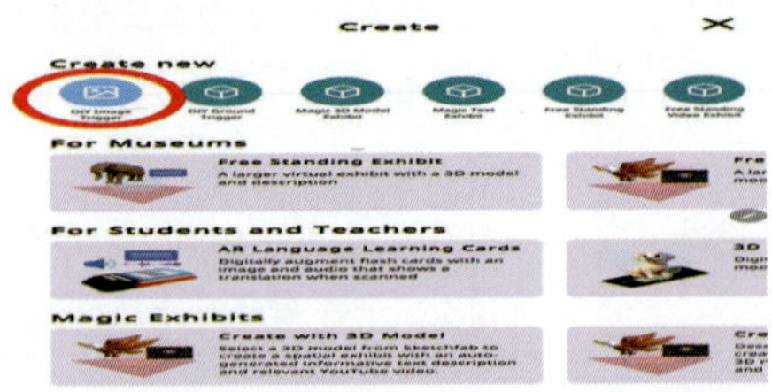
① 'Create' 버튼을 클릭하기	② 'DIY Image Trigger' 클릭하기
	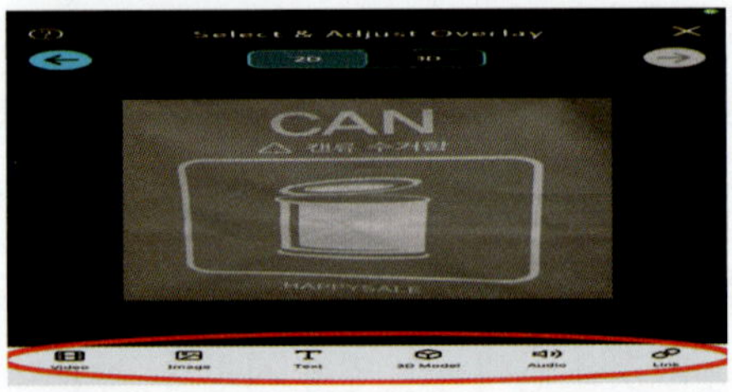
③ AR 효과의 Trigger로 쓰일 부분을 찍고 crop 하기	④-1 비디오, 이미지, 텍스트, 링크, 오디오 등의 AR 효과를 설정하기
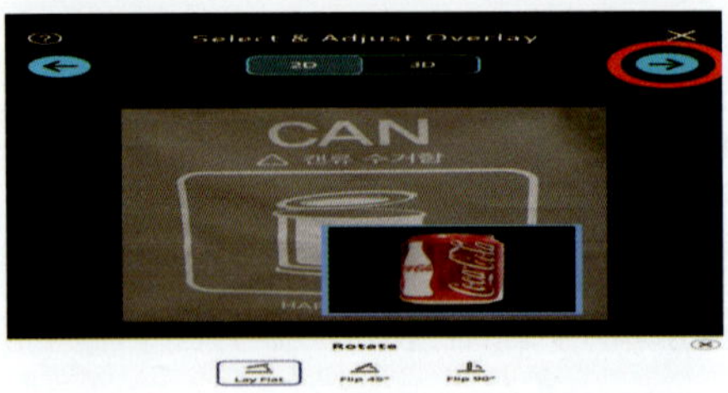	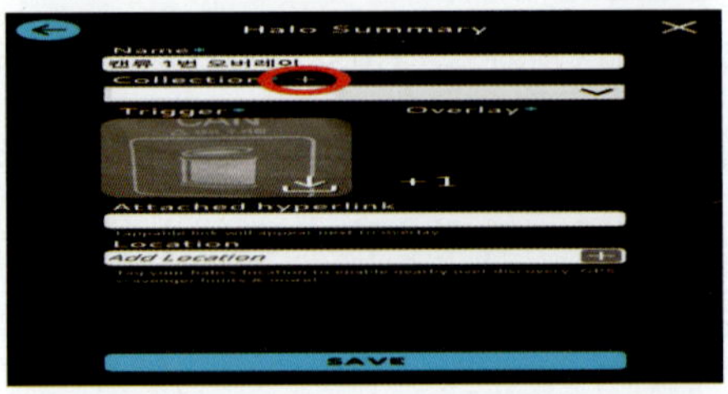
④-2 비디오, 이미지, 텍스트, 링크, 오디오 등의 AR 효과를 설정하기	⑤ 만든 AR 효과 등록하기
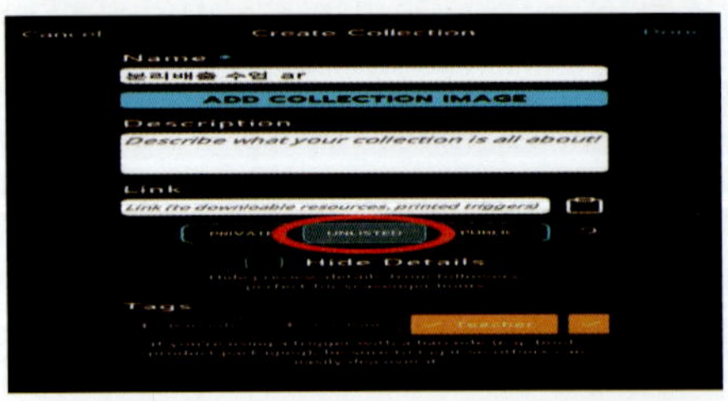	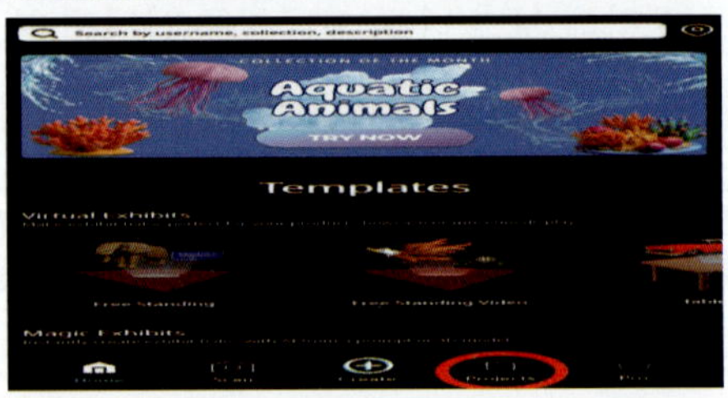
⑥ Collection 만들기, 'UNLISTED'로 설정하기 *Collection 단위로 학생들에게 공유할 수 있기 때문에 하나의 수업에서 쓰일 AR 효과들을 하나의 Collection에 담아두어야 한다.	⑦-1 'Projects' 버튼을 클릭해 만든 Collection 클릭하기

⑦-2 'Projects' 버튼을 클릭해 만든 Collection 클릭하기

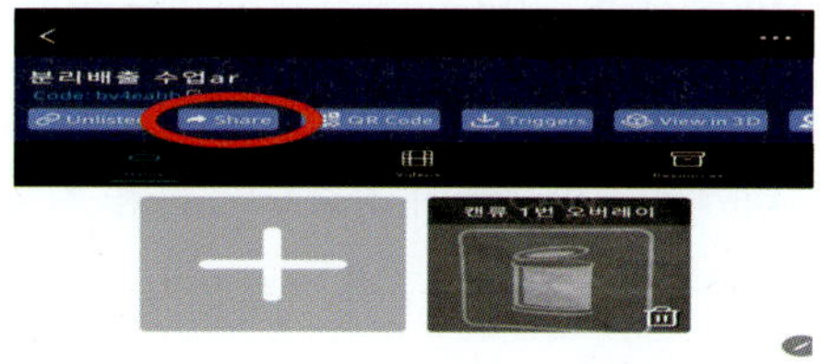

⑧ 'Share' 또는 'QR Code'를 눌러 Collection 공유하기

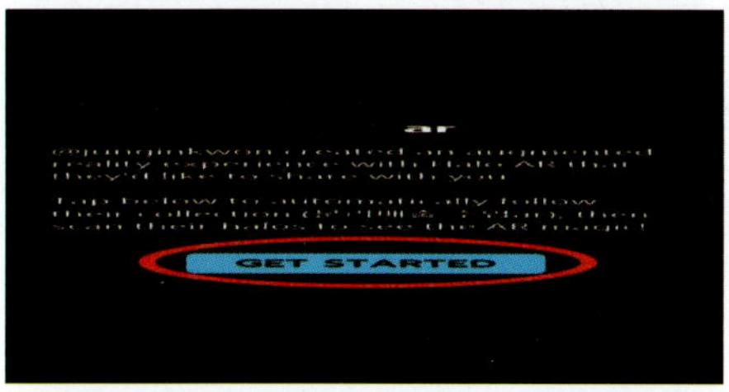

⑨ 학생이 사용할 기기에 HALO AR 앱을 설치하고 공유된 링크 열기, GET STARTED 버튼을 눌러 활동 시작하기

⑩ Trigger로 설정된 이미지를 카메라에 비춰 AR효과 보기

HALO AR 앱을 수업에 활용하기 위해서는 사전 준비가 필요하다. 수업 전 HALO AR 앱으로 학생들이 스캔할 공간에 AR 효과를 설정해 두어야 하기 때문이다. 공간이 그대로 유지되기 어렵다면 특정 이미지를 해당 공간에 배치한 뒤 그 이미지에 AR 효과를 설정하는 것도 좋다. 이미지 트리거로 AR 효과가 나타나도록 설정하고, 만든 AR 효과를 학생들에게 공유하는 방법은 〈표 15-4〉와 같다. HALO AR을 활용한 활동을 하는 동안 교사는 문제에 대한 답을 알려주는 촉구보다는 답을 찾는 과정에 대한 촉구를 제공한다. 즉, HALO AR로 학생이 직접 문제에 대한 힌트를 보는 방법을 가르쳐주는 것이다. 민재는 교사의 도움 없이 스스로 과제를 해결하며 성취감을 경험할 수 있도록, 시우는 회피 행동 없이 과제 해결에 집중할 수 있도록 이미지, 음성, 영상 등을 활용한 AR 효과로 과제 해결을 위한 촉진을 제공한다.

학생의 수준별로 다른 증강현실 모음(Collection)을 제공하여 과제 해결을 위한 개별화된 촉진 전략을 적용할 수도 있다. 예를 들어, 글을 읽을 수 있는 학생에게는 AR로 나타난 단어를 과제 해결의 힌트로 이용할 수 있도록 텍스트 AR 효과들로 구성된 Collection을 만들어 공유하고, 사진이나 그림상징으로 의사소통하는 학생에게는 AR로 나타난 이미지를 과제 해결의 힌트로 이용할 수 있도록 이미지 AR 효과들로 구성된 Collection을 만들어 공유할 수 있다. HALO AR을 활용한 활동을 하는 동안 지유는 스마트 기기를 일정 시간 안정적으로 지지하여 공간 및 이미지를 정확히 비추는 데에 어려움이 있으므로 휠체어 보드에 스마트 기기 거치대를 설치한 뒤 활용하도록 한다.

정리에서는 학생들이 청소도구 사용 기술을 습득했는지 평가하기 위해 스스로 청소할 곳의 특징에 맞는 청소도구를 선택하기, 청소도구를 활용하는 방법을 시범보이며 발표하기 등의 활동을 하며 수업 후에도 청소도구 사용 기술을 유지, 일반화 할 수 있도록 일상생활 중 지도하고 가정과 연계한다.

2) 의사소통 영역(모듈 3-일상생활 활동 · 교과 · 창의적 체험활동 연계형)

(1) 교육과정 및 학습자 분석

일상생활 활동 '의사소통' 영역에서 '감정에 따른 표정 및 몸짓 구분하기'를 모듈 3 교육과정 내에서 교수하기로 했다. 모듈 3 교육과정은 일상생활 활동 · 교과 · 창의적 체험활동 연계형으로, 본 차시에서는 일상생활 활동의 의사소통, 생활 적응 영역과 초 · 중등 교육과정, 특수교육 기본 교육과정의 국어 교과를 연계하였다. 교육과정 재구성을 위한 구체적인 내용은 〈표 15-5〉에 제시하였다.

표 15-5 감정에 따른 표정 및 몸짓 구분하기의 교육과정 및 학습자 분석

<table>
<tr><td>대활동</td><td colspan="2">'나'를 표현하는 말</td><td>제재</td><td>감정에 따른 표정 및 몸짓 구분하기</td></tr>
<tr><td>영역
-내용 요소
-활동</td><td colspan="4">• (영역)-(내용 요소)-(활동)
• 의사소통-의사소통의 활용-'나'를 표현하는 의사소통하기
• 생활적응(시각중복)-의사소통 방법의 선택과 적용-신체로 의사소통하기
• 생활적응(청각중복)-대인관계 형성과 규범 실천-타인의 생각과 감정 파악하기
• 생활적응(청각중복)-대인관계의 형성과 규범 실천-자기 생각과 감정 표현하기</td></tr>
<tr><td rowspan="2">연계 교과
성취기준</td><td>기본</td><td colspan="3">[2국어01-02] 표정과 몸짓의 의미를 이해하고, 표정과 몸짓으로 감정이나 요구를 표현한다.
[9국어01-03] 준언어적, 비언어적 표현 요소를 활용해 자신의 감정이나 느낌을 표현한다.</td></tr>
<tr><td>공통</td><td colspan="3">[4국01-03] 상황에 적절한 준언어 · 비언어적 표현을 활용하여 듣고 말한다.</td></tr>
<tr><td>학습자
장애유형</td><td colspan="4">도현(지적장애), 준호(중도중복장애: 지적 · 청각장애),
서연(중도중복장애: 지적 · 시각장애)</td></tr>
</table>

도현이는 다른 친구들을 가르쳐주는 것을 좋아하므로 컴퓨터에게 감정에 따른 표정과 몸짓을 가르쳐야 한다는 학습문제를 제시하고 상황에 몰입할 수 있도록 발문하여 흥미를 유발한다. 준호에게는 활동 내용을 시각 자료로 제시하고 친구의 표정과 몸짓을 보고 따라 하는 것으로 개별화된 학습 목표를 설정한다. 서연이는 수업 자료들을 확대하여 제공하고 친구의 표정이 송출되는 영상을 스마트기기 미러링을 통해 가까이에서 확대해서 볼 수 있도록 한다.

(2) 교수 · 학습 과정안 설계 및 개발

일상생활 활동 '의사소통, 생활적응' 영역의 '감정에 따른 표정 및 몸짓 구분하기' 주제에 대한 학습 단계에 따른 교수 · 학습 활동의 설계와 구체적인 자료 개발은 〈표15-6〉과 같다.

표 15-6 감정에 따른 표정 및 몸짓 구분하기에 대한 교수 · 학습과정안

학습단계	교수 · 학습 활동	자료
도입	• 동기유발 −선생님의 표정과 몸짓 따라 하기 −지난 시간에 배운 내용을 떠올리며 표정과 몸짓이 나타내는 감정을 말해보기 • 학습목표 확인하기 −Teachable Machine 사이트와 오늘의 미션(학습 목표) 알아보기 컴퓨터에게 감정에 적절한 표정과 몸짓을 가르쳐 봅시다. (감정에 적절한 표정과 몸짓을 짓는다.)	• PPT
전개	• 〈활동 1〉 컴퓨터에 감정별 표정을 학습시키기 −Teachable Machine 사이트의 '이미지 프로젝트'에서 웹캠을 실행시킨 뒤 웹캠 앞에서 기쁜 표정, 슬픈 표정, 놀란 표정 등을 표현하기(또는 감정별 표정 사진 카드를 구분해서 비추기) • 〈활동 2〉 컴퓨터에 감정별 몸짓을 학습시키기 −Teachable Machine 사이트의 '포즈 프로젝트'에서 웹캠을 실행시킨 뒤 웹캠 앞에서 사랑해 몸짓, 두려운 몸짓, 놀란 몸짓, 기쁜 몸짓 등을 표현하기(또는 감정별 몸짓 사진 카드를 구분해서 비추기)	• PC(Teachable Machine 사이트), 웹캠, 감정별 표정 사진 카드, 감정별 몸짓 사진 카드

	• 〈활동 3〉 컴퓨터와 감정 맞히기 대결 –친구가 웹캠과 나에게 표정 또는 몸짓을 보여 주면 친구의 감정을 맞히기 –컴퓨터의 답과 내 답을 비교하기, 오류를 교정하기	
정리	• 학습 내용 정리하기 –컴퓨터와 친구 중에 감정을 더 잘 맞힌 쪽은 누구인지 이야기해 보기 –컴퓨터가 더 잘 맞히게 하기 위해 어떤 사진, 영상을 더 입력해야 하는지 이야기하기	

(3) 디지털교육 실행 및 평가

이 수업에서는 Teachable Machine 사이트를 활용한다. Teachable Machine은 누구나 머신러닝 모델을 쉽고 빠르고 간단하게 만들 수 있도록 제작된 웹 기반 도구이다. 머신러닝 코드를 직접 작성하지 않아도 컴퓨터에 이미지(파일 또는 웹캠), 사운드(파일 또는 마이크에서 가져온 1초 분량의 소리), 포즈(파일 또는 웹캠에서 가져온 이미지에서 추정한 팔, 다리 등의 자세) 데이터를 입력해 컴퓨터가 새로운 데이터를 인식하도록 학습시킬 수 있다. 학습시킨 프로젝트는 저장 및 내보내기가 가능하다.

도입 단계에서는 먼저 Teachable Machine 사이트와 해당 사이트에서 머신러닝을 시킨 예시를 소개한다. 이때 컴퓨터에 데이터를 입력하면 컴퓨터가 머신러닝의 과정을 통해 새로운 데이터를 인식하는 과정을 이해할 수 있도록 지도한다. 학생들이 Teachable Machine을 이해하면, 학생들의 동기를 유발하기 위해 미션을 준다. 웹캠이 컴퓨터의 눈임을 설명하고 웹캠을 향해 감정에 적절한 표정과 몸짓을 보이며 컴퓨터를 가르쳐주라는 미션을 주는 것이다. 이때 웹캠을 눈이 달린 얼굴처럼 꾸민다면 도현이를 비롯한 학생들이 컴퓨터를 가르치는 선생님이 되어 컴퓨터에게 감정에 따른 표정을 가르친다는 상황에 더 몰입하여 활동에 흥미를 가지고 참여하도록 할 수 있을 것이다.

〈활동 1〉에서는 교사가 말이나 시각자료를 통해 감정을 제시하면, 학생은 그에 적절한 표정을 웹캠을 향해 지어 컴퓨터에게 감정별 표정을 학습시킨다. 표정을 짓기 어려운 학생은 여러 가지 표정 사진 중 적절한 사진을 선택해 웹캠에 비추어도 좋다. 사진도 인식이 가능하다. 화면 비율을 확대하여 웹캠 화면을 키우면 학생들의 주의집중을 증진시킬 수 있다. 서연이는 친구들의 표정을 직접 살펴보기 어려우므로 전자칠판 또는 그와 미러링 된 스마트기기를 통해 가까이에서 확대된 웹캠 화면으로 친구들의 표정을 볼 수 있도록 한다.

〈활동 2〉에서는 교사가 말이나 시각자료를 통해 감정을 제시하면, 학생은 그에 적절한 몸짓을 웹캠을 향해 보여 컴퓨터에게 감정별 몸짓을 학습시킨다. 몸짓을 하기 어려운 학생은 여러 가지 몸짓 사진 중 적절한 사진을 선택해 웹캠에 비추도록 한다. 포즈 프로젝트에서 손가락 동작 등의 작은 움직임은 인식되기 어렵다. 목, 팔, 다리를 활용한 큰 동작 위주로 머신러닝 시키는 것이 좋다.

〈활동 3〉에서는 컴퓨터에게 머신러닝을 시킨 결과를 확인하며 오늘 배운 내용을 평가한다. 발표하는 친구나 선생님이 웹캠과 다른 학생들에게 표정 또는 몸짓을 보여 주면 친구나 선생님의 감정을 맞혀본다. 이때 감정을 말로 답할 수 없는 학생들은 같은 감정 그림 카드 선택하기, 같은 표정 또는 몸짓을 지은 사진 선택하기 등 다양한 방법으로 답하게 할 수 있다. 이 과정에서 학생은 자신의 답과 머신러닝시킨 컴퓨터의 답을 비교하며 자신의 오류를 교정해 볼 수 있다.

정리 단계에서는 학생들이 컴퓨터에게 감정별 표정과 몸짓을 잘 학습시켰는지 평가해 보도록 발문한다. 컴퓨터가 잘못 대답했던 것이 있다면, 컴퓨터의 응답 정확성을 높이기 위해서 어떤 정보를 추가로 입력해야 하는지 고민해 보도록 한다.

Teachable Machine은 웹캠에 보여지는 모습이 어떤 항목에 가까운지를 막대그래프로 표현한다. 본시에서는 국어과와 연계하여 수업했지만 수학 수업과 연계하여 본시 전에 막대그래프를 읽는 방법을 가르치고 이를 본시에서 활용하도록 교육과정을 설계할 수도 있다. 이 수업에서 활용된 방법 외에도 Teachable Machine은 먹을 수 있는 상태의 음식과 먹을 수 없는 상태의 음식 구분 등 일상생활 활동 영역 내 변별이 필요한 내용을 가르치는 데에 폭넓게 활용될 수 있다.

표 15-7 **Teachable Machine 사이트 활용 예시**

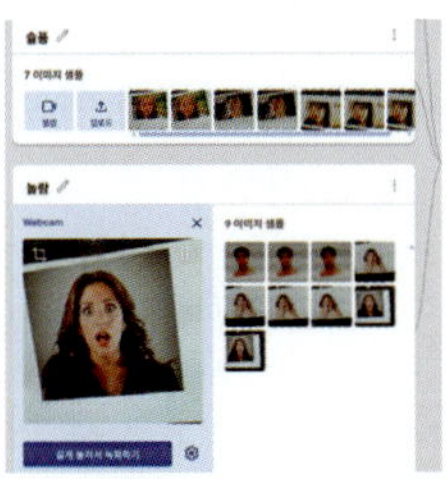	
① 이미지 프로젝트 생성 화면	② 머신러닝 결과 확인 화면

3. 일상생활 활동의 디지털교육 활용

일상생활 활동에서 디지털교육을 활용할 수 있는 교육자료를 제시하면 〈표 15-8〉과 같다.

표 15-8 일상생활 활동의 디지털교육 활용 사례

명칭	소개	영역-내용 요소(-활동)
ThingLink	360° 이미지, 2D 이미지, 3D 이미지, 영상에 다양한 형태의 정보를 링크할 수 있어 입체적인 정보 전달이 가능한 자료를 제작, 활용할 수 있는 플랫폼	• 의사소통-보완대체의사소통의 탐색과 선택-다양한 실물 · 상징 탐색하기 • 자립생활-신변 자립 • 자립생활-안전한 생활-생활 속 위험 인식하기 • 여가활동-지역사회 여가활동-실내 여가 시설 이용하기
국립어린이청소년도서관 AR책카드	국립어린이청소년도서관에서 제공하는 AR책카드, AR 큐브 활동지와 함께 사용하여 책과 증강현실(AR) 기술이 결합된 융복합 콘텐츠를 즐길 수 있는 앱	• 여가활동-개인 여가활동
그래피툰 및 허밍블럭스	-그래피툰: 동영상(숏폼 콘텐츠), 슬라이드, 애니메이션 등 나만의 창의적인 콘텐츠를 만들 수 있는 플랫폼 -허밍블럭스: 코딩 논리 블록을 조립하여 자신만의 음악을 만들 수 있는 앱으로, 그래피툰과 연동됨	• 신체활동-신체 인지와 움직임-감각 정보를 활용해 움직이기 • 여가활동-개인 여가활동-취미 활동 즐기기 • 여가활동-공동체 여가활동-함께 놀이하기
국립특수교육원 일상생활 활동 VR 콘텐츠	국립특수교육원 에듀에이블 > 에듀테크 > 실감형 교육 > 일상생활 활동에 탑재된 VR 콘텐츠로, 신체활동 콘텐츠와 여가활동 360°영상들이 탑재되어 있음	• 신체활동-신체 인지와 움직임-사물 조작하기 • 신체활동-신체 조절과 이동 • 신체활동-생활 속 체력 증진 • 여가활동-공동체 여가활동-함께 여행하기 • 여가활동-지역사회 여가활동-실내 여가 시설 이용하기, 실외 여가활동 즐기기

SOFTZEN VR EDU 콘텐츠	가상현실 교육시스템을 통해 발달장애 학생들의 일상생활과 독립생활 능력을 향상시키는 데에 목적이 있는 실감형 콘텐츠	• 자립생활–신변자립 • 자립생활–안전한 생활 • 자립생활–자기결정과 상호작용–자기 감정 인식하기와 조절하기 • 신체활동–생활 속 체력 증진–기술 융합형 신체활동 하기
VR 디바이스 호환 메타스토어 앱들	First Steps(VR 컨트롤러 사용법을 게임으로 익히기), Sports Scramble(VR 테니스, 야구, 볼링), All In One Sports(농구, 양궁, 배구, 당구, 볼링, 다트, 테니스, 골프, 스쿼시, 야구, 복싱, 비트복싱, 헤비백, 탁구), BRINK Traveler(세계 자연 경관 탐방), Youtube VR(정글, 우주, 심해 등 탐방), 국립중앙박물관(Youtube-360국중박, 역사적 유적 체험)	• 신체활동–생활 속 체력 증진–기술 융합형 신체활동 하기 • 여가활동–개인 여가활동–취미 활동 즐기기 • 여가활동–지역사회 여가활동–지역 문화 행사 즐기기

1) ThingLink

ThingLink는 입체적인 정보 전달이 가능한 자료를 만들 수 있는 인터랙티브 멀티미디어 학습 플랫폼이다. 이미지와 비디오에 텍스트, 오디오, 링크 등 다양한 형태의 정보나 퀴즈를 삽입할 수 있다. 특히 360° 이미지에 다양한 정보나 퀴즈를 삽입할 수 있어 VR 가상 투어 콘텐츠를 직접 만들 수 있다. ThingLink에서 제공하는 다양한 360° 이미지를 사용하거나 직접 찍은 파노라마 이미지 파일 원본을 활용해 360° 이미지를 생성해서 VR 콘텐츠를 제작할 수 있다. 공간이나 그 공간과 연관된 정보를 전달하고자 할 때 여러 슬라이드로 쪼개서 전달하기보다 한 페이지에서 필요한 부분에 정보를 태그하여 전달한다면 학생의 이해를 돕는 데에 도움이 될 것이다.

장면에 링크를 태그할 때는 일반적으로 주소창에서 복사하는 링크 대신 임베드 코드가 필요하다. 임베드할 콘텐츠의 소스(예: 유튜브, 구글 맵 등)에서 임베드 코드를 복사하여 입력해야 한다. ThingLink는 계정당 60일의 무료 체험 기간을 제공하며, 이후 콘텐츠 공유를 위해서는 요금제를 구입해야 한다.

ThingLink는 특정한 공간에서 이루어지는 일상생활 활동을 설명할 때 효과적이다. 예를 들어 부엌에서의 일상생활에 필요한 기술들을 교수하고자 할 때 부엌의 360° 이미지 속 각각의 기술들이 필요한 부분들에 태그를 만들어 정보를 삽입한다면 학생이 해당 공간과 일상생활 기술을 연결해 학습하는 데에 도움이 될 것이다. 만약 학생이 실제로 생활하는 환경을 파노라마로 찍은 이미지 파일을 활용해 360° 콘텐츠를 제작한다면 학생이 배운 기술을 떠올려 유지, 일반화하는 데에 큰 도움이 될 것이다.

ThingLink를 활용해 VR 기반의 방탈출 게임도 제작할 수 있다. ThingLink에서 만드는 VR 콘텐츠에는 여러 장면들(360° 이미지, 2D 이미지 등)을 포함시킬 수 있다. 장면에 배치 가능한 태그에는 텍스트, 이미지, 오디오, 링크 외에 '둘러보기' 태그가 있는데, 그중 '둘러보기' 태그는 클릭 시 다른 장면으로 전환할 수 있는 태그이다. '둘러보기' 태그 설정 시 '조건부 전환'을 설정하면 퀴즈(주관식, 객관식)를 맞혀야 다음 장면으로 전환이 가능한데, 이 기능을 활용해 VR 방탈출 게임을 만들 수 있다.

	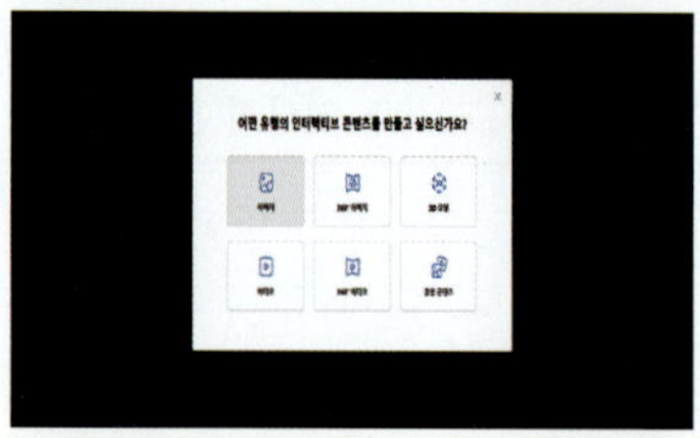
① ThingLink 첫 화면	② 미디어-작성 버튼 클릭 후 만들고 싶은 콘텐츠 유형 선택

③-1 다양한 유형의 자료에 태그를 추가하여 콘텐츠를 만들 수 있는 작업 화면	③-2 다양한 유형의 자료에 태그를 추가하여 콘텐츠를 만들 수 있는 작업 화면

2) 국립어린이청소년도서관 AR책카드

AR책카드는 다양한 주제들을 어린이들의 눈높이에서 배우고 즐길 수 있도록 증강현실 기술을 결합한 융복합 콘텐츠 앱이다. 국립어린이청소년도서관 누리집에서 활동지를 출력하여 앱과 함께 이용한다(국립어린이청소년도서관 누리집-자료검색-독서도움자료-실감형독서활동에서 출력 가능). 눈으로 직접 보고 경험할 수 있는 생생한 콘텐츠를 통해 학생들은 책 속 이야기를 더 쉽게 이해하고 상상력을 키우며 독서활동에 흥미를 가지게 될 것이다.

AR책카드를 수업에 활용하기 전에는 먼저 AR콘텐츠를 안전하게 이용하는 방법을 지도해야 한다. 스마트 기기로 활동지의 마커를 인식하고 AR콘텐츠를 이용하는 과정에서 화면에만 집중하여 주변의 사물과 부딪히지 않게 유의하도록 지도한다. AR책카드 앱을 활용하여 수업할 때에는 학생들이 단순히 AR콘텐츠를 즐기는 것에서 그치지 않고 관련된 책을 찾아보고 해당 주제에 대해 더 탐구할 수 있도록 지도해야 한다. 관련 주제를 인터넷에 검색해 보는 방법, 관련된 책이 지역사회 도서관에서 빌릴 수 있는지 찾아보는 방법 등을 함께 교수하여 학생이 개인 여가 시간에 더욱 다양한 여가활동을 할 수 있도록 확장시켜 주는 것이 필요하다.

AR책카드는 첫째, 여가활동 영역의 개인 여가활동 내용요소 중 취미 활동 즐기기 활동 수업에서 활용할 수 있다. 수업을 통해 AR책카드 앱에서 원하는 활동을 선택하고 앱을 활용하는 방법을 연습하고 개인 여가 시간에 AR책카드 앱을 활용하여 여가 활동을 하는 것으로 일반화할 수 있도록 한다.

둘째, 여가활동 영역의 지역사회 여가활동 내용요소 중 실내 여가 시설 이용하기 수업에서 활용할 수 있다. AR책카드는 35종의 활동으로 이루어져 있는데 각 활동들은 모두 연관되는 책이 있다. 따라서 지역사회의 도서관을 이용하는 체험학습 전 차시에서 AR책카드 앱을 통해 도서관에서 이용하고 싶은 책을 선택해 목록을 만들어보는 수업을 할 수 있다.

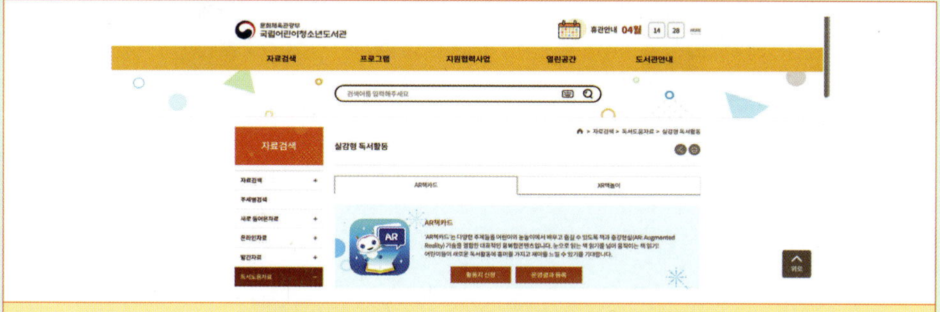

국립어린이청소년도서관 누리집 내 활동지 다운로드 화면

3) 그래피툰 및 허밍블럭스

그래피툰은 동영상(숏폼 콘텐츠), 슬라이드(카드 뉴스), 애니매이션 등 저작권 걱정 없는 나만의 창의적인 콘텐츠를 만들 수 있는 플랫폼이다. 그래피툰은 다양한 기능이 있는데, 대표적인 기능은 다음과 같다. 첫째, 모션 드로잉 기능이다. 자신이 그린 그림을 입력하고 다양한 모션 선택지 중 하나를 고르면 해당 모션이 그림에 적용되는 것이다. 둘째, 텍스트 음성 변환 및 음성 텍스트 변환 기능이다. 텍스트를 바탕으로 오디오 파일을 생성하여 영상의 나레이션으로 활용하거나 녹음한 음성파일을 바탕으로 초단위 텍스트를 생성하여 편리하게 자막 추가가 가능하다. 셋째, 텍스트 이미지, 비디오 변환 기능이다. 원하는 장면을 프롬프트에 작성하면 텍스트를 이미지나 비디오로 변환해 주어 이를 만들고자 하는 영상에 활용 가능하다.

허밍블럭스는 코딩 논리 블록을 조립하여 자신만의 음악을 만들 수 있는 앱이다. 음악과 코딩 논리 기반의 20가지 허밍 블록을 연결해 앱에서 스캔하고 다양한 장르 중 한 가지를 선택하면 AI가 코딩된 음악에 해당 장르를 적용하여 음악을 만들어 준다. 그래피툰은 허밍블럭스 앱과 연동되기 때문에 그래피툰에서 만드는 콘텐츠에 허밍블럭스 앱으로 코딩한 음악을 삽입할 수 있다.

① 그래피툰 첫 화면-새 프로젝트 생성 클릭

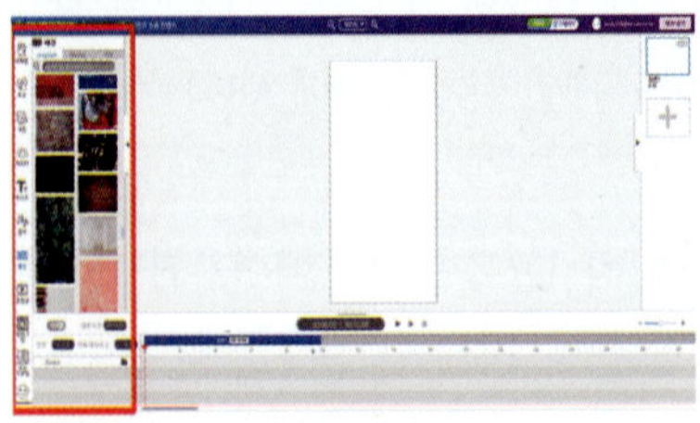

② 좌측 세로 패널 조작 화면

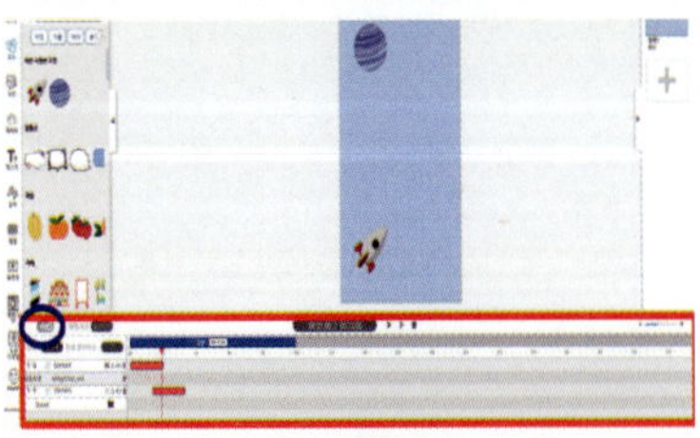

③ 하단 타임라인 조작 화면
(토글 버튼 클릭 후 타임라인 나타남)

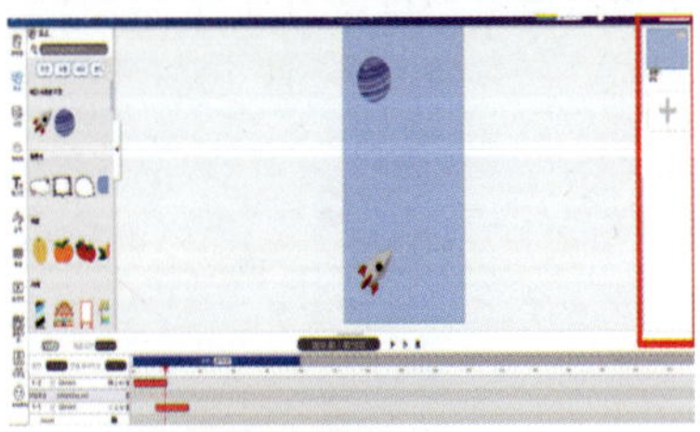

④ 우측 미리보기 화면
(장면 추가 및 장면 전환 설정)

그래피툰은 첫째, 신체활동 영역의 동작 모방 수업에서 활용 가능하다. 그래피툰의 모션드로잉 기능을 활용하여 학생들이 직접 그리거나 색칠한 캐릭터에 모션을 입히고 이를 활용해 영상을 만들고 이를 모방하도록 한다면 학생들이 흥미를 가지고 집중해 활동에 참여할 수 있을 것이다.

둘째, 여가 활동 영역에서 취미 활동 즐기기, 함께 놀이하기 등의 활동을 가르치는 수업에서 활용 가능하다. 학생들이 그래피툰을 통해 직접 캠페인 영상, 나만의 애니메이션 영상 등을 만들어 SNS에 올려보도록 지도할 수 있다. 학생들이 SNS에서 영상을 단순히 소비하는 것을 넘어, 직접 창의적인 영상을 제작해 공유하며 여가를 즐길 수 있도록 지도할 수 있다.

4) 국립특수교육원 일상생활 활동 VR 콘텐츠

국립특수교육원 일상생활 활동 VR 콘텐츠는 2022 특수교육 기본 교육과정의 '일상생활 활동'의 내용을 다루고 있으며, VR 콘텐츠를 통해 일상생활의 다양한 경험을 체험할 수 있도록 만들어졌다. 일상생활 활동 VR 콘텐츠들은 '국립특수교육원 에듀에이블 누리집-에듀테크-실감형교육-일상생활 활동'에서 다운로드 가능하다.

일상생활 활동 VR 콘텐츠는 VR 디바이스 중 하나인 '메타퀘스트3' 이상의 성능을 가진 VR 기기에서 구동할 것이 권장되며 메타 스토어에 공개되지 않은 에듀에이블 전용 콘텐츠이기 때문에 디바이스에 다운로드 후 설치해야 이용이 가능하다. VR 콘텐츠 설치 및 이용 방법은 VR 콘텐츠들과 함께 탑재된 '2024년 일상생활 활동 가상현실 교육 콘텐츠 활용 안내서'에서 확인할 수 있다. VR 콘텐츠를 안전하게 사용하기 위해서는 주변의 장애물들을 정리하고 안전거리를 확보 후 콘텐츠를 이용해야 한다. 또한 학생이 VR 멀미를 느낄 수 있으므로 주의와 관찰이 필요하며 렌즈의 간격 등 VR 디바이스를 각 학생에게 맞게 조절해 주어야 한다.

일상생활 활동 VR 콘텐츠는 튜토리얼, 신체활동, 여가활동의 3개 영역으로 구성된다. 일상생활 활동 VR 콘텐츠는 첫째, VR 디바이스를 사용한 활동 전 튜토리얼을 익히는 수업에 활용 가능하다. '신체활동' 영역의 '기술 융합형 신체활동 하기' 활동을 하기 위해서는 먼저 VR 디바이스 사용 방법을 익히는 수업이 필요한데, 이때 일상생활 VR 콘텐츠의 튜토리얼 콘텐츠를 활용할 수 있다. 튜토리얼 콘텐츠는 컨트롤러, 핸드 트레킹, 헤드셋 트레킹 사용 방법을 익힐 수 있도록 구성되어 있어 일상생활 활동 VR 콘텐츠뿐만 아니라 VR 디바이스를 활용하는 다양한 활동 전에 VR 디바이스를 이해하고 튜토리얼을 익히는 데에 유용하게 활용 가능하다.

둘째, 신체활동 영역의 사물 탐색 및 조작하기, 신체 조절과 이동하기, 생활 속 체력 증진하기 수업에 활용 가능하다. '사물 탐색 및 조작하기' 콘텐츠에서는 핸드 트레킹 기술을 활용하여 다양한 사물을 잡아 분류하거나 조작하는 활동을 할 수 있다. '신체 조절과 이동하기' 콘텐츠에는 다양한 선 따라 이동하기, 균형 잡고 이동하기, 신체 동작 게임하기 활동이 담겨 있다. '생활 속 체력 증진하기' 콘텐츠에는 야구를 배우고 다양한 난이도의 야구 게임을 할 수 있다.

셋째, 여가활동 영역의 다양한 여가활동을 즐기는 데에 필요한 기술을 익히는 수업에 활용 가능하다. 360° 영상을 통해 영화관 이용하기, 과학관 관람하기 등 다양한 실내 여가 시설을 이용하는 체험을 해 보고 시설 이용 방법을 학습할 수도 있고 올레길 여행하기, 농촌 체험하기, 캠핑 즐기기 등 다양한 실외 여가활동을 즐기는 체험을 해 보며 지켜야 할 안전 수칙이나 할 수 있는 활동들을 학습할 수도 있다.

더불어 '2024년 일상생활 활동 가상현실 교육 콘텐츠 활용 안내서'에는 일상생활 활동 VR 콘텐츠의 모든 콘텐츠에 활용 가능한 교수 · 학습과정안과 활동지가 포함되어 있기 때문에 수업 활용이 더욱 용이하다.

① 국립특수교육원 에듀에이블 누리집–에듀테크–실감형교육–일상생활 활동 화면

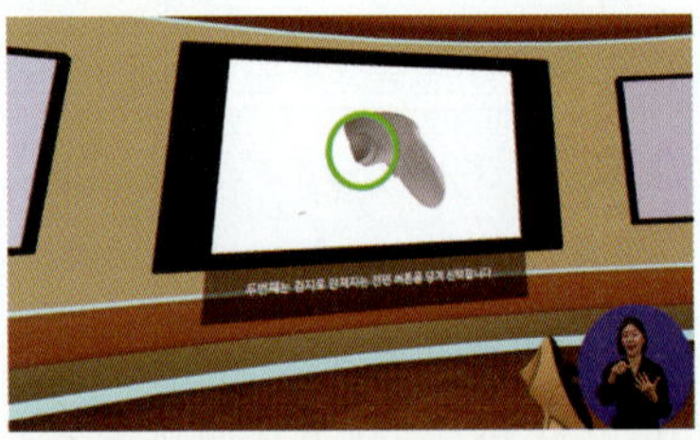

② 튜토리얼–컨트롤러 사용 방법 VR 활동 장면

③ 신체활동–사물 탐색 및 조작하기 VR 활동 장면

④ 여가활동–함께 등산하기 체험 화면

5) SOFTZEN VR EDU 콘텐츠

SOFTZEN VR EDU 콘텐츠는 가상현실 교육시스템을 통해 발달장애 학생들의 일상생활과 독립생활 능력을 향상시키는 데에 목적이 있는 실감형 콘텐츠이다. 일상생활 활동 자립생활과 신체활동 영역에 활용 가능한 5개의 프로그램으로 이루어져 있다(버추얼 키친, 버추얼 바리스타, 버추얼 테라피, 안녕 자두야 VR 체험형 안전교육, 테일즈런너 MR). SOLVE사 누리집에서 프로그램을 설치할 수 있으며, 7일간 체험판을 사용 후 정식 라이선스를 구매해 인증받아야 한다. SOFTZEN VR EDU 콘텐츠는 PC 또는 메타퀘스트 기기에서 이용 가능하다.

SOFTZEN VR EDU 콘텐츠는 실제 환경에서 연습하기에 위험한 상황들을 VR을 통해 안전하게 경험할 수 있다는 장점이 있지만 VR 기기를 사용하여 실제 시야는 제한되기 때문에 주변 장애물을 정리하고 안전거리를 지켜 활동하는 것이 필요하다.

'버추얼 키친' 콘텐츠는 자립생활 영역의 식생활 기초 기능 익히기, 안전한 생활 습관 기르기 등의 활동 수업에 활용 가능하다. 요리 전처리, 디저트 요리, 메인 요리 훈련이 포함되고 화살표 등의 시각적 단서나 프로그램 내 NPC 교사의 음성으로 재료 손질 및 조리 과정을 학습할 수 있다.

'버추얼 테라피' 콘텐츠는 신체활동 영역의 감각 정보를 활용해 움직이기, 감각과 근육 협응하여 움직이기 활동 수업에 활용 가능하다. '버추얼 테라피'에는 손과 팔을 이용해 풍선을 터뜨리는 소근육 훈련, 일정 시간 움직이는 나비를 응시하는 시선 집중 훈련, 블록을 쥐어 쌓아올리는 집중력 훈련 등의 활동이 포함되어 감각과 상지 움직임을 협응하는 연습을 할 수 있다. 또한 '버추얼 테라피' 콘텐츠에는 힐링 3종 콘텐츠가 포함되어 있는데 이는 자립생활 영역의 자기 감정 관리하기 활동 및 신체활동 영역의 호흡 조절 활동 수업에 활용 가능하다.

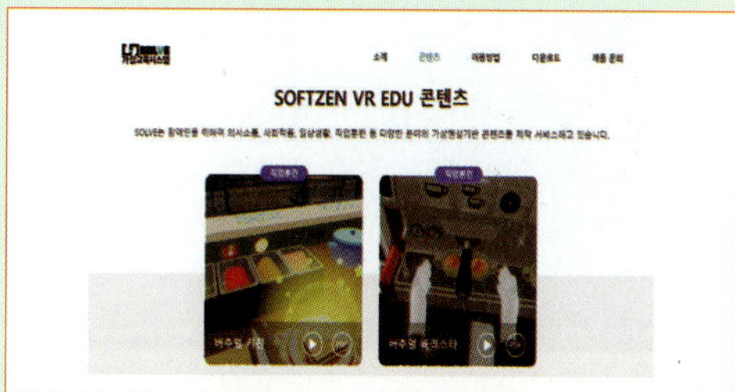

① SOFTZEN VR EDU 누리집 화면

② 버추얼 키친 VR 활동 장면

'안녕자두야 VR' 콘텐츠는 자립생활 영역의 안전한 생활 내용요소에 대한 수업에서 활용 가능하다. 7대 안전교육 내용에 대하여 설명을 받고 상황 발생 시 문제를 해결하고 해당 안전 교육의 중요성에 대해 정리하는 순서로 활동이 이루어진다. 활동 후에는 평가 차시에서 OX 문제로 평가가 가능하다.

'테일즈런너 MR' 콘텐츠는 신체활동 영역의 기술 융합형 신체활동 하기, 여가활동 영역의 함께 놀이하기 활동 수업에서 활용 가능하다. 달리기, 점프, 대시 등 온몸을 이용한 런닝 게임을 친구와 함께할 수 있다.

6) VR 디바이스 호환 메타스토어 앱들

메타퀘스트3 등의 VR 디바이스를 활용하여 메타스토어 등에 있는 호환 가능한 앱을 다운받아 사용할 수 있다. 첫째, First Steps이다. First Steps는 VR 컨트롤러 사용법을 게임을 통해 익힐 수 있는 앱이다. 본격적으로 메타퀘스트3를 이용하여 활동하기 전에 활용한다면 학생들이 메타퀘스트3을 활용하는 데에 익숙해져 본래 활동 목적에 맞게 활동하는 데에 도움이 될 것이다.

① First Steps 활동 장면

② Sports Scramble 활동 장면

③ All In One Sports 활동 장면

④ BRINK Rraveler 활동 장면

둘째, Sports Scramble과 All In One Sports이다. Sports Scramble을 통해서는 VR 테니스, 야구, 볼링을 게임을 해 볼 수 있고 All In One Sports을 통해서는 농구, 양궁, 배구, 당구, 볼링, 다트, 테

니스, 골프, 스쿼시, 야구, 복싱, 비트복싱, 헤비백, 탁구를 해 볼 수 있다. 각 스포츠별로 난이도에 따라 게임할 수 있어 신체활동 영역의 '기술 융합형 신체활동 하기' 활동 수업에서 활용 가능하다.

셋째, BRINK Traveler(세계 자연 경관 탐방), Youtube VR(정글, 우주, 심해 등 탐방), 국립중앙박물관(Youtube-360국중박, 역사적 유적 체험) 등의 간접 체험 앱이다. BRINK Traveler을 통해서는 세계 자연 경관 탐방을, Youtube VR을 통해서는 정글, 우주, 심해 탐방 등을, Youtube-360국중박을 통해서는 역사적 유적 체험을 할 수 있다. 이는 여가활동 영역의 '실외 여가활동 즐기기' '지역 문화 행사 즐기기' 활동 등의 수업에서 활용 가능하다.

활동하기

1. 이 책에서 제시된 디지털교육 자료를 활용하면 좋을 일상생활 활동의 영역–내용 요소–활동을 더 찾아보세요.
2. 이 책에서 제시된 디지털교육 자료 외에 일상생활 활동 수업에서 활용할 수 있는 디지털교육 자료를 찾고 장단점을 이야기해 보세요.
3. 디지털교육 자료를 활용한 일상생활 활동 교수 · 학습과정안을 설계해 보세요.

제16장 학급운영 및 학교생활 지원

개요

이 장은 디지털교육을 활용한 학급운영 및 학교생활을 지원 방안을 탐색하는 데 목적이 있다. 이를 위해 이 장에서는 학생과 학부모, 행정 차원의 내용을 살펴보고 실제 적용한 사례와 활용 방법을 탐색한다. 이 장의 학습을 통하여 향후 장애 학생을 위한 학급운영 및 학교생활을 지원할 수 있는 역량을 함양하게 된다.

1. 학생 지원
2. 학부모 지원
3. 행정 지원

1. 학생 지원

특수교육 대상 학생에게 시각적 자료는 주의 집중에 도움을 줄 뿐만 아니라 학습에 대한 이해력을 증진시키고 효과적인 의사소통을 돕는다. 또한 현재 정보 정리 및 공유 등을 위한 다양한 앱이 개발되어 있지만 이를 학교 현장의 학생 지원에 목적을 두고 활용한 사례나 그 활용 방법은 쉽게 접하기 어려워 학생을 지원하기 위한 방법은 디지털교육 이전의 방식에 머무르고 있다. 따라서 '학생 지원' 파트에서는 이미지, 영상 등을 활용한 수업자료 제작 및 활용 방법과 여러 가지 구글 시트를 활용한 학급 운영 및 학급 일지 작성 등에 대한 방법과 다양한 사례를 안내하고자 한다.

1) 이미지 활용(소통 및 수업 자료)

(1) 화면 캡처

학생에게 필요한 이미지나 내용을 캡처하여 활용한다면 학생들과 소통 부재의 시간을 단축시키고 효과적인 교육 효과를 보일 수 있다. 예를 들어, 화면 녹화 기능을 활용하여 학생이 평소 어려워했던 사이트 접속 및 사용 방법을 소개하거나 수업에서 처음 사용하는 온라인 교구를 설명할 때 화면 녹화 기능을 실행해 학생들에게 튜토리얼 형식으로 안내한다면 학생들이 영구적으로 보면서 따라 하고 학습할 수 있도록 도울 수 있다.

① 컴퓨터 '캡처 도구' 애플을 활용하여 화면 캡처

윈도우에는 다양한 앱이 설치되어 있는데 그중 화면에 뜬 필요한 줄글이나 이미지에 대해 캡처할 수 있도록 돕는 '캡처 도구'가 있다. 캡처 도구는 윈도우 검색창에 검색하면 손쉽게 찾을 수 있다. 캡처 도구 앱은 단축키로도 사용할 수 있는데 Window 로고키를 먼저 누르고 shift, S 혹은 Window 로고키, print screen 키를 누르면 앱이 자동 실행된다.

캡처 도구에는 캡처 기능뿐만 아니라 다양한 기능이 탑재되어 있다.

(Window 로고키) + shift + S
(Window 로고키) + print screen(prt Scr, prtsc)

첫 번째로 화면 녹화 기능이다. 이 기능은 캡처 도구 접속 후, 상단에 뜨는 캠코더 아이콘을 눌러 실행할 수 있다. 아이콘을 누른 뒤 먼저 녹화를 원하는 영역을 설정하고, 녹화 버튼을 눌러 화면 녹화를 시작한다. 화면 녹화 시 마우스 커서의 움직임, 스크롤 등 화면에서 볼 수 있는 모든 움직임이 녹화된다. 화면 녹화 기능은 컴퓨터 사용에서 사이트 접속 방법이나 컴퓨터 기능을 소개할 때 튜토리얼 영상 제작 시 유용하다.

두 번째 기능은 그림판 기능이다. 원하는 화면을 캡처하고 해당 파일 위에 중요한 부분을 형광펜으로 표시하거나 다른 그림을 그려 넣고 싶을 때 볼펜, 형광펜, 도형 기능을 사용하여 캡처한 그림 위에 표시할 수 있다. 더 나아가 그림판 사용이 더 익숙하여 그림판에서의 기능을 활용하고 싶은 사용자들은 앱 우측 상단에 '그림판에서 편집' 버튼을 눌러 더 다양한 브러

쉬와 기능을 활용해 편집이 가능하다.

[그림 16-1] 캡처도구 실행 화면 및 기능

② 단축키를 활용한 화면 캡처

첫 번째로 'print screen 키'를 사용하는 방법이다. 해당 버튼을 누르면 전체화면이 클립보드에 복사되고 복사된 이미지는 그림판이나 다른 이미지 편집 프로그램에 붙여넣기(Ctrl + v)하여 저장할 수 있다. 키보드 기능에 따라 조금씩 달라 print screen 버튼으로 캡처가 되지 않는다면 Fn 키를 함께 눌러 캡처하면 된다. 그래도 실행이 되지 않을 시, print screen 단축키가 다른 프로그램으로 등록되어 있는지 확인해야 한다.

두 번째로는 'Alt+Print screen' 버튼을 누르는 방법이 있다. 이 단축키는 현재 활성화된 창만 캡처하기 위해 사용되는 버튼으로 이 방법 또한 클립보드에 복사되며 붙여넣기를 통해 확인이 가능하다. 만약 실행이 되지 않을 시, 위와 같은 방법으로 Fn 키를 함께 적용해야 한다.

(2) 편집 및 디자인

① 이비스 페인트(ibis Paint)

이비스 페인트는 광고가 자주 발생한다는 점에서 다소 불편함이 있지만 광고가 없는 유료 버전이 따로 있고, 다른 앱에 비해 비교적 쉬운 '레이어' 기능이 있다는 점에서 이점이 있다. 이비스 페인트는 '레이어' 기능을 활용한다면 손쉽게 활용할 수 있다. 학급 꾸미기에 필요한 그림을 저작권으로 인해 사용할 수 없을 때 필요한 그림을 학급 분위기에 맞게 모작하여 학급게시판을 꾸미는 데 사용하거나 학급에 주의집중력 향상이 필요한 학생을 위해 사진 및 그림 따라 그리기를 제공하는 등 유용하게 사용될 수 있다.

첫째, 이비스 페인트 앱에 들어가 '나의 갤러리'를 선택한다. 해당 버튼을 누르면 지금까지 작업해 왔던 그림들이 저장되어 있다. 작업해 왔던 그림이 있다면 해당 그림 버튼을 누르고, 새로 작업하는 경우에는 왼쪽 하단에 있는 +버튼을 눌러 새 그림창을 만든다. 이때 캔버스의 사이즈를 조절하여 원하는 그림의 크기를 적용해야 한다.

둘째, 그림창 오른쪽 하단에서 레이어 그림 표시를 선택한다. 해당 버튼을 누르면 레이어 목록 왼편에 다양한 표시들이 함께 제시되는데 '+버튼'은 레이어 추가, '카메라 버튼'은 갤러리에서 원하는 그림을 불러올 수 있는 기능이다. 밑그림 혹은 따라 그리기를 하기 위해선 카메라 버튼을 눌러 원하는 사진을 불러오면 된다. 불러오고 난 뒤에는 사진을 화면에 잘 맞추고 v표시를 눌러 사진을 고정시킨다.

① '나의 갤러리' 모습 | ② 레이어 위치 및 레이어 기능

③ 레이어 위치 조절 | ④ 불투명도 조절 | ⑤ 밑그림 그리기

[그림 16-2] 이비스페인팅 활용 순서

셋째, 레이어의 위치를 조절한다. 사진을 불러오고 나면 해당 레이어는 2번에 위치할 것이다. 이를 1번의 위치로 옮겨줘야 한다. 이 작업이 있어야 불러온 사진 위로 작업이 가능해진다.

넷째, 1번 레이어(사진 레이어)에서 사진의 불투명도를 조절한다. 원본 사진의 선명도가 진하면 작업 진행의 시각적인 확인이 어려워질 수 있기 때문에 불투명도를 높여 선 그리기 등의 작업이 가능하도록 한다.

다섯째, 2번 레이어에서 작업을 진행한다. 2번 레이어에서 밑그림 그리기, 채색하기 등의 작업을 진행한다. 특히 채색할 때 밑그림의 선과 선을 명확하게 잇거나 붙이면 '페인트통' 기능을 통해 한 번에 채색할 수 있다.

② 블로(VLLO) & 수노(SUNO)

블로(VLLO)는 사용하기 쉬운 동영상 편집 앱으로, 초보자부터 전문가까지 모두가 사용할 수 있는 다양한 기능을 제공한다. 이 앱은 직관적인 UI(User Interface)를 통해 누구나 쉽게 영상 편집을 시작할 수 있고, 다양한 편집도구가 제공되며 워터마크 없이 영상을 내보낼 수 있다는 장점이 있다. 다만 무료로 이용 시, 완성된 영상을 저장할 때 광고 시청이 필수로 적용되어 앱을 이용하는 데 약간의 번거로움이 있을 수 있어 '평생 회원권' 이용을 통해 광고 시청을 생략하고, 다양한 기능을 활용하는 사람들도 증가하고 있다.

일반학교 특수학급에서는 법적으로 장애이해교육을 실시하도록 되어 있다. 그러나 비장애 학생들의 낮은 관심과 흥미로 인하여 영상 시청으로 대체하거나 알맹이 없이 형식상 진행되어 장애이해교육 운영에 어려움을 겪기도 한다. 이러한 어려움을 해결하기 위하여 '특수학급 소개 영상'으로 블로와 스노를 활용한 학생들과 뮤직비디오 만들기 활동을 추천하고자 한다.

우선 블로를 활용하여 동영상을 만들 때 사용하는 주요 기능은 다음과 같다.

분할	–영상에서 사용할 부분과 사용하지 않을 부분을 잘라주는 기능 –편집하고 싶은 영상을 클릭하면 아이콘이 하단에 생성
배경음악 & 효과음	–영상 상황에 맞는 배경음악 및 효과음 삽입 기능 –스마트폰 파일에서 불러오기 가능 –일상, 카페, 키즈/생활음, 발걸음 등 주제에 맞는 음악 분류

스티커	–다양한 스티커 보유 –왕관 표시는 유료
글자 및 자막	–영상에 맞는 글씨 및 자막 삽입 가능 –다양한 글꼴, 자막 디자인 보유
PIP	–영상 안에 다른 사진이나 영상 삽입하는 기능 –동영상, 사진, gif 등 다양한 형태로 삽입 가능

만약 학생들과 학급 뮤직비디오에 필요한 음악도 제작하고 싶다면 '수노(SUNO)' 플랫폼을 추천한다. 수노 사이트에 들어가면 제일 먼저 프롬프트에 원하는 주제에 관련된 텍스트를 입력할 수 있다. 키워드 위주로 적어도 되지만 학급과 학생 특징에 대한 설명을 같이 해줌으로써 노래 완성도를 높일 수 있다. 또한 원하는 장르의 노래를 프롬프트에 입력해 주면 해당 장르에 적절한 비트와 음원을 선정하여 제작한다.

③ 캔바

캔바는 사용자 친화적인 그래픽 디자인 플랫폼으로, 전문적인 디자인 기술 없이도 누구나 손쉽게 디자인 작업을 할 수 있도록 도와주는 도구이다. 많은 교사가 프레젠테이션을 활용하여 수업자료를 제작하는데 교사 인증을 통하여 다양한 이미지, 템플릿 등을 무료로 사용할 수 있고, 학생들을 자신의 계정으로 초대하여 자료를 공유하며 수업할 수 있는 교육용 서비스 이용이 가능하다. 캔바에서 주로 사용할 수 있는 기능은 다음과 같다.

첫째, 템플릿 기능이다. 이 기능은 기존 프레젠테이션이나 포스터, 동영상 등 용도에 맞게 나만의 학습 자료를 만들 수 있다. 다양한 글꼴과 이미지, 효과가 있어 수업 분위기와 학생의 흥미에 맞는 수업자료 제작이 가능하고, 조작이 쉬워 학생들이 직접 자료를 제작해보는 실습수업에도 활용 가능하다.

둘째, 기능은 프로젝트 기능이다. 이 기능은 작업을 보다 체계적으로 관리하고 협업을 효율적으로 진행할 수 있도록 돕는 도구이며 사용자가 여러 디자인 파일, 이미지를 포함한 리소스, 폴더 등을 손쉽게 정리하고 공유할 수 있도록 설계되어 있다. 대표적인 기능으로는 팀 협업이 있는데 이는 팀원들과 특정 프로젝트 폴더를 공유하여 디자인을 공동으로 작업할 수 있는 기능이다. 이 기능은 자료를 선택하고 팀원의 이메일을 등록하면 실시간으로 피드백이나 수정이 가능하며 협업을 원활하게 진행할 수 있다. 이 외에도 클라우드 기반 저장이 가능하여 어디서든 접근이 가능하고, 프로젝트 내에서 공유 및 편집 권한을 개별적으로 설정할 수 있어 중요한 자료를 안전하게 관리하는 것이 가능하다.

[그림 16-3] 팀 협업을 위한 공유 버튼

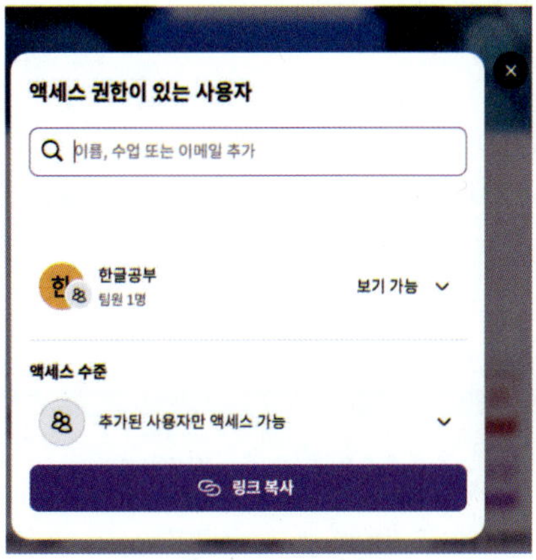

[그림 16-4] 팀원 등록

셋째, 기능은 과제 제시 기능이다. 교육용 캔바에서는 학교 설정을 통해 학생을 초대하고 그룹을 만들 수 있다. 이 과정이 준비되면 학급 학생들에게 과제를 제시할 수 있다. 이 기능은 '수업 과제' 버튼을 눌러 실행한다. 그 다음 '디자인 만들기' 버튼을 누르고 발표, 마인드맵, 글쓰기 등 수업 주제에 맞는 템플릿을 찾는다. 설정한 템플릿에 수업 내용에 맞는 내용으로 채워 넣고, 학생들이 과제를 수행할 수 있도록 자료를 디자인한다. 학생들에게 제시될 과제가 완성이 되면 오른쪽 상단에 '할당'이라는 버튼을 눌러 학생들이 과제를 제출할 공간을 선택하고, 해당 과제에 대한 설명을 설명 칸에 적는다. 그 다음 어떤 학생들에게 과제를 제시할 것인지 학생을 지정하여 과제를 제시하면 대상 학생들에게 알림이 전송되며 과제가 제시된다. 만약 조별 과제로 수행해야 한다면 학생이 다른 학생을 초대하여 공동작업이 가능하다. 학생은 수행한 과제를 우측 상단에 '교사에게 보내기' 버튼을 활용하여 제출할 수 있다. 과제가 제출되면 교사에게 알람이 전송되는데 학생의 과제를 눌러 피드백이 필요한 학생에겐 피드백 보내기를, 수정할 것이 없는 내용에 대해서는 '완료' 버튼을 눌러 마무리할 수 있다.

이처럼 캔바는 참여형 수업 및 팀 과제를 더 효과적으로 수행할 수 있다는 장점이 있다. 특히, 학기 초와 같이 새로운 친구를 만나거나 협동심이 필요할 때 캔바의 프로젝트 기능을 활용하여 친구의 첫인상 마인드맵, 친구 얼굴 완성하기, 우리에게 쓰는 편지 등 다양한 활동을 더 역동적으로 진행할 수 있고, 넉넉한 용량이 제공되어 수업에 대한 다양한 자료를 저장하고 필요할 때마다 꺼내어 사용할 수 있다.

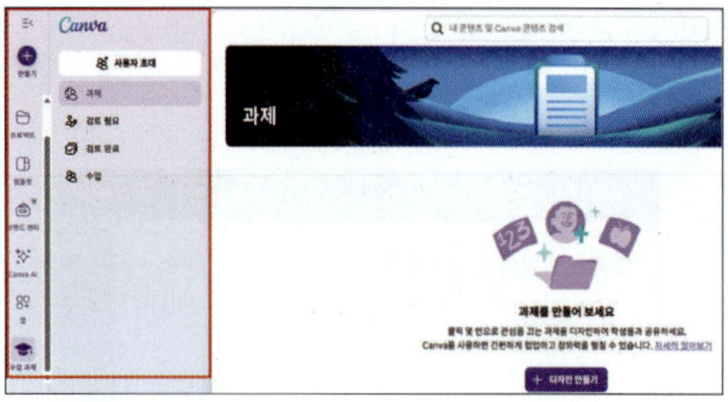

[그림 16-5] 과제 버튼 위치

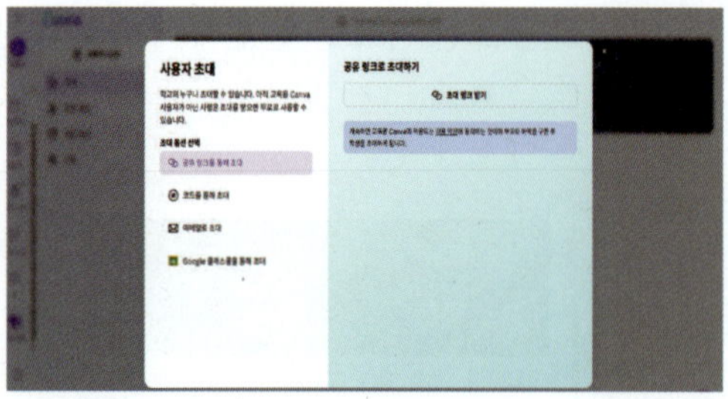

[그림 16-6] 학생 초대

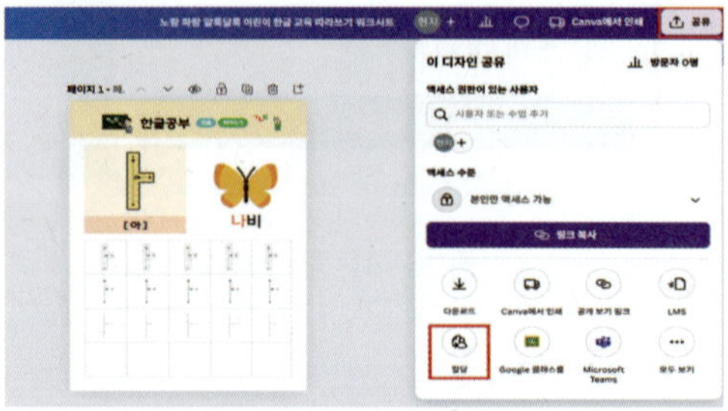

[그림 16-7] 과제 할당

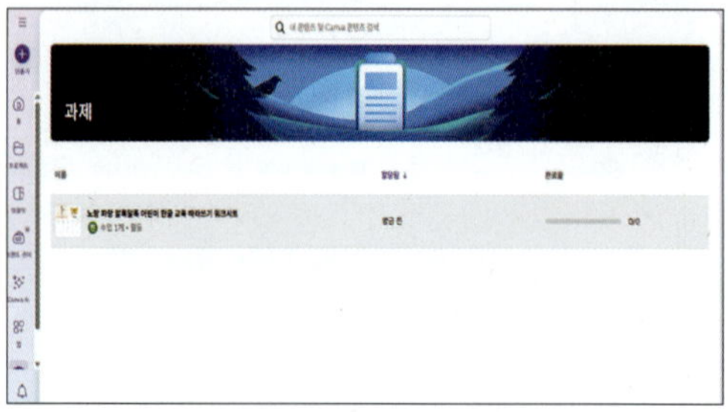

[그림 16-8] 과제 진행률 확인

2) 구글 플랫폼 활용

구글은 다양한 플랫폼을 통해 일상생활에 필요한 도움을 제공할 뿐만 아니라, 직장에서의 업무 효율성도 높여준다. 예를 들어, 구글 폼을 활용해 데이터를 수집하고, 스프레드시트에서 정보를 정리 및 분석하거나 공유할 수 있으며, 구글 캘린더와 연동하여 회의 일정 조율과 알림 설정도 가능하다. 이처럼 여러 플랫폼을 연계하여 협업을 원활하게 하고, 업무와 일정을 효율적으로 관리할 수 있다. 여기에서는 이러한 구글 플랫폼을 활용하여 학급을 효과적으로 운영하고 경영하는 방법을 소개하고자 한다.

(1) 학급 일지(구글 캘린더, 구글 킵, 조건부 서식)

① 구글 캘린더

구글 캘린더는 구글에서 운영하는 캘린더다. 우리가 기존 사용하는 캘린더는 탁상형 달력이나 책으로 된 교무수첩, 다이어리 등이 있는데 구글 캘린더는 온라인상에 작성할 수 있다는 점에서 차별성을 갖는다. 구글 캘린더는 구글의 다른 앱과 연동하여 다양하게 활용할 수 있다.

먼저, 구글 드라이브를 활용해 날짜를 지정하여 사용해야 하는 학습 자료나 도구를 저장한 뒤 필요한 날짜에 등록해 두어 사용하게 할 수 있고 구글 화상 회의실을 만들어 온라인 수업을 가능하게 한다. 구글 캘린더를 활용해 상담이나 회의하고 기록한 내용을 추가하거나 필요한 파일과 기록 자료를 업로드할 수 있어 필요에 맞게 활용하면 된다.

캘린더를 활용해 학생들에게 개별적인 지원이 가능하다. 예를 들어, 학생에게 각자 태블릿 PC를 하나씩 제공하고, 구글 계정을 지원할 수 있는 상황이라면 학생들에게 구글 캘린더 사용법에 대해 안내한 다음, 해당하는 날에 학생이 공부해야 하는 과목을 입력하고 각 과목에 맞는 파일을 교사가 구글 드라이브나 회의록 파일 업로드 기능을 활용하여 등록해 둔다. 학생들은 구글 캘린더를 열어 해당 날짜에 자신이 공부해야 하는 과목과 활동지 등을 확인하고 학습한다. 이뿐만 아니라 학교 내 일과와 더불어 치료실, 학원과 같은 방과후 일정 등 학생 개인 일정을 함께 기록해둔다면 일과의 전환이나 일상적 변화에 적응하도록 도움을 줄 수 있다. 반복되는 일과의 경우, 반복 설정이 가능하기 때문에 캘린더에 반복하여 기입하는 번거로움을 줄일 수 있다. 또한, Task의 '할 일 추가' 기능을 활용하여 오늘 해야 할 일을 정리하고 마칠 때마다 표시하여 자기 점검을 통해 자립성 및 성취감을 향상시킬 수 있다.

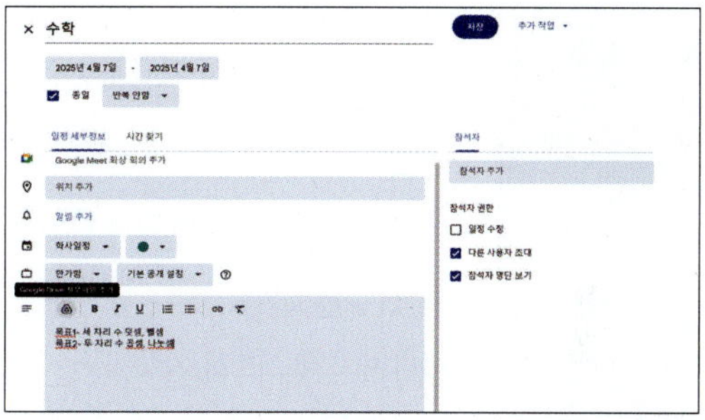

[그림 16-9] 구글 드라이브를 통한 학습 자료 등록

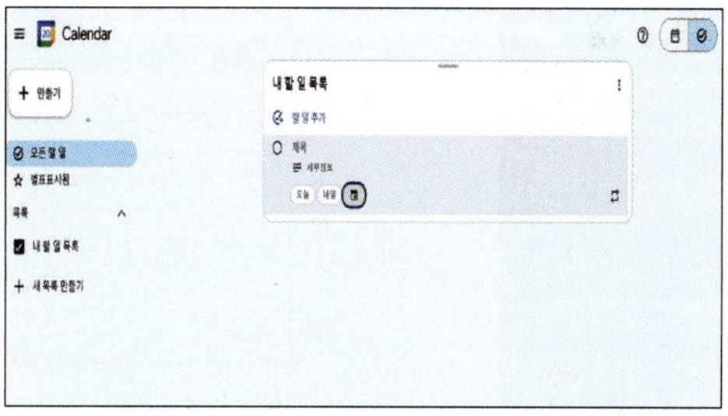

[그림 16-10] Task 전환 및 할 일 추가 기능

② 구글 킵(Google keep)

학교에서 학생들을 지도하거나 행정업무를 할 때 교무수첩이나 개인 포스트잇에 적어두는 교사들이 대부분이다. 하지만 교무수첩이나 포스트잇 등은 종이로 되어 있어 분실하거나 훼손될 가능성이 높고 많은 양의 메모가 적혀있을 경우, 한 번에 찾기 어렵다. 이러한 부분을 보완할 수 있는 것이 바로 '구글 킵'이다. 구글 킵은 구글에서 제공하는 노트 작성 및 관

리 앱으로 태블릿이나 스마트폰, PC 등 거의 대부분의 전자 기기에서 사용할 수 있을 뿐만 아니라 기종에 상관없이 사용 가능하며 검색 기능을 통해 찾고자 하는 메모를 찾을 수 있어 유용하다. 구글 킵은 메모 기능을 중점으로 다양한 기능을 보유하고 있다. 각 기능에 대한 내용과 사용 방법은 다음과 같다.

<table>
<tr><td>메모 작성</td><td>–텍스트, To do list(체크리스트), 이미지, 음성 메모 등 다양한 방식으로 메모 작성하는 기능

〈To do list 생성 방법〉
–키보드(자판) 'L' 버튼 누르면 자동 생성
–검색창에서 점 3개 버튼 눌러서 체크 박스 만들기 선택

〈이미지 메모 특징〉
–이미지의 텍스트화 가능
ex) 책의 내용 모두 입력할 수 없을 때 사진찍어 업로드한 후, 이미지 텍스트화 버튼 눌러 기록 가능

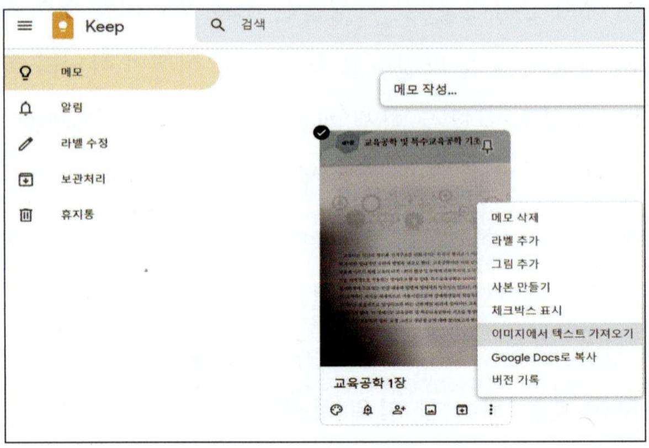

[그림 16–11] 이미지의 텍스트화</td></tr>
<tr><td>라벨링
(분류하기)</td><td>–메모에 라벨을 붙이거나 색상 지정하여 쉽게 분류하고 찾을 수 있는 기능
–라벨 수정 눌러 '새 라벨 만들기'로 가능
–라벨 이름 입력 시 구글 킵은 자동 오름차순 정렬이라 앞에 숫자 입력해 줘야 필요에 따른 순서대로 나열 가능
–메모 작성 후, #(해시태그) 이용해 분류하고 싶은 라벨 태그하여 자동 분류
–완성된 메모에서 점 3개 버튼 눌러도 라벨 분류 가능</td></tr>
</table>

메모 연동	〈구글 캘린더〉 *캘린더에 내용 길게 적을 수 없을 때나 해당 일정에 필요한 물건 적어둘 때 주로 사용 1. 구글 캘린더에 일정 입력 2. 구글 캘린더 우측 하단 '>' 버튼 클릭하여 열고 구글 킵 로고 누르기 3. 입력한 일정 누르고 메모 작성 4. 구글 킵으로 넘어왔을 때 스케줄 관련 메모 자동 생성 5. 구글 킵에서 메모 누르면 구글 캘린더로 넘어가 일정 보여줌 〈G메일〉 *회신 날짜 및 회신 여부 기억하기 위해 주로 사용 1. G메일에서 우측 하단 '>' 버튼 클릭하여 열고 구글 킵 로고 누르기 2. 메일과 관련된 내용 메모로 기록 3. 구글 킵에서 해당 메일 누르면 관련 메일로 이동

이 외에도 메모 색상 지정 및 분류, 공유 및 협업 기능, 웹 연동을 통한 실시간 동기화 등 다양한 기능을 활용하여 효율적으로 이용할 수 있다. 이처럼 학급 일정 관리 및 학생들에게 자기관리의 일환으로 지원이 필요하다면 구글 킵을 활용하는 것도 도움이 될 것이다(TALKSUNNY, 2021. 8. 8.).

③ 구글 스프레드시트(Google Sheets)

구글 스프레드시트는 교사들이 업무를 하는 데 있어 자주 사용하는 앱 중 하나이다. 스프레드시트는 마이크로소프트 엑셀과 거의 유사한 모습을 보이지만 기능에서 약간의 차이를 보인다. 우선 스프레드시트는 오프라인에서 사용할 수 있는 엑셀과 달리 웹 기반 앱으로 인터넷이 연결된 곳이면 어디서든 브라우저를 통해 사용할 수 있다. 그래서 여러 사용자가 동시에 문서를 편집할 수 있으며 실시간으로 변경 사항을 확인하고 댓글을 남길 수 있다. 또한 앞서 설명한 구글 캘린더, 구글 킵뿐만 아니라 구글 드라이브 등 구글 앱과 연동하여 사용할 수 있다. 특히 동시 작업의 특성으로 인해 교사들은 주로 특별실에 관한 시간표를 작성하거나 정보를 조사하는 데 많이 사용한다.

구글 스프레드시트는 엑셀과 유사하기 때문에 엑셀 기능을 잘 익혀둔다면 사용하기 편리하다. 특히 간단한 '조건부 서식'을 활용한다면 업무 효율도 증가하고 더 깔끔하게 내용을 정리할 수 있다. 간단한 조건부 서식 중 '체크 박스와 조건부 서식을 활용하여 스프레드시트 만들기'를 안내하고자 한다. 이는 학생이 오늘 혹은 일주일 동안 할 일을 함께 정하고, 해야 할 일을 수행해 체크 박스에 체크하면 색이 자동으로 변해 자신의 수행 정도를 시각적으로 확인할 수 있도록 한다. 특히 시각적인 자료나 자극에 민감한 자폐스펙트럼장애 학생을 위한 'To do list'로 활용하는 데 도움이 된다.

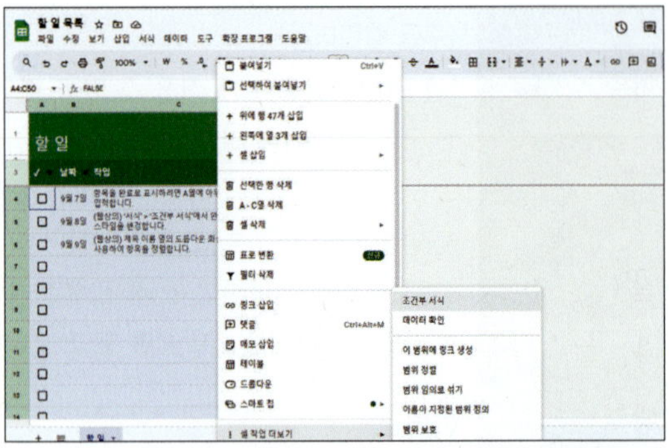

[그림 16-12] 조건부 서식 탭

'체크박스 & 조건부 서식'은 먼저, 체크박스를 설정해야 한다. 체크박스를 넣고자 하는 데이터베이스를 드래그 한 다음, [삽입]-[체크박스]를 순서대로 클릭한다. 체크박스의 사이즈는 글씨 크기 조절을 통해 조절 가능하다. 그다음 조건부 서식 작업을 진행하는데 방법은 다음과 같다.

첫째, 범위 지정이다. 먼저 색깔을 바꿔고자 하는 모든 셀을 드래그하여 지정한다. 이후 지정된 상태에서 마우스 오른쪽 버튼을 누른 후, [셀작업더보기]-[조건부 서식]을 클릭하여 조건부 서식을 입력할 수 있는 환경을 만든다.

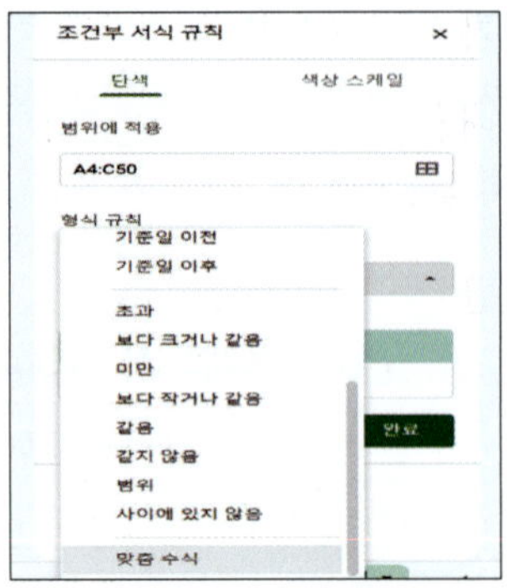

[그림 16-13] 맞춤 수식

둘째, 형식 규칙 지정이다. 형식 규칙 파트를 보면 아무것도 설정 안 된 상태에서는 '비어있지 않음'이라고 표시된다. 해당 부분을 눌러 보면 다양한 목록이 나오는데 가장 아래쪽에 있는 [맞춤 수식]을 눌러 설정한 후, '값 또는 수식' 칸으로 넘어간다. 해당 칸에는 체크박스가 표시됐을 때 해당 행의 색깔을 바꾸는 데 필요한 수식을 입력해 준다. 먼저 체크박스가 시작되는 셀의 열과 행을 확인하고 '=' 다음에 그대로 입력한다. 그다음 열 혹은 행 중 고정하고 싶은 셀을 정해 앞에 $(달러) 표시를 넣어준다. 예를 들어, 체크박스가 D열 2행부터 시작되고, 행을 고정하고 싶으면 '=$D2'로 입력한다. 그다음 체크박스를 표시했을 때 입력값은 'TRUE', 표시가 해제된 상태에서는 'FALSE'로 표시된다. 따라서 TRUE 값이 되었을 때 셀에 색깔을 입혀야 함으로 앞서 입력한 서식에 '=TRUE'를 입력한다. 앞 예시에 같이 적용해 보면 '=$D2=TRUE'가 된다. 해당 서식까지 입력한다면 체크박스

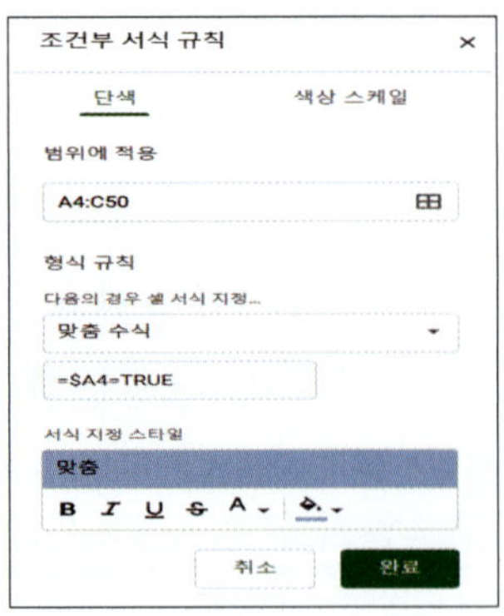

[그림 16-14] 규칙 적용

표시하면 해당 칸의 색깔이 입혀지는 조건부 서식이 완성된다.

번외로 해당 칸의 색깔을 원하는 색으로 변경하고 싶다면 조건부 서식 규칙 중 '서식 지정 스타일' 부분에 있는 물통 아이콘을 눌러 변경할 수 있다. 이처럼 조건부 서식을 통해 스프레드시트를 행정업무뿐만 아니라 학생들의 학습 지원이나 일지 관리 등에 활용한다면 더 효율적인 학급 운영을 할 수 있을 것이다(직장인곰탱이, 2022. 2. 28.).

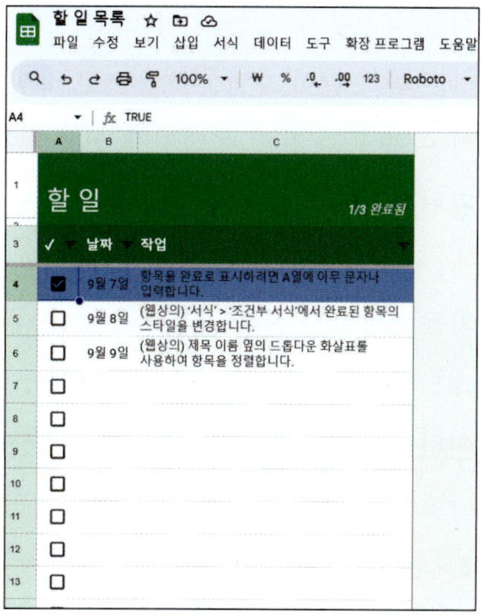

[그림 16-15] 조건부 서식 완성

(2) 상담 일지(구글 폼)

학생들을 지도하다 보면 학생들의 고민 상담, 진로 상담 등 상담을 통해 문제를 해결해야 할 때가 많다. 특히, 상담할 때 기록한 상담 일지가 학생에게 발생한 문제를 해결할 때 도움이 될 때가 있다. 하지만 일일이 학생과 상담한 내용을 손으로 적어 기록하는 것이 상황에 따라 어려울 수도 있고, 매번 다른 형식으로 작성하다 보면 상담 내용에 대한 가독성이 떨어질 수 있다. 이럴 때 활용할 수 있는 방법으로 구글 폼(forms) 상담 일지와 구글 독스(docs) 상담 일지가 있다.

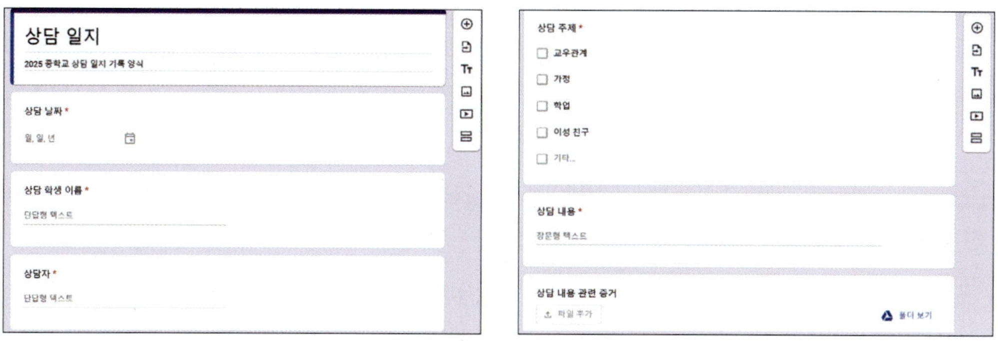

[그림 16-16] 상담 일지 양식

구글 폼으로 상담 일지를 활용하는 법은 다음과 같다. 먼저 구글 폼에 접속하여 제목을 설정한다. 그다음 상담 일지에 필요한 항목을 질문으로 추가한다. 예를 들어, 상담 날짜, 상담자 이름, 학생 이름, 상담 내용 등 기본적인 질문으로 구성한다. 질문의 형식에 따라 답변 형식을 설정할 수 있는데 이름, 날짜 등 간단한 정보를 입력할 때는 단답형으로, 상담 내용이나 결과와 같이 자세한 내용으로 작성해야 할 경우에는 장문형, 상담 주제나 가해자 및 피해자 여부 등과 같이 선택지가 정해진 경우에는 체크박스나 드롭다운으로 설정하고, 상담과 관련된 문서를 추가로 받을 필요가 있을 때에는 질문 추가에서 파일 업로드를 추가한다. 이후, 필수 항목에 따라 필수 항목 설정을 활성화시켜 등록해 둔다. 폼 작성이 완료되면 상담자들에게 해당 폼을 공유하여 상담 내용을 기록하게 한다. 해당 폼에 대한 답변은 구글 스프레드시트에 자동 저장되어 데이터를 체계적으로 정리할 수 있고, 날짜별 혹은 이름별로 데이터를 필터링하고 분석할 수 있어 상담 관리에 용이하다.

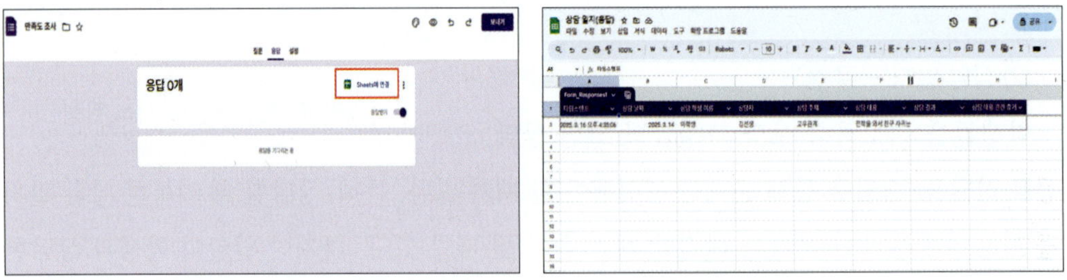

[그림 16-17] 스프레드시트에서 상담 일지 확인하기

구글 독스로 상담 일지를 활용하는 법은 다음과 같다. 먼저 구글 독스에 들어가 새 문서 만들기를 실행한다. 문서 초기 화면이 생성되면 문서의 제목을 상담 일지로 설정하고 학생들의 이름으로 문서 탭을 생성한다. 그다음 문서 상단에 학생들의 번호와 이름을 적어두어 표시하고, 상담 시에 상담 날짜와 함께 상담 내용을 기록한다. 상담 날짜는 입력 시에 '스타

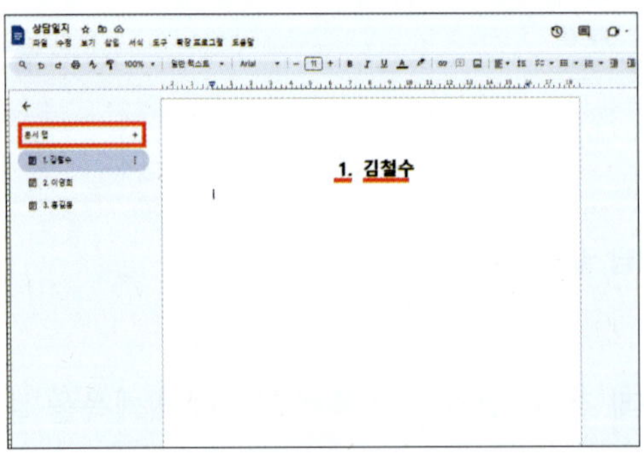

[그림 16-18] 학생별 문서 탭 생성하기

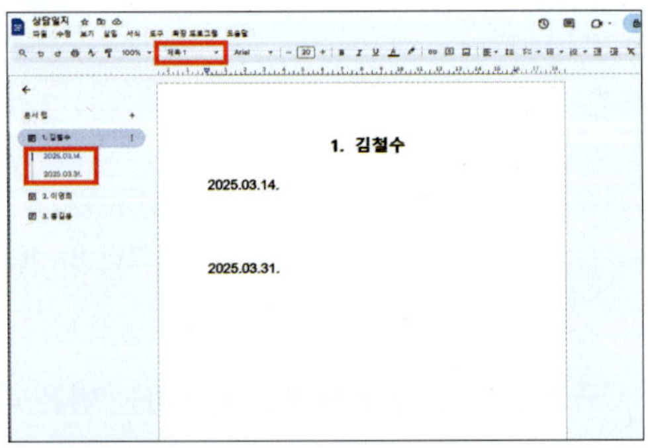

[그림 16-19] 스타일 '제목1'로 설정 및 하위 문서 탭 생성하기

일'에서 제목이나 제목1 스타일을 선택하여 입력해 두면 해당 학생 문서 밑에 하위 문서로 입력 가능하기 때문에 날짜 별로 상담 내용을 확인할 수 있을 뿐만 아니라 상담 내용을 더 효율적으로 찾을 수 있다. 만약 상담 날짜와 더불어 상담 주제에 대한 구분이 필요하다면 스타일에서 설정한 날짜 스타일보다 하위 스타일인 제목1 혹은 제목2로 구분하여 적어두면 주제에 관한 하위 문서 탭을 생성할 수 있다. 구글 독스는 사용자 추가를 통해 다른 사람과의 상담 일지 공유 및 작성이 가능하기 때문에 담임교사와 상담교사, 특수교사와 원반 담임교사 등 여러 담당 교사와 공유가 필요할 시 유용하게 사용된다.

2. 학부모 지원

디지털교육의 시대로 접어들면서 학교에서 제공하는 가정통신문, 학교 일정, 공지사항 등을 학교 소통 앱을 통해 안내하는 학교가 많아지고 있다. 하지만 학부모뿐만 아니라 교사들 또한 해당 앱과 기능에 대해 익힐 수 있는 시간이 부족하다 보니 학부모와의 소통에 오류가 생기거나 문자나 전화 등 이전 방식을 활용하여 소통한다. 학교 안내와 관련된 앱에 대한 설명 및 사용 방법과 학부모와 소통할 수 있는 다양한 방법 및 사례들을 소개하고자 한다.

1) 교육정책 및 학교 안내

(1) 함께학교

'함께학교'는 교육의 주체인 교사, 학생, 학부모가 자유롭게 의견을 공유하고 정책을 제안할 수 있는 디지털 소통 플랫폼이다. 이곳에서는 정책제안, 교원연구실, 함께톡톡, 함께행복 등 다양한 카테고리로 구성된 공간을 통해 교육 관련 논의를 나눌 수 있다(교육부, EBS, 함께학교).

[그림 16-20] 함께학교

첫 번째로 '정책제안'은 '정책제안, 정책토론, 정책답변, 함께차담회'로 구성되어 있다. 먼저 정책제안에서는 사회적 교육 이슈나 개인이 경험한 교육 상황에 대한 해결책을 제안하고, 다양한 의견을 나눌 수 있다. 정책토론은 기존에 발표된 교육정책에 대한 의견을 나누고 토론하는 공간이다. 정책답변에서는 정책토론에서 제기된 의견에 대한 답변을 확인할 수 있다. 특히, 많은 지지를 받은 정책에 대해 교육부 장관과 담당 부서장이 직접 답변을 제공하며, 답변이 등록되면 '답변 완료' 표시가 나타나 진행 상태를 쉽게 확인할 수 있다. 함께차담회는 오프라인으로 진행되는 정책 논의 공간이다. 학생, 학부모, 교원을 초대하거나 특정 단체 · 학교에서 교육부 장관을 초청해 교육정책을 논의할 수 있다.

두 번째는 '교원연구실'로 선생님들이 자신이 만든 연구자료를 공유하고 이에 대해 소통할 수 있는 공간이다.

세 번째로 '함께톡톡'은 자녀 교육에 관하여 궁금한 것을 질문하고 이에 대한 상담 및 조언을 받을 수 있는 공간이다.

네 번째는 '함께행복'으로 학교, 선생님, 친구, 학부모에 대한 이야기를 나눌 수 있는 소통의 공간이다.

(2) 학교 알리미

[그림 16-21] 학교 알리미

새로운 학교에 학생이 전학을 가거나 입학시켜야 할 때 교사뿐만 아니라 학부모님 또한 불안함을 느낄 수 있다. 이를 극복할 수 있는 플랫폼이 있는데 바로 '학교 알리미'이다. 학교 알리미는 모든 학교들의 학생 수, 교원현황, 학교폭력심의건, 시설 등에 대해 정리해 둔 플랫폼으로 학교에 대한 정보를 얻기 위해 활용하는 플랫폼이다.

학교 알리미에 접속하면 사이트 중간에 서비스 안내, 학교별 공시정보, 지역별 공시정보, 공시항목 소개 이렇게 네 가지 카테고리를 볼 수 있다. 이 중 가장 많이 이용하는 카테고리는 학교별 공시정보, 지역별 공시정보이다. 학교별 공시정보는 간단하게 학교급, 시/도, 시/군/구, 학교 이름을 선택하여 혹은 학교 이름을 입력하고 전체 공시정보 및 선택 모아보기를 통해 해당 학교에 대한 다양한 정보를 확인할 수 있고, 지역별 공시정보는 위와 비슷하나 학교 이름을 검색하는 기능만 빠진 대신 공시항목을 조금 더 간결하게 볼 수 있다.

공시항목에는 이용자들이 많이 궁금해했던 항목인 학교 규칙 및 운영에 관한 규정, 학교운영위원회 구성현황, 입학전형 요강, 자율공시를 따로 빼내어 추천항목으로 만들어 놓음으로써 이용자들의 편리함을 더했다. 이 외에도 크게 교육활동, 교육 여건, 학생현황을 주제로 관련 내용을 선택할 수 있게 되어 있다. 따라서 타 학교에 대한 내용 중 궁금한 내용이나 확인해야 할 부분이 있다면 해당 플랫폼을 이용할 것을 추천한다(한국교육학술정보원. 학교알리미).

2) 학부모 상담 및 알림장

(1) 아이엠스쿨

아이엠스쿨은 학교 홈페이지와 연동하여 학교에서 진행되는 학업과 관련된 대회, 오늘의 급식, 가정통신문, 안내장 등 각종 내용들을 앱을 통해 공지하고 이를 학부모가 손쉽게 확인할 수 있는 앱이다. 또한 전국적으로 발생하는 건강 관련 이슈들과 관련된 교육 변경 사항들도 빠르게 알려줄 수 있어 아이들의 건강도 지키고, 학부모들의 궁금증을 해소할 수 있는 요소가 마련되어 있다.

[그림 16-22] 아이엠스쿨

해당 앱에는 '교육정보' 메뉴가 마련되어 있는데 해당 메뉴에서는 교육 전문가들의 학년별, 과목별 교육방법에 대한 견해와 방법을 알 수 있다. 아이엠스쿨에는 요일별로 다양한 주제에 대한 교육정보를 얻을 수 있고 '교육 뉴스' 메뉴에서는 최근 나왔던 교육 관련 뉴스들을 한눈에 볼 수도 있다. 커뮤니티 내 '톡톡톡' 공간을 활용해 아이들의 학습과 성장에 관한 고민뿐만 아니라, 가정에서 실천하고 있는 다양한 공부법을 공유할 수 있다.

'아이엠스쿨 학부모용' 앱은 학교 전체 공지사항뿐만 아니라 담임선생님께서 해당 학생에게 전달한 가정통신문, 설문조사 등을 확인할 수 있고, 해당 아이의 사진 및 학급사진 확인도 할 수 있으며 학부모와의 소통도 가능하기 때문에 학생의 출·결석 문제, 학생에 대한 채팅 상담 등을 진행할 수 있다. 그리고 방과후교실을 이용하는 학생의 경우 방과후교실 신청서를 직접 제출해야 하는 경우가 많은데 해당 앱 사용교는 앱에서의 신청이 가능하다.

(2) 클래스팅

클래스팅은 학생, 학부모와 소통할 수 있는 알림장 기능을 시작으로 과제와 AI 학습 기능을 통한 보충학습, 개별화 지도가 가능한 SNS 플랫폼이다. 클래스팅을 시작하기 전, 클래스팅에 참여하고자 하는 구성원들을 초대해야 한다. 사이트 기준으로 왼쪽 상단에 보면 '구성원 초대하기' 버튼이 있으며 해당 버튼을 눌러 클래스 코드로 초대, QR 코드로 초대, 휴대폰 번호로 초대 중 원하는 방식으로 구성원을 초대해 구성할 수 있다. 클래스팅의 주요 기능에 대해 설명하고자 한다.

[그림 16-23] 클래스팅

첫째, '게시글 작성'이다. 게시글은 크게 안내사항 및 공지사항 작성, 공간에 따른 작성 이렇게 세 가지로 나눌 수 있다. 안내사항이나 공지사항은 말 그대로 학급에서 담임선생님이 공지하고 싶은 내용이나 가정통신문, 행사 안내 등 학생과 학부모가 알아야 하는 내용들을 공지할 수 있는 공간이다. 게시글을 작성할 때는 게시 예약 시간도 설정할 수 있어 교사가 미리 준비만 해둔다면 정해진 날짜에 맞게 공지가 가능하다. 또한 작성할 때 설문조사 형식으로 만들어 게시할 수 있기때문에 학생 및 학부모에게 의견을 조사하기에도 유용하다. 그 외에 공간의 섹션을 나눠 공지 혹은 논의가 필요한 구성원들을 지정하여 글을 게시할 수도 있다.

둘째, '과제'이다. 과제 파트는 크게 일반과제와 자료실 과제로 나눌 수 있다. 일반과제는 학생이 일정 기간 내에 수행해야 하는 학습 활동으로, 학습 목표 달성을 위해 제공된다. 학생은 과제를 완료한 후 선생님께 제출하며, 선생님은 이를 평가하고 피드백을 제공할 수 있다. 과제를 업로드할 때는 마감 시간을 설정하여 학생들에게 공정한 평가 환경을 조성할 수 있으며, 배부 대상을 지정하여 팀별로 다른 자료를 받을 수 있도록 할 수도 있다. 또한 배점 설정을 통해 과제의 만점 점수를 지정할 수 있으며, 이를 선택하지 않으면 배점 없이 과제를 완료할 수 있다. 제출된 과제는 교사가 채점하고, 학생에게 피드백을 제공하는 방식으로 진행된다. 자료실 과제는 학생들에게 추가적인 학습 자료와 참고 자료를 제공하기 위한 공간이다. 과제를 직접 해결하는 방식이 아니라, 수업과 관련된 학습 자료나 참고문헌을 공유하는 목적으로 활용된다. 학생들은 필요한 자료를 다운로드하여 자유롭게 학습할 수 있다.

셋째, 'AI 평가'이다. AI 평가는 자동으로 문제를 출제하여 학생에게 배부할 수 있는 기능으로, 학생의 개별 수준에 맞춘 문제(CAT)와 동일한 문제(CBT) 중 선택할 수 있다. 평가 대상은 여러 반에 동시에 배부할 수 있어 더욱 효과적인 활용이 가능하다. 현재, 문제 출제는 유료 서비스로 제공되지만, 주 1회 수학 문제에 한해 한 클래스에 무료 출제가 가능하다. 맞춤 문제를 선택하면 학생 개별 수준에 맞게 과정, 학년을 선택하여 해당 교육과정 중 학습이 필요한 부분을 골라 출제할 수 있으며 정답 공개 방식을 한 문제 풀 때마다 공개, 모든 문제 풀이 후 한 번에 공개 중 선택하여 제공할 수 있어 학생 성향에 맞는 학습 분위기를 제공할 수 있다. 동일한 수준의 학생이 있는 학급에서는 여러 학생에게 동시에 문제를 제공할 수 있으며, 과제 시작일을 설정하여 학습 흐름을 조정할 수 있다. 동일한 문제 제공을 선택하면, 동일한 교육과정을 기반으로 상 · 중 · 하 난이도 비율을 조정할 수 있어 학생의 이해도를 높이는 데 유용하다.

넷째, '누가기록'이다. 요즘 나이스에서 누가기록을 작성하는 것도 잘되어 있지만 매일매일 사용하는 앱에서 학생에 대한 누가기록을 해두면 까먹지 않고 편리하게 기록해 둘 수 있다는 장점이 생긴다. 누가기록 기능을 통해 학생에 대한 생활지도뿐만 아니라 학부모님과의 상담 근거로 활용하여 더 효과적이고 효율적인 소통이 될 수 있을 것이다.

다섯째, '클래스톡'이다. 클래스톡은 해당 클래스에 들어 있는 구성원과 소통할 수 있는 채팅 기능이다. 클래스톡을 통해 학생 개인, 그룹 상담이 가능할뿐더러 학부모님과도 상담할 수 있기 때문에 휴대폰 번호 노출에 대한 부담도 줄일 수 있고, 클래스톡 설정에서 업무시간 설정을 통해 연락 가능 시간 동안만 소통이 가능하며 업무시간 외에는 푸시 알림이 지원되지 않아 업무시간에 대한 기준을 명확히 할 수 있다는 장점이 있다.

(3) e알리미

학교에서 가정통신문을 모바일로 전송하는 수단 중 하나가 바로 'e알리미'이다. e알리미는 학교에 대한 가정통신문, 안내사항 등을 편리하게 안내할 수 있는 알림 시스템으로 각 학교별로 사용하는 방식이 달라 사용하기 전 학교 방침을 확인해야 한다. 해당 플랫폼도 마찬가지로 모바일과 사이트 접속을 통해 사용 가능하다. e알리미에서 주로 사용되는 기능은 회원정보관리, 받은알리미, 알리미 기능이다.

[그림 16-24] e알리미

첫째, '회원정보관리' 기능이다. e알리미는 회원 정보관리에서 명단 및 그룹 관리 기능이 잘되어 있어야 학생, 학부모, 교사에게 맞는 가정통신문 및 설문 제공이 가능하다.

둘째, '받은알리미'는 내가 받은 가정통신문이나 공지사항에 대해 확인이 가능하다. 받은 알리미 중 내가 읽지 않은 알리미가 있다면 알림을 받을 수 있고, 알리미가 설문 조사와 같은 형태로 발송되었다면 참여 기간 확인도 가능하다.

셋째, '알리미'이다. 이 기능에서는 알리미 보내기, 보낸 알리미 기능을 사용할 수 있다. 먼저, 알리미 보내기 기능은 말 그대로 가정통신문이나 각종 설문을 전송하는 기능으로 알리미의 종류에는 일반·공지, 설문·신청·투표, 서명 이렇게 세 가지가 있다. 세 가지 중 원하는 기능을 선택하여 제목 작성, 수신대상 선택, 발송시간과 일시를 선택하여 게시글을 작성하면 된다. 만약 가정통신문을 본문에 삽입하고 싶다면 '본문에 문서 삽입' 기능을 활용할 수 있으며, 파일로 첨부할 경우 게시글 입력란 상단의 파일 아이콘을 이용하면 된다. 보낸 알리미 확인 기능을 통해 내가 발송한 알리미를 조회할 수 있으며, 예약 발송한 알리미 및 수신자의 회신 여부도 확인할 수 있다.

(4) 하이클래스

'하이클래스' 는 학부모, 학생, 교사 간의 소통을 원활하게 돕는 학급 소통 앱이다. 이 앱은 크게 공지 사항 전달, 가정통신문 확인 및 제출, 학급 활동 기록, 실시간 채팅 및 통화 기능이 있으며 교사가 학급 운영을 효율적으로 관리할 수 있어 유용하게 사용된다. 앞서 소개한 클래스팅과 유사하게 해당 클래스룸으로 학생 및 학부모를 초대한 후에 이용할 수 있으며 초대는 학생 및 학부모의 전화번호를 등록 양식인 엑셀 파일로 모두 등록한 후, 초대 코드를 전송하여 가입하는 방식으로 이루어진다. 하이클래스의 주요 기능은 게시판, 학교 양식 신청서, 하이톡, 학급기록, 일정 등록 이렇게 다섯 가지가 있다.

[그림 16-25] 하이클래스

첫째로 소개할 기능은 '게시판' 기능이다. 게시판에는 교사가 안내하고자 하는 영역에 맞게 직접 게시판을 등록하고 열람 권한, 댓글 권한 등 게시판의 특성에 맞게 자신의 클래스룸을 세팅할 수 있다. 게시글을 작성 시 예약 발송도 가능하기 때문에 필요한 날짜에 맞게 설정해 두면 해당 날짜에 학생 및 학부모에게 전송된다. 중요한 내용의 안내사항이라면 필독 혹은 상단공지 버튼을 눌러 학생 및 학부모에게 중요 여부를 알릴 수 있다.

둘째로는 '학교 양식 신청서'이다. 학교마다 교외체험학습신청서, 결석사유서, 투약의뢰서 등 출결과 학교생활에 관한 필요한 서류를 양식에 맞게 제출해야 한다. 학교 양식 신청서 기능을 통해 학교에서 사용하는 다양한 양식을 등록해 두면 가정에서 필요한 서류를 확인하여 앱에 등록하고 교사는 학부모님께 다시 받을 필요 없이 해당 플랫폼에서 등록된 서류를 인쇄하여 사용하면 되기 때문에 편리하게 서류를 주고받을 수 있다.

셋째로는 '하이톡' 기능이다. 하이톡은 앞서 설명한 클래스팅의 '클래스톡'과 유사한 기능으로 교사와 학생 및 학부모가 소통할 수 있는 채팅 기능이다. 교사가 학생 및 학부모 개인이나 단체 상담이 가능하고 일괄 메시지를 통해 공지사항의 역할도 대신할 수 있다.

넷째로 소개할 기능은 '학급기록'이다. 이 기능은 교사만 열람 및 이용할 수 있는 기능으로 학생에게 발생했던 특별한 사건에 대해 누가기록을 작성할 수 있다. 또한 특정 학생의 행동에 대해 사진이나 동영상을 등록해 누가기록에 대한 근거를 뒷받침할 수도 있다. 학급기록 부분에서 인원체크 기능도 확인할 수 있다. 인원체크 기능은 학급 학생에 대한 체크리스트를 만들어 참여 여부 및 제출 여부 등을 기록하는 체크판 기능, 학습 정도 기록을 위한 점수판 기능, 학급 학생들에 대한 메모가 가능한 메모판 기능을 이용할 수 있다. 학급기록 기능에서는 학생 수행 정도 혹은 생활 기능에 대한 포인트를 지급할 수 있는데 잘한 것에 대해서는 좋음 지급을, 지도가 필요한 것에 대해서는 노력 지급 버튼을 눌러 각 학생의 강점과 약점에 대해 학생 리포트가 생성된다. 이 외에도 인원체크, 자리배치도, 포인트 관리 등을 통해 더 효율적인 학급 경영이 가능하다.

다섯째로는 '일정 등록'이다. 일정 등록은 클래스 시작 화면 맨 오른쪽 달력에서 등록할 수 있다. 우리반 일정과 준비물을 날짜에 맞게 등록해두면 학생 및 학부모가 학급 일정을 빠르게 파악하고, 활동에 맞게 준비할 수 있다.

하이클래스는 이 외에도 다국어 기능이 가능하여 다문화 가정의 학생 및 학부모에게 맞는 언어를 지원하여 학교 생활에 빠르게 적응할 수 있게 돕는다(울산광역시교육연구정보원, 2023. 11. 1.).

3. 행정 지원

행정업무와 AI 기술의 결합은 자동 입력 및 분석 등으로 인하여 교사의 업무량을 줄이고 교사 간 소통 및 협업을 강화하는 데 도움을 준다. 여기에서는 구글 시트를 활용한 학교 일정 관리와 설문지 활용법, 온라인 교무실 제작 방법, 디지털 교무수첩에 관한 내용을 다루고자 한다.

1) 구글 플랫폼 활용

(1) 학교 일정표

학교에서 전 교직원에게 학교 일정을 안내할 때 '구글 캘린더'를 이용하면 효율적인 일정 관리가 가능하다.

우선 구글 캘린더를 전 교직원과 함께 관리하기 위해서 왼쪽 '내 캘린더'에서 공유할 캘린더를 클릭하고, '공유 대상'에서 해당 캘린더를 함께 이용할 구성원들을 등록한다.

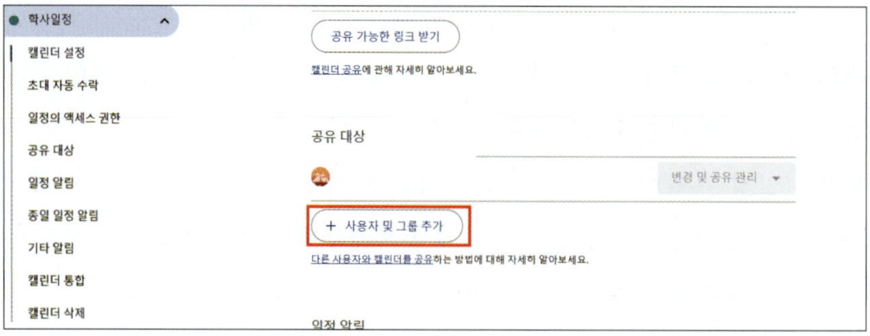

[그림 16-26] 공유 대상 설정

학교 일정의 경우, 학교에서 진행하는 학교운영위원회나 학부모총회 등 학교 전반의 필수 행사를 담당하는 부서, 학생들의 축제나 체육대회 등을 운영하는 부서, 학교폭력위원회나 학생 규정 등을 담당하는 부서들의 일정이 다양하다. 따라서 이를 구분할 수 있도록 '일정 색상 선택'을 적용할 수 있다. 각 부서나 행사에 맞는 색을 공식적으로 정하고, 일정을 입력할 때 하단을 보면 일정 색상 선택 칸을 활용하여 색상을 등록한다. 이렇게 구분을 해두면 시각적으로 각 날짜에 맞는 행사를 확인하기 편리하다.

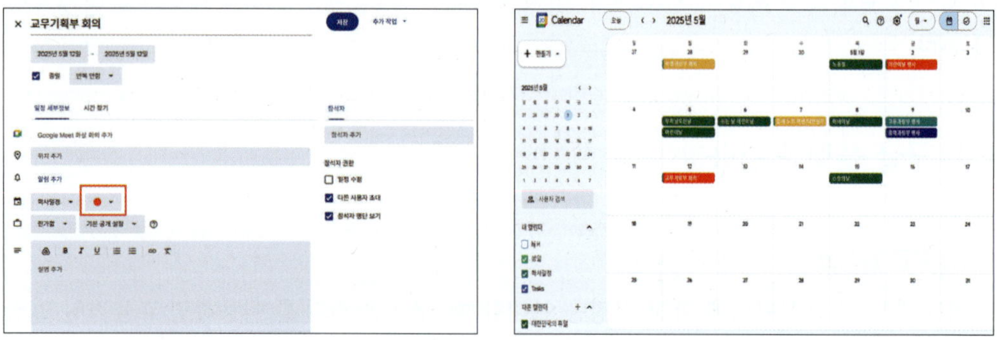

[그림 16-27] 일정 색상 적용

학교에서는 부서별 회의나 부장 회의 등 다양한 유형의 회의가 진행되며, 이때 참석해야 하는 교원을 일정에 등록할 수 있다. 회의 일정 입력 시 '참석자 추가' 기능을 활용하여 참석해야 하는 교원의 아이디를 입력하고 저장하면, 해당 교원에게 이메일 초대장이 자동 발송된다. 초대장을 받은 교원은 '예' '아니요' '아마도' 중 참석 여부를 선택할 수 있으며, 일정 세부 정보에서 참석 상태를 실시간으로 확인할 수 있다. 선택 사항은 변경할 수도 있어 유동적인 일정 조율이 가능하다. 또한 대면 회의가 어려운 경우 Google Meet 화상 회의를 추가하여 해당 날짜에 자동으로 화상 회의실을 생성할 수 있다. 회의에 필요한 자료는 일정 입력 시 '첨부파일 추가' 기능을 활용해 등록할 수 있으므로, 별도의 업무 메신저 공유 없이 구글 캘린더 내에서 모든 회의 준비를 간편하게 처리할 수 있다. 캘린더는 학교 전체 학사 일정뿐만 아니라 부서별 업무 캘린더를 제작하는 데도 활용할 수 있다. 부서별 업무 캘린더를 만들려면, 사이트 왼쪽 하단의 '다른 캘린더 추가' 기능을 이용하면 된다.

(2) 설문지

학교에서는 설문조사 방식으로 학교 구성원들의 이야기를 듣고 수렴하고자 할 때 유용하게 쓰일 수 있는 플랫폼이 '구글 설문지(forms)'이다. 구글 설문지의 구성은 제목, 설문지 설명, 설문 내용으로 되어 있다. 설문지의 제목과 그에 대한 설명을 입력하고 설문 내용에는 단답형, 장문형, 객관식 질문, 체크박스, 드롭다운 중 설문 내용에 맞는 답안 방식을 선택하고, 필수 문항과 그렇지 않은 문항을 구분하도록 설정이 가능하다. 또한 설문의 이해를 높이기 위해 답변 옆에 사진이나 동영상 자료를 첨부할 수 있다.

설문지를 완성하면 상대방에게 다양한 방식으로 공유할 수 있다. URL을 복사하여 공유할 시 대부분의 UFL이 길게 나오기 때문에 'URL 단축' 버튼을 통해 조금 더 간결한 링크 공유가 가능하다. 또 다른 방법으로는 QR코드로 공유하는 방법이다. 완성된 설문지 화면에서 빈 공간을 찾아 오른쪽 마우스를 누르면 '이 페이지의 QR코드 생성' 버튼이 나오는데 해당 버튼을 누르면 사진 파일로 QR코드를 다운받을 수 있음과 동시에 해당 페이지의 링크도 복사 가능하다.

(3) 온라인 교무실 운영(비상 연락망, 업무 수합, 멘토링)

구글 시트를 활용하여 비상 연락망, 업무 수합, 멘토링 등 선생님들끼리 효율적으로 교류하고 업무를 수행하는 데 도움을 줄 수 있는 공간이 바로 '온라인 교무실'이다. 온라인 교무실은 여러 구글 앱 중 '구글 사이트'를 활용하여 생성 가능하다. 구글 사이트를 통하여 온라인 교무실을 만드는 방법은 다음과 같다.

먼저, 구글 사이트에 있는 다양한 템플릿을 활용하거나 다양한 이미지 생성 앱으로 학교 이미지에 맞는 홈배너를 제작해 이미지 삽입하여 준비한다. 보통 일반 배너 사이즈는 1200×350으로 제작하여 이용할 시 해당 사이즈로 제작하는 것이 편하다.

그다음, 설정 옆에 있는 '다른 사용자와 공유' 버튼을 통해 학교 구성원 혹은 교무실에 소속된 교원들을 모두 초대한다.

다음으로 페이지 기능으로 교무실의 구성을 결정한다. 해당 버튼은 오른쪽 상단에 있다. 페이지 버튼을 눌러 들어가면 오른쪽 하단에 +버튼이 있는데 해당 버튼 위로 커서를 올리면 새로운 메뉴 섹션, 전체 페이지 삽입, 새 링크, 새 페이지 이렇게 네 가지 옵션이 표시된다. 새로운 섹션은 폴더 개념으로 여러 페이지를 묶어주는 큰 틀의 역할을 한다. 전체 페이지 삽입은 외부 콘텐츠나 다른 구글 사이트의 페이지를 현재 작업 중인 페이지에 통합하거나 포함할 수 있는 기능이다. 특히 이미 완성된 페이지를 작업하고자 하는 페이지에 삽입하는 데에 유용하고, 유튜브 동영상이나 구글 문서 등의 멀티미디어 삽입이 가능하다. 새 링크 기능은 특정 웹 주소를 사이트의 탐색 메뉴나 다른 콘텐츠에 연결할 수 있도록 도와주는 기능이다. 새 링크 추가를 활용하여 뉴스, 기사, 동영상 등을 바로 연결하여 볼 수 있도록 하거나 구글 사이트 내 특정 페이지로 빠르게 이동할 수 있도록 하여 편리성과 접근성을 높일 수 있다. 마지막으로 새 페이지는 구글 사이트에서 새로운 섹션을 추가하여 구글 사이트를 체계적으로 구성할 수 있는 기능이다. 예를 들어, 해당 기능을 통해 [수업 자료] 같은 큰 페이지를 만들고, 그다음 하위 페이지인 [1학년 자료]를 만들고, [국어], [수학], [사회]와 같이 [1학년 자료]에 대한 하위 페이지를 만들어 구성할 수 있다.

[그림 16-28] 온라인 교무실 배너 예시

이와 같은 기능들을 활용하여 학교 각 부서에서 필요한 자료들이나 비상 연락망, 학사일정, 필수 연수 등 학교 전체 구성원이 공통적으로 필요로 하는 자료들을 필요한 페이지에 정리해 두면 업무를 수행하는 데 더욱 도움이 될 것이다. 예를 들어, 학사일정과 같이 학교의 전반적인 흐름을 알 수 있는 것에 대해서는 배너와 같이 둠으로써 교사들이 보다 빠르게 일정을 파악할 수 있도록 한다면 업무 효율을 높일 수 있을 것이다.

2) 디지털 교무수첩

디지털 교무수첩은 기존에 사용하던 종이 교무수첩 대신 디지털 기기에서 사용할 수 있는 교무수첩이다. 디지털 교무수첩의 장점은 이와 같다.

첫째로 편리함과 접근성이다. 스마트폰, 태블릿, 컴퓨터 등 인터넷 연결이 되는 기기에서 접근할 수 있다. 또한 하이퍼링크 기능을 적용할 수 있어 사이트 및 페이지 간의 빠른 이동이 가능하다. 둘째로는 협업 기능이다. 다른 사람과 교무수첩 노트를 공유하고 실시간으로 협업이 가능하다. 셋째로는 환경친화적이다. 평소 사용했던 종이 교무수첩은 다 사용한 후, 폐기하는 방법에 어려움을 겪었다. 하지만 디지털 교무수첩은 종이가 아닌 전자기기에 넣어 사용함으로 천연자원을 절약하고 폐기물을 줄이는 데 도움이 된다.

- 템플릿 선택: 템플릿은 주로 PDF 템플릿이나 노션(Notion) 템플릿 중 하나를 선택한다. 온라인에서 다양한 무료 템플릿을 찾을 수 있으며 유료 템플릿을 구매하여 사용할 수도 있다.
- 디지털 장치 선정: 템플릿 선택을 마치면 갤럭시탭, 아이패드, 스마트폰, 노트북 등과 같은 디지털 장치를 준비한다. PDF 템플릿을 사용할 경우 PDF 뷰어 앱이 필요하고 노션 템플릿을 사용할 경우 노션 앱을 설치해야 한다.
- 템플릿 다운로드 및 열기: 디지털 장치에서 원하는 템플릿을 선정하여 다운로드하고 해당 템플릿을 실행시킨다.
- 사용자화: 템플릿을 확인한 후, 자신의 학급 상황이나 필요에 맞게 수정한다. 이후, 평소 교무수첩에서 주로 적었던 것처럼 펜이나 키보드를 활용하여 학급 정보, 학생 정보, 수업 일정 등을 입력하고 필요한 부분을 추가하거나 삭제하며 사용한다.
- 일상 사용: 정기적으로 템플릿을 업데이트하고 활용한다. 평소 수업에 대해 고민하고 설계하는 데 메모장으로 사용할 수 있으며 학생과 상담한 내용을 기록하고 학생에 대한 평가 내용을 기록하는 등 관리할 수 있다.

활동하기

1. '블로'와 '스노'를 사용하여 우리 학급 소개 영상을 제작해 봅시다.
2. '구글 사이트'를 활용하여 우리 학교 온라인 교무실을 만들어 봅시다.

참고문헌

경기도교육청(2023a). AI활용 맞춤형 교육 가이드 Ⅰ · Ⅱ. 경기도교육청.

경기도교육청(2023b). 2024 에듀테크활용교육 기본계획. 경기도교육청.

경기도교육청(2024). 2024년 정보통신윤리교육 추진 계획. 경기도교육청.

과학기술정보통신부(2019). 인공지능(AI) 국가전략 발표 보도자료. Retrieved from https://buly.kr/4QmwWdi

과학기술정보통신부(2020). 인공지능(AI) 윤리기준.

곽은선, 표윤희(2017). 멀티미디어 동화를 활용한 언어중재활동이 지적장애아동의 의사소통 행동과 이야기 이해력에 미치는 영향. 특수교육교과교육연구, 10(1), 101-127.

관계부처 합동(2023). 에듀테크 진흥방안. 대한민국정부.

교육부(1998). 1998년 교육정보화백서. 한국교육학술정보원.

교육부(2002). 2002년 교육정보화백서. 한국교육학술정보원.

교육부(2006). 2006년 교육정보화백서. 한국교육학술정보원.

교육부(2011). 2011년 교육정보화백서. 한국교육학술정보원.

교육부(2014). 2014년 교육정보화백서. 한국교육학술정보원.

교육부(2019). 2019년 교육정보화백서. 한국교육학술정보원.

교육부(2019). 특수교육 기본 교육과정 초등학교 실과 교과용 지도서. 교육부.

교육부(2020a). 디지털교과서 활용 · 개선을 위한 국민과의 비대면 간담회 개최. 2020. 12. 14. 보도자료. 교육부

교육부(2020b). 생각하는 힘으로 함께 성장하고 미래를 주도하는 수학교육 종합계획(안) (2020년~2024년). 교육부.

교육부(2020c). 정보교육 종합계획(안). 교육부.

교육부(2022a). 2022 개정 교육과정. 교육부 고시 제2022-33호 [별책5]. 교육부.

교육부(2022b). 2022 개정 교육과정. 교육부 고시 제2022-33호 [별책7]. 교육부.

교육부(2022c). 2022 개정 교육과정. 교육부 고시 제2022-33호 [별책8]. 교육부.

교육부(2022d). 2022 개정 교육과정. 교육부 고시 제2022-33호 [별책9]. 교육부.

교육부(2022e). 2022 개정 교육과정. 교육부 고시 제2022-33호 [별책10]. 교육부.

교육부(2022f). 2022 개정 교육과정. 교육부 고시 제2022-33호 [별책11]. 교육부.

교육부(2022g). 2022 개정 교육과정. 교육부 고시 제2022-33호 [별책13]. 교육부.

교육부(2022h). 2022 개정 교육과정. 교육부 고시 제2022-33호 [별책18]. 교육부.

교육부(2022i). 2022 개정 교육과정. 교육부 고시 제2022-33호 [별책19]. 교육부.

교육부(2022j). 2022 개정 초 · 중등학교 교육과정. 교육부 고시 제2022-33호 [별책12]. 교육부.

교육부(2022k). 2022 개정 특수교육 교육과정. 교육부 고시 제2022-34호 [별책1]. 교육부.

교육부(2022l). 2022 개정 특수교육 교육과정. 교육부 고시 제2022-34호 [별책3]. 교육부.

교육부(2022m). 2022 교육과정 총론. 교육부 고시 제2022-33호, https://url.kr/m3cypf 교육부.

교육부(2022n). 2022 특수교육 기본 교육과정. 교육부 고시 제2022-34호 [별책3]. https://url.kr/i9swiv 교육부.

교육부(2023a). 2023년 교육정보화백서. 한국교육학술정보원.

교육부(2023b). AI 디지털교과서 개발 가이드라인. 한국교육학술정보원.

교육부(2023c). AI 디지털교과서 도입을 위한 쟁점 분석 및 개발 전략. 한국교육학술정보원.

교육부(2023d). 디지털 기반 교육혁신 방안. 교육부.

교육부(2024a). 2022 개정 특수교육 교육과정. 교육부 고시 제2024-4호 [별책1]. 교육부.

교육부(2024b). 2022 개정 특수교육 교육과정. 교육부 고시 제2024-4호 [별책3]. 교육부.

교육부(2024c). 특수교육 기본 교육과정 초등학교 창의적 체험활동 교사용 지도서. 순천향대학교 국정도서편찬위원회 편찬. ㈜미래엔.

교육부(2025). 특수교육 기본 교육과정 중 · 고등학교 창의적 체험활동 교사용 지도서. 국립공주대학교 국정도서편찬위원회 편찬. ㈜미래엔.

교육부, 한국과학창의재단(2021). 학교에서 만나는 인공지능 수업. https://zrr.kr/ztCkxO

국립특수교육원(2022). 2022년 장애학생 정보화 교육자료 장애학생 무인정보단말기 교육용 콘텐츠. 국립특수교육원.

국립특수교육원(2024). 2024년 지체 및 발달장애 실감형 자료. 국립특수교육원.

김갑수(2016). 미국 영국 독일 컴퓨터 교육과정에서 한국 컴퓨터 교육의 시사점. 한국정보교육학회 논문지, 20(4), 421-432.

김미경, 김경희, 김현미, 이수정, 육민정(2022). 미래교육 전망: UNESCO 교육의 미래와 OECD 교육 2030을 중심으로. 교육과정평가원.

김상균, 박기현(2022). 스쿨메타버스. 테크빌교육.

김성락(2021). 교육부 온라인 웹진 '행복한 교육'. 교육부.

김수향, 안지영, 최원영, 이선영(2024). 예비교사를 위한 디지털과 인공지능 교육. 공동체.

김영식(2018). 4차 산업혁명시대 교육의 미래. 학지사.

김원형(2024). 특수교사의 인공지능 활용 교육 경험 탐구. 특수교육학연구, 58(4), 1-18.

김일영(2022). 순환 모델(Rotation model) 간 혼합적 접근에 의한 다중모델(Multiple models) 기반의 블렌디드 중등 음악 교수・학습 설계 방안 탐색. 학습자중심교과교육연구, 22(6), 599-617.

김자미, 이원규(2014). 영국의 교육과정 개정으로 본 정보교과의 지식과 문제해결력에 대한 쟁점. 컴퓨터교육학회논문지, 17(3), 53-63.

김정수(2020). 몰입형 가상현실 기반 모의학습 프로그램이 지적장애 학생의 의사소통 능력과 학습태도에 미치는 효과: 편의점을 중심으로. 한국콘텐츠학회논문지, 20(1), 553-561.

김지원, 남미자(2023). Biesta의 실천적 상호주관성 개념에 비추어 본 기술기반 미래학교 알트스쿨의 비판적 탐색. 학습자중심교과교육연구, 23(4), 223-237.

김한성, 서영희, 송지환, 이중엽(2020). Computing Curricula 2020을 통해 본 미래 초·중등 SW·AI 교육의 방향. IS-110, 소프트웨어정책연구소. https://buly.kr/7QLpDvg

노경희, 지형근, 임석현(2010). 증강현실 콘텐츠 기반 수업이 학업성취, 학습흥미, 몰입에 미치는 효과. 한국콘텐츠학회논문지, 10(2), 1-13.

류혜인, 조정원(2021). 4P기반의 K-12 대상 인공지능 교육을 위한 교육체계 개발. 디지털 융합 저널, 19(1), 141-149.

문화체육관광부(2025). 문화체육관광부 온라인 정책 소통 '저작권의 모든 것'. 문화체육관광부.

박선아 외(2024). 생성형 AI를 활용한 교수학습 프레임워크 개발 연구. 한국교육학술정보원.

박선아, 정영식, 최소영, 임새롬, 홍지연, 김기영, 윤근식(2024). 생성형 AI를 활용한 교수학습 프레임워크 개발 연구. 한국교육학술정보원 연구보고서.

박유민(2023). 태블릿 PC를 활용한 Touchmath 프로그램이 자폐성장애 초등학생의 덧셈 능력에 미치는 효과. 부산대학교 대학원 석사학위논문.

서울특별시교육청(2024). 개인정보보호 도움 자료. 서울특별시교육청.

손민정, 김진숙, 전성균, 박지현, 김정수, 허윤정, 김익수(2020). 중국의 인공지능(AI) 교육 동향 탐색. 대외경제정책연구원.

손지영, 염명숙(2015). 자폐성장애 학생을 위한 가상현실 기반 중재 연구에 대한 고찰. 특수교육저널: 이론과 실천, 16(4), 433-458.

신승기, 배영권(2015). 핀란드의 코딩기반 소프트웨어 교육에 대한 고찰. 정보교육학회논문지, 19(1), 127-138.

신주은, 박판우, 배영권(2023). 생성형 인공지능의 교육적 도입에 대한 내러티브 검토. 정보교육학회논문지 27(6), 665-681.

심우석, 전병태(2021). 딥러닝 기반 실시간 얼굴 모자이크 기법을 활용한 초상권 보호 시스템. 한국지식정보기술학회 논문지, 16(3), 405-413.

안성훈 외(2023). 2022 개정 교육과정에 따른 디지털교과서 개선 방안 연구. 한국교육학술정보원.

안성훈(2022). 인공지능 윤리의 대상과 내용에 비추어 본 올바른 교육 방향, 인공지능 윤리교육 장학자료. 경기도교육청.

안종배(2023). 챗GPT-4 인공지능 미래세상. 광문각.

오수경, 임다미(2025). AI 디지털교과서 연구 동향 분석: AI 디지털교과서 도입 전 기대와 우려를 중심으로. 한국디지털콘텐츠학회논문지, 26(3), 667-675.

유성렬(2024). 초등 통합교과를 통한 AI 교육 프로그램 개발에 관한 시론적 연구. 교육과정평가연구, 27(2), 1-24. 한국교육과정평가원.

유재홍, 추형석, 강송희(2021). 유럽(EU)의 인공지능 윤리정책 현황과 시사점: 원칙에서 실천으로. SPRi.

유현민, 최상배(2019). 2015 개정 기본 교육과정 정보통신활용 교과와 공통 교육과정 정보 교과 교육과정의 위계 분석. 특수교육논집, 23(2), 1-24.

윤혜진, 조정원(2019). 한국, 미국, 영국 정보과 교육과정에의 연계성 비교 분석: '자료와 정보', '정보문화' 영역 중심으로. 교육연구, 75, 91-117.

이다희, 황우형(2018a). 수학교사의 테크놀로지 교수 내용 지식(TPACK)에 대한 연구: TPACK에 대한 인식 및 교육요구도 분석 중심으로. 수학교육, 57(1), 1-36.

이다희, 황우형(2018b). 수학교사의 테크놀로지 교수 내용 지식(TPACK) 관점에서 본 수업 실제 분석. 한국학교수학회논문집, 21(4), 343-376.

이여운(2024). 인공지능만 믿고 공부는 안 해도 될까요. 글라이더.

이유진(2024). 초등교사의 수학 교과 AI-TPACK 분석. 초등수학교육, 27(4), 463-479.

이은경(2020). 국내외 초 · 중등학교 인공지능 교육과정 분석. 한국교육과정평가원.

이은배, 최서연(2020). 박물관 디지털학습 설계를 위한 게이미피케이션 교수설계 모형 개발 연구. 교육정보미디어연구, 26(1), 237-259.

이은주, 손찬희, 정영식, 임서은(2023). AI 활용 맞춤형 교육의 교수 · 학습 효과성 연구. 경기도교육연구원.

이재병, 권난주(2022). 가상현실(VR) 콘텐츠를 활용한 과학수업이 초등학생의 공간 감각과 과학적 태도에 미치는 영향. 과학교육연구지, 46(1), 66-79.

이재진(2024. 10. 2.). 교육정보화정책. https://www.archives.go.kr/next/newsearch/listSubjectDescription.do?id=010816&pageFlag=&sitePage=

전승민(2024). 인공지능과 4차 산업혁명의 미래. 팜파스.

정영식(2016). PATROL 교수학습모형 기반의 디지털교과서 기능 설계. 한국정보교육학회, 20, 189-196.

정영식, 유정수(2024). 체제적 교수설계에 따른 AI 디지털교과서 기반의 교수학습 모형 개발. 정보교육학회논문지, 28(1), 37-46.

정제영, 조현명, 황재운, 문명현, 김인재(2023). 챗GPT 교육혁명. 포르체.

정지훈, 이영선(2022). 일반 및 특수 교육과정에서의 가상현실(VR) 적용 연구 고찰. 한국디지털콘텐츠학회논문지, 23(6), 1041-1049.

정훈, 계보경, 안경진, 유인식, 신영규, 허두영, 최민진(2022). 학습분석을 위한 데이터 수집 및 저장 가이드라인 연구. 한국교육학술정보원.

조원영, 유재흥, 안성원(2019). 초중등 AI 교육: 코딩 교육을 넘어 보편, 융합, 평생 교육으로 접근. AI Brief, 2호. 소프트웨어정책연구소.

조윤정, 김아미, 박주형, 정제영, 홍제남(2017). 미래학교 체제연구: 학습자 주도성을 중심으로. 경기도교육연구원.

주민재(2023). 생성형 인공지능의 출현과 글쓰기 교육 관계 고찰-ChatGPT 사용화가 글쓰기 능력에 대한 인식에 미치는 영향을 중심으로-. 한국문예비평연구, 79, 243-272.

주효정, 김혜령, 전지윤(2025) 디지털 스토리텔링을 활용한 메타버스 기반 문화예술교육 설계에 관한 연구, 한국영상학회논문집, 23(2), 105-119.

차성욱(2024). ADDIE 모형 기반 AI 리터러시 향상을 위한 교수 설계 연구. 예술문화융합연구, 21. 5-12.

채민수(2025). 인공지능 기반 디지털 스토리텔링을 활용한 지리수업의 효과성 연구. 디지털콘텐츠학회논문지, 26(4), 885-895.

최숙영(2015). 초중고에서의 소프트웨어 교육 강화에 따른 문제점과 그 해결 방안. 컴퓨터교육학회 논문지, 18(3), 93-104.

최은선, 박남제(2024). 영국 초등학교 컴퓨팅 교과서의 탐구 성향 분석 연구. 정보교육학회논문지, 28(5), 547-558.

최현종, 이태욱(2015). TPACK 모형에 기반한 예비 교사의 테크놀로지 지식 적용과 분석. 한국컴퓨터정보학회논문지, 20(2), 231-239.

최현종, 전용주(2023). 2022 정보교과교육론 3판 온라인 부록. 한빛아카데미(주).

한경근, 박기범(2016). '삶' 중심의 사회과 융합 교육과정 설계의 논리와 과제-2015 특수교육 기본교육과정을 중심으로-. 사회과교육, 55(3), 105-114.

한국과학창의재단(2019). AI-SW 교육 시작, AI 시대를 준비하다. 2019 글로벌 소프트웨어 교육 콘퍼런스 이슈 페이퍼.

한국교육학술정보원(2000). 2000 교육정보화 백서. 한국교육학술정보원.

한국교육학술정보원(2017). ICT4ED 2017: 해외 소프트웨어 교육 동향 분석 및 시사점(RM 2017-10).

한국교육학술정보원(2019). 해외 소프트웨어교육 운영 현황에 대한 실증 출처 분석 리포트. KERIS 이슈리포트, 연구출처 RM 2019-3.

한국교육학술정보원(2020). 교육기관에서의 저작권 이해. 한국교육학술정보원.

한국교육학술정보원(2021). 2021 디지털교육 글로벌 동향. 한국교육학술정보원.

한국교육학술정보원(2023). 2023 KERIS 디지털교육 동향. 한국교육학술정보원.

한국교육학술정보원(2024). KERIS Magazine 에듀테크 디지털교육 국내외 동향. 한국교육학술정보원.

한국지능정보사회진흥원(2021). 유네스코 AI 윤리 권고. 한국지능정보사회진흥원.

한국지능정보사회진흥원(2022). 포스트 코로나 시대, 디지털 대전환과 사회변화 전망. NIA 2022-01 리포트.

한국-핀란드 교육 연구 센터(2025). 핀란드 교육위원회는 디지털 관련 교육 목표와 필수 역량을 갱신. https://buly.kr/2Uibjgp

허난(2015). 예비수학교사교육에서의 플립드 러닝(Flipped Learning) 교수 · 학습 설계에 관한 연구. 수학교육 논문집, 29(2), 197-214.

홍수민, 한형종(2023). ChatGPT의 교육적 활용에 대한 초등교사 인식 및 교육 요구도 분석. 컴퓨터교육학회논문지 26(4), 51-63.

황은경, 신종호(2021). 대학 기초 과학 수업에서의 인공지능 기반 적응형 학습 시스템의 도입과 적용에 관한 탐색적 고찰. 교양 교육 연구, 15(6), 71-86.

황준성 외(2014). 디지털교과서 개발 및 활성화 지원사업 평가 연구. 충북: 한국교육개발원.

Azuma, R. T. (1997). A survey of augmented reality. *Presence: Teleoperators and Virtual Environments, 6*(4), 355-385.

Bellani, M., Fornasari L., Chittaro L., & Brambilla P. (2011). Virtual reality in autism: state of the art. *Epidemiology and Psychiatric Sciences, 20*(3), 235-238.

Biesta, G. (2004). language for education in and age of learning. *Nordisk Padagogik, 25*, 54-66.

Billinghurst, M., & Kato, H. (2002). Collaborative augmented reality. *Communications of the ACM, 45*(7), 64-70.

Branch, R. M. (2009). Instructional Design: The ADDIE Approach. Springer.

Creative Commons(CC) (2025). CC logos and trademarks. https://creativecommons.org/policies/

Dechsling, A., Shic, F., Zhang, D., Marschik, P. B., Esposito, G., Orm, S., Sutterlin, S., Kalandadze, T., Oien, R. A., & Nordahl-Hansen, A. (2021) Virtual reality andnaturalistic developmental behavioral interventions for children with autism spectrdisorder. *Research in Developmental Disabilities, 111*, 1-11.

EU (2018). 개인정보 보호 규정(General Data Protection Regulation, GDPR). EU

Hurowitz, N. (2016, March 10). Mark Zuckerberg-Funded Pre-K-8 School to Open at Union Square in 2017. Retrieved October 6, 2019, from https://www.dnainfo.com/newyork/20160310/union-square/mark-zuckerberg-funded-pre-k-8-school-open-at-union-square-2017

IBM.com (2021). Supervised versus unsupervised learning: What's the difference?, https://www.ibm.com/think/topics/supervised-vs-unsupervised-learning

Mead, R. (2016). *Learn Different: Silicon valley disrupts education*. The New Yorker. March 8, 2016.

Office of Educational Technology (2017). National Education Technology Plan(NETP).

Pratt, D. R., Zyda, M., & Kelleher, K. (1995). Virtual reality: In the mind of the beholder. *IEEE Annals of the History of Computing, 28*(7), 17-19.

UNESCO (2021). **인공지능과 교육 정책입안자를 위한 지침**. 서울: 유네스코 한국위원회, 한국교육학술정보원.

UNESCO (2023). *Global education monitoring report, technology in education: A tool on whose terms?* France: Author.

Williamson, B. (2017). Social life of Education Data Science: Learning analytics, educational data mining and metrological platforms. In B. Williamson (Ed.). *Big Data in Education: The Digital future of Learning, Policy, and Practice* (pp. 97-122). London: SAGE Publications Ltd.

Wing, J. M. (2006). Computational thinking. *Communicationsof theACM, 49*(3), 33-35.

〈웹사이트〉

교육부, EBS. 함께 학교. https://www.togetherschool.go.kr/

울산광역시교육연구정보원(2023. 11. 1.). [울산광역시교육연구정보원TV]. 학생, 학부모와 소통하는 쉬운 방법, 하이클래스 part 1. '하이클래스 활용법' 2023. 수다ON 콘텐츠[영상]. 유튜브. https://www.youtube.com/watch?v=8nKYuvzD84c

직장인곰탱이(2022. 2. 28.). [스마트워크엔지니어]. 구글 스프레드시트 체크박스와 조건부 서식을 활용하여 해당 행 색칠하기!! 3분만 배우면 멋진 데이터베이스를 만들 수 있습니다!![영상]. 유튜브. https://www.youtube.com/watch?v=MRzYjb_a64g

한국교육학술정보원. 학교알리미. https://www.schoolinfo.go.kr/Main.do

CNNtech(2016. 5. 20.). https://money.cnn.com/gallery/technology/2016/05/20/altschool-silicon-valley/5.html

TALKSUNNY(2021. 8. 8.). [TALKSUNNY THCH · 톡써니 테크]. 구글 킵 사용법 A-Z I 어느 기기에서든 자유롭게 연동 가능한 구글 킵? 일정, 메일과 함께 관리하기[영상]. 유튜브. https://www.youtube.com/watch?v=aDlrQ0zhSqI

https://www.kmib.co.kr/article/view.asp?arcid=0923457032

https://medium.com/altschool-engineering/ember-at-altschool-many-apps-and-many-add-ons-934143933e68

https://wikidocs.net/224599)

https://wooono.tistory.com/206

찾아보기

저자 소개

송승민

강남대학교 중등특수교육과 교수

관심 분야: 중도중복장애, 교육과정, 진로 · 직업교육, 특수교육공학

이동환

성은학교 교감

관심 분야: 진로 · 직업교육, 부모상담, 긍정적 행동지원, 관련서비스

이미영

성은학교 수석교사, 강남대학교 겸임교수

관심 분야: 교육과정, 수업, 긍정적 행동지원

정승미

송민학교 수석교사

관심 분야: 진로 · 직업교육, 교육과정, 디지털교육

권정인

희망대초등학교 특수교사

관심 분야: 장애학생 사회정서학습, 자폐성장애, 중도중복장애, 교육과정

김수민

동현학교 교사

관심 분야: 특수교육공학, 자폐성장애, 지적장애, 중도중복장애

김윤주

성은학교 교사

관심 분야: 중도중복장애, 교육과정, 에듀테크, 통합교육

김원형

성은학교 교사

관심 분야: 중도중복장애, 지체장애, 특수교육공학

문현정

성은학교 교사

관심 분야: 중도중복장애, 교육과정, 전환교육, 특수교육공학

박지혜

성은학교 교사

관심 분야: 의사소통장애, 교육과정, 보완대체의사소통, 전환교육

손희정

성은학교 교사

관심 분야: 교육과정, 교육철학, 응용행동분석

송지혜

성은학교 교사

관심 분야: 특수교과교육, 특수교육공학, 전환교육, 교육과정

양수현

성은학교 교사

관심 분야: 중도중복장애, 진로 · 직업교육, 긍정적 행동지원, 교육과정

조이순

성은학교 교사

관심 분야: 장애학, 장애인 평생교육, 미디어아트의 교육적 활용

하현지

병점중학교 특수교사

관심 분야: 중도중복장애, 에듀테크, 진로 · 직업교육, 교육과정

한형규

성은학교 교사

관심 분야: 중도중복장애, 특수교육공학, 전환교육, 긍정적 행동지원

수업에 바로 적용하는
장애 학생을 위한 디지털교육

2025년 9월 5일 1판 1쇄 인쇄
2025년 9월 10일 1판 1쇄 발행

지은이 • 송승민 · 이동환 · 이미영 · 정승미 · 권정인 · 김수민 · 김윤주 · 김원형
문현정 · 박지혜 · 손희정 · 송지혜 · 양수현 · 조이순 · 하현지 · 한형규

펴낸이 • 김진환
펴낸곳 • ㈜ 학지사
04031 서울특별시 마포구 양화로 15길 20 마인드월드빌딩
대표전화 • 02-330-5114 팩스 • 02-324-2345
등록번호 • 제313-2006-000265호

홈페이지 • http://www.hakjisa.co.kr
인스타그램 • https://www.instagram.com/hakjisabook

ISBN 978-89-997-3494-6 93370

정가 27,000원